독학사 3단계
심리학과
학습심리학

시대에듀

머리말 INTRO

학위를 얻는 데 시간과 장소는 더 이상 제약이 되지 않습니다. 대입 전형을 거치지 않아도 '학점은행제'를 통해 학사학위를 취득할 수 있기 때문입니다. 그중 독학학위제도는 고등학교 졸업자이거나 이와 동등 이상의 학력을 가지고 있는 사람들에게 효율적인 학점 인정 및 학사학위 취득의 기회를 줍니다.

학습을 통한 개인의 자아실현 도구이자 자신의 실력을 인정받을 수 있는 스펙인 독학사는 짧은 기간 안에 학사학위를 취득할 수 있는 가장 빠른 지름길로써 많은 수험생들의 선택을 받고 있습니다.

이 책은 독학사 시험을 준비하는 수험생분들이 단기간에 효과적인 학습을 할 수 있도록 다음과 같이 구성하였습니다.

01 요점을 정리한 '빨리보는 간단한 키워드'로 전반적인 내용을 한눈에 파악할 수 있도록 하였습니다.

02 시행처의 평가영역을 바탕으로 시험에 출제될 수 있는 내용을 정리하여 '핵심이론'으로 구성하였으며, '더 알아두기'를 통해 관련 내용까지 파악할 수 있도록 하였습니다. (2022년 시험부터 적용되는 개정 평가영역 반영)

03 해당 영역에 맞는 출제 포인트를 분석하여 구성한 '실전예상문제'를 수록하였습니다.

04 최신 출제 유형을 반영한 '최종모의고사(2회분)'를 통해 자신의 실력을 점검해 볼 수 있도록 하였습니다.

시간 대비 학습의 효율성을 높이기 위해 방대한 학습 분량을 최대한 압축하여 정리하였으며, 출제 유형을 반영한 문제들로 구성하도록 노력하였습니다. 이 책으로 학위취득의 꿈을 이루고자 하는 수험생 여러분의 합격을 응원합니다.

편저자 드림

독학학위제 소개 BDES

⬢ 독학학위제란?

「독학에 의한 학위취득에 관한 법률」에 의거하여 국가에서 시행하는 시험에 합격한 사람에게 학사학위를 수여하는 제도

- ✓ 고등학교 졸업 이상의 학력을 가진 사람이면 누구나 응시 가능
- ✓ 대학교를 다니지 않아도 스스로 공부해서 학위취득 가능
- ✓ 일과 학습의 병행이 가능하여 시간과 비용 최소화
- ✓ 언제, 어디서나 학습이 가능한 평생학습시대의 자아실현을 위한 제도
- ✓ 학위취득시험은 4개의 과정(교양, 전공기초, 전공심화, 학위취득 종합시험)으로 이루어져 있으며 각 과정별 시험을 모두 거쳐 학위취득 종합시험에 합격하면 학사학위 취득

⬢ 독학학위제 전공 분야 (11개 전공)

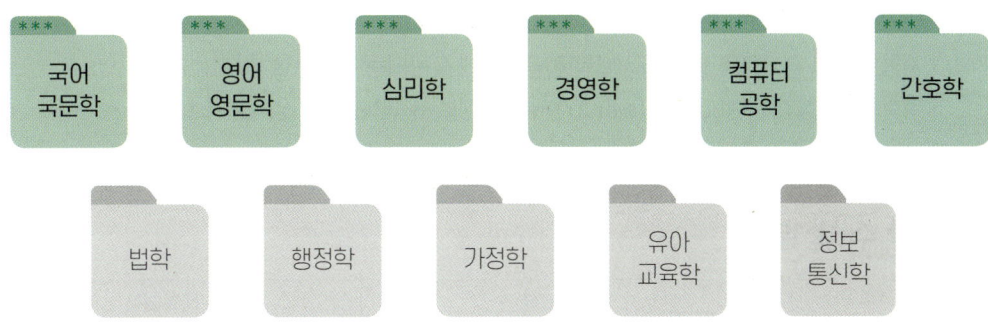

※ 유아교육학 및 정보통신학 전공 : 3, 4과정만 개설
　(정보통신학의 경우 3과정은 2025년까지, 4과정은 2026년까지만 응시 가능하며, 이후 폐지)
※ 간호학 전공 : 4과정만 개설
※ 중어중문학, 수학, 농학 전공 : 폐지 전공으로, 기존에 해당 전공 학적 보유자에 한하여 2025년까지 응시 가능

※ 시대에듀는 현재 4개 학과(심리학과, 경영학과, 컴퓨터공학과, 간호학과) 개설 완료
※ 2개 학과(국어국문학과, 영어영문학과) 개설 중

독학학위제 시험안내 INFORMATION

⬢ 과정별 응시자격

단계	과정	응시자격	과정(과목) 시험 면제 요건
1	교양	고등학교 졸업 이상 학력 소지자	• 대학(교)에서 각 학년 수료 및 일정 학점 취득 • 학점은행제 일정 학점 인정 • 국가기술자격법에 따른 자격 취득 • 교육부령에 따른 각종 시험 합격 • 면제지정기관 이수 등
2	전공기초		
3	전공심화		
4	학위취득	• 1~3과정 합격 및 면제 • 대학에서 동일 전공으로 3년 이상 수료 (3년제의 경우 졸업) 또는 105학점 이상 취득 • 학점은행제 동일 전공 105학점 이상 인정 (전공 28학점 포함) • 외국에서 15년 이상의 학교교육과정 수료	없음(반드시 응시)

⬢ 응시방법 및 응시료

- 접수방법 : 온라인으로만 가능
- 제출서류 : 응시자격 증빙서류 등 자세한 내용은 홈페이지 참조
- 응시료 : 20,700원

⬢ 독학학위제 시험 범위

- 시험 과목별 평가영역 범위에서 대학 전공자에게 요구되는 수준으로 출제
- 독학학위제 홈페이지(bdes.nile.or.kr) ➜ 학습정보 ➜ 과목별 평가영역에서 확인

⬢ 문항 수 및 배점

과정	일반 과목			예외 과목		
	객관식	주관식	합계	객관식	주관식	합계
교양, 전공기초 (1~2과정)	40문항×2.5점 =100점	–	40문항 100점	25문항×4점 =100점	–	25문항 100점
전공심화, 학위취득 (3~4과정)	24문항×2.5점 =60점	4문항×10점 =40점	28문항 100점	15문항×4점 =60점	5문항×8점 =40점	20문항 100점

※ 2017년도부터 교양과정 인정시험 및 전공기초과정 인정시험은 객관식 문항으로만 출제

합격 기준

■ 1~3과정(교양, 전공기초, 전공심화) 시험

단계	과정	합격 기준	유의 사항
1	교양	매 과목 60점 이상 득점을 합격으로 하고, 과목 합격 인정(합격 여부만 결정)	5과목 합격
2	전공기초		6과목 이상 합격
3	전공심화		

■ 4과정(학위취득) 시험 : 총점 합격제 또는 과목별 합격제 선택

구분	합격 기준	유의 사항
총점 합격제	• 총점(600점)의 60% 이상 득점(360점) • 과목 낙제 없음	• 6과목 모두 신규 응시 • 기존 합격 과목 불인정
과목별 합격제	매 과목 100점 만점으로 하여 전 과목(교양 2, 전공 4) 60점 이상 득점	• 기존 합격 과목 재응시 불가 • 1과목이라도 60점 미만 득점하면 불합격

시험 일정

1단계 2월 중 → 2단계 5월 중 → 3단계 8월 중 → 4단계 10월 중

■ 심리학과 3단계 시험 과목 및 시간표

구분(교시별)	시간	시험 과목명
1교시	09:00~10:40(100분)	상담심리학, 심리검사
2교시	11:10~12:50(100분)	산업 및 조직심리학, 학습심리학
중식 12:50~13:40(50분)		
3교시	14:00~15:40(100분)	인지심리학, 중독심리학
4교시	16:10~17:50(100분)	건강심리학, 학교심리학

※ 시험 일정 및 세부사항은 반드시 독학학위제 홈페이지(bdes.nile.or.kr)를 통해 확인하시기 바랍니다.
※ 시대에듀에서 개설된 과목은 빨간색으로 표시하였습니다.

독학학위제 출제방향 GUIDE

국가평생교육진흥원에서 고시한 과목별 평가영역에 준거하여 출제하되, 특정한 영역이나 분야가 지나치게 중시되거나 경시되지 않도록 한다.

독학자들의 취업 비율이 높은 점을 감안하여, 과목의 특성을 반영하는 범주 내에서 학문적이고 이론적인 문항뿐만 아니라 실무적인 문항도 출제한다.

단편적 지식의 암기로 풀 수 있는 문항의 출제는 지양하고, 이해력·적용력·분석력 등 폭넓고 고차원적인 능력을 측정하는 문항을 위주로 한다.

이설(異說)이 많은 내용의 출제는 지양하고 보편적이고 정설화된 내용에 근거하여 출제하며, 그럴 수 없는 경우에는 해당 학자의 성명이나 학파를 명시한다.

교양과정 인정시험(1과정)은 대학 교양교재에서 공통적으로 다루고 있는 기본적이고 핵심적인 내용을 출제하되, 교양과정 범위를 넘는 전문적이거나 지엽적인 내용의 출제는 지양한다.

전공기초과정 인정시험(2과정)은 각 전공영역의 학문을 연구하기 위하여 각 학문 계열에서 공통적으로 필요한 지식과 기술을 평가한다.

전공심화과정 인정시험(3과정)은 각 전공영역에 관하여 보다 심화된 전문적인 지식과 기술을 평가한다.

학위취득 종합시험(4과정)은 시험의 최종 과정으로서 학위를 취득한 자가 일반적으로 갖추어야 할 소양 및 전문 지식과 기술을 종합적으로 평가한다.

교양과정 인정시험 및 전공기초과정 인정시험의 시험방법은 객관식(4지택1형)으로 한다.

전공심화과정 인정시험 및 학위취득 종합시험의 시험방법은 객관식(4지택1형)과 주관식(80자 내외의 서술형)으로 하되, 과목의 특성에 따라 다소 융통성 있게 출제한다.

독학학위제 합격수기 COMMENT

> 저는 학사편입 제도를 이용하기 위해 2~4단계 시험에 순차로 응시했고 한 번에 합격했습니다. 아슬아슬한 점수라서 부끄럽지만 독학사는 자료가 부족해서 부족하나마 후기를 쓰는 것이 도움이 될까 하여 제 합격전략을 정리하여 알려 드립니다.

#1. 교재와 전공서적을 가까이에!

학사학위 취득은 본래 4년을 기본으로 합니다. 독학사는 이를 1년으로 단축하는 것을 목표로 하는 시험이라 실제 시험도 변별력을 높이는 몇 문제를 제외한다면 기본이 되는 중요한 이론 위주로 출제됩니다. 시대에듀의 독학사 시리즈 역시 이에 맞추어 중요한 내용이 일목요연하게 압축·정리되어 있습니다. 빠르게 훑어보기 좋지만 내가 목표로 한 전공에 대해 자세히 알고 싶다면 전공서적과 함께 공부하는 것이 좋습니다. 교재와 전공서적을 함께 보면서 교재에 전공서적 내용을 정리하여 단권화하면 시험이 임박했을 때 교재 한 권으로도 자신 있게 시험을 치를 수 있습니다.

#2. 시간확인은 필수!

쉬운 문제는 금방 넘어가지만 지문이 길거나 어렵고 헷갈리는 문제도 있고, OMR 카드에 마킹까지 해야 하니 실제로 주어진 시간은 더 짧습니다. 앞부분에 어려운 문제가 있다고 해서 시간을 많이 허비하면 쉽게 풀 수 있는 뒷부분 문제들을 놓칠 수 있습니다. 문제 푸는 속도가 느려지면 집중력도 떨어집니다. 그래서 어차피 배점은 같으니 아는 문제를 최대한 많이 맞히는 것을 목표로 했습니다.
① 어려운 문제는 빠르게 넘기면서 문제를 끝까지 다 풀고 ② 확실한 답부터 우선 마킹한 후 ③ 다시 시험지로 돌아가 건너뛴 문제들을 다시 풀었습니다. 확실히 시간을 재고 문제를 많이 풀어봐야 실전에 도움이 되는 것 같습니다.

#3. 문제풀이의 반복!

여느 시험과 마찬가지로 문제는 많이 풀어볼수록 좋습니다. 이론을 공부한 후 예상문제를 풀다보니 부족한 부분이 어딘지 확인할 수 있었고, 공부한 이론이 시험에 어떤 식으로 출제될지 예상할 수 있었습니다. 그렇게 부족한 부분을 보충해가며 문제유형을 파악하면 이론을 복습할 때도 어떤 부분을 중점적으로 암기해야 할지 알 수 있습니다. 이론 공부가 어느 정도 마무리되었을 때 시계를 준비하고 모의고사를 풀었습니다. 실제 시험시간을 생각하면서 예행연습을 하니 시험 당일에는 덜 긴장할 수 있었습니다.

> 학위취득을 위해 오늘도 열심히 학습하시는 수험생 여러분에게도 합격의 영광이 있길 기원하면서 이만 줄입니다.

이 책의 구성과 특징 STRUCTURES

01 핵심요약

요점을 정리한 '빨리보는 간단한 키워드'로 전반적인 내용을 한눈에 파악해 보세요.

02 핵심이론

평가영역을 바탕으로 꼼꼼하게 정리된 '핵심이론'을 통해 꼭 알아야 하는 내용을 명확히 파악해 보세요.

03 실전예상문제

'핵심이론'에서 공부한 내용을 바탕으로 '실전예상문제'를 풀어 보면서 문제를 해결하는 능력을 길러 보세요.

04 최종모의고사

'최종모의고사'를 실제 시험처럼 풀어 보며 실력을 점검해 보세요.

목차 CONTENTS

PART 1 빨리보는 간단한 키워드

제1장 학습의 본질 · 003
제2장 고전적 조건형성 · 005
제3장 조작적 조건형성 · 010
제4장 관찰학습 · 014
제5장 지각학습 · 016
제6장 기억 · 019
제7장 학습의 한계 · 021

PART 2 핵심이론 & 실전예상문제

제1장 학습의 본질
제1절 학습의 정의 · 003
제2절 학습의 연구방법 · 007
제3절 학습 연구의 역사 · 016
실전예상문제 · 029

제2장 고전적 조건형성
제1절 고전적 조건화의 기초 · 041
제2절 고전적 조건화의 원리 · 047
제3절 고전적 조건화의 이론 · 057
제4절 고전적 조건화의 활용 · 064
실전예상문제 · 071

제3장 조작적 조건형성
제1절 조작적 조건화의 기초 · 085
제2절 강화 · 100
제3절 처벌 · 112
제4절 강화의 이론 · 116
제5절 학습현장에서의 활용 · 120
실전예상문제 · 124

제4장 관찰학습
제1절 관찰학습과 모방 · 137
제2절 관찰학습의 이론 · 146
제3절 관찰학습의 활용 · 153
실전예상문제 · 158

제5장 지각학습
제1절 지각학습의 특성 · 169
제2절 지각기술학습 · 177
제3절 행동학습 · 186
제4절 자극일반화, 변별, 자극통제 · · · · · · · · · · · 193
실전예상문제 · 206

제6장 기억
제1절 기억의 측정 · 219
제2절 인간 정보처리모형 · · · · · · · · · · · · · · · · · · 222
제3절 망각의 원인 · 234
제4설 기억개선 방안 · 241
실전예상문제 · 247

제7장 학습의 한계
제1절 유전과 학습 · 255
제2절 학습의 생물학적 한계 · · · · · · · · · · · · · · · 257
실전예상문제 · 262

PART 3 최종모의고사
최종모의고사 제1회 · 269
최종모의고사 제2회 · 276
최종모의고사 제1회 정답 및 해설 · · · · · · · · · · · 282
최종모의고사 제2회 정답 및 해설 · · · · · · · · · · · 285

나는 내가 더 노력할수록 운이 더 좋아진다는 걸 발견했다.

- 토마스 제퍼슨 -

부록

빨리보는 간단한 키워드

시/험/전/에/보/는/ 핵/심/요/약/ 키/워/드/

훌륭한 가정만한 학교가 없고, 덕이 있는 부모만한 스승은 없다.

– 마하트마 간디 –

보다 깊이 있는 학습을 원하는 수험생들을 위한
시대에듀의 동영상 강의가 준비되어 있습니다.

www.sdedu.co.kr → 회원가입(로그인) → 강의 살펴보기

부록 | 빨리보는 간단한 키워드

제1장 학습의 본질

제1절 학습의 정의

■ **학습의 정의**
　① 민감화와 습관화의 과정은 학습이라고 간주됨
　② 학습은 행동 잠재력의 변화를 포함하며, 수행은 학습된 잠재력이 행동으로 전이된 것임
　③ 반사와 본능은 학습으로 간주되지 않음. 행동 변화를 학습으로 보기 위해서는 비교적 영구적이며 경험을 통해 그 행동이 이루어져야 함

제2절 학습의 연구방법

■ **과학적 연구**
　① 과학은 합리주의와 경험주의 관점을 취함
　② 이론은 자료를 설명하고 미리 실험 결과를 예측하는 데 사용되는 상호 관련된 개념의 집합
　③ 이론은 간략성의 원리를 따름
　④ 가설은 이론(일반적이고 포괄적인)에서 도출된 특정한 예측임. 모든 과학은 법칙을 발견하고자 함

■ **학습연구 방법**
　① 학습을 측정하는 것은 행동의 변화를 측정하는 것
　② 학습은 오류의 수, 행동의 양상, 강도, 속도, 잠재기, 비율, 유창성의 변화로 측정
　③ 학습을 어떤 정확한 방식으로 측정할 수 있지 않으면 학습을 연구하기는 불가능함
　④ 측정되고 있는 행동의 변화는 학습의 결과가 아니라 그 자체가 학습임

제3절 학습 연구의 역사

■ 인식론
① 인식론은 지식의 본질을 연구하는 철학의 한 분야
② 합리주의자들은 지식을 얻기 위해 반드시 마음이 적극적으로 개입(사고, 추론, 연역)해야 한다고 강조
③ 경험주의는 지식이 감각적인 경험에 의해 얻어지는 것이라고 강조
④ 플라톤과 아리스토텔레스의 견해는 합리주의자이며, 플라톤은 생득론(지식은 유전되는 것), 아리스토텔레스는 경험주의 입장

■ 현대 심리학의 시작
① 데카르트는 마음이 행동을 발생시키지만 감각적 경험 또한 행동을 유발시킬 수 있다고 함
② 홉스는 생득적 관념에 반대하며, 감각적 인상이 모든 지식의 근원이라고 주장
③ 로크는 경험적 세계를 통해 생각을 가지게 된다고 하며 일차적 속성(물리적 대상)과 이차적 속성(심리적 경험)을 구분
④ 버클리는 이차적 속성을 강조하며 생각은 우리가 직접적으로 경험할 수 있는 것이며 우리가 확신할 수 있는 유일한 것이라고 함
⑤ 흄은 생각을 통해 경험적 세계를 간접적으로만 경험할 수 있다고 함
⑥ 칸트는 우리가 의식적으로 경험하는 것은 경험적 세계에 의해 유발되는 감각적 경험과 생득적인 마음의 기능에 영향을 준다고 하며 합리주의를 지속시킴
⑦ 밀은 복잡한 생각이 단순한 생각으로 구성되었다고 함
⑧ 리드의 능력심리학은 마음 그 자체로 힘을 가지고 있으며, 우리가 세계를 지각하는 데 큰 영향을 준다고 함
⑨ 갤은 능력심리학을 발전시키고 골상학, 정신근육 접근법을 채택
⑩ 다윈은 인간 본성에 대해 자신의 생물학적 유전과 경험의 조합으로 여김
⑪ 에빙하우스는 자기 자신이 실험 대상이 되어 기억에 관한 최초의 연구를 함

■ 학습이론의 발달과정 – 의지주의(voluntarism)
① 심리학 최초의 실험적 연구실을 설립한 분트는 심리학 최초의 학파인 의지주의를 창시
② 분트는 의식의 요소에 관심을 두었으며 의지, 통각, 창의적 통합을 강조하며 인간의 능동적 마음을 가정함

- **학습이론의 발달과정 – 구성주의(structuralism)**: 구성주의를 창시한 티치너는 내성법을 사용해 의식의 구조를 알아낼 수 있다고 했고, 연합의 법칙을 강조하며 수동적 마음을 강조함

- **학습이론의 발달과정 – 기능주의(functionalism)**: 구성주의를 창시한 제임스는 의식이 요소로 환원될 수 없고, 의식 기능의 목적은 유기체가 환경에 적응하도록 하는 것이라고 주장

- **학습이론의 발달과정 – 행동주의**: 행동주의는 학습을 객관적이고 과학적인 방법으로 연구하기 위해서는 관찰할 수 있고 객관적으로 측정 가능한 사람들의 행동(반응)과 그 반응에 선행하고 뒤따르는 환경적인 사건(자극)에 초점을 둠

- **볼스의 진화 심리학**
  ① 진화론적 학습이론가인 볼스는 학습은 기대 발달을 포함한다고 함
  ② 볼스는 학습된 것이 아닌 타고난 S-S(자극-자극)와 R-S(반응-자극) 기대를 강조함
  ③ 동기는 반응에 대한 융통성을 제한한다고 하였으며, 특정한 방식으로 행동하는 동물의 선천적 소인을 활용하는 학습 과제는 성공할 가능성이 크다는 적소 논증을 주장

제2장 고전적 조건형성

제1절 고전적 조건화의 기초

- **파블로프의 실험과정**
  ① 개는 외부의 시각과 소음 등 모든 것들로부터 격리되어 있음
  ② 개의 정면에서 전등이 켜짐
  ③ 개 앞에 놓인 그릇에 고기가루가 원격으로 전달되며 이때 개의 타액분비가 자동으로 기록됨
  ④ 고기가루 전달 후 전등이 꺼짐
  ⑤ 이 과정이 여러 번 반복됨
  ⑥ 이제 개는 불빛이 켜지기만 해도 침을 흘림

- **고전적 조건형성의 의미**: 무조건반응을 발생시키는 무조건자극과 연합된 중성자극이 반복적인 노출을 통해 조건자극이 되어 무조건반응과 유사한 조건반응을 일으키는 원리

■ 반사, 자극 및 반응

무조건반사	• 선천적이고 영구적인 반사로 개체 간 차이가 거의 없음 • 대체로 생존에 중요한 사건들임 예 먹이가 입에 들어오면 침을 흘리는 것
조건반사	• 출생 시에는 존재하지 않았던 반사 • 경험을 통해 습득되며 선천적 반사에 비해 상대적으로 비영구적임 • 이 반사는 경험에 의존하기 때문에 각각의 개체에서 상당히 다른 형태로 나타남 예 먹이 주는 사람의 발자국 소리에 침을 흘리는 것
무조건자극 (US)	• 자연적이며 자동적인 반응을 일으키는 자극 • 훈련 없이도 반응을 유발함 예 침을 흘리는 반응을 유발하는 음식이 무조건자극
무조건반응 (UR)	무조건자극이 제시되었을 때 나오는 자연적이며 자동적인 반응 예 음식으로 인해 침을 흘리는 반응이 무조건반응
조건자극 (CS)	훈련을 통해 반응을 유발하는 자극 예 훈련을 통해 종소리를 듣고 침을 흘리는 반응을 보일 때, 종소리가 조건자극이 됨
조건반응 (CR)	반응과 결합되어 있지 않았던 자극에 대하여 나타나는 반응으로 이전의 중립자극에 대해 학습된 반응 예 종소리에 의해 침을 흘리는 반응을 가리킴
중성자극 (NS)	일반적으로 반사반응을 일으키지 않는 자극 예 처음으로 제시된 종소리는 중성자극이고, 이후 고기 없이 침을 흘리는 반응을 유도하는 종소리는 조건자극

■ 고전적 조건형성의 기본과정(개의 사례)

조건형성 전	• 개에게 고기를 주면 침을 흘림 • 종소리는 개에게 아무 의미가 없는 자극이므로 개는 종소리에 대해 아무 반응을 보이지 않음
조건형성 중	• 종소리를 들려주고 고기를 주면 개는 고기 때문에 침을 흘림 • 아직까지는 중성자극이기 때문에 단독으로 침을 흘리는 반응을 유도하지는 않음 • 이 과정을 반복함
조건형성 후	• 종소리만 들려주어도 개는 침을 흘림 • 종소리는 고기와 연합되어 조건자극이 되고 개는 종소리만 들어도 침을 흘리는 반응을 보임

■ 조건형성에서 나타나는 현상

획득	조건자극에 의해 새로운 반응을 학습하는 것
소거	무조건자극 없이 조건자극만 제시하는 절차 예 개에게 침을 흘리지 않는 반응을 학습한 것이라고 할 수 있음
자발적 회복	소거 후 일정시간이 지나고 조건자극을 다시 제시하면 조건반응이 일시적으로 다시 나타남
일반화	특정 조건자극에 대한 고전적 조건형성이 일어난 후, 무조건자극과 짝지어진 적 없는 자극에 조건반응이 나타나는 현상 예 종소리에 침을 흘리는 개가 비슷한 소리인 실로폰소리에도 침을 흘리는 경우를 말함
변별	일반화와 반대로 비슷한 자극에 반응하지 않는 것을 학습하는 것

제2절 고전적 조건화의 원리

■ 다양한 조건반응

① 눈꺼풀조건형성
② 조건정서반응
③ 피부전도반응
④ 맛혐오학습
⑤ 고순위조건형성

■ 조건자극과 무조건자극과의 관계

① 고전적 조건형성에서는 두 자극이 서로 짝지어짐
② 조건화형성이 빨리 일어나기 위해서는 조건자극이 무조건자극 이전에 제시되어야 하며 조건자극과 무조건자극 사이의 간격이 최적화된 시간으로 이루어져야 함
③ 조건자극이 무조건자극보다 0.5초 전에 제시될 때 조건화형성이 가장 효과적

흔적조건형성	조건자극이 제시되고 사라진 후 무조건자극이 제시되어, 두 자극 사이에 시간 차이가 존재
지연조건형성	조건자극이 사라지기 전 무조건자극이 제시되어, 중첩되어 제시됨
동시조건형성	• 두 자극이 정확히 동시에 일어나고 동시에 끝남 • 조건반응을 확립시키기에는 약한 절차
역향조건형성	• 무조건자극 뒤에 조건자극이 따르는 것 • 조건반응을 만들기 굉장히 어려움

■ 고전적 조건형성에 영향을 주는 변인

조건자극과 무조건자극 사이의 수반성	조건자극 이후 항상 무조건자극이 이어질 때 조건형성이 일어남
조건자극과 무조건자극 사이의 근접성	두 자극 간 간격을 말하는데, 일반적으로 짧은 것이 더 좋지만 이상적인 시간간격은 상황에 따라 복잡하게 달라짐

■ 조건자극과 무조건자극의 관계

① 조건자극과 무조건자극의 물리적 특성이 조건형성의 속도에 영향을 미침
② 조건자극의 강도와 무조건자극의 강도가 높으면 효과적인 조건형성을 일으킴
③ 무조건자극의 성질에 따라 조건자극의 효과는 다름
④ 조건자극과 무조건자극 역할을 하는 자극들을 사전에 경험했는가의 여부가 효과에 영향을 미침
⑤ 조건자극과 무조건자극이 함께 자주 나타날수록 조건반응이 일어나기 쉬움
⑥ 조건자극과 무조건자극 간 간격은 학습에 중요한 요소이며 최적의 자극 간 간격은 일반적으로 1초 이하임

제3절 고전적 조건화의 이론

■ 조건반응(CR)의 본질에 관한 이론

① **자극대체이론**
　㉠ 파블로프식 조건형성에서 조건자극이 무조건자극을 대체하여 반사반응을 일으킨다는 이론
　㉡ 조건반응의 본질은 '조건반응 = 무조건반응'
　㉢ 조건형성이란 조건자극과 무조건자극 사이에 새로운 신경연결이 형성되는 것임. 또한 새로운 행동을 습득하는 것이 아니라 새로운 자극에 대해서 기존의 방식으로 반응하는 경향을 말함
　㉣ 자극치환이론이라고도 함

조건형성과정	• 무조건자극이 무조건반응을 촉발하는 영역을 흥분시킴 • 조건자극은 무조건반응과 상관없는 뇌의 다른 영역을 흥분시킴 • 조건형성 시 조건자극과 무조건자극은 짝지어지고 각각의 자극은 뇌에서 그에 해당하는 영역에 영향을 줌 • 조건자극과 무조건자극이 반복해서 짝지어지면 조건자극영역과 무조건자극영역 사이에 연결이 생기고, 조건자극이 무조건자극영역을 흥분시키면 무조건반응을 촉발함. 이제 무조건반응은 조건반응이 됨
고순위조건형성 과정	• 뇌의 첫 번째 조건자극영역과 무조건자극영역 사이에 연결이 생김 • 조건형성이 두 번째 조건자극과 첫 번째 조건자극을 짝지음 • 이것이 신경영역들에 연결을 만들고 그 결과 두 번째 조건자극이 조건반응을 일으킴

② **준비반응이론**: 무조건반응은 무조건자극에 대처하도록 만들어진 선천적 반응이지만 조건반응은 무조건자극에 대한 준비를 하도록 만들어진 반응임(Gregory Kimble, 1967)

③ 보상반응이론
  ㉠ 준비반응이론의 변형이론으로 캐나다의 시겔(Shepard Siegel, 1972)에 의해 제안됨
  ㉡ 무조건자극(US)이 일으키는 효과를 조건자극(CS)이 상쇄시킴으로써 무조건반응(UR)에 대한 준비를 하게 만든다고 주장함

■ 조건자극(CS)의 본질에 관한 이론

레스콜라-와그너 모형	• 두 자극을 짝지을 때 일어날 수 있는 조건형성의 양에는 한계가 있다고 주장 • 무조건자극이 이러한 한계에 영향을 미치는 결정요인이 됨 • 조건형성이 진행되는 속도는 일정하지 않음 • 첫 번째 조건자극이 무조건자극으로 만들어낼 수 있는 학습의 총량을 소진하면 더 이상 조건형성이 일어나지 않는 것을 차폐라 부름
주의이론	• 학습자가 얼마나 주의를 주는가에 초점을 맞춘 이론 • 학습자가 조건자극에 주의를 기울이지 않으면 조건형성은 일어나지 않음 • 학습이 무조건자극의 효과성이 아니라 조건자극의 조건형성능력에 달려있음
비교기이론	• 동물이 조건자극이 존재할 때와 존재하지 않을 때, 무조건자극이 일어나는 확률을 비교한다고 가정함 • 조건자극이 맥락자극보다 더 큰 흥분성강도를 가지지 않는 한 조건반응을 유발하지 못할 것이라고 예측함

■ 고전적 조건형성의 실제

공포	정서를 일으키는 물체들과 짝지어진 것들 혹은 그런 정서를 일으키게 되는 것을 조건정서반응이라 부름
편견	대부분 특정집단과 부정적 단어, 영상과의 연합을 통해 습득됨
성도착증	일반적으로 비정상적으로 여겨지는 성행동을 포함한 여러 가지의 성행동이 어떻게 습득되는지 이해할 수 있으며, 조건형성을 통해 특정치료법을 제안함
광고	제품에 대한 조건정서반응을 생성하는 작업으로 볼 수 있음
보건	• 약물중독에 혐오치료와 소거 등을 활용 • 청각장애, 자폐증 및 치매를 비롯한 여러 의학적 문제들을 진단하고 연구하는 수단으로 활용됨

제4절 고전적 조건화의 활용

■ 공포

① 왓슨은 인간의 공포를 포함해 기타 정서가 대부분 조건형성 때문에 일어난다고 함
② '조건정서반응'이란 공포, 사랑, 증오, 혐오 등의 정서가 고전적 조건형성(파블로프식 조건형성)을 통해 학습되어진다는 것임
③ 조건형성의 원치 않는 효과를 역전시키는 데 파블로프식 조건형성을 사용하는 것을 '역조건형성'이라고 함

④ 파블로프의 조건형성 원리에 기초한 역조건 형성의 치료법으로는 실제노출법(존스), 체계적 둔감화(월페), 가상현실 노출치료(로스바움) 등이 있음

- **편견**
  ① 편견은 공포와 마찬가지로 대부분 고전적 조건형성의 산물임
  ② 편견은 어떤 집단의 구성원과 개인적인 접촉이 거의 또는 전혀 없이도 습득될 수 있음. 증오훈련이 더 많았을수록 감정을 변화시키기는 더 어려움

- **성도착증**: 성도착증의 형성을 조건형성으로 설명할 수 있으며 혐오치료는 조건형성을 활용한 대표적인 치료방법임

- **광고**: 광고는 제품에 대한 조건정서반응을 생성하는 작업으로 볼 수 있음

- **약물중독**: 약물중독은 고전적 조건형성으로 설명할 수 있으며, 혐오치료와 소거를 활용해 치료에 도움을 줄 수 있음

- **보건**: 청각장애, 자폐증 및 치매를 비롯한 의학적 문제들을 진단하고 연구하는 수단으로 활용되며, 그 외의 일부 건강문제의 치료에 유용할 수 있음

제3장 조작적 조건형성

제1절 조작적 조건화의 기초

- **조작적 학습의 유형**: 조작적 학습은 강화를 기본으로 함

효과의 법칙	행동이 결과에 따라 체계적으로 강해지거나 약해진다는 것을 최초로 보여준 손다이크의 실험
스키너의 연구	스키너는 손다이크의 강화원리를 체계적으로 연구하여 학습과 행동을 획기적으로 진전시킴

- **스키너 상자**

자유조작	피험동물이 실험상자에 있는 한 조작적 반응은 별다른 절차 없이 반복해서 발생
삼항수반성	조작적 조건형성에 변별자극, 반응, 강화물 세 요소가 존재한다고 주장
조작적 학습	결과를 통해 행동이 증가되거나 약화되는 학습을 말함

- **조작적 조건형성의 기본원리** : 한 번 형성된 조작적 조건반응은 영구히 제거되지 못함

복귀	가장 최근 강화받은 반응이 소거될 때 그 이전에 강화받았던 반응이 재출현하는 것
조건강화	조건자극에 다른 조건자극이 연합되는 것으로 2차 고전적 조건형성과 유사
새로운 행동조성	목표로 하는 행동을 순차적으로 닮아가도록 행동들을 체계적으로 강화하는 절차
연쇄짓기	순서대로 연결된 행동을 '행동연쇄'라고 하며, 행동연쇄를 훈련시키는 것을 연쇄짓기라고 함 예) 문을 열고 자리에 앉음 → 종업원이 물을 따라주며 메뉴판을 줌 → 메뉴판을 보고 주문 → 음식이 나옴 → 음식을 먹음 → 계산을 하고 나옴

- **조작적 학습에 영향을 주는 변인**

수반성	행동과 그 결과 사이의 상관의 정도
근접성	행동과 그것을 강화하는 결과 사이의 시간간격
강화물의 특징	강화물의 크기, 행동의 특징, 동기화조작 등

- **일상에서의 조작적 조건형성**

통찰적 문제해결	개체의 강화 내력에 의해 통찰이 나타나는 것으로 보임
창의성	독창적인 행동에 긍정적인 결과가 따라오면 사람들은 창의적이 될 가능성이 높아짐
학습된 무기력	어떠한 결과를 피할 수 없다는 사실이 무기력을 가져옴
학습된 근면성	위와 반대로 끈질기게 노력하는 것 또한 학습할 수 있음

- **조작적 조건형성의 생물학적 제약**

향본능표류	행동이 선천적인 고정행위패턴 쪽으로 돌아가려는 경향
자동조성	유기체가 하는 반응과 무관하게 자극 뒤에 강화물이 따르는 절차

제2절 강화

- **강화의 종류**

정적 강화	어떤 행동의 후속결과가 그 행동을 이후에 발생시킬 가능성을 증가시키는 것 예) 칭찬, 인정, 돈, 등
부적 강화	행동이 어떤 자극의 제거나 자극강도의 감소를 통해 증가하는 것 예) 소음, 악취, 체벌 등

■ 강화물의 종류

일차강화물	• 무조건강화물이라고도 함 • 선천적으로 효과가 있어 보이는 것으로 학습경험에 의존하지 않는 강화물 예 음식이나 물, 성적 자극, 잠 등
이차강화물	선천적인 것이 아니라 학습에 의존하는 강화물
자연적 강화물	어떤 행동을 했을 때 자연적으로 생겨나는 사건
인위적 강화물	어떤 행동을 수정시킬 목적으로 만들어지는 사건

■ 강화계획

연속강화	• 어떤 행동이 일어날 때마다 강화를 하는 것 • 반응률이 매우 빠르게 증가됨
고정비율계획	정해진 수만큼 반응이 일어난 후에 강화가 주어지는 것
변동비율계획	• 요구되는 반응의 개수를 평균 횟수를 중심으로 강화하는 것 • 매우 강력한 강화계획
고정간격계획	• 일정한 시간이 지난 후 처음으로 일어나는 학습된 행동에 강화를 하는 것 • 강화가 오는 시간이 가까워져야 반응의 비율이 증가됨
변동간격계획	시간간격을 어떤 평균을 중심으로 하는 강화계획
소거	• 이전에 강화된 행동 다음에 강화물이 절대 따라오지 않음을 말함 • 소거를 하나의 강화계획으로 보기는 어렵지만 고정비율계획으로 생각할 수 있음

■ 강화계획에서 수행에 영향을 주는 요인

일반적 요인	학습자가 생각하는 가치, 제시속도, 강화의 지연 등이 있음
행동운동량	유기체의 운동량과 조작적 행동의 행동운동량 사이에 유사성이 있음

제3절 처벌

■ 처벌

① 행동의 결과로 인한 행동강도의 감소를 의미
② 행동에는 결과가 있어야 하며 그 행동의 강도가 감소해야 함
③ 행동강도의 감소가 행동의 결과로 인한 것이어야 함

■ 처벌의 유형

정적 처벌	어떠한 자극이 나타남으로써 행동이 약화되거나 줄어드는 것 예 꾸중, 벌, 매 등
부적 처벌	어떤 자극의 제거 혹은 그 강도의 감소에 의해 행동이 약화되는 것 예 벌금, TV 시청시간 감소 등

■ 처벌에 영향을 주는 요인

수반성	행동에 처벌이 일관되게 뒤따라야 한다는 것
근접성	즉각적인 처벌이 목표행동에 작용할 가능성이 더 높음
처벌자극의 강도와 최초수준	• 처벌자극의 강도가 강할수록 처벌된 반응이 더 많이 감소함 • 강력한 처벌로 시작하는 것이 효과적
강화를 얻는 방법	강화를 얻는 대안적인 수단이 있을 때 처벌이 원래 반응을 완전히 억압

■ 처벌의 문제점

① 처벌은 공포나 분노 같은 감정을 유발
② 처벌된 행동뿐 아니라 때때로 모든 행동을 전반적으로 억압하기도 함
③ 학대로 연결될 수 있음
④ 개인이 처벌을 회피하려고 속이거나 거짓말, 자살을 택하기도 함

제4절 강화의 이론

■ 정적 강화이론

추동감소이론	• 동물과 사람은 추동(Drives)이라는 동기상태 때문에 행동을 함 • 추동이란 모든 행동을 뜻함 • 이 이론으로 모든 것을 설명할 수는 없음
프리맥(Premack) 원리(=상대적 가치이론)	• 강화물이 일반적으로 자극으로 간주되지만 강화물을 행동으로 볼 수 있다고 주장 • 행동의 강화적 속성은 상대적 가치로 결정됨 • 어떤 두 반응 중 더 일어남직한(고확률) 행동이 덜 일어남직한(저확률) 행동을 강화 • 선호하는 행동을 하기 위해 한 사건이 강화적 속성을 갖게 되는 것
반응박탈이론	유기체가 어떤 행동을 정상적인 빈도로 하는 것을 금지당했을 때 그 행동이 강화력을 가짐

■ 회피이론

회피	현재 혐오자극이 존재하지는 않지만 미리 특정행동을 함으로써 혐오자극이나 상황이 발생하지 않게 되는 경우를 말함
도피	혐오자극을 감소시키거나 제거하는 반응을 획득하는 것
2과정이론	파블로프식 학습과 조작적 학습이라는 두 종류의 학습경험이 회피학습에 관여한다고 주장
1과정이론	회피에 조작적 학습이라는 한 가지 요인만 관여한다고 주장

■ 처벌이론

초기 이론들	처벌된 행동이 정서적 반응에 의해 효과적이지만 단지 일시적으로 억압될 뿐이라고 함
2과정이론	• 회피이론과 유사하게 처벌에 파블로프식 절차와 조작적 절차가 모두 관여한다고 주장 • 1과정이론에 밀리게 됨
1과정이론	회피이론과 유사하게 조작적 학습의 과정이 개입된다고 주장

제5절 학습현장에서의 활용

■ 조작적 학습의 활용

① 조작적 학습은 정상적인 발달에 절대적으로 필요함
② 언어, 자기통제, 근면성, 자기지각, 무기력 등은 모두 학습되는 것들임
③ 학습내력에 문제가 있는 사람이 위의 것들에 대해 문제가 발생한 경우가 많았음
④ 학교, 직장 등에서 적절한 강화를 활용해 긍정적 결과를 불러올 수 있음
⑤ 임상장면에서 조작적 학습을 적용해 자해, 망상, 마비 등을 효과적으로 치료할 수 있음

제4장 관찰학습

제1절 관찰학습과 모방

■ 관찰학습의 역사적 배경

① **밀러와 달라드의 모방 행동의 범주**
  ㉠ 동일 행동 : 둘 이상의 사람들이 같은 상황에서 같은 방식으로 반응할 때 일어남
  ㉡ 복사/모사 행동 : 어떤 사람의 행동이 다른 사람에 의해 안내받는 것
  ㉢ 맞춤(배합)-의존 행동 : 관찰자가 모델의 행동을 맹목적으로 반복하는 것을 강화받는 경우
② 인간 외의 다른 동물들이 같은 종의 다른 동물을 관찰하는 것으로 복잡한 학습을 할 수 있고, 강화가 없이도 가능
③ **사회적 관찰학습** : 능동적 모델 유형이라고 부를 수 있으며 전통적으로 관찰학습으로 간주되어 온 것을 가리킴
④ **비사회적 관찰학습** : 모델이 없는 상태에서 관찰된 사건으로부터의 학습으로 이루어짐
⑤ **모방** : 모방하기는 '모델이 있거나 없거나 상관없이 관찰된 행위를 수행하기'로 모델의 행동을 닮은 방식으로 행동하는 것
⑥ 과잉모방은 결과에 영향을 주지 않는 무관한 행동을 모방하는 경향성을 의미
⑦ 한 모방 행동을 강화하게 되면 다른 모방 행동의 수행도 증가하게 되는데 이것을 모방 일반화라고 함

- **관찰학습**
  ① **반두라의 관찰학습** : 인간은 간접적 또는 대리적 경험에 의해 영향을 받는데, 다른 사람의 경험을 관찰하는 것이 행동에 영향을 줌
  ② **관찰학습의 과정**
      ㉠ 주의 과정 : 모델로부터 무언가를 학습하기 위해서는 모델에 주의를 기울여야 함
      ㉡ 파지 과정 : 정보는 심상으로 그리고 언어적으로 유지되는 파지 과정으로 저장됨
      ㉢ 운동재현 과정 : 운동재현 과정은 학습된 것이 얼마나 수행으로 변화되는가를 결정함
      ㉣ 동기 과정
          • 관찰자들은 자신도 특정 행동 후에 강화받을 것이라는 기대를 형성함
          • 강화는 학습을 수행으로 변화시키는 유인가로 작용
  ③ **관찰학습에 영향을 주는 변인** : 과제의 난이도가 어려울수록, 숙련된 모델(과제의 적절한 수행법)과 비숙련된 모델(효과가 있고 없고의 비교), 매력적이고 호감가는 모델, 관찰자의 종(인간이 가장 많은 것을 얻음), 관찰된 행동의 결과, 관찰자의 행동의 결과
  ④ 거울뉴런은 다른 동물의 행동을 뇌에 저장하고 같은 행동의 수행을 촉진하는 하나의 방법으로 밝혀짐
  ⑤ **상호결정주의** : 반두라는 사람, 환경, 사람의 행동 그 자체가 모두 상호작용하면서 사람의 행동을 만들어 낸다고 함

제2절 관찰학습의 이론

- **주요 이론적 개념**
  ① **자기효능감**
      ㉠ 자신이 성과를 달성하기 위해 필요한 행동을 조직하고 실행할 수 있는 능력을 가지고 있다는 믿음을 의미
      ㉡ 자기효능감 형성에 영향을 주는 네 가지 요인 : 실제 수행 경험, 대리 경험, 사회적(언어적) 설득, 정서적 각성/생리적 상태
  ② **자기조절** : 인간의 행동이 일반적으로 자기 조절적 행동으로 통제됨
  ③ **사회인지이론** : 반두라는 자신의 이론을 톨먼의 이론, 밀러와 달라드의 이론과 구분하기 위해 사회인지이론이라는 용어를 사용. 사회인지이론의 관점에서 인간의 기능은 개인적 특성, 행동, 환경이라는 세 가지 요인이 지속적, 역동적으로 상호관계를 맺음으로써 결정됨

④ 관찰학습의 활용
  ㉠ 모국어를 비롯해 유아들도 관찰학습을 통해 배울 수 있음
  ㉡ 학교수업, 발달장애 학습, 자폐 아동에게도 관찰학습을 통해 기술을 습득시킬 수 있음
  ㉢ 공포를 치료하는 데 모델링을 통한 대리소거의 방법을 활용할 수 있음
  ㉣ 신문, TV, 영화도 많은 것을 배울 수 있는 모델로서 작용함

제5장 지각학습

제1절 지각학습의 특성

■ 학습의 종류

연합학습	비연합학습	인지학습
• 고전적 조건형성 • 조작적 조건형성	• 습관화 • 민감화	• 통찰학습 • 잠재학습 • 관찰학습

■ 비연합학습 : 자극과 자극, 또는 자극과 반응이 연합되어 나타나지 않고, 단지 한 번에 하나의 독립된 자극만이 주어짐으로써 나타나는 학습

습관화	자극에 반복노출된 후에 그 행동의 강도 또는 발생빈도가 감소하는 것
민감화	과거에 어떤 반사반응을 유발하는 자극에 미리 노출됨으로써 비슷한 자극에 대해 반응강도나 확률이 증가하는 것
점화	정보처리과정에서의 '예열'이라 할 수 있는데, 대체로 사전정보를 이용함으로써 자극의 탐지나 확인능력이 촉진되는 것

■ 지각학습

단순노출학습	노출 이외에 그 어떤 외현적 촉진이나 피드백, 강화물이 전혀 존재하지 않음에도 학습이 발생
변별학습	표적자극을 이해하고, 표적 및 표적과 유사한 자극 사이의 차이를 정확히 확인하는 능력이 학습되는 것
공간학습	우리 주변에 대한 정보를 습득하는 것을 공간학습 또는 장소학습이라고 함

■ 비연합학습의 모델

이중과정이론	습관화와 민감화가 서로 독립적이지만 평행적으로 작용함을 제안
비교기모델	새로이 형성된 표상과 이전에 경험했던 자극에 대한 기억을 비교하여 친숙한 자극에 대한 반응은 감소되는 습관화가 됨
변별이론	반복노출을 통해 뇌가 하나의 자극에 더 많은 정보를 수집해 더 정확한 변별판단을 할 수 있게 함

제2절 지각기술학습

■ 지각기술

숙련기억	오래 유지되고 반복적 경험을 통해 향상됨
지각-운동기술	예를 들면 신발을 신고, 연필을 잡고, 자전거를 타고, 달리기를 하고, 춤을 추는 것을 말함
인지기술	지각-운동기술 외에 연습을 통해 향상되는 능력들로 전략게임, 표준화된 시험, 요리하기 등은 인지기술을 요하는 활동들임

■ 기술획득과 암묵적 학습
① 연습은 특정기술을 수행하는 데 요구되는 시간을 감소시킴
② 피드백은 수행향상에 도움을 줌
③ 숙련기억을 향상시키는 데는 연습방식뿐 아니라 연습과정 동안 노력의 배분방법에도 영향을 받음
④ 암묵적 학습은 인식하지 못하는 학습이며 어떠한 학습을 한다는 인식 없이 특정기술을 수행하는 것을 배우는 것
⑤ 개인이 더 이상 학습한 기술을 사용하지 않을 때에는 그 과정을 기술퇴화라고 함

■ 전문기술과 숙련기억의 모델
① 사람마다 무언가를 처음 시작할 때 기술수준이 다르고 연습을 통해 향상할 수 있는 수행수준이 다름
② 기술수행능력이 처음에 없던 사람도 연습을 통해 타고난 자질을 가진 사람보다 더 능숙한 기술을 발휘할 수 있음
③ 행동연쇄란 특정한 순서로 발생하는 연속적 행동을 의미하며 연쇄의 마지막 행동이 완성되면 일차강화물이 뒤따름

■ 신경시스템과 임상적 관점

신경 메커니즘	숙련기억의 형성과 회상과 관련된 뇌영역은 기저핵, 대뇌피질, 소뇌
기술장애	실행증은 대부분 머리 부위의 부상이나 뇌졸중에 의한 대뇌피질의 손상으로부터 비롯됨

제3절 행동학습

■ 운동기술의 특징

비연속적 동작	시작하자마자 바로 끝나는 운동을 가리킴 예 급브레이크 밟기
폐쇄고리동작	동작의 정확한 진행에 관한 피드백을 계속 받으면서 반응해야 함
열린고리동작	비연속적 동작은 매우 급히 발생하기 때문에 오류가 발생한다 해도 그것을 대처하거나 교정할 시간이 없는데, 이를 열린고리동작이라 부름

■ 운동학습과 수행에 영향을 주는 변인

강화	강화의 유무가 수행향상에 영향을 줌
결과지식	• 반응의 정확성에 대한 피드백을 말함 • 이것은 강화와 처벌적 측면에서 주는 피드백이 아님
수행지식	복잡한 운동의 일련의 구성성분에 관한 정보제공을 말함
관찰학습	• 어떤 운동기술은 관찰을 통해 획득됨 • 직접적인 연습과 함께 이루어질 때 특히 유익함

■ 운동기술학습이론

아담스의 2단계이론	• 지각흔적은 정확한 반응이 어떤 느낌인지 인식하는 것을 학습하는 것 • 운동흔적은 그 반응을 일관성 있게 산출하는 것을 학습하는 것
슈미트의 도식이론	사람들이 구체적인 과거동작과 그 결과에 대한 정보를 가지고 있는 것이 아니라 오히려 지각도식과 운동도식을 발달시킨다고 주장
맥락간섭이론	연습 기간 동안 고도의 맥락간섭이 결국 장기적으로 더 나은 수행을 이끌어 낸다는 것

제4절 자극일반화, 변별, 자극통제

■ 자극일반화(stimulus generalization)

① 훈련에 포함되지 않았던 자극이 나타났을 때 학습된(훈련된) 행동이 나타나는 것을 '일반화'라고 함
② 새로운 자극이 훈련자극과 유사할수록 유기체가 새로운 자극이 마치 훈련 자극인 것처럼 반응할 가능성이 더 높음

■ 일반화, 변별, 자극통제의 응용

① 심적 회전(mental rotation) : 원래 모양과 회전된 모양을 비교할 때 회전량이 일정하게 증가함에 따라 반응시간도 일정하게 증가함(선형적 관계)
② 심적 회전의 그래프는 일반화 그래프와 매우 흡사함
개념은 특정한 사물, 사건이나 상징적인 대상들의 공통된 속성을 추상화하여 종합화한 것

- **일상에서의 변별학습 – 개념(concept) 형성** : 개념에는 일반화와 변별이 모두 필요한데, 어떤 개념의 유목 내에서는 일반화가, 개념의 유목과 다른 개념 유목들 사이에는 변별을 해야 함

- **일상에서의 자극통제 – 금연 실패** : 흡연을 비롯한 약물 사용은 자극통제 하에 있음

- **일반화와 변별이론**
  ① 파블로프는 일반화가 일어나는 이유가 어떤 자극이 뇌에서 CS+의 영향을 받는 부분 근처에 있는 영역을 흥분시키기 때문이라고 함
  ② 스펜스는 흥분성 기울기와 억제성 기울기 사이의 차이가 새로운 자극에 대한 반응을 예언한다고 함
  ③ 래슐리와 웨이드는 유기체가 관련 자극들에 대한 경험이 너무 적어서 자극들 간에 변별을 하지 못하기 때문에 일반화가 일어난다고 주장

제6장 기억

제1절 기억의 측정

- **기억의 측정 방법**
  ① **자유회상** : 이전에 학습한 행동을 다시 수행하는 것
  ② **촉구회상** : 훈련 시에 존재하지 않았던 촉구자극(힌트)을 제시하여 다시 수행하도록 하는 것
  ③ **재인** : 과거에 학습한 항목을 확인하는 것으로 선다형 문제를 푸는 것은 재인을 검증하는 것
  ④ **재학습** : 과거의 수행 수준에 도달하기 위해 필요한 추가 훈련의 양을 통해 망각을 측정
  ⑤ **소거법** : 어떤 행동이 강화를 받지 못하여 사람이나 동물이 그것을 수행하지 않기를 학습한 것

제2절 인간 정보처리모형

- **작업기억에서의 정보처리** : 작업기억에서 벌어지는 정보처리에는 단기기억에 보관된 정보를 갱신하는 일, 그 정보를 인출하는 일, 반응을 선택하는 일이 포함됨

- **주의집중에 영향을 미치는 요인**
  ① 움직임, 크기, 강도, 신기성, 부조화, 사회적 단서, 정서, 사적 중요성 등이 있음
  ② 일반적으로 더 크고 움직임이 많고 이해되지 않는 것에 사람은 주의가 끌리게 됨

■ 작업기억의 용량과 저장형식
　① 감각등록기와 달리 아주 제한된 용량을 가짐
　② 사람들이 한 번에 작업기억 안에 기억할 수 있는 단위의 평균 단위수는 약 5~9개
　③ 청킹으로 불리는 정보조각들을 묶는 과정은 작업기억의 한정된 공간에 붙잡아둘 수 있는 정보의 양을 증가시킴
　④ 정보가 언어에 기초한 것이면, 정보 대부분은 청각적 형식으로 부호화된 것으로 보임

제3절 망각의 원인

■ 망각의 종류
　① **부호화실패** : 우리가 알아차리지 못한 감각의 대부분 그리고 부호화에 실패한 것들을 기억해낼 수는 없음
　② **인출실패** : 인출문제는 나이 든 사람들이 자주 겪는 기억실패의 원인이며 설단현상에 의한 망각으로 더 자주 좌절을 경험함
　③ **순행간섭** : 기존의 학습내용이 새로운 정보의 회상을 방해할 때 일어남
　④ **역행간섭** : 새로운 학습이 기존정보의 회상을 방해할 때 일어남
　⑤ **동기적 망각** : 프로이트에 의하면 우리는 현실적으로 용납될 수 없는 문제나 경험들을 무의식 속으로 억압함으로써 망각이 이루어진다고 봄
　⑥ 정서는 기억이 저장될 때뿐만 아니라 그것이 회상될 때에도 영향을 줌

■ 망각의 원인
　① 학습이 잘 되었을수록 망각될 가능성은 낮음
　② 유창성이 높을수록 망각률이 낮음
　③ **사전학습** : 의미있는 내용은 기억하기가 쉽다는 것
　④ **후속학습** : 학습 이후 추가적인 활동을 하면 학습한 내용의 망각이 일어남
　⑤ **맥락의 변화** : 학습한 환경과 맥락이 달라지면 망각이 잘 일어남
　⑥ **단서의존망각** : 맥락 자극들은 행동을 유발하는 단서의 역할을 하고 나중에 이런 단서들이 없으면 수행이 저하되는 것을 의미
　⑦ **상태 의존적 학습** : 학습자도 학습이 일어나는 맥락의 일부이므로 학습자가 변화하면 망각에 영향이 있음
　⑧ **정서상태** : 훈련 도중의 기분과 일치될 때에는 회상이 매우 좋았고, 그렇지 않을 때에는 수행이 좋지 않았음

제4절 기억 개선 방안

- **기억에 영향을 주는 요인**: 주의집중, 사전지식, 정보는 작업기억 안에 있는가

- **기억 증진법**: 과잉학습, 피드백 받기, 분산학습, 셀프 테스트, 기억술 활용, 맥락단서 이용, 문제 해결 식접근, 간섭을 최소화, 충분한 휴식

제7장 학습의 한계

제1절 유전과 학습

- 동물들이 가진 신체 구조는 학습에 대한 한계를 정함

- 종과 개체에 따라 타고난 유전적 소인에 따라 학습의 정도는 달라짐

- 신경계 손상, 신경독, 두부손상 등은 학습을 제한하는 요인

- 동물이 특정한 종류의 행동을 학습할 가능성이 높은 일생의 한 시점(결정적 시기)이 있음

- 어미가 없을 때 처음으로 본 움직이는 물체에 애착을 보이는 것을 각인이라고 함

- 사회적 행동/모성행동/사회적 기술 등은 생후 초기에 형성되어 결정적 시기가 존재함

- 인간의 언어학습의 결정적 시기는 생후 12세 정도임

제2절 학습의 생물학적 한계

■ 같은 종에 따라서도 맛혐오에 대한 연합은 다름

■ 셀리그만은 어떤 학습 상황에 처한 유기체는 그 학습을 하도록 유전적으로 준비되어 있고, 준비되어 있지 않거나, 그 학습을 하지 않도록 준비되어 있다고 주장했는데, 이것을 그래프로 나타낸 것을 준비된 연속선이라고 함

합격의 공식 시대에듀

교육은 우리 자신의 무지를 점차 발견해 가는 과정이다.

- 윌 듀란트 -

제 1 장

학습의 본질

제1절	학습의 정의
제2절	학습의 연구방법
제3절	학습 연구의 역사
실전예상문제	

교육이란 사람이 학교에서 배운 것을 잊어버린 후에 남은 것을 말한다.

– 알버트 아인슈타인 –

제1장 학습의 본질

[학습목표]
학습이라는 표현에 대한 우리의 고정관념은 기본적으로 학생들이 무언가를 배우는 것이라는 생각이다. 일반적으로 학습이라고 하면 읽기, 쓰기를 비롯해 다양한 영역의 지식을 포함해 학습 습관을 기르는 것 등에 관한 것들을 떠올리게 한다. 학습심리학은 교실에서 일어나는 학습만을 강조하는 것이 아니다. 학습은 인간만이 가지고 있는 능력이 아니기 때문에 학습심리학의 연구는 인간에게만 제한을 두지는 않는다. 학습심리학은 학습 과정뿐 아니라 그 결과로 발생하는 자기적인 행동 모두에 대해서도 연구하는 것이다.

제1절 학습의 정의

1 학습의 개념

(1) 학습의 정의

『American Heritage Dictionary』에 따르면 학습은 "경험이나 연구를 통해 지식과 이해, 숙달을 얻는 것"으로 정의하고 있다. 그러나 이 정의에는 추상적인 단어들이 포함되어 있기 때문에 대부분의 심리학자들은 이 정의를 수용하고 있지 않다.

① '학습이 되었다'는 말의 의미는 학습이 일어나기 전에는 수행할 수 없는 행위가 학습 후에는 할 수 있게 되는 것을 말한다.
② 학습은 인간의 행동이나 행동 잠재력이 지속적으로 변화하는 것을 말한다.
③ 킴블(Gregory A. Kimbl, 1961)은 학습을 "강화된 훈련의 결과로 나타나는 행동 잠재력의 비교적 영속적인 변화"라고 하였다.
④ 킴블의 정의는 경험의 중요성을 강조하고 있는데, 경험이란 강화된 훈련, 자극과 반응의 인접, 정보의 습득 등을 말한다.
⑤ 경험은 학습 외의 다른 과정(피로 유발 등)을 야기할 수 있다.
⑥ 많은 심리학자들은 학습을 관찰 가능한 행동에서의 변화로 정의하는 것을 선호한다.

(2) 학습의 조건
① 학습의 결과는 관찰 가능한 행동에서의 변화로 나타나야 한다.
② 행동의 변화는 일시적이거나 고정불변하지 않아야 하며 비교적 장기적으로 나타나야 한다.
③ 행동할 수 있는 잠재력을 가지고 있지만 바로 행동으로 나타나지 않을 수 있다. 따라서 학습 후에 행동의 변화가 즉각적으로 나타날 필요는 없다.
④ 행동의 변화나 행동 잠재력은 성숙이나, 약물의 사용, 질병 때문에 생기는 일시적인 것이 아니라 훈련이나 경험을 통해 나타난다.
⑤ 학습은 정신적인 표상이나 연합을 포함하는데 이것은 뇌에 기초하는 것으로 보인다.
⑥ 강화를 받은 경험이나 훈련이 학습된다.

> **보상과 강화의 차이**
> 강화는 강화인이 나타나기 바로 직전의 행동을 강화시킨다. 반면 보상은 적지 않은 시간과 에너지를 투자해야 달성할 수 있는 업적이나 행동에 대해 따르는 것이다. 바람직한 행동은 보상이 주어지기 훨씬 이전에 나타나기 때문에 보상이 바람직한 행동을 강화시켰다고 보는 것은 어렵다. 스키너(Skinner, 1986)에 따르면 강화인은 행동을 강화시키지만 보상이 행동을 강화시키지 않는다고 하였다.

(3) 학습과 행동
① 학습이 비교적 영구적인 것이라는 전제에 근거하면 민감화와 습관화의 과정은 학습이라고 간주된다.
② 민감화는 유기체가 환경의 한 측면에 대해 더욱 민감하게 반응할 수 있도록 하는 과정이다. 예를 들어 벌에 한 번 쏘인 사람은 벌 소리에 민감하게 되어 자신을 보호하게 된다.
③ 과민증이라고 하는 것은 민감화의 한 형태이다.
④ 습관화는 유기체가 환경에 덜 반응하도록 하는 과정이다. 예를 들어 공항 근처에서 살아온 사람은 비행기 소리에 익숙해져 소음으로 느끼지 못 하게 된다.
⑤ 학습은 즉각적으로 일어나지 않을 수 있다.
⑥ 행동이 즉각적으로 변화하지 않아도 행동을 할 수 있는 잠재력이 있다면 학습이 되었다고 할 수 있다.
⑦ 학습은 행동 잠재력의 변화를 포함하며, 수행은 학습된 잠재력이 행동으로 전이된 것이다.

(4) 학습과 유사한 행동
① 모든 행동이 학습된 것은 아니다.
② 대부분의 행동은 반사적인데, 반사란 특정 자극에 학습되지 않거나 선천적인 반응을 말한다. 예를 들어, '콧속에 먼지가 들어가서 재채기를 한다.', '뜨거운 그릇을 만지면 즉시 손을 뗀다.' 등의 행동을 말한다.

③ 선천적(유전적)으로 나타나는 복잡한 행동을 본능이라고 한다. 예를 들면, 동물들의 동면, 짝짓기, 둥지 틀기 등이 있다.
④ 종 특유 행동은 본능적인 것인데 특정한 행동에서 특정한 종이 보여주는 복잡하고 학습되지 않은 비교적 수정되지 않은 행동을 의미한다.
⑤ 종 특유 행동이 완벽하게 유기체에 따라 결정되는지 학습이 개입되지 않는지에 대해 논의가 계속되고 있다.
⑥ 종 특유 행동 중 몇몇은 학습될 수 있고 선천적일 수도 있다. 예를 들어 각인은 결정적 기간에 나타나는데 이 기간이 지나면 발생하기 어렵고 각인에는 학습된 행동과 본능적인 행동이 혼합되어 있다.
⑦ 행동 변화를 학습으로 보기 위해서는 비교적 영구적이며 경험을 통해 그 행동이 이루어져야 하며, 유기체가 경험과 별개로 복잡한 행동 유형을 보인다면 그 행동은 학습된 것으로 보기 어렵다.

> **용어 설명**
>
> **각인**: 유기체와 환경 대상 간의 애착 관계를 이르는 말로, 새로 태어난 오리들이 태어났을 때 본 움직이는 대상을 엄마라고 여기면서 애착을 보이는 것을 말한다. 오리는 유전적인 특성 때문에 짧은 기간 동안 움직이는 대상에 대해 민감하게 반응하며, 이 기간 동안 대상을 따르는 강한 습관을 형성하게 된다.

2 학습의 중요성

(1) 인간과 동물의 학습의 차이

많은 동물들이 인간과 비교해서 무언가를 더 쉽고 잘할 수 있는 것으로 보인다. 예를 들어 조류의 집 짓는 기술이나 계절에 따른 이동, 새끼를 키우는 방식 등은 이미 가지고 태어나는 것으로 보인다. 따라서 우리 인간이 배워야 할 수 있는 것보다 앞서 있는 것으로 보인다. 그러나 사람은 조류보다 앞서 있다. 우리는 더 튼튼하고 아름답고 안전한 집을 짓는 것을 배우며, 더 편리한 운송기술을 가지고 우리가 원하는 곳으로 이동할 수 있으며, 자녀를 더 잘 양육해서 이전 세대보다 더 건강하고 강하게 성장하도록 할 수 있다. 조류는 수 세기 동안 행동해온 방식을 그대로 살아가지만 사람은 많은 지식과 다양한 행동들을 발전시켜 지구상에 존재하는 어떤 종보다 더 많은 유연성과 적응력을 가지고 있다.

우리의 행동은 본능적인 것이 거의 없고 많은 것들이 학습된 것이기 때문에 우리는 우리의 경험으로부터 이익을 얻을 수 있다. 우리는 어떤 행동이 성공적인 결과를 이끌고 그렇지 않은지를 발견하고 그에 따라 행동을 수정할 수 있다. 이전 세대에서 경험한 지혜를 다음 세대에 넘겨주기 때문에 각 세대가 더 발전된 행동을 하는 것이다.

인간 이외의 많은 동물들도 일생 동안 많은 것을 배운다. 생존과 관련된 것뿐 아니라 애완동물들이 산책 전에 목줄을 매는 것이라든지 심지어 태국의 코끼리가 그림을 그리는 것도 학습으로 가능한 일이다.

그러나 동물들이 배울 수 있는 것은 한계가 있다. 인간들은 다른 동물이 할 수 없는 방식으로 생각하고 배우는 능력을 물려받는 것으로 보인다. 인간이 사는 구체적인 환경은 인간이 어떤 지식과 기술을 배울 것인지에 커다란 영향을 끼치며 다양한 상황과 환경에 적응할 수 있는 인간의 능력은 다른 동물들의 능력을 훨씬 능가한다.

(2) 학습연구의 의미
① 학습 원리에 대한 연구는 우리가 행하는 행동의 원인이 무엇인지를 이해하는 데 많은 도움이 된다. 학습 과정은 정상적이고 적응적인 행동에 대한 이해뿐 아니라 부적응적이고 비정상적인 행동에 대한 이해도 높여준다.
② 학습 원리는 자녀의 양육에도 도움이 된다. 우리가 일반적으로 바람직한 특성이라고 여기는 행동을 만드는 학습 경험에 대한 이해는 부모들이 자녀들을 바람직한 특성을 기르도록 하는 환경을 조직화하고 부적응적인 행동을 유도하는 학습 경험을 피할 수 있게 할 것이다.
③ 학습 원리는 교육 장면에서 실제적으로 유용할 수 있다. 현장에서 이용되는 여러 교육 프로그램들이 학습 과정에 대한 연구를 통해 밝혀진 원리들을 적용한 것들이다. 학습 과정에 대한 지식이 늘어나면 현장 교육도 보다 효율적이고 효과적으로 될 것이다.

3 학습의 종류

조건화(conditioning)는 행동을 변화시키는 과정을 기술하기 위해 사용된 특수한 용어이다. 많은 학습 이론가들은 조건화의 두 가지 유형, 고전적 조건화(classical conditioning)와 조작적 조건화(instrumental conditioning)를 통해 복잡한 행동을 이해할 수 있다고 주장한다. 그러나 다른 학자들은 이 두 가지에만 관심을 가지면 광범위한 인간의 행동을 간과하게 된다는 사실을 주장한다.

(1) 고전적 조건화
자극과 반응 사이의 자연적 생리적 관계를 이용하여 서로 관계가 없는 자극(음식, 종소리)에 대해서 동일한 반응(타액 반응)을 학습시킨 파블로프(Pavlov)의 유명한 실험을 근거로 하고 있다.
① 개에게 음식을 제공했을 때 침을 흘린다는 것은 자연적 생리적 현상이다.
② 종을 치면서 음식을 주는 일을 반복하게 되면 종소리라는 자극과 침을 흘리는 반응 사이에 연관이 형성되어 결국 종만 쳐도 개가 침을 흘린다.
③ 이때 음식물은 무조건자극(unconditioned stimulus : US), 침을 흘리는 반응은 무조건반응(unconditioned respond : UR)이다.
④ 종소리를 듣고 침을 흘렸을 때 종소리는 조건자극(conditioned stimulus : CS), 침을 흘리는 반응은 조건반응(conditioned respond : CR)이라고 부른다.

(2) 조작적 조건화

① 조작적 조건화에 대한 연구를 위해 스키너 상자(Skinner box)가 사용되었다.
② 유기체의 행동은 행동 뒤에 발생하는 결과가 강화적이냐 처벌적이냐에 따라 결정된다. 즉, 유기체의 행동은 외부 환경에 의해 조절될 수 있다는 것이다.
③ 조작적 조건 형성의 관점에서 인간을 포함하는 유기체의 행동은 결과에 의해 생성, 수정, 소멸된다.
④ 유기체의 행동은 자극통제를 이용한 외부적인 조절을 통해 변화가 가능하다.
⑤ 강화인에 따라 행동을 증가시키기도 감소시키기도 할 수 있다. 즉, 조작적 조건 상황에서 동물의 행동은 자신이 원하는 것(강화)을 받기 위한 도구라고 할 수 있으며, 또한 같은 맥락에서 행동을 감소시키거나 제거하는 것으로 처벌을 피할 수 있다.
⑥ 조작적 조건 형성은 강화와 처벌의 원리에 대한 체계적인 이해와 외부 환경과 행동, 그리고 행동 결과의 연합을 과학적으로 설명했다는 데 중요한 의미가 있다.

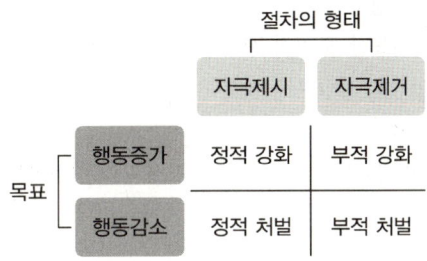

(출처: 한국심리학회)

제2절 학습의 연구방법

1 과학적 연구

(1) 과학의 관점

① 과학은 지식의 기원에 대해 두 가지 철학적 관점을 취한다.
② 첫 번째 관점은 합리주의로 사고, 추론, 논리를 통해 지식의 획득이 가능하다는 것이다. 합리주의자들은 정신 작용을 강조하였다.
③ 두 번째 관점은 경험주의로 모든 지식은 감각적으로 경험해야 한다는 것이다. 경험주의자들은 경험과 지식을 동일시하였다.
④ 과학은 경험주의와 합리주의 관점을 포함하여 강력한 인식 도구를 생성하였다.
⑤ 경험주의와 합리주의는 과학적 이론에서 하나로 합쳐진다.

(2) 이론과 가설
① 과학적 이론은 형식적 측면을 가지는데 이것은 이론이 숫자나 단어와 같은 추상적인 것을 포함한다는 의미이다.
② 과학적 이론은 경험적 측면을 가지는데 이것은 이론이 설명하고자 하는 물리적 사상(event)으로 구성되어 있다.
③ 이론이 타당한 것처럼 들릴 수 있어도 엄격하게 실험을 통한 검증을 하지 못한다면 과학적 의미를 가질 수 없다.
④ 이론은 자료를 설명하고 미리 실험 결과를 예측하는 데 사용되는 상호 관련된 개념의 집합이다.
⑤ 가설은 이론(일반적이고 포괄적인)에서 도출된 특정한 예측이다.
⑥ 현재 활용되고 있는 이론들은 수많은 가설을 통해 확증을 받은 것들이다. 즉 이론적 구조는 많은 관찰로 이루어져 있다.
⑦ 새로운 데이터가 기존의 이론에서 도출된 가설을 반박하기 시작할 때 과학자들은 새로운 이론을 구성하거나 이전의 이론을 수정하기 시작한다.
⑧ 이론은 궁극적으로 관찰 가능한 물리적 사상과 관련이 있어야 한다.
⑨ 과학적 법칙은 두 가지 이상의 사상 사이에서 지속적으로 관찰 가능한 관계로 정의되어야 하며, 모든 과학은 법칙을 발견하고자 한다.
⑩ 이론은 간략성의 원리를 따르는데 이것은 한 가지 사상을 설명하는 두 가지 이론이 모두 효과적일 때 더 간단한 이론을 활용한다는 것이다.

2 학습연구 방법

(1) 학습의 측정치

학습을 측정하는 것은 행동의 변화를 측정하는 것이다. 학습은 오류의 수, 행동의 양상, 강도, 속도, 잠재기, 비율, 유창성의 변화로 측정한다. 학습을 어떤 정확한 방식으로 측정할 수 있지 않으면 학습을 연구하기는 불가능하다. 측정되고 있는 행동의 변화는 학습의 결과가 아니라 그것 자체가 학습이라는 것이 중요하다.

① **오류**
  ㉠ 오류의 감소를 측정하는 것은 학습 측정의 한 가지 방법이다.
  ㉡ 쥐가 미로를 통과하는 학습을 할 때 훈련이 진행될수록 쥐가 범하는 오류의 수는 점점 줄어들 것이다.
  ㉢ 영어 단어를 학습한다면 철자를 틀리지 않을 때 학습이 되었다고 할 수 있다.

② **양상**
  ㉠ 행동의 양상 즉, 행동이 취하는 형태의 변화로 학습을 측정할 수 있다.
  ㉡ 거울에 비친 두 줄로 된 별 모양을 보면서 별 모양의 두 줄 사이를 따라 그리게 할 때 횟수가 증가할수록 수행이 향상된다.
  ㉢ 어떤 수행의 완성도가 점점 높아진다면 학습이 된다는 것이다.

③ 강도
   ㉠ 행동 강도의 변화를 기록하여 학습을 측정할 수 있다.
   ㉡ 쥐들에게 레버 누르기 학습을 시킬 때 레버의 저항을 증가시켜 레버를 누르는 데 더 많은 힘이 필요하도록 만들 수 있다.
   ㉢ 쥐가 레버에 가하는 압력의 증가는 학습의 측정치가 된다.
   ㉣ 아이에게 노래를 가르친 후 그 노래를 더 부드럽게 부르도록 학습시킬 수 있다.

④ 속도
   ㉠ 행동의 수행 속도 변화는 학습의 측정치가 된다.
   ㉡ 미로 통과를 학습한 쥐는 그렇지 않은 쥐보다 미로를 통과하는 시간이 더 빠르다.
   ㉢ 뜨개질을 처음 배울 때 목도리를 완성하는 시간이 1주일이 걸린다면 익숙해지고 나면 하루에 목도리를 완성할 수 있다.
   ㉣ 학습은 일반적으로 수행을 더 빨리하는 것을 의미하지만 어떤 행위를 느리게 수행하는 것을 의미할 수도 있다.
   ㉤ 식사예절을 학습한다는 것은 허겁지겁 빨리 먹는 것이 아니라 천천히 먹는 것을 의미한다.

⑤ 잠재기(latency, 잠복기)
   ㉠ 학습의 측정치가 잠재시간 즉, 행동이 일어나기까지 경과하는 시간을 의미한다.
   ㉡ 잠재기의 감소가 학습의 측정치가 된다. 예를 들어, 구구단을 처음 배운 학생에게 9×8을 물으면 학생은 한참을 생각해서 답을 하지만 학습이 계속되면 시간은 점점 짧아진다.
   ㉢ 잠재기의 증가가 학습의 측정치가 될 수도 있다. 예를 들어, 신중하게 생각해서 판단해야 한다는 것을 배우면 판단하기 전에 생각하는 시간을 가져야 한다는 것을 배우는 것이다.

⑥ 비율
   ㉠ 행동이 일어나는 비율의 변화로 학습을 측정할 수 있다.
   ㉡ 단위시간 동안 어떤 행동이 발생한 횟수를 의미한다.
   ㉢ 비둘기가 원반을 1분당 5~10회 비율로 쫀다고 할 때 학습의 목표를 원반 쪼기의 비율증가 또는 감소로 할 수 있다.
   ㉣ 비율은 유용한 학습의 측정치인데 행동의 미묘한 변화를 보여주기 때문이다.
   ㉤ 행동률을 기록하는 누가기록기는 행동률이 높을수록 펜이 더 많이 움직이고 잉크 선의 기울기가 더 가팔라진다. 행동률이 낮을수록 더 평평한 선이 그려진다.

⑦ 유창성
   ㉠ 유창성은 오류와 비율을 조합한 학습의 측정치로 분당 정확한 반응의 횟수를 의미한다.
   ㉡ 선생님이 한 자릿수 더하기 문제를 제시하고 학생이 1분 동안 맞춘 정답의 수로 측정한다.
   ㉢ 처음에 학생의 유창성 비율이 분당 10개에서 유창성 비율은 20개로 늘어난다면 학습이 일어났다는 것을 의미한다.

(2) 학습연구의 종류

① 일화
- ㉠ 일화는 개인적인 경험을 직접적으로 혹은 누군가에게 들은 것이다.
- ㉡ 일화적 증거가 상식적 성격을 띠기도 하는데 누구나 다 아는 사실이 항상 옳은 것은 아니다.
- ㉢ 사람들은 일화적 증거를 내세우는 경우가 많은데 그러한 일화가 믿어도 되는 것인지 증명하기가 어렵다.
- ㉣ 일화는 유용한 실마리를 제공하는 장점이 있기는 하지만 학습과학에서는 더 나은 증거가 필요하다.

② 사례 연구
- ㉠ 사례 연구의 의미
  - 일화적 증거가 단순한 일상적 관찰에서 얻어지는 것이라면, 사례 연구는 구체적인 사례 즉, 사회적 현상이나 단위들에 대해 자세하고 깊이 있는 자료를 수집, 집중적으로 탐구하는 것이다.
  - 사회적 단위나 사례는 특정한 교육프로그램, 사건, 교사나 학생, 학교, 기관, 특정 집단 등이 될 수 있다.
  - 사례 연구는 사회적 현상이나 사회적 단위의 특성들이 그 맥락 안에서 이해될 수 있는 상황에 적합한 연구방법이다.
- ㉡ 사례 연구 방법
  - 사례 정하기 : 사례를 선택하기 위한 합리적인 기준을 설정해야 하는데, 연구자가 의도하는 바를 가장 잘 나타내줄 수 있는 사례를 선택하는 '의도적 선택 방법'을 사용할 수도 있다. 사례는 하나 또는 여러 개를 선택할 수 있는데, 사례의 수가 많아질수록 연구의 깊이는 줄어들기 때문에 사례 수는 보통 네 개를 넘지 않는 것이 좋다.
  - 자료수집 : 사례 연구에서 자료의 수집은 참여관찰, 면담, 저널, 각종 문서, 시청각 자료 등과 같은 다양한 정보원을 통해 광범위하게 이루어진다.
  - 자료 분석 : 수집된 자료를 가지고 사례 전체를 분석할 수도 있고 사례의 특정한 측면만을 분석할 수도 있다.
  - 기술 및 해석 : 분석된 자료를 가지고 사례가 존재하는 맥락 내에서 심층적으로 기술하고 해석하고 이론을 생성한다.
- ㉢ 사례 연구의 장점과 단점
  - 특정한 개인을 자세하게 살펴보는 것이기 때문에 질 좋은 자료를 구할 수 있다는 장점이 있다.
  - 의학에서 사례 연구가 흔히 쓰이며 교육 연구자들도 특별히 좋은 결과를 내는 교사나 학교를 자세하게 연구할 때 활용한다.
  - 단점은 연구 시간이 오래 걸린다는 것으로 많지 않은 사례에서 나온 결과를 근거로 일반화가 이루어지는 경우가 많다.

- 사례 연구로 답하지 못하는 문제들이 있다는 것도 단점 중 하나이다. 예를 들어 '엘리베이터에 갇히는 것이 폐쇄공포증을 초래하는가'를 알아보기 위해 사례 연구를 할 수는 없다. 공포증이 생긴 사람과 면담을 할 수는 있지만 이것은 공포의 원인이라는 것을 증명하는 데 한계가 있다.
- 다른 단점은 사례 연구는 참가자가 자신의 행동을 보고하거나 다른 사람의 보고에서 나온다는 점 때문에 믿을 만하지 못 하다는 평가를 받는다.

② 사례 연구의 결과 기술 : 사례 연구는 내러티브의 형태로 제시된다. 사례 연구의 내러티브가 대리경험의 기회를 제공할 때 독자는 자신에게 어떠한 일이 일어났는가를 기억하게 되며, 이러한 과정에서 경험적 지식을 얻게 된다. 우리는 사례연구의 특정한 하나의 사례로부터 배우고 지식을 구성하게 되며, 이러한 과정을 '자연주의적 일반화'라고 부른다.

> **용어 설명**
>
> **내러티브** : 이야기를 만드는 과정, 이야기의 인지적 도식, 그러한 과정의 결과를 의미한다. 일반적으로 이야기를 모든 내러티브의 산물로 규정하며 '이야기'와 '내러티브'를 같은 의미로 사용한다.

③ **기술연구**
  ㉠ 연구자가 한 집단의 구성원을 면접하거나 설문 조사하여 얻은 자료를 가지고 그 집단을 묘사하는 것이다.
  ㉡ 기술연구는 대표성을 띠는 많은 사례로부터 모은 자료를 통계적으로 분석하므로 결과를 일반화시킬 수 있다는 점에서 장점이 된다.
  ㉢ 기술연구는 사례연구에 비해 신뢰도가 높다.
  ㉣ 기술연구의 한계는 현상을 설명하는 가설을 제시할 수는 있지만 그것을 검증하지는 못한다.
  ㉤ 기술연구는 두 변인 간의 상관을 알아볼 수는 있지만 인과관계를 밝힐 수는 없다.
  ㉥ 조사연구방법이 사용되는 경우 : 연구문제가 실증적이고 수량적인 자료를 요구하거나 연구하고자 하는 전집의 규모가 크거나 또는 연구결과를 대규모의 전집에 일반화시키고 싶을 때
  - 조사연구의 유형
    - 어떠한 문제에 대한 탐색
    - 어떠한 집단·사상·현상의 기술
    - 인과관계의 설명
    - 가설의 검증
    - 어떤 계획된 프로그램의 과정과 결과를 검토 또는 평가
    - 미래의 사상에 대한 예측
    - 사회적 지표의 개발
  - 표집 : 설문조사에서 수집된 정보는 실제로 설문을 작성한 표본집단의 반응이 아니라 일반 사람들의 반응을 대변할 때에만 유용한 정보가 되기 때문에 모집단을 대표하는 표본을 선택하기 위해 최선을 다한다. 표본이 모집단을 대표할 수 있도록 하기 위해 연구자들은 무선 표집[random selection(sampling)]을 한다.

- 표집의 유형

	확률표집	비확률표집
정의	확률이론에 근거해 표본을 선발하는 방식	개별요소들이 표본에 추출될 확률을 모르는 방식
종류	• 단순무작위표집 • 체계적표집(계통적표집) • 층화표집(다단계) • 집락표집(군집표집)	• 임의 표집(편의표집) • 유의표집(의도적 표집) • 할당표집 • 눈덩이 표집

- 미국의 조사연구에서의 표본의 크기를 살펴보면 대체로 1,500~5,000명 정도이다. 갤럽여론조사연구소에서 전 미국을 대상으로 할 때에는 표본의 크기를 3,000~6,000명 정도로 하고 있으며, 외국에 나가서 조사를 할 때에는 1,500~3,500명을 사용하고 있다.

④ **실험연구**
  ㉠ 실험연구의 개념
  - 실험은 연구자가 하나 이상의 변인을 조작하고 이와 같은 조작이 하나 이상의 다른 변인에 주는 영향을 측정하는 연구이다.
  - 실험실 실험에서 종속변인은 극히 단순한 행동일 때가 많다. 또한 실험이 이루어지는 환경은 매우 인위적이다.
  - 사람들은 인위적인 실험의 결과를 자연 환경에서 일어나는 행동에 대해 적용할 수 있는 것인지 믿기 어려워한다.
  - 실험을 인위적으로 보이게 하는 '통제'는 독립변인의 효과를 분리해 내기 위해 반드시 필요한 것이다.
  - 실험의 인위성은 대체로 통제의 결과이며, 연구자가 더 현실적인 실험을 고안하여 복잡한 행동을 연구하면, 중요한 변인들에 대한 통제가 상실되어 해석하기 힘든 자료를 얻게 된다.
  - 연구자는 실험실에서 도출한 원리들을 더욱 현실적인 방식으로 검증하기 위해 자연 환경에서 행해지는 현장실험을 시행할 수 있다.

  ㉡ 타당도
  - 실험의 내적 타당도 : 실험의 핵심은 내적 타당도를 높이는 것이다. 내적 타당도란 실험의 종속변인에 영향을 미친 것이 독립변인뿐이라고 확신할 수 있는 정도를 말한다. 따라서 내적 타당도가 높다는 것은 실험이 잘 수행되어 인과관계의 해석이 명확하다는 것을 의미한다.
  - 실험에서의 외적 타당도 : 외적 타당도란 실험의 결과를 다른 상황과 다른 사람들에게 일반화시킬 수 있는 정도를 일컫는다. 외적 타당도는 참가자의 특성에 관계되므로 자연적인 조건에서 연구하는 현장연구는 외적 타당도를 높이는 방법이다. 엄격한 통제 상황 하에서 수행되는 실험연구에서 나온 결과를 실제 상황에서 적용하는 것은 무리가 따를 수밖에 없다. 따라서 내적 타당도를 높이면 외적 타당도는 낮아지고 외적 타당도를 높이면 내적 타당도가 낮아질 가능성이 있다.

⑤ **관찰연구**
  ㉠ 연구자가 특정 집단의 사람 또는 특정 행동을 관찰하고 관찰된 행동의 측정치나 인상을 기록으로 남기는 연구방법이다.
  ㉡ 관찰자가 관심대상 집단이나 문화 속으로 들어가서 연구대상을 관찰하는 문화묘사법과 연구자가 특정 문화에 관한 기록물(예 일기, 소설, 유행가 가사, 텔레비전 프로그램, 영화, 잡지기사, 신문기사 등)을 분석하는 기록분석법이 있다.
  ㉢ 관찰연구의 한계는 어떤 행동은 관찰 자체가 어렵다는 것이다. 행동의 빈도가 너무 낮거나 또 사적으로 일어나기 때문이다.
  ㉣ 기록 분석법 또한 분석 상황이 특정 매체의 기사에 의지해야 하는 상황이라면 연구자는 어려움에 직면할 수밖에 없다.

(3) 연구 용어
① **조작적 정의**
  ㉠ 어떤 개념을 과학적으로 정의하는 방식이다. 과학적 지식은 관찰할 수 있는 반복적 조작에 의해 객관화되며, 의미도 구체화에 의해 드러난다고 본다. 따라서 조작적 정의는 개념을 측정하는 데 필요한 조작들을 명세화함으로써 관찰할 수 없는 것을 관찰하고 측정 가능하도록 한 개념이다.
  ㉡ 예를 들어, 온도를 '수은주에 나타난 눈금'으로 정의하는 것은 조작적 정의다. 온도는 육안으로 볼 수 없으나, 조작적으로 정의된 온도 개념에 의하면, 누구든지 온도계의 눈금을 보면 오늘 온도가 몇 도인지를 알 수 있고 측정할 수 있다.
② **변인** : 여러 값으로 변하는 요인으로 연구 대상이 되는 어떤 특징이나 사건 혹은 현상들의 특정한 집합을 말한다.
  ㉠ 독립변인 : 다른 변인에게 작용하거나 다른 변인을 예언하거나 설명해 주는 변인으로 실험연구의 경우, 독립변인은 실험자에 의하여 임의로 통제되고 조작된다. 따라서 실험변인(experimental variable) 또는 처치변인(treatment variable)이라고도 한다. 학습실험에서 독립변인은 어떤 종류의 경험(환경사건)이 된다. 예를 들면, 시청각 교재의 사용이 학업성취에 미치는 효과를 알고 싶을 때 시청각 교재는 독립변인이며, 이것은 실험자에 의하여 임의로 조작되고 통제된다.
  ㉡ 종속변인 : 독립변인의 조작결과에 의존하며 실험의 효과를 판단하는 준거가 되는 변인이다. 실험의 기본적인 형태는 어떤 변인이 다른 어떤 변인에 어떠한 영향, 즉 효과를 미치는지를 알아보고자 하는 것이다. 학습실험에서 종속변인은 대개 어떤 종류의 행동 변화이다. 예를 들어, 새로운 교수방법(X변인)이 학생의 학업성적(Y변인)에 영향을 미치는지 알아본다고 한다면, 실험자는 X변인(새로운 교수방법)을 다른 요인들과는 독립하여 체계적으로 조작시켜 보고 이러한 조작에 의존하고 종속되어서 Y변인(학업성적)이 어떻게 변화하는지를 확인하고자 할 것이다. 이때 X를 독립변인, Y를 종속변인이라고 한다. 종속 변인은 독립변인의 조작결과에 의존하며, 독립변인의 효과여부를 판단하는 준거가 된다.

③ 실험 설계
   ㉠ 피험자간 설계 : 연구자가 참가자들을 둘 이상의 집단으로 구분하고 실험집단과 통제집단으로 나누어 두 집단 간에 독립변인을 다르게 처치하여 결과를 보는 방법이다. 집단 간 설계 또는 집단 설계라고 한다.
   ㉡ 피험자내 설계 : 단일 피험자 설계라고도 하며 참가자의 행동을 실험 처치 이전에 관찰하고 다음 처치 도중이나 처치 후에 관찰하여 결과를 비교하는 방법이다.
④ 실험집단과 통제집단
   ㉠ 실험집단 : 실험처리의 효과를 추정하기 위해 실제로 실험처리를 수행하는 집단을 말한다.
   ㉡ 통제집단 : 실험집단의 결과와 비교하기 위해 실험처리를 하지 않는 집단을 말한다.

(4) 학습실험에서 고려사항

실험을 실시하는 과정에서 내리는 다양한 임의적 결정은 실험연구의 결과에 중대한 영향을 미친다.
① **학습의 어떤 측면을 연구할 것인가?** : 학습의 어떤 측면이 연구되어야 하는지는 연구자가 관심을 갖는 학습이론에 따라 영향을 받는다. 학습이론은 학습이 발생하기 위한 조건들이 무엇인지를 구체화하기 위해 수행되지만 어떤 조건을 연구할 것인지는 연구자의 선택에 의해 결정된다.
② **개별 사례법 vs 규범적 기법** : 단일 피험자의 학습 과정을 연구할 것인지, 피험자 집단을 구성하여 그들의 수행 평균을 연구할 것인가는 학습의 특성에 대해 완전히 다른 결론을 이끌어낸다.
③ **인간 vs 동물** : 사람을 대상으로 한다면 이는 연구자가 실험실에서 얻은 결과가 실제 세상에서 어떻게 일반화될 수 있는지에 대해 관심을 갖고 있는 것을 의미하며, 동물을 피험자로 사용한다면 실험실 상황에서 얻어진 연구 결과가 실제 일반화 될 수 있는지에 대한 관심뿐 아니라 한 종(species)에서 다른 종으로 학습이 어떻게 일반화되는지에 대해 관심을 갖고 있다는 것을 의미한다.
④ **상관기법 vs 실험기법**
   ㉠ 상관은 하나의 반응과 또 다른 반응간의 관련성을 살펴보는 것이기 때문에 R-R 법칙(반응-반응 법칙)이라고 한다. R-R 법칙은 두 개의 반응이 얼마나 공변하는지를 기술하기 때문에 상관적이다.
   ㉡ 실험기법은 독립변인을 변화시킨 후 그것이 종속변인에 어떤 영향을 미치는지 살펴보는 것이다. 이것은 자극과 반응 간의 관계성을 살펴보기 때문에 S-R 법칙(자극-반응 법칙)이라고 한다. 두 개 접근은 학습에 관한 서로 다른 정보를 제공하며 모두 유용하게 사용되는 방법이다.
⑤ **어떤 독립변인을 연구할 것인가?** : 학습에 대한 조작적 정의가 내려지면 종속변인은 자동적으로 정해진다. 종속변인이 정해지면 어떤 변인이 종속변인에 영향을 미칠 것인지 선택해야 한다. 이론이 가지는 또 하나의 기능은 연구자가 독립변인을 선택하는 데 도움을 준다는 것이다.
⑥ **독립변인의 어떤 수준을 연구할 것인가?** : 독립변인으로 연령을 선택했다면 연령을 어떻게 구분하고 어떤 연령을 연구에 포함할 것인지 결정해야 한다.
⑦ **자료의 분석과 해석**
   ㉠ 연구 결과로 얻어진 자료는 통계적 검증을 사용하게 된다. 통계적 기법에는 종류가 많다. 어떠한 통계검증을 할 것인지는 연구자 임의적이며 결과에 중대한 영향을 미치게 된다.

ⓒ 자료에 대한 해석은 다양하며, 자신이 결정한 해석이 최상의 것인지 알 수 있는 방법은 없다. 철저한 과학적 절차를 통해 자료를 수집했다고 해도 자료 분석이 부적절하게 이루어질 수도 있다. 동일한 실험 자료로부터 많은 결론들을 이끌어 낼 수 있다.

3 인간의 학습과 동물연구

(1) 동물실험의 효율성
① 연구자들은 대개 동물연구가 인간행동을 더 잘 이해하는 데 필수적이라고 믿는다.
② 동물연구가 중요한 이유
  ㉠ 동물의 경우 유전의 영향을 통제하는 것이 가능하다.
  ㉡ 동물은 실험자가 의도하지 않은 학습 경험의 영향을 크게 줄일 수 있다.
  ㉢ 인간에게는 윤리적 이유 때문에 할 수 없는 실험을 동물을 대상으로는 할 수 있다.

(2) 동물연구의 반론
① 동물연구의 결과가 인간에 대해서는 아무것도 말해주지 않는다는 것이다.
  동물연구로 얻어진 결과는 인간행동에 대한 가정을 하게 한다. 그리고 인간을 대상으로 한 기술 연구나 실험 연구를 통해 지지를 받게 된다.
② 실용적인 가치가 없다는 것이다.
  동물연구는 단지 이론가들에게만 유용한 사실을 제공한다는 반론은 사실이기도 하지만 연구 결과들이 종종 실용적 가치를 보이는데 동물 연구에서 나온 원리들이 아동 양육이나 사업 등의 분야에서 잘 이용되어 오고 있다. 또한 동물들의 수의학적 관리를 개선시키고 삶의 질을 향상시키는 결과를 가져왔다.
③ 비윤리적이라는 주장이다.
  '동물권익보호' 관점은 쥐가 인간을 대상으로 실험할 권리가 없는 것과 똑같이 인간도 쥐를 대상으로 실험할 권리가 없다고 주장한다. 2011년 미국 연구위원회는 침팬지의 인간과의 유전적 유사성으로 인해 윤리적인 문제를 일으킨다는 결론을 내렸다. 다른 방식으로 답할 수 없는 문제들에만 침팬지를 사용하도록 엄격하게 제한하였다. 그러나 동물 연구가 아니더라도 우리와 동물의 이익을 위해서 다양한 방식으로 동물을 사용하고 있다는 점도 염두에 두어야 한다. 또한 다른 동물들은 동물과 인간 모두의 삶을 개선할 수 있도록 학습과 행동의 문제에 답을 주는 일을 하기도 한다.
④ 미국심리학회 및 기타 단체들은 동물연구 수행에 대한 지침을 마련하였다.
⑤ 동물연구에 대한 비판론자들 중 일부는 컴퓨터 모사법(computer simulation)으로 동물연구를 대체할 수 있다고 주장한다. 그러나 어떤 변인이 행동에 미치는 효과가 무엇인지 알기 전까지는 그 변인의 효과를 모사하도록 프로그램을 짤 수가 없다.

제3절 학습 연구의 역사

1 초기의 학습 이론

(1) 인식론
① 인식론은 지식의 본질을 연구하는 철학의 한 분야이다.
② 인식론은 지식이란 무엇인가?, 지식의 한계는 무엇인가?, 우리는 무엇을 할 수 있는가?, 안다는 것은 무엇을 의미하는가? 등의 질문을 던진다.
③ 합리주의자들은 지식을 얻기 위해 반드시 마음이 적극적으로 개입(사고, 추론, 연역)해야 한다고 강조한다.
④ 플라톤과 아리스토텔레스의 견해는 합리주의의 전형적인 예가 되며, 두 사람은 지식의 본질에 대한 철학적 태도를 마련하였다.
⑤ 플라톤의 견해는 생득론인데 즉, 지식이 유전되는 것이라는 의미다.
⑥ 아리스토텔레스의 견해는 경험주의인데 즉, 지식은 감각적인 경험에 의해 얻어지는 것이라는 의미다.
⑦ 플라톤과 아리스토텔레스가 상대의 견해를 완전히 반대한 것은 아니다.
⑧ 생득론은 유전되는 몇 가지 특성(그중 하나가 지식)과 태도의 중요성을 강조했다. 또한 생득적 지식은 종종 감각적 경험에서 나온다고 보았다.
⑨ 플라톤은 물리적 세계의 모든 대상은 그들을 유발한 상응하는 추상적 이데아(idea) 혹은 형상(form)을 가진다. 추상적 개념은 물질과 상호작용한다(가방이라고 하는 추상적 개념은 우리가 가방이라고 부르는 물질과 상호작용한다는 것이다).
⑩ 아리스토텔레스는 감각적인 경험으로부터 지식을 이끌어내는 추론 능력이 생득된다는 입장을 보였다.
⑪ 경험주의자들은 모든 지식의 바탕이 감각적 정보라고 하였다. 따라서 아리스토텔레스를 경험주의자로 볼 수도 있다.
⑫ 아리스토텔레스는 지식에 대한 경험주의적 견해를 정교화해 생각이 인접을 통해 연합된다고 설명하였는데 이러한 철학적 견해를 연합주의라고 한다.

> **용어 설명**
>
> **연합의 법칙**
> 감각적 경험에 의해 축척된 생각들은 다음 4가지 법칙에 따라 다른 생각들을 축적시킨다고 보는 아리스토텔레스의 견해
> - 유사성의 법칙 - 경험이나 대상에 대한 회상이 비슷한 대상에 대한 회상을 이끌어 내는 것
> - 대비의 법칙 - 반대되는 대상에 대한 회상을 이끌어 내는 것
> - 인접의 법칙 - 함께 경험하였던 사물에 대한 회상을 이끌어 내는 것
> - 빈도의 법칙 - 두 사물이 자주 경험될수록 하나의 경험이 다른 경험을 더 자주 자극한다는 것

(2) 현대 심리학의 시작

① 데카르트(Ren Decartes, 1596~1650)
  ㉠ 철저한 의심을 가지고 모든 철학적 물음에 접근하고자 하였다.
  ㉡ 마음과 신체의 분리를 가정하였다.
  ㉢ 마음이 행동을 발생시키지만 감각적 경험 또한 행동을 유발시킬 수 있다. 데카르트는 자극-반응의 선구자이다.
  ㉣ 인간과 동물이 생리적으로 비슷하다고 믿었기 때문에 동물에 대한 연구가 인간에 대한 연구에 도움이 될 것이라고 믿었다. 데카르트는 생리학과 비교심리학에 큰 기여를 하였다.
  ㉤ 마음의 작용을 설명하기 위해 데카르트는 생득적 관념에 크게 의지하였다. 즉, 플라톤의 영향을 받았다는 것을 보여준다.

> **용어 설명**
>
> **비교심리학** : 사람과 여러 동물의 행동을 비교·연구하는 학문으로 심리학의 한 분야로 '동물 심리학'과 거의 같은 의미를 가지고 있다.

② 홉스(Thomas Hobbes, 1588~1679)
  ㉠ 생득적 관념에 반대하며, 감각적 인상이 모든 지식의 근원이라고 주장하였다.
  ㉡ 홉스는 경험주의 철학적 학파를 재개하였고, 연합주의와 관련시켰다.
  ㉢ 자극이 신체의 중요한 기능을 도울 수도 있고 방해할 수도 있다고 믿었다.
  ㉣ 사람들이 접근하고자 하는 사상은 선(good)이고, 사람들이 피하고자 하는 사상은 악(evil)인데 선과 악의 가치는 개인의 결정에 따른다.
  ㉤ 인간이란 근본적으로 이기적이고 공격적이어서 그들이 본성에 따라 살 수 있다면 인간의 삶이란 자기만족과 전쟁으로 특징될 것이라고 생각하였다.
  ㉥ 홉스의 견해는 프로이트의 주장과 밀접한 관련이 있다.

③ 로크(John Locke, 1632~1704)
  ㉠ 생득적 관념에 반대하였으며, 경험주의자이다.
  ㉡ 마음은 경험으로 채워지며, 경험은 감각에서 나온다고 하였다. 즉, 경험적 세계를 통해 생각을 가지게 된다.
  ㉢ 간단한 생각이 경험에서 비롯되지만 그들은 반성(reflection)에 의해 조합되며 반성은 합리주의적 과정이다.
  ㉣ 로크는 일차적 속성(물리적 대상)과 이차적 속성(심리적 경험)을 구분하였다.
  ㉤ 일차적 속성이 생각을 유발하며, 이차적 속성은 순수하게 인지되는 것이므로 일차적 속성과 같이 객관적으로 분석될 수 없다.
  ㉥ 로크의 일차적·이차적 속성에 대한 관점은 행동주의자들이 인간 행동의 분석에 있어서 정신적 작용을 배제하게 된 원인을 제공하기도 했다.

④ 버클리(George Berkeley, 1685~1753)
  ㉠ 로크의 연구가 충분하지 못 하다고 주장하며, 이차적 속성을 강조하였다.
  ㉡ 생각은 우리가 직접적으로 경험할 수 있는 것이며 우리가 확신할 수 있는 유일한 것이다.
  ㉢ 그러나 버클리는 외부 실제에 대한 경험에서 마음의 내용이 얻어진다고 믿었기 때문에 경험주의자로 여겨진다.

⑤ 흄(David Humm, 1711~1776)
  ㉠ 흄은 마음이 생각, 기억, 상상, 연합, 감정의 흐름일 뿐이라고 하였다.
  ㉡ 사람의 지식이 경험에서 얻어진 개념으로 구성되어 있으며, 연합의 법칙에 의해 연합된다고 주장하였다.
  ㉢ 우리는 생각을 통해 경험적 세계를 간접적으로만 경험할 수 있다고 하였다.
  ㉣ 흄의 견해는 많은 사람들의 비판을 받았다.

⑥ 칸트(Immanuel Kant, 1724~1804)
  ㉠ 합리주의와 경험주의가 가지고 있는 비현실적 특성을 바로잡고자 하였다.
  ㉡ 우리가 의식적으로 경험하는 것은 경험적 세계에 의해 유발되는 감각적 경험과 생득적인 마음의 기능에 영향을 준다.
  ㉢ 마음의 기능은 감각적 경험을 변형시키며 이를 조직화하고 의미를 부여한다.
  ㉣ 칸트는 지식의 특성을 정의할 때 마음의 적극적인 공헌에 대한 고려가 있어야 한다고 주장했다.
  ㉤ 칸트는 현대 정보처리 심리학과 인지과학의 선구자로 여겨진다.
  ㉥ 칸트는 마음이 지식의 근원임을 보임으로써 합리주의를 지속시켰다.
  ㉦ 감각적 경험이 아닌 지식을 설명하기 위한 방법을 제시하며 플라톤의 주장을 부활시켰다.

⑦ 존 스튜어트 밀(John Stuart Mill, 1806~1873)
  ㉠ 밀은 경험주의자와 연합주의자로 남아 있지만 다른 연합주의자들이 취한 입장과는 매우 다른 견해를 보였다.
  ㉡ 복잡한 생각이 단순한 생각으로 구성되었다는 개념을 수용하였다.
  ㉢ 밀은 몇몇 간단한 생각이 새로운 생각으로 조합되면 본래의 간단한 생각과는 완전히 달라진다는 견해를 더했다.
  ㉣ 즉, 전체는 각 요소의 단순한 합과는 다르다고 믿었다.

⑧ 리드(Thomas Read, 1710~1796)
  ㉠ 경험주의자들의 요소주의(elementalism)를 반대하였으며, 밀과는 다른 입장을 보였다.
  ㉡ 칸트와 같은 입장으로 마음 그 자체로 힘을 가지고 있으며, 이는 우리가 세계를 지각하는 데 큰 영향을 준다고 생각했다.
  ㉢ 리드의 마음의 기능에 대한 믿음은 능력심리학(faculty psychology)이라고 불렸다.
  ㉣ 물리적 세계에 대해 어떤 것도 직접적으로 알 수 없다는 흄의 주장에 반대했다.
  ㉤ 감각이 물리적 실재를 나타낸다는 사실을 부정하면 우리의 삶은 엉망이 된다.
  ㉥ 우리가 지각하는 것이 실재라는 리드의 주장은 '소박한 실재론'이라고 불린다.

> **용어 설명**
>
> **능력심리학**: 정신 현상을 지적 능력, 감정 능력, 의지적 능력 따위와 같은 정신 능력의 발현으로 설명하는 심리학으로 생득론, 합리주의, 경험주의의 혼합이다.

⑨ 갤(Franz Joseph Gall, 1758~1828)
  ㉠ 갤은 능력심리학을 더 발전시켰다.
  ㉡ 사람의 능력이 뇌의 특정한 부분에 위치한다고 가정하였다.
  ㉢ 마음속의 능력이 모든 사람에게 같은 수준으로 존재하지 않는다고 가정하였다.
  ㉣ 능력이 잘 발달되었다면 그 능력이 있는 뇌의 두개골 부위가 솟아난다고 믿으며 사람들의 두개골 모양을 연구하였다.
  ㉤ 두개골의 특성을 연구하여 정신적 특성을 분석하는 것을 '골상학'이라고 한다.
  ㉥ 능력심리학자들은 학습에 대해 '정신 근육(mental muscle)'이라는 접근법을 채택하였다.
  ㉦ 특정한 훈련이 특정한 능력을 발달시킨다는 믿음은 '형식도야'라고 한다.

⑩ 다윈(Charles Darwin, 1809~1882)
  ㉠ 다윈은 수많은 증거를 가지고 진화론을 주장하였다.
  ㉡ 다윈 이전까지 사람의 행동은 일반적으로 합리적인 것, 동물의 행동은 본능적인 것으로 간주되었다.
  ㉢ 다윈은 인간 본성에 대해 자신의 생물학적 유전과 경험의 조합으로 여기며 기존의 완전히 생각을 바꾸었다.
  ㉣ 다윈의 연구 이후 사고기제에 대한 연구를 위해 경험주의자들의 순수한 연합주의는 생리학과 연합되었다.
  ㉤ 다윈 이후 개성이 존중되었고 개성에 대한 연구가 인기를 끌었다.
  ㉥ 골턴은 개인의 차이를 측정하기 위해 질문지, 자유연상, 상관 기법과 같은 다양한 방법을 고안하였다.

⑪ 에빙하우스(Hermann Ebbinghaus, 1850~1909)
  ㉠ 학습이나 기억과 같은 '고등정신 과정'이 실험적으로 연구될 수 있다고 설명하였다.
  ㉡ 연합을 일어나는 현상으로 간주하고 연합의 발달에 영향을 주는 환경에 대해 체계적으로 연구했다.
  ㉢ 연합에서 중요하게 강조한 원칙인 빈도의 법칙이었다. 즉 자주 접할수록 쉽게 기억할 수 있다는 것이다.
  ㉣ 에빙하우스는 심리학을 철학에서 분리시켰다고 평가받는다.

2 학습이론의 발달과정

(1) 의지주의(voluntarism)
① 심리학 최초의 학파는 분트(Wilhelm Maximilian Wundt, 1832~1920)가 고안한 의지주의로, 인간의 의지를 강조한 학파이다.
② 분트는 심리학 최초의 실험적 연구실을 설립하였다.
③ 분트의 목표는 생각의 요소와 인식적 경험을 지배하는 기초적인 과정을 밝혀내는 것이었다.
④ 인간의 마음을 연구하는 데 중요한 측면은 종교, 도덕, 신화, 예술, 사회적 관습, 언어, 법 등으로써 자연적 관찰을 통해 연구될 수 있다고 믿었다. 이를 민족심리학이라고 불렀다.
⑤ 분트는 감각이나 감정 이상의 고등의 정신 과정은 실험법을 적용할 수 없는 영역으로 실험심리학이 유용성에서 한계를 가진다고 했다.
⑥ 인간은 자신이 원하는 생각의 요소에 선택적으로 집중할 수 있으며 이를 통해 이러한 요소를 확실하게 지각할 수 있다고 주장했다.
⑦ 분트는 선택적 주의를 통각(apperception)이라 하고, 생각의 요소가 의지에 따라 여러 조합으로 배열될 수 있는 과정을 창의적 통합(creative synthesis)이라고 불렀다.

(2) 구성주의(structuralism)
① 티치너(Edward Titchener, 1867~1927)는 분트의 제자로 의지주의를 수정한 구성주의 학파를 창안했다.
② 구성주의도 의지주의와 마찬가지로 인간의 의식을 체계적으로 연구하고자 하였다.
③ 기본 목적은 내성법을 써서 사고의 기본 요소들을 발견해 내는 것이다.
④ 내성법이란 자신의 정신적, 심리적 상태나 기능을 스스로 관찰하여 보고한 자료를 분석하는 방법이다.
⑤ 대상을 지각했을 때 자신의 즉시 경험을 보고하도록 훈련받았으며 대상에 대한 자신들의 해석은 보고하지 않도록 하였다.
⑥ 의지주의자와 구성주의자들은 마음속 구성물에만 관심을 가졌지 구성물의 근원에는 관심을 갖지 않았다.
⑦ 구성주의는 진화론에 대한 관심과 연구의 정당화가 높아져가는 시대적 경향을 고려하지 않았고 기능주의가 폭넓은 지지를 받으면서 티치너 이후 명맥이 끊어졌다.

용어 설명

의지주의와 구성주의 차이
두 학파 모두 사고의 요소에 대해 관심을 가지고 있었지만, 의식의 요소들이 어떻게 생각을 구성하는지 설명하기 위해 의지주의는 합리주의 전통에 따라 의지, 통각, 창의적 통합을 강조하며 인간의 능동적 마음을 가정하였다. 그러나 구성주의는 경험주의 전통에 따라 연합의 법칙을 강조하며 수동적 마음을 강조하였다. 따라서 의지주의와 구성주의를 동일시하는 것은 잘못된 것이며 분트를 구성주의로 분류하는 것도 옳지 않다.

(3) 기능주의(functionalism)

① 기능주의는 제임스가 창시한 학파로 미국에서 구성주의에 반대하여 시작되었으며 구성주의와 동시에 공존하였다.
② 기능주의자들은 다윈의 진화론에 크게 영향을 받았으며, 의식의 유용성, 환경에 적응하기 위한 행동을 강조하며, 의식의 기능을 강조하였다.
③ '기능'이라는 용어는 정적인 구조와 대조되는 능동적인 작용 또는 활동을 뜻한다.
④ 구성주의의 내성 기법은 의식을 연구하는 것이 아니라는 이유로 반대하였다.
⑤ 기능주의자들의 학습 이론에 대한 공헌은 의식을 고립된 현상으로 보지 않고 의식과 환경의 관계에 대해 연구했다는 것이다.
⑥ 제임스(William James, 1842~1910)
  ㉠ 의식이 요소로 환원될 수 없고, 의식 기능의 목적은 유기체가 환경에 적응하도록 하는 것이라고 주장하였다.
  ㉡ 의식이 요소로 환원될 수 없는 것은 인간의 의식 과정이 인간의 모든 경험이 변화함에 따라 변화하며 인간의 환경 적응에 개입하기 때문이다.
  ㉢ 제임스가 생각한 의식에서 가장 중요한 것은 의식이 목적을 갖는다는 것이며 심리학을 과학적으로 연구하는 것의 중요성을 강조하였다.
  ㉣ 인간은 이성적인 면과 비이성적인 면을 모두 갖는다고 강조하였다.
  ㉤ 정신적 사상의 생물학적 기본에 대한 이해의 중요성을 강조하며 인간에 대해 더 알기 위해서 하등 동물 연구를 촉구하였다.
  ㉥ 제임스의 생각은 수용되고 있으며 심리학 역사에서 가장 위대한 학자로 여겨진다.
⑦ 듀이(John Dewey, 1859~1952)
  ㉠ 행동의 목적을 무시하는 결과를 낳기 때문에 자극과 반응의 관계를 분리하려는 심리학계의 태도를 비난하였다.
  ㉡ 심리학의 목적은 환경에 적응하기 위한 행동의 중요성에 대해 연구하는 것이라고 주장하였다.

(4) 행동주의

① 왓슨(John B. Watson, 1878~1958)은 행동주의의 창시자다.
② 왓슨은 의식은 내성 과정으로 연구될 수 없다고 주장하며 의식에 대한 신뢰성 있는 연구는 불가능하다고 하였다.
③ 학습을 객관적이고 과학적인 방법으로 연구하기 위해서는 관찰할 수 있고 객관적으로 측정 가능한 사람들의 행동(반응)과 그 반응에 선행하고 뒤따르는 환경적인 사건(자극)에 초점을 두어야 한다고 제안하였다.
④ 행동주의의 주장은 관찰 가능한 행동을 연구하는 것에 집중해야 하고, 관찰 불가능한 것과 잘 정의되지 않은 정신적 사건을 연구해서는 안 된다는 것이다.
⑤ 왓슨은 심리학이 객관적인 실험을 하는 자연과학의 한 분야가 되어야 하며 심리학의 이론적 목표는 행동을 예측하고 통제하는 것이 되어야 한다고 주장했다.

⑥ 제1차 세계대전 후 동등한 자유와 기회에 대한 열망은 대중들의 관심을 크게 불러 일으켰으며 1920년대 초기 미국의 학습심리학은 행동주의가 중심이 되었다.
⑦ 행동주의자 관점은 사람이 어떻게 학습하고 교육적·치료적 환경이 사람들을 더욱 효과적으로 학습하고 행동하도록 도울 수 있는지에 기여하였다.
⑧ 반응과 그게 대한 결과를 경험할 때만 학습이 일어날 수 있다고 믿었기 때문에 행동주의의 한계가 명확해졌다.

(5) 사회인지이론(social cognitive theory)
① 사회학습이론(social learning theory)은 사회적 관찰이 새로운 행동의 획득과 학습에서 중요한 역할을 한다는 기본 개념을 가지고 있다.
② 미국 심리학자 반두라(Albert Bandura, 1925~2021)는 사회학습이론의 관점에서 인간의 행동과 학습을 분석하였다.
③ 반두라는 초기에는 행동주의 학습이론에서 출발해 나중에는 인지적 측면을 중시하는 사회인지이론을 새롭게 발전시켰다.
④ 사회인지이론은 환경이 행동에 미치는 영향과 학습에서의 인지적 활동을 모두 중요하게 다룬다는 측면에서 두 이론의 특성을 모두 가지고 있다.

(6) 비슷한 시기인 20세기 초 스위스 연구자 피아제(Jean Piaget, 1896~1980)는 아이들이 성장하면서 변화하는 추론 과정의 수많은 방법을 연구했고, 러시아 심리학자 비고츠키(Lev Semenovich Vygot-sky 1896~1934)는 아이들의 사회 및 문화적 환경이 그들에게 더 복잡한 사고 능력을 가질 수 있도록 돕는 것에 관한 연구를 수행하였다. 독일에서는 '게슈탈트(Gestalt) 심리학자'라고 불리는 이론가들이 인간 지각과 문제 해결 등 정신 현상들에 관한 여러 흥미로운 연구들을 진행하였다.

(7) 인지심리학(인지주의)
심리학자들이 인간의 학습이 위할 수 있는 다양한 형태를 계속 탐구함에 따라 행동만으로는 학습에 대한 완벽한 해석을 할 수 없음을 깨달았다. 사람의 사고 과정, 즉 인지를 고려해야 한다는 것이었다. 이는 다양한 정신 현상을 연구하는 객관적이고 과학적인 방법들을 포함했으며, 사회학습 이론가들 역시 학습에 대한 자신들의 설명에 인지 과정을 점차 결합하였고 결과 사회인지이론이라고 불리는 관점이 되었다.

(8) 사회문화적 이론(맥락이론)
행동과 더불어 인지에 초점을 맞춘 이후에도 인간들이 다른 동물들과 다르게 가지고 있는 우월함을 설명할 수 없었다. 사고와 학습에 있어서 사람만이 가지고 있는 이점은 인간의 사고장치(대뇌피질), 언어기술, 사회 및 문화적인 환경 등으로 설명할 수 있다. 비고츠키의 생각에 기반해 심리학자들은 사회적 상호작용과 문화적 유산이 인간 학습과 인지 발달에 영향을 주는 중요한 이론을 발전시켰다. 일반적인 명칭은 사회문화적 이론이며 넓게 보았을 때 맥락이론이라고 할 수 있다.

(9) 인지신경과학

최근 의학 및 신경학계의 발전은 뇌의 구조와 기능을 세부적으로 공부할 수 있게 하였다. 신경학자, 인지심리학자, 과학자들은 뇌가 인간의 행동과 학습에 어떤 영향을 미치는지 반대로 행동과 학습이 뇌에 어떤 영향을 미치는지 연구하기 위해 함께 연구하고 있다. 인지신경과학은 인간의 학습에 대한 복잡성을 이해하는 데 주목할 만한 공헌을 하고 있다.

3 이론의 장단점

(1) 장점
① 많은 연구 결과를 요약하고 수많은 학습 원리를 통합할 수 있게 해준다.
② 새로운 연구를 유도할 수 있는 출발점을 제공한다.
③ 연구 결과를 이해하고 설명할 수 있도록 도와준다.
④ 이론적 관점 밖에서 만들어진 연구는 사소하고 일반화할 수 없는 결과를 산출할 수 있다. 그러나 이론적 관점에서 해석된다면 같은 결과라고 하더라도 의미 있는 것으로 간주될 수 있다.
⑤ 인간 학습과 수행에 내재하는 기제에 대한 아이디어를 제공함으로써 이론은 궁극적으로 인간 학습을 최대한으로 촉진하는 학습환경과 수업 전략을 계획하는 데 도움을 줄 수 있다.

(2) 단점
① 연구자들이 학습에 대해 발견해온 모든 것을 설명할 만한 단일 이론은 없다는 것이다.
② 행동주의 이론은 학습을 특정 외현적 반응을 포함하는 상황에만 한정한다.
③ 인지주의 이론들은 사람들이 정보를 해석하고 통합하고 기억하는 방식에 초점을 맞춘다.
④ 사회문화이론은 대인관계 과정과 문화적 창작물이 어떻게 중요하게 되었는지를 주로 다룬다.
⑤ 특정 관점을 고수하는 이론가들은 그 관점에 맞지 않는 현상은 무시하거나 인정하지 않으려 한다.
⑥ 이론은 새로운 정보가 발표되는 것에 영향을 주어서 우리가 학습에 대해 가지는 지식을 편향되게 한다.
⑦ 자신이 연구한 결과가 기대한 것과 반대되는 결과를 보인다면 연구자는 이 이론이 옳다는 것을 보이기 위해 반대 결과는 발표하지 않을 것이며 이것은 정확한 학습 과정의 이해로 가는 걸음을 방해할 수 있다.

4 학습 연구의 실제

(1) 실험심리학

① 에빙하우스와 기억 실험

㉠ 의미
- 에빙하우스(Hermann Ebbinghaus, 1850~1909)는 최초로 엄격하게 인간 기억 실험을 한 사람이다.
- 인간 기억 연구의 초석이 되었으며 '현대 기억 연구의 아버지'라고 불린다.
- 그는 인간의 기억 심리학도 엄격한 자연과학이 될 수 있고, 정확한 수학적 법칙으로 정의될 수 있다고 믿었다.
- 간단한 무의미한 단어를 사용한 것은 인간 기억원리를 연구하는 방법에 결정적 기여를 하였다.

㉡ 방법
- 에빙하우스는 자신이 실험 참가자가 되어 실험을 진행하였다.
- BAF, QVX, PKW와 같은 생소하고 무의미한 세 글자로 된 단어를 사용하였다.
- 인간 기억 실험의 기본적 방법이 되는 학습, 지연, 검사, 재학습의 단계에 따라 먼저 20개의 단어를 소리 내어 읽고, 얼마간 시간을 보낸 뒤 철자를 기억해 내고, 잊어버린 철자는 다시 외우는 방법으로 진행하였다.

㉢ 결과

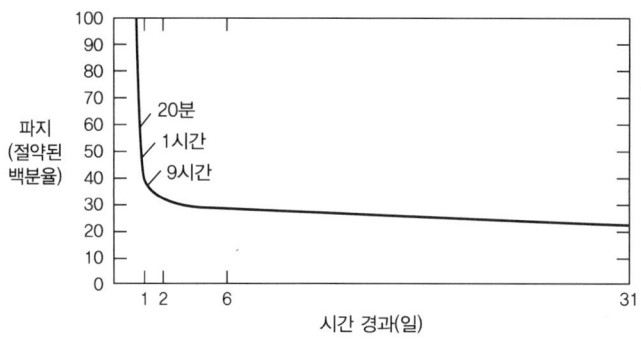

에빙하우스의 파지곡선(1885, 1913 인용)

- 에빙하우스는 이전에 외운 철자를 다시 외우는 데 얼마나 오래 시간이 걸리는지 검사해서 망각을 측정하였다.
- 처음 외우는 데 10분이 걸렸고 다시 외우는 데 7분이 걸렸다면 3분이 줄어들었으므로 30%의 시간 절약이라고 하였다.
- 그림에서처럼 초기학습과 재학습 사이의 시간지연이 매우 짧다면 매우 높은 절약을 보여주지만 100시간(약 4일) 가까이 길어질수록 약 25% 정도 절약이 된다.
- 150시간(약 6일) 이후부터는 큰 차이를 보이지 않는다.

② 제한점
- 이 실험은 오직 한 사람 자신에 의해 행해졌다는 것이다.
- 에빙하우스의 기억이 다른 사람과 같다고 할 수 없기 때문에 일반화시키는 데 무리가 있다.
- 실험연구는 실험자 피험자 모두 그 실험이 어떤 가설을 검사하려고 하는지 모르게 해야 한다. 그러나 에빙하우스는 자신이 실험자이며 피험자이기 때문에 어떤 변수가 조작되고 있는지 알고 있었다는 것이다.
- 이러한 제한점에도 불구하고 에빙하우스가 취한 방법은 학습과 기억연구가 과학적 실험을 통해서 이루어지는 출발이 되었다.

② 바틀렛(Bartlett, 1932)의 연구
- ㉠ 에빙하우스가 의미가 없는 단어를 기억하는 순수한 기억을 연구하고자 했다면 바틀렛은 의미 있는 자료의 기억을 연구한 선구적 학자이다.
- ㉡ 생소한 단어를 영국 대학생 실험 참가자에게 두 번 읽게 하고 다양한 파지 기간 후에 읽은 글을 회상해 내게 하였다.
- ㉢ 실험 결과 참가자들은 친숙하지 않은 내용은 친숙한 내용으로 바꾸어 재생하는 경향을 보였고 자신이 가지고 있는 지식에 부합되는 방식으로 정보를 재구성하였다.
- ㉣ 사람들이 어떤 지식구조를 가지고 있다고 보고 이 지식구조를 도식(schema)라고 불렀다.
- ㉤ 도식을 경험에 의해 축적된 전형적 지식의 덩어리라고 하였다.
- ㉥ 바틀렛의 도식이론은 모든 새로운 정보가 도식에 표상된 기존의 정보와 상호작용한다는 것이다.
- ㉦ 우리가 학습하는 정보는 우리의 기존 지식구조와 무관하게 학습되고 저장되는 것이 아니라 기존 지식에 통합되어 저장되며 이러한 과정에서 정보가 원래의 것과는 다른 내용으로 변형될 수 있다.
- ㉧ 바틀렛의 연구는 지식의 구조에 관한 것이었기 때문에 당시에는 행동주의와 자극-반응 심리학이 심리학에서 지배적인 상황에서 영향을 미치지 못 하였다.
- ㉨ 1970년대 이르러 인지심리학자들은 지식의 구조를 밝히는 데 도식이 매우 중요하다는 것을 인정하고 바틀렛의 생각을 받아들이게 되었다.

③ 파블로프의 고전적 조건화
- ㉠ 에빙하우스가 인간의 기억연구를 하고 있을 때 러시아의 생리학자인 이반 파블로프(Ivan Pavlov, 1849~1936)는 동물학습 연구방법을 개발하고 있었다.
- ㉡ 파블로프는 원래 생리학자로 개를 가지고 한 타액과 소화생리학 연구 공로로 1904년 노벨 생리의학상을 수상했다.
- ㉢ 밥을 주러 오는 조수의 발자국 소리를 듣고 침을 흘리는 개를 우연히 보게 되고 이것을 계기로 이 현상이 어떻게 연합이 되어 개의 뇌에서 일어나는지를 연구하게 되었고 고전적 조건화를 발표하였다.
- ㉣ 다른 연구로 이미 배운 학습을 약화시키거나 없앨 수 있다는 것(소거), 이미 학습한 자극과 유사한 자극에 반응하는 일반화 등의 개념을 확장시켰다.

④ 손다이크의 효과의 법칙
- ㉠ 미국의 손다이크(Edward Thorndike, 1874~1949)는 동물이 어떻게 자극과 반응 사이의 관계나 연결을 배우는지를 연구하고 있었다.

ⓛ 잘 알려진 연구는 잠금장치가 되어 있는 상자에서 고양이가 그것을 열고 탈출하는 방법을 배우는가에 대한 것이다.
ⓒ 유기체의 행동이 어떤 결과를 만들어내는 도구가 되기 때문에 이것을 도구적 조건화라고 부른다.
ⓔ 이것은 파블로프의 조건화와는 다른데 도구적 조건화는 행동의 결과에 따라 그 행동이 증가되는지, 감소되는지가 결정되는 것이라면, 고전적 조건화에서 행동은 결과와 상관없이 자극에 따른 반응이라는 것이다.
ⓜ 어떤 특정 행동반응이 나타나는 확률이 증가하거나 감소하는 것은 반응에 따라 나오는 결과에 달렸다는 것을 알아내었고 이것을 효과의 법칙이라고 불렀다.
ⓗ 이 법칙은 특정한 반응이 좋은 결과를 가져오면 동일한 반응을 할 확률은 높아지고 반대로 좋지 않은 결과를 가져온다면 반응은 줄어든다는 것이다.
ⓢ 동물이 바람직한 결과를 최대화시키고 좋지 않은 결과를 최소화시키는 새로운 행동을 배우도록 하는 요인들에 대해 연구하였다.
ⓞ 손다이크는 학습심리학이란 경험을 통해서 자극과 반응 사이의 연결이 언제, 어떻게, 어느 정도로 증가하거나 감소하는지를 연구하는 것이 되어야 한다고 주장했다.

(2) 행동주의의 시대

① 왓슨과 행동주의
ⓐ 왓슨은 쥐를 가지고 미로를 통과하는 실험을 하였다. 처음에는 30분 정도 걸렸지만 30번 정도 훈련을 받으면 10초 이내로 미로를 통과하였다.
ⓑ 여러 조건을 달리하여 다양한 실험을 수행하였는데 반복적으로 미로를 통과한 쥐는 미로를 통과하는 시간이 현격하게 줄어드는 것을 발견하였다.
ⓒ 이 연구를 통해 쥐들이 미로를 달리면서 자동적 운동습관을 배우게 되었다고 생각하였다. 그 운동습관은 외부의 어떤 감각자극과 상관없다고 생각했다.
ⓓ 왓슨은 유아인 알버트(Albert)를 대상으로 공포를 학습시키는 실험을 시행했다.
ⓔ 왓슨의 행동주의 접근에서 중요한 점은 동물학습과 인간학습의 통합이었다. 그는 "어떤 정상적인 아이든 주어진 환경에 따라 원하는 어떤 사람으로도 만들 수 있다"라고 하였다.

② 헐의 수학적 학습모델
ⓐ 미국의 심리학자 헐(Clark Hull, 1884~1952)은 학습에 영향을 미치는 요인들 사이의 관계를 수학적 공식으로 표현하는 데 전념했다.
ⓑ 헐의 시대에 행동주의의 새로운 학설은 모든 행동은 자극과 반응 사이의 관계성을 설정함으로써 이해할 수 있다는 자극-반응학습(stimulus-response lesrning, S-R 학습)이었다.
ⓒ 행동주의자들은 모든 요인들을 알기만 하면 동물이 보이는 반응이 언제 나타날지 예측 가능하다는 것이었다.
ⓓ 헐은 동물 학습의 포괄적 수학 모델을 만들어서 어떤 상황에서라도 동물이 무엇을 배울지 예언할 수 있도록 하겠다는 목표를 가졌다.
ⓔ 동물학습과 인간학습에 관한 집중적 연구프로그램을 실시하고 실험을 진행해 수학적 모형을 정교화시켜 나갔다.

ⓑ 학습은 신뢰가 높고 예측이 가능하며, 그러한 기본적 패턴은 동물뿐 아니라 인간의 학습도 지배한다고 하였다.
ⓢ 헐의 모형은 큰 성공을 거두어 당시 그의 연구를 인용하는 비율이 매우 높았다.
ⓞ 모든 요인을 하나의 공식으로 줄여서 나타낸다는 것은 무리가 있기 때문에 그의 공식이 맞다고 보기 어렵다.

③ 스키너의 급진적 행동주의
㉠ 미국의 심리학자 스키너(Burrhus Frederic Skinner, 1904~1990)는 손다이크가 개발해 놓은 동물이 새로운 반응을 학습하는 기법을 더 확장시키고 정교화하였다.
㉡ 심리학자들은 관찰 가능한 행동연구에만 전념해야 하며 학습을 하는 동안 마음에서 무엇이 일어나고 있는가와 같은 사색은 하지 말아야 한다고 주장했다.
㉢ 스키너 상자를 고안해 동물들의 반응과 결과 사이의 관계를 연구했다.
㉣ 먹이를 아끼기 위해서 쥐가 올바른 반응을 2~3번 할 때 먹이를 주는 간헐적 보상을 주었을 때 매번 보상을 주는 경우와 유사하거나 혹은 더 빠르게 반응한다는 것을 발견하였다.
㉤ 세계 제2차 대전에 참여하게 하기 위해 비둘기를 훈련시키기도 하였고, 자신의 딸을 위한 소형박스를 만들어 육아를 하기도 하였다.
㉥ 스키너는 행동주의 심리학자로 가장 알려졌는데 그의 연구가 실생활에까지 퍼졌기 때문이다.
ⓢ 스키너는 자신을 급진적 행동주의라고 주장하며 의식이나 자유의지는 환상이라고 했다.
ⓞ 인간이란 다른 동물들과 마찬가지로 환경자극에 대해서 학습된 반응을 하는 존재하고 하였다.
ⓩ 스키너가 사망한 1990년 당시 심리학은 행동주의에서 정신적인 것들로 옮겨가고 있었다.

(3) 인지적 접근

① 톨만의 인지도
㉠ 톨만(Edward Tolman, 1886~1969)은 뉴잉글랜드에서 태어나 MIT에서 화학을 전공했다.
㉡ 신행동주의자로 불리는 톨만도 쥐미로를 만들어 실험을 하였다.
㉢ 먹이 없이 미로를 자유롭게 돌아다닌 쥐들은 이후에 먹이를 두자 자유롭게 돌아다닌 경험이 없는 쥐보다 훨씬 빠르게 먹이를 찾아내었다.
㉣ 쥐가 미로에 대해 내적으로 전체 조망을 가지는데, 그러한 외적 세계에 대한 내적인 심리적 표상을 인지도라고 불렀다.
㉤ ㉢의 결과는 쥐가 처음에 인지도를 학습해서 이후에 그것을 사용했다는 증거라고 주장했다.
㉥ 이러한 학습을 잠재학습이라고 하였으며 잠재학습은 일상생활에서 흔히 일어나는 학습이라고 주장했다.
ⓢ 톨만은 여러 가지 형태의 학습이 존재한다는 현대적인 생각을 가지게 되었고 동물과 사람의 학습에 대한 인지적 연구의 기초가 되었다.

② 고든 바우어의 통찰학습
㉠ 바우어(Gordon Bower, 1932~2020)는 인간 학습이 단숨에 일어난다는 모델을 제안하였다.
㉡ 어려운 수수께끼나 단어 맞추기, 혹은 알고 있는 사실이 잘 떠오르지 않을 때 우리는 통찰학습이 일어나는 순간을 경험하게 된다고 주장하였다.

ⓒ 사람의 학습곡선은 점진적으로 상승하는 것이 아니라 어느 시간 동안 0%였다가 갑자기 100%로 뛰어오르는 형태를 보인다고 하였다.

(4) 볼스의 진화 심리학
① 볼스(Robert C. Bolles, 1928~1994)는 진화론적 학습 이론에 관해 연구를 수행했다.
② **기대**
  ㉠ 볼스에게 있어서 학습은 기대 발달을 포함한다.
  ㉡ 유기체는 한 종류의 사건이 확실히 다른 사건을 앞선다는 것을 학습한다.
  ㉢ 볼스 이론의 기대 학습은 강화를 필요로 하지 않는다.
  ㉣ 학습된 기대의 본질을 결정하는 것은 두 자극 간 또는 반응과 그 결과 간의 시간적 순서와 유관성이다. 예를 들어 번개의 번쩍거림은 천둥의 예언인이 되고, 버튼을 누르는 것은 벨소리의 예언인이 된다.
  ㉤ 따라서 볼스를 '방향적' 인접 이론가라고 한다.
③ **타고난 소인**
  ㉠ 행동 분석을 통해 타고난 S-S(자극-자극)와 R-S(반응-자극) 기대를 강조했다(톨만이 학습된 S-S, 학습된 R-S 기대에 집중한 것과 차이가 있다).
  ㉡ 어린 영아가 큰 소리에 두려움을 보이는 것은 영아가 큰 소리 다음에 뒤따를 위험한 사건을 기대하고 있음을 보여준다(타고난 S-S 관계).
  ㉢ 많은 종의 동물들이 먹이, 물, 위험, 다른 생물학적으로 중요한 대상이나 사상들의 존재에 대해 보이는 정형화된 행동이다(타고난 R-S 관계).
④ 동기는 반응 융통성을 제한한다.
  ㉠ 볼스는 동기와 학습이 서로 분리될 수 없다고 생각했다.
  ㉡ 비록 유기체가 학습하는 S-S 기대는 어느 정도 융통성은 있지만, R-S 기대는 동기가 반응 편향을 유발하기 때문에 좀 더 제한적이다.
  ㉢ 동물은 먹이에 접근하기 위해 도피 관련 행동을 학습하지는 않을 것이며, 고통스럽거나 위험한 자극에서 도피하기 위해 욕망적 행동을 학습하지 않을 것이다. 예를 들어 먹이를 먹기 위해 전기충격이 있는 방에서 도피를 학습하지는 않을 것이다.
⑤ **적소 논증**
  ㉠ 볼스는 학습을 이해하기 위해 그 유기체의 진화 역사를 이해해야 한다고 했다.
  ㉡ 적소 논증이란 특정한 방식으로 행동하는 동물의 선천적인 소인을 활용하는 학습 과제는 성공할 가능성이 크다는 것이다.
  ㉢ 동물은 자신들의 적소(niche)에 의존하는 것과 사물들에 대한 전반적 도식에 맞추는 방법을 학습하거나 학습하지 않을 의무(필수사항)를 가지고 있다.
  ㉣ 우리는 어떤 종류의 경험이 학습에 반영되고 어떤 것은 반영되지 않을지 기대한다.
  ㉤ 자기 적소에 대한 동물의 선험적(선천적)이고 생물학적인 의무를 위반하는 학습 과제는 변칙적인 행동을 산출할 것으로 기대된다.

제 1 장 | 실전예상문제

01 다음 중 학습에 대한 정의로 틀린 것은?
① '학습이 되었다'는 말의 의미는 학습 전에는 수행할 수 없던 것이 학습 후 가능하게 되는 것을 말한다.
② 학습은 인간의 행동이나 행동 잠재력이 지속적으로 변화하는 것을 말한다.
③ 많은 심리학자들은 관찰이 불가능한 영역에서의 변화도 학습으로 정의한다.
④ 킴블은 학습을 강화된 훈련의 결과로 나타나는 비교적 영속적인 변화로 보았다.

01 많은 심리학자들은 학습을 관찰 가능한 행동에서의 변화로 정의하는 것을 선호한다.

02 다음 중 학습의 조건으로 옳지 않은 것은?
① 학습의 결과는 관찰 가능한 행동에서의 변화로 나타나야 한다.
② 행동의 변화는 일시적이거나 고정불변하지 않아야하며 비교적 장기적으로 나타나야 한다.
③ 강화를 받은 경험이나 훈련이 학습된다.
④ 행동할 수 있는 잠재력이 즉각적인 변화로 나타나게 된다.

02 행동할 수 있는 잠재력을 가졌지만 즉각 행동으로 나타나지 않을 수도 있다.

정답 01 ③ 02 ④

03 과자를 받아먹으며 강화된 원숭이가 과자를 얻기 위해 손을 내미는 것으로 볼 수 있다. 이는 학습의 결과이다. 다른 문항은 본능과 관련이 깊다.

03 다음 중 학습의 결과로 보이는 것은?
① 까치가 겨울이면 따뜻한 곳으로 이동한다.
② 캥거루는 새끼를 주머니에 넣어 키운다.
③ 동물원의 원숭이는 인간에게 다가와 과자를 달라고 손을 내민다.
④ 곰은 추운 겨울을 나기 위해 음식을 잔뜩 먹고 겨울잠을 잔다.

04 많은 학자들이 고전적 조건형성과 조작적 조건형성만 가지고는 광범위한 인간의 행동을 간과하게 될 수 있음을 주장한다.

04 다음 중 조건형성에 대한 설명 중 틀린 것은?
① 조건형성은 행동을 변화시키는 과정을 기술하기 위해 사용된 용어이다.
② 고전적 조건형성은 서로 관계가 없는 자극에 대해 동일한 반응을 학습시킨 파블로프의 실험을 근거로 한다.
③ 조작적 조건형성은 유기체의 행동은 행동 뒤에 발생하는 결과에 따라 결정된다는 연구이다.
④ 고전적 조건형성과 조작적 조건형성을 통해 인간의 복잡한 행동을 모두 이해할 수 있다.

05 개에게 음식물을 줄 때 종소리를 함께 들려주는 일을 통해 개에게 종소리는 조건자극이 되었다. 이 때 개가 종소리만 듣고 침을 흘리는 것은 조건반응이다.

05 고전적 조건형성에 대한 설명 중 틀린 것은?

• 파블로프는 자극과 반응 사이의 관계를 이용해 관계가 없는 자극에 대해서 동일한 반응을 학습시켰다.
• 개는 음식물을 보면 침을 흘린다. 이때 종을 치면서 음식물을 주는 일을 반복적으로 수행하면, 종소리라는 자극과 침을 흘리는 반응 사이에 연관이 형성되어 개는 종소리만 들어도 침을 흘리게 된다.

① 음식물은 무조건자극이다.
② 개가 음식물을 보면 침을 흘리는 것은 생리적인 반응이다.
③ 종을 치며 음식을 주는 일이 반복 수행되면 종소리는 학습을 통해 개에게 조건자극이 된다.
④ 학습된 조건자극인 종소리를 들으면 개는 침을 흘리는 무조건반응을 보인다.

정답 03 ③ 04 ④ 05 ④

06 다음 중 학습에 대한 설명으로 옳은 것은?
① 학습이 되었다는 것은 행동이 즉각적으로 일어났을 때를 의미한다.
② 엄마의 잔소리에 익숙해진 아이가 엄마가 말한 것 자체를 알지 못하는 것은 학습이라고 할 수 있다.
③ 뱀의 동면은 겨울을 나기 위해 익혀온 학습의 과정이다.
④ 종 특유의 행동은 모두 학습과 상관이 없다.

06 엄마의 잔소리는 아이에게 습관화가 된 것이고 습관화는 학습으로 간주한다.
① 학습은 즉각적으로 일어나지 않을 수 있다. 미래에 행동을 할 수 있는 가능성 즉, 잠재력을 가지고 있다면 학습이 되었다고 한다.
③ 동물들의 동면, 짝짓기, 둥지 틀기 등은 선천적으로 나타나는 종 특유의 행동이다.
④ 각인은 종 특유 행동이지만 학습된 행동과 본능적인 행동이 혼합되어 있다.

07 다음 중 학습을 측정하는 방법에 대한 설명으로 옳지 <u>않은</u> 것은?
① 행동의 강도 변화를 측정하면 학습이 되었는지 알 수 있다.
② 비율로 학습을 측정하면 행동의 작은 변화를 알 수 있기 때문에 유용하다.
③ 오류의 감소를 측정하는 것은 학습 측정 방법이다.
④ 유창성은 잠재기와 양상을 조합한 학습의 측정치이다.

07 유창성은 오류와 비율을 조합한 학습의 측정치로 분당 정확한 반응의 횟수를 의미한다.

08 학습연구의 종류에 대한 설명으로 적절하지 <u>않은</u> 것은?
① 대표성을 띠는 많은 사례로부터 모은 자료를 통계적으로 분석하는 것은 기술연구이다.
② 문화묘사법과 기록분석법은 관찰연구방법이다.
③ 일화연구는 사회적 현상이 사회 맥락 안에서 이해될 수 있는 상황에 적합한 연구방법이다.
④ 실험연구에서 실험을 인위적으로 보이게 하는 '통제'는 독립변인의 효과를 분리해 내기 위해 반드시 필요한 것이다.

08 사례연구는 사회적 현상이나 사회적 단위의 특성들이 그 맥락 안에서 이해될 수 있는 상황에 적합한 연구방법이다.
② 관심대상 집단이나 문화 속으로 들어가서 연구대상을 관찰하는 문화묘사법과 연구자가 특정 문화에 관한 기록물(예 일기, 소설, 유행가 가사, 텔레비전 프로그램, 영화, 잡지 기사, 신문기사 등)을 분석하는 기록분석법은 관찰연구에 해당한다.

정답 06② 07④ 08③

| 09 | 실험의 핵심은 내적 타당도를 높이는 것이다. |

09 다음 중 실험의 타당도에 대한 설명으로 옳지 <u>않은</u> 것은?
① 실험의 핵심은 외적 타당도를 높이는 것이다.
② 내적 타당도가 높다는 것은 실험이 잘 수행되어 인과관계의 해석이 명확하다는 의미이다.
③ 내적 타당도를 높이면 외적 타당도는 낮아지고 외적 타당도를 높이면 내적 타당도가 낮아질 가능성이 있다.
④ 외적 타당도란 실험 결과를 다른 상황과 다른 사람들에게 일반화 시킬 수 있는 정도이다.

| 10 | 합리주의자들은 지식을 얻기 위해 반드시 마음이 적극적으로 개입(사고, 추론, 연역)해야 한다고 주장했다.
④ 아리스토텔레스는 감각적 경험에 의해 축적된 생각들은 4가지 법칙에 따라 다른 생각들을 축적시킨다고 보는 연합주 견해를 갖는다.
• 유사성의 법칙 – 경험이나 대상에 대한 회상이 비슷한 대상에 대한 회상을 이끌어 내는 것
• 대비의 법칙 – 반대되는 대상에 대한 회상을 이끌어 내는 것
• 인접의 법칙 – 함께 경험하였던 사물에 대한 회상을 이끌어 내는 것
• 빈도의 법칙 – 두 사물이 자주 경험될수록 하나의 경험이 다른 경험을 더 자주 자극한다는 것 |

10 다음 중 초기 학습이론에 대한 설명으로 바르지 <u>않은</u> 것은?
① 경험주의자들은 모든 지식의 바탕이 감각적 정보라고 하였다.
② 행동주의자들은 지식을 얻기 위해 반드시 마음이 적극적으로 개입해야 한다고 주장했다.
③ 생득론은 유전되는 몇 가지 특성과 태도의 중요성을 강조했다.
④ 아리스토텔레스는 감각적 경험에 의해 축적된 생각들은 법칙에 따라 연합된다고 생각했다.

| 11 | 에빙하우스가 의미가 없는 단어를 기억하는 순수한 기억을 연구하고자 했다면 바틀렛은 의미 있는 자료의 기억을 연구한 선구적 학자이다. |

11 다음 중 학습이론가에 대한 설명으로 옳지 <u>않은</u> 것은?
① 톨만의 잠재학습은 인지적 연구의 기초를 마련하였다.
② 파블로프의 조건화를 고전적 조건화라 부르고, 손다이크의 이론을 도구적 조건화라고 한다.
③ 에빙하우스는 의미 있는 자료의 기억을 연구한 선구적 학자이다.
④ 바틀렛의 도식이론은 새로운 정보가 도식에 표상된 기존의 정보와 상호작용한다는 것이다.

정답 09 ① 10 ② 11 ③

12 다음 중 학습이론에 대한 설명으로 옳지 <u>않은</u> 것은?

① 적소 논증이란 특정한 방식으로 행동하는 동물의 선천적인 소인을 활용하는 학습 과제는 성공할 가능성이 크다는 것이다.
② 인간의 학습이 단숨에 일어날 수 있다는 것은 통찰학습 이론에서 제안한다.
③ 급진적 행동주의자들은 학습에 의식과 자유의지를 강조한다.
④ 헐은 동물 학습의 포괄적 수학 모델을 만들어서 동물의 학습을 예측하려고 하였다.

12 스키너(급진적 행동주의자들)는 학습에 의식과 자유의지를 환상이라고 하며 인간이란 다른 동물들과 마찬가지로 환경자극에 대해서 학습된 반응을 하는 존재라고 하였다.

13 다음 중 볼스와 관계 <u>없는</u> 것은?

① 타고난 소인
② 기대
③ 적소논증
④ 신행동주의

13 볼스는 진화론적 학습 이론에 관해 연구를 수행했다.
① 볼스는 타고난 소인으로 타고난 S-S(자극-자극)와 R-S(반응-자극) 기대를 강조했다
② 볼스에게 있어서 학습은 기대 발달을 포함한다.
③ 적소 논증이란 특정한 방식으로 행동하는 동물의 선천적인 소인을 활용하는 학습 과제는 성공할 가능성이 크다는 것이다.

14 다음 중 학습이론이 발달해온 과정에 대한 설명으로 옳지 <u>않은</u> 것은?

① 심리학 최초의 학파는 분트의 의지주의로 인간의 의지를 강조한 학파이다.
② 제임스는 구성주의자로 다윈의 진화론에 크게 영향을 받았다.
③ 심리학이 객관적인 실험을 하는 자연과학의 한 분야가 되어야 한다는 것은 행동주의의 관점이다.
④ 인지신경과학은 뇌가 인간의 행동과 학습에 어떤 영향을 미치는지 연구한다.

14 제임스는 기능주의자로, 다윈의 진화론에 크게 영향을 받았으며, 의식의 유용성, 환경에 적응하기 위한 행동을 강조하며, 의식의 기능을 강조하였다.

정답 12 ③ 13 ④ 14 ②

15 기술연구는 현상을 설명하는 가설을 제시할 수는 있지만, 검증하지는 못한다.

15 과학적 학습연구 방법에 대한 설명 중 틀린 것은?

① 관찰연구는 연구자가 특정집단 또는 특정행동을 관찰하고 그것을 기록하는 연구방법이다.
② 구체적인 사례를 중심으로 탐구하는 사례연구는 현상이나 사회적 단위로 이해하고자 할 때 적합하다.
③ 기술연구는 많은 사례로부터 모은 자료를 분석하므로 사례연구보다 신뢰도가 높고 현상을 설명하는 가설의 검증이 쉽다.
④ 실험연구는 연구자가 변인을 조작하고 그것이 다른 변인에 주는 영향을 측정하는 방식이다.

16 실험연구
- 독립변수가 종속변수에 영향을 미치는 인과관계에 대한 가설을 검증하는 방법
- 연구자가 통제된 조건 하에서 어느 한 변인을 조작하고, 해당 변인이 다른 변인에 미치는 영향을 관찰하는 연구방법으로 변인들 간의 인과관계를 파악하기에 좋은 연구방법
- 실험설계의 조건은 독립변인의 조작, 외생변인의 통제, 실험대상의 무작위화(무작위표집, 무작위할당)

16 다음 중 실험연구의 장점으로 옳은 것은?

① 일반적으로 외적 타당도가 높다.
② 현상을 정확하게 기술할 수 있다.
③ 실험대상자를 무선할당하기 어려운 상황에 적용하기 용이하다.
④ 변인들 간의 인과관계를 파악할 수 있다.

정답 15 ③ 16 ④

17 동물실험에 대한 견해 중 틀린 것은?
① 많은 연구자들이 동물연구가 인간행동의 이해에 필수적이라고 믿는다.
② 동물의 경우는 유전의 영향을 통제하는 것이 가능하다.
③ 인간에게는 할 수 없는 실험을 동물을 대상으로는 할 수 있다.
④ 동물실험도 실험자가 의도하지 않은 학습경험의 영향에서 자유로울 순 없다.

17 실험자가 의도하지 않은 학습경험의 영향을 크게 줄일 수 있는 것이 동물실험의 장점 중 하나이다.

18 각 관점의 내용이 올바르게 연결된 것은?

ㄱ. 의식의 내용을 원자적인 요소들로 분석하여 종합하는 것을 주장하였다.
ㄴ. 실용주의에 입각하여 형성되었으며 의식의 기능을 강조하였다.
ㄷ. 자신을 스스로 관찰하여 보고한 자료를 분석하는 방법을 사용한다.
ㄹ. 정적인 구조보다 능동적인 작용 또는 활동에 주목하였다.

	구성주의	기능주의
①	ㄱ, ㄴ	ㄷ, ㄹ
②	ㄱ, ㄷ	ㄴ, ㄹ
③	ㄴ, ㄷ	ㄱ, ㄹ
④	ㄷ, ㄹ	ㄱ, ㄴ

18 ㄱ. 구성주의
ㄴ. 기능주의
ㄷ. 구성주의
ㄹ. 기능주의

정답 17 ④ 18 ②

※ 다음 학습이론들에 대한 설명을 참고하여 물음에 답하시오.
[19~20]

> ㄱ. 행동주의 심리학자들은 객관적으로 측정 가능한 행동과 반응에 따르는 환경적인 사건에 초점을 두어야 한다고 제안한다.
> ㄴ. 사회학습이론은 사람들이 주위 사람들을 관찰하며 학습하는 방법에 초점을 두었다.
> ㄷ. 인지주의 심리학자들은 사람의 사고과정, 즉 인지를 고려해야 한다는 것을 제안했다.
> ㄹ. 사회문화적 이론은 사회적 상호작용과 문화적 유산이 인간학습과 인지발달에 영향을 주었다고 말한다.

19 다음 중 해당 내용에 대한 설명으로 틀린 것은?

① ㄱ은 그 이유로 주관성과 과학적 정밀함을 들었다.
② ㄴ은 밖으로 드러나는 행동만으로도 인간학습의 모든 것을 알 수 있다고 주장하였다.
③ ㄷ은 인지심리학으로, 인지신경과학과 더불어 뇌가 인간의 행동과 학습에 미치는 영향에 공헌하고 있다.
④ ㄹ은 넓게 보았을 때 맥락을 다루는 것으로 볼 수 있다.

19 사회학습이론은 밖으로 드러나는 행동 외에도 인간 내면에서 일어나는 인지과정 또한 중시했다. 행동에만 초점을 맞추는 것은 행동주의에 가깝다.

20 이러한 이론이 가지는 장단점에 대한 설명 중 틀린 것은?

① 이론은 많은 결과를 요약하고 수많은 학습원리를 통합한다.
② 새로운 연구를 유도하는 출발점이 된다.
③ 이론은 이론에 그칠 뿐이라는 한계를 가진다.
④ 특정관점에 사로잡혀 근시안적이 될 수 있다.

20 이러한 학습이론은 인간학습을 최대한으로 촉진하는 학습환경과 수업전략을 계획하는 데 큰 도움이 된다.

정답 19 ② 20 ③

21 뇌의 영역과 그것의 역할이 옳지 <u>않은</u> 것은?

① 전두엽은 움직임을 계획하고 실행한다.
② 두정엽은 촉각과 공간감각을 지각한다.
③ 해마는 청각과 기억에 중요한 역할을 한다.
④ 후두엽은 시각정보를 분석하고 통합하는 데 중요한 부위이다.

21 측두엽은 청각과 기억에 중요한 역할을 한다.

22 다음 사례에 가장 적합한 연구방법은?

> 학교 교실에서 발생하는 아동의 우정관계를 연구하기 위해 아동의 모든 또래관계 상호작용을 정확하게 알아보려고 한다.

① 관찰법
② 실험법
③ 설문조사법
④ 상관연구법

22 관찰법은 실험할 수 없는 현상에 대하여 취할 수 있는 과학적 방법이다.

정답 21 ③ 22 ①

주관식 문제

01 실험의 내적 타당도와 외적 타당도를 설명하시오.

01
[정답] 내적 타당도란 실험의 종속변인에 영향을 미친 것이 독립변인뿐이라고 확신할 수 있는 정도를 말한다. 실험의 핵심은 내적 타당도를 높이는 것이다. 외적 타당도란 실험의 결과를 다른 상황과 다른 사람들에게 일반화시킬 수 있는 정도를 일컫는다. 내적 타당도를 높이면 외적 타당도는 낮아지고 외적 타당도를 높이면 내적 타당도가 낮아질 가능성이 있다.

02 학습으로 인한 행동 변화의 특징을 3가지 이상 설명하시오.

02
[정답]
① 학습의 결과는 관찰 가능한 행동에서의 변화로 나타난다.
② 행동의 변화는 일시적이거나 고정불변하지 않아야 한다.
③ 행동할 수 있는 잠재력을 가지고 있지만 바로 행동으로 나타나지 않을 수 있다.
④ 행동의 변화는 훈련이나 경험을 통해 나타난다.

03 조작적 정의에 대해 설명하시오.

03
[정답] 조작적 정의는 어떤 개념을 과학적으로 정의하는 방식이다. 과학적 지식은 관찰할 수 있는 반복적 조작에 의해 객관화되며, 의미도 구체화에 의해 드러난다고 본다. 따라서 조작적 정의는 개념을 측정하는 데 필요한 조작들을 명세화함으로써 관찰할 수 없는 것을 관찰하고 측정이 가능하도록 한 개념이다.

제 2 장

고전적 조건형성

제1절	고전적 조건화의 기초
제2절	고전적 조건화의 원리
제3절	고전적 조건화의 이론
제4절	고전적 조건화의 활용
실전예상문제

우리 인생의 가장 큰 영광은 결코 넘어지지 않는 데 있는 것이 아니라
넘어질 때마다 일어서는 데 있다.

– 넬슨 만델라 –

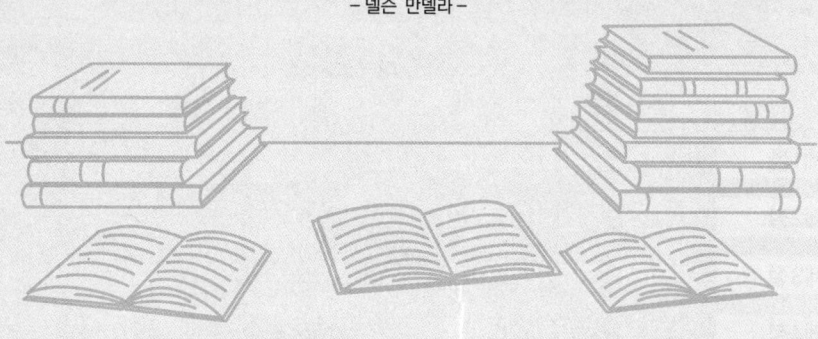

제 2 장 | 고전적 조건형성

[학습목표]
어린 시절 우리 집에 개를 한 마리 키웠었다. 이 녀석은 비닐봉지가 바스락거리는 소리만 들리면 꼬리를 흔들며 달려와 얌전히 우리 앞에 앉아 무언가를 기다렸다. 심지어 자기가 기다리는 그 무언가가 나오지 않으면 낑낑거리며 재촉하는 모습을 보이기 일쑤였다. 우리 식구들은 이 녀석이 먹을 것을 기다린다는 것을 알고 재미있어 했던 기억이 있다. 그 당시는 우리 개가 영리해서 비닐봉지 안에 먹을 것이 있던 것을 기억하고 있다고 생각했었다. 그것이 영리한 탓이 아니라 학습을 한 것이라는 건 학교 생물시간에 알게 된 사실이다. 인간도 전혀 상관이 없는 어떤 물건 등에 반응을 보이는 때가 있다. 이것이 학습의 원리 중 하나인 파블로프식 학습 즉, 고전적 조건형성이다. 고전적 조건형성은 일상에서도 자주 이용되는 이론이다. 특히 광고에서 인기 있는 연예인들을 모델로 하는 것은 대표적인 고전적 조건형성의 활용이라고 할 수 있다. 이번 장에서는 고전적 조건형성의 원리에 대해 자세히 살펴볼 것이고 이 이론을 설명해주는 이론들에 대해 살펴보면서 고전적 조건형성을 통한 학습과정이 무엇인지 알아보고자 한다.

제1절 고전적 조건화의 기초

1 파블로프의 실험

(1) 파블로프의 개

파블로프는 소화에 대해서 연구하던 중에 개가 항상 음식을 담아서 주던 밥그릇이나 밥을 주러 오는 조수의 발자국 소리를 들을 때면 밥이 입에 들어가기도 전에 침을 흘리는 것을 보게 되었다. 그는 그의 조수들과 동물이 학습을 하는 데 영향을 주는 요인들에 대해 체계적인 연구를 시작하였다. 그들은 개의 입속에 침을 모을 수 있는 관을 삽입하고 다양한 실험을 통하여 개가 흘리는 침을 측정하였다.

[이반 파블로프(Ivan Pavlov, 1849~1936)]

러시아 출신의 생리학자로 의대를 졸업하고 육군 군의학교에서 소화의 생리학에 관하여 연구하였다. 이후 약리학교수가 되어 소화샘연구를 하여 소화액의 분비메커니즘을 밝혀내는 등 일련의 업적을 인정받아 러시아 최초로 1904년 노벨생리의학상을 수상하였다.

(2) 실험절차

① 연구자는 개 앞에 있는 창에 불빛을 비춘다.
② 몇 초 후에 약간의 고기가루가 접시에 공급되고 불빛이 꺼진다.
③ 개는 배가 고픈 상태이고 상당한 타액을 분비한다.
④ 이러한 과정을 몇 차례 되풀이한 후에 개는 고기가루가 공급되지 않아도 불빛에 대한 반응으로 타액을 분비하게 된다.

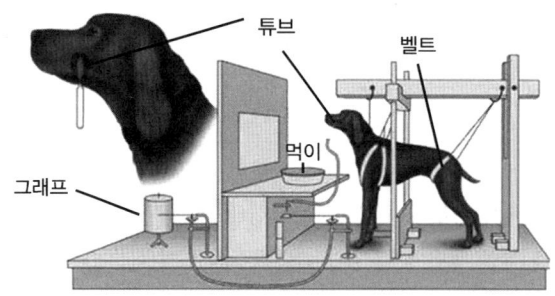

[파블로프(Pavlov)의 개실험]

2 고전적 조건형성의 기본개념

(1) 고전적 조건형성의 의미

① 무조건반응(Unconditioned Response, UR)을 발생시키는 무조건자극(Unconditioned Stimulus, US)과 연합된 중성자극(Neutral Stimulus, NS)이 반복적인 노출을 통해 조건자극(Conditioned Stimulus, CS)이 되어 무조건반응(UR)과 유사한 조건반응(Conditioned Response, CR)을 일으키는 원리를 고전적 조건형성이라고 한다.

② 고전적 조건형성은 우리가 무조건적인 대상이나 자극이 아닌 중성적인 대상이나 자극에도 무조건적인 반응과 행동을 하는 원리와 특정 개인에게 반응과 행동을 유발하는 대상과 자극의 다양성에 대한 설명을 제공한다.
③ 고전적 조건형성(Classical Conditioning), 반응조건형성(Respondent Conditioning), 파블로프 조건형성(Povlovian Conditioning)이라고도 불린다.

(2) 자극과 반응

유기체가 환경과 상호작용할 때, 유기체에게 영향을 끼칠 수 있는 것들을 모두 자극(Stimulus)이라고 부르며, 이러한 자극에 대해 유기체의 대응을 반응(Response)이라고 부른다.

① **무조건반사(Unconditioned Reflex)**
선천적이고 영구적인 반사로 그 동물 종에 속하는 모든 구성원들에게 나타나며 개체에 따른 차이가 거의 없다. 이 자극은 대체로 생존에 중요한 사건들이다. 먹이가 입속에 들어오면 개가 침을 흘리는 것이 이런 유형의 반사이다. 이런 반사는 무조건적으로 일어나기 때문에 파블로프는 이것을 무조건반사라고 불렀다.

② **조건반사(Conditioned Reflex)**
출생 시에는 존재하지 않았던 반사이다. 경험을 통하여 습득되어야 하며 선천적 반사에 비해 상대적으로 비영구적이다. 이 반사는 경험에 의존하기 때문에 각각의 개체에서 상당히 다른 형태로 나타난다. 먹이가 가져다주는 사람의 발자국 소리에 침을 흘리는 것이 조건반사이다. 이런 반사들은 아주 많은 조건들에 좌우되기 때문에 파블로프는 이것을 조건반사라고 불렀다.

③ **무조건자극(Unconditioned Stimulus, US)**
유기체로 하여금 자연적이며 자동적인 반응을 일으키게 하는 자극이다. 파블로프의 고전적 조건형성이론에서 음식은 타액이라는 반응을 유발하는 무조건자극이다. 즉 훈련 없이도 반응을 유발하는 자극이 무조건자극이다.

④ **무조건반응(Unconditioned Response, UR)**
무조건자극을 유기체에게 제시했을 때 나오는 자연적이며 자동적인 반응을 가리킨다. 파블로프의 고전적 조건형성이론에서 음식으로 유발된 타액분비를 무조건반응이라고 한다.

```
US      →      UR
고기           타액분비
```

⑤ **조건자극(Conditioned Stimulus, CS)**
훈련을 통해 반응을 유발하는 자극을 조건자극이라고 한다. 파블로프의 고전적 조건형성 실험에서 훈련을 통해 종소리를 듣고 타액반응을 유발하게 될 때 종소리는 조건자극이 된다.

⑥ **조건반응(Conditioned Response, CR)**
원래는 그 반응과 결합되어 있지 않았던 자극에 대하여 나타나는 반응으로 이전의 중립자극에 대하여 학습된 반응이다. 종소리에 대한 타액분비는 조건반응이다.

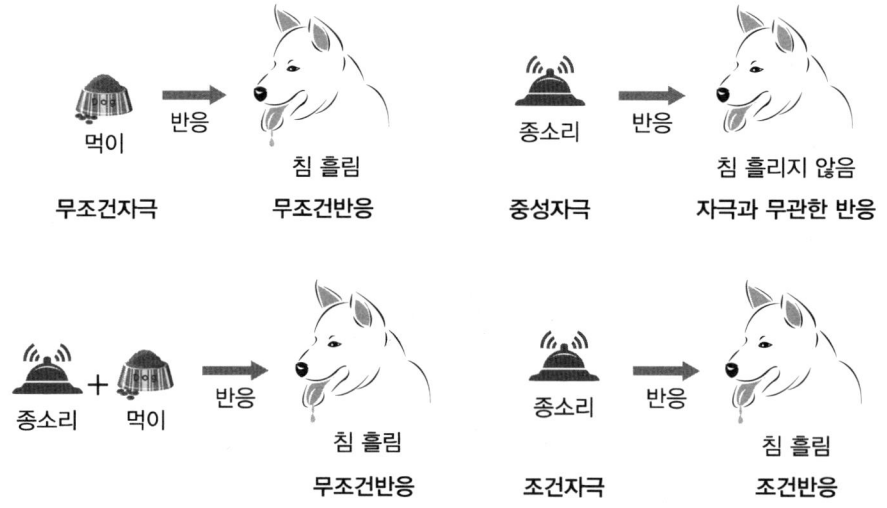

⑦ **중성자극(Neutral Stimulus, NS)**
일반적으로 반사반응을 일으키지 않는 자극이다. 위 과정에서 처음에 제시된 종소리는 중성자극이고, 이후에 고기 없이 반응을 유도하는 종소리는 조건자극이 된다.

(3) 고전적 조건형성의 기본과정

① **조건형성 전**
  ㉠ 개에게 고기(무조건자극, US)를 주면 침(무조건반응, UR)을 흘린다.
  ㉡ 종소리(중성자극, NS)는 개에게 아무 의미가 없는 자극이므로 종소리는 아무런 반응을 유도하지 않는다.

② **조건형성 중**
  ㉠ 종소리(중성자극, NS)를 들려주고 고기(무조건자극, US)를 주면 개는 고기 때문에 침(무조건반응, UR)을 흘린다.
  ㉡ 아직까지 종소리는 중성자극이기 때문에 단독으로 타액반응을 유도하지는 않는다. 이 과정을 반복한다.

③ **조건형성 후**
  ㉠ 종소리(조건자극, CS)만 들려주어도 개는 침(조건반응, CR)을 흘린다.
  ㉡ 종소리는 고기와 연합이 되어 조건자극(CS)이 되고 개는 종소리를 들어도 타액반응을 보인다.

연합의 기본과정		
시간적으로 인접한 자극들은 연합된다. ⑩ 번개+천둥	하나의 외부자극과 그 반응(행동)은 연합된다. ⑩ 전화벨이 울린다+통화를 한다	하나의 내 행동(반응)과 그 결과(자극)는 연합된다. ⑩ 전화를 건다+통화를 한다

3 조건형성에서 나타나는 현상

(1) 획득
① 조건자극에 의해 새로운 반응을 학습하는 것을 말한다.
② 고전적 조건형성 실험에서 완벽하게 조건반응을 발생시키려면 조건자극(중성자극)과 무조건자극 사이의 반복제시가 필요하다.
③ 피험자가 최초로 조건자극(CS)-무조건자극(US)을 경험하고 조건반응(CR)이 나타나기 시작하여 강도가 점진적으로 증가되는 단계를 획득단계라고 한다.
④ 일반적으로 무조건자극(US)의 크기와 강도가 강할수록 조건형성이 빠르게 일어난다.

(2) 소거
① 조건형성을 획득한 후 단순히 시간이 흐른 뒤에 조건자극(CS)을 제시하면 조건반응(CR)을 일으킨다. 즉 단순한 시간의 경과는 조건반응(CR)의 강도에 큰 영향을 끼치지 않는다.
② 그러나 습득된 조건반응(CR)이 영원히 지속되는 것은 아니다.
③ 무조건자극(US) 없이 조건자극(CS)만 제시하는 절차를 소거라고 부른다.
④ 소거는 조건자극(CS)이 무조건자극(US) 없이 짝지어지는 조건형성의 한 형태라고 할 수 있다. 즉, 개는 침을 흘리지 않는 반응을 학습한 것이라고 할 수 있다.
⑤ 침분비 조건형성에서 획득단계 후에 종소리가 음식 없이 제시되면 침의 양은 점차 감소하고 나중에는 완전히 사라진다.

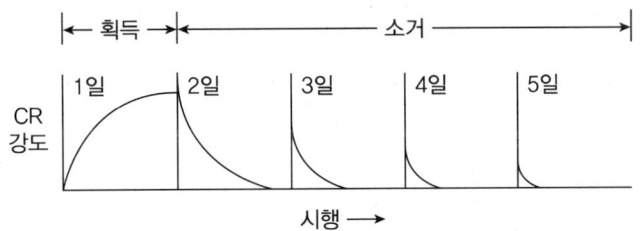

[획득기간 1일과 소거기간 4일 동안 일어나는 이상적인 CR 강도의 변화]

⑥ 소거단계가 종결되고 나면 개는 실험 초기처럼 종소리가 제시되어도 침을 분비하지 않는다.
⑦ 소거도 조건형성과 마찬가지로 여러 가지 변인들의 영향을 받으며 매우 복잡하나.

⑧ 소거와 망각의 차이

구분	소거	망각
과정	조건형성 → US 없이 CS만 제시함	조건형성 → 한동안 실험 중단 → 조건자극 다시 제시
결과	침 흘리지 않음(침을 흘리지 않는 학습을 함)	반응 없음

cf. 망각은 시간이 흐르면서 연습을 하지 못해서 생기는 수행의 퇴화를 가리킨다.

(3) 자발적 회복

① 소거를 시키고 시간이 지난 다음 조건자극(CS)을 다시 제시하면 조건반응(CR)이 일시적으로 나타난다.
② 조건자극(CS)과 무조건자극(US)이 짝지어지지 않았는데 조건반응(CR)이 자발적으로 회복되었다.
③ 위 그림에서 둘째 날 마지막에 소거가 되었다. 그런데 셋째 날 처음 몇 번의 시행에서 종소리에 대한 조건반응(CR)이 나타난다.
④ 소거에 따른 지연이 있은 후에 유기체에게 조건자극(CS)을 제시하면 그것은 조건반응(CR)을 보이는 경향이 있다.
⑤ 만일 4, 5, 6일에 계속하여 소거를 실시하면 자발적 회복의 정도는 점점 작아져 더 이상 발생하지 않을 것이다.
⑥ **자발적 회복이 일어나는 이유**
  ㉠ 탈억제
    완전한 소거가 일어난 후 종소리에 앞서 버저소리와 같은 새로운 자극이 제시된다면 조건반응(CR)을 유발시킬 수 있다. 이것을 탈억제라고 한다. 이것은 버저소리가 소거 동안 발달하는 취약한 억제를 파괴한다고 보았기 때문이다.
  ㉡ 빠른 재획득
    실험자가 획득단계와 소거단계를 거친 후 동일한 조건자극(CS)과 무조건자극(US)을 가지고 다시 한 번 획득단계를 시행하면 학습비율이 두 번째에서 약간 더 빠르다는 것이다. 더욱이 소거와 재획득의 반복은 학습비율을 점점 더 빨라지게 하는 경향이 있다.
⑦ 자발적 회복, 탈억제, 빠른 재획득 현상을 완벽하게 설명할 수 있는 이론은 아직 없으며 학자마다 의견이 다르다.

(4) 일반화

① 특정 조건자극(CS)에 대한 고전적 조건형성이 일어난 후에 무조건자극(US)과 짝지어진 적이 없는 자극에 조건반응(CR)이 나타나는 현상을 일반화(Generalization)라고 한다.
② 일반적으로 훈련자극과 유사한 자극일수록 조건반응 유발능력이 뛰어나다.
  예 종소리에 침을 흘리는 개가 종소리와 비슷한 실로폰소리에 침을 흘리는 경우

(5) 변별

① 변별이란 일반화와 반대로 피험자가 한 자극에는 반응하면서 비슷한 자극에는 반응하지 않는 것을 학습하는 것을 말한다.
② 조건자극(CS)과 무조건자극(US)을 여러 번 짝지으면 조건자극(CS)과 관련은 있지만 똑같지 않은 자극에 대해서 반응하는 경향이 낮아진다.
③ 훈련의 양이 많을수록 일반화는 감소하는 것이다.
④ 차별강화는 변별을 유발한다.
⑤ 비슷한 두 개의 자극을 제시할 때 한 자극에는 보상을 제공하고 다른 자극에는 보상을 제공하지 않는다면 두 자극을 구분할 수 있게 되어 보상이 오지 않는 자극에는 반응하지 않는다.

제2절 고전적 조건화의 원리

1 다양한 조건반응

(1) 눈꺼풀조건형성

① 눈꺼풀조건형성은 많은 횟수의 조건자극(CS)-무조건자극(US) 짝짓기를 요구한다.
② 조건반응(CR)이 50% 관찰되려면 100회 이상의 짝짓기가 필요할 수 있다.
③ 이 조건형성을 이용하여 조건형성과 관련된 뇌영역과 화학적 기제에 대한 연구, 심리장애 진단 및 노화효과에 대해 연구하고 있다. 또한 뇌의 특정부위에 영향을 미치는 알코올의 손상효과에 대한 통찰을 제공한다.

조건자극(CS)	무조건자극(US)	무조건반응(UR)	CS 제시시간	연구대상
감각자극(불빛, 음조, 진동)	눈에 가해지는 공기 분사	눈 깜빡임	1초	인간, 토끼, 쥐

(2) 조건정서반응(조건억압)

조건자극(CS)	무조건자극(US)	무조건반응(UR)	CS 제시시간	US 제시방법	연구대상
시각, 청각, 촉각자극	혐오자극(실험실 바닥의 금속막대를 통하여 제시되는 짧은 전기충격)	진행 중인 행동 즉, 레버 누르기 멈추기(레버 누르면 먹이가 나옴)	1분 이상	전기충격은 1분간 제시되는 CS자극 끝부분에 1초간 지속	쥐

① 눈꺼풀 절차에 비해 조건억압 절차는 더 적은 수의 시행에 조건형성된다.
② 전기충격이 공기분사보다 강도가 강하기 때문이다.
③ 10회 이하의 시행으로도 강한 조건억압이 관찰될 수 있다.

④ 자극 전후의 레버 누르기 비율로 조건형성의 강도를 측정한다.
   예 40회 → 10회로 줄었다면 75% 억압이 일어난 것

(3) 피부전도반응(피부전기반응)
① 동전 모양의 전극 두 개를 오른쪽 손바닥에 부착하고 전기충격을 주면 피부의 전도성이 올라가 변화가 측정된다.
② 사람을 대상으로 빠르고 확실한 조건형성반응을 제공하며, 많은 복잡한 자극을 조건자극(CS)으로 사용하여 연구할 수 있다.

조건자극(CS)	무조건자극(US)	무조건반응(UR)	연구대상
청각(음조)	왼쪽 팔목의 전기충격	오른쪽 손바닥의 전도성 증가	인간

(4) 맛혐오학습
먹는 것은 생존에 필수적인 것이지만 먹는 것으로 생명에 위협을 받을 수도 있다. 위험한 물질을 먹는 것을 회피할 수 있는 것은 선천적이지 않고 대부분 후천적으로 학습되는 것이다. 가르시아(John Garcia)는 개인적인 경험으로 이 부분에 관심을 갖고 연구를 수행하였다.

① **실험실 연구 : 가르시아의 쥐실험**
   ㉠ 절차 : 쥐들에게 일반적인 물과 사카린(단맛) 맛이 나는 물을 먹게 하였다. → 일부 쥐들에게 사카린 물을 마실 때 감마방사선을 노출시켰다(방사선은 구토를 유발함). → 방사선에 노출된 쥐들은 사카린 물을 회피하였다. → 방사선 수준이 높을수록 사카린 물에 대한 혐오가 심하였다.
   ㉡ 결과 : 사카린 물이 구역질에 대한 조건자극(CS)이 되어 '조건맛혐오(조건음식 회피)'를 습득하였다.

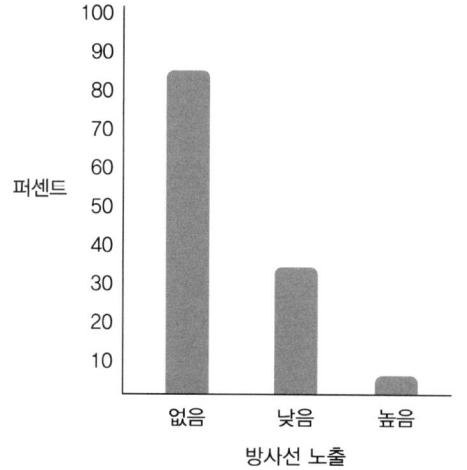

[조건맛혐오 : 마신 물의 총량에 대하여 사카린 물을 마신 비율]

② 현장연구
  ㉠ 제왕나비를 먹지 않는 큰어치 : 곤충을 잡아먹고 사는 북미산 큰어치(새)가 제왕나비(독성을 지님)를 잡아먹지 않는 것은 선천적인 것이 아니라 조건형성의 결과이다. 때로 큰어치는 제왕나비를 보기만 해도 구토를 한다.
  ㉡ 독성이 있는 로코풀에 대한 말의 회피조건형성 : 말 여섯 마리에게 로코풀을 먹게 한 다음 구토를 일으키는 약물인 염화리튬을 주어 로코풀의 맛에 구토를 선행시켰다. → 이후 말들을 하루에 두 번씩 10분 동안 로코풀이 있는 들에 풀어 놓는다. → 말들의 로코풀 뜯기 횟수를 측정한다. → 다섯 마리가 로코풀을 먹지 않았다(한 마리는 하루만 먹음).
  ㉢ 독성이 있는 미오미오식물에 대한 소의 회피조건형성 : 소들에게 탈이 나기에 충분한 양의 미오미오식물을 먹게 하고 미오미오가 있는 목초지에 소들을 넣어 두었다. → 미리 식물을 먹고 치료를 받은 소들은 전혀 먹지 않았으며 노출되지 않았던 소들은 절반 이상이 심각하게 탈이 나거나 일부는 죽었다.
  ㉣ 염소, 양, 쥐를 대상으로 한 연구에서도 조건음식회피를 지지했다.
③ 파블로프 조건형성과의 차이점
  ㉠ 조건자극(CS)과 무조건자극(US)이 단 한 번 짝지어졌다(조건형성에서는 많은 횟수의 짝짓기가 이루어짐).
  ㉡ 조건자극(CS)과 무조건자극(US)의 간격이 몇 분에 이르렀다(조건형성에서는 간격이 몇 초).
④ 단일시행으로 학습이 되는가는 생사를 결정하는 문제가 될 수 있다.
⑤ 독성이 있는 음식의 지연된 효과가 나타나기도 하지만 회피를 습득하는 동물은 유리한 위치를 차지한다.
⑥ 조건음식회피의 효과는 3년 정도 지속될 수 있다는 증거가 있다.

(5) 고순위조건형성(고차조건형성)
① 중성자극(NS)을 잘 확립된 조건자극(CS)과 짝짓는 절차를 고순위조건형성이라고 한다.

과정	CS₂	CS	UR 제시	CR 결과
1		메트로놈 소리	먹이	침분비
2	검은 사각형	메트로놈 소리	먹이	침분비
3		검은 사각형		침분비

② 고순위조건형성을 통하여 훨씬 많은 자극들이 조건반응(CR)을 유발할 수 있게 됨을 의미한다.
③ 수컷 쥐는 발정기 암컷 야생쥐와 짝지어진 냄새에 반응한다.
④ 무의미한 철자들(예 WQP)과 긍정적, 부정적 단어를 짝지었을 때 그 철자들은 짝지은 단어에 따라 좋은 감정, 나쁜 감정을 일으키게 되었다.
⑤ 고순위조건형성은 단어의 정서적 의미에 중요한 역할을 하는 것으로 보인다.
⑥ 중성자극(NS)이 CS₂와 짝지어지는 3순위조건형성이 동물에게서 이루어졌다. 무조건자극(US)이 전기충격일 경우 5순위조건형성을 시키는 것이 가능함을 보여준 것이다.

⑦ 무조건자극(US)과의 짝짓기가 멀어질수록 조건반응(CR)이 더 약해질 가능성이 크다.
⑧ 대부분 조건형성실험에서 중성자극(NS)은 무조건자극(US)과 짝지어지지만 고순위조건형성에서는 중성자극(NS)이 잘 확립된 조건자극(CS)과 짝지어진다.

2 조건자극(CS)과 무조건자극(US)과의 관계

고전적 조건형성에서는 두 자극이 서로 짝지어진다. 여기서 일반적으로 고려되어야 하는 두 가지는 먼저 조건형성이 가장 빨리 일어나기 위해서는 조건자극(CS)이 무조건자극(US) 이전에 제시되어야 한다는 것이고 조건자극(CS)과 무조건자극(US) 사이에 간격이 최적화된 시간으로 이루어져야 한다는 것이다.

(1) 흔적조건형성(Trace Conditioning)
① 흔적이라는 의미는 조건자극(CS)이 일종의 신경흔적을 남긴다는 가정을 담고 있다. 이러한 짝짓기는 조건자극(CS)이 무조건자극(US)보다 먼저 제시되는데 무조건자극(US)이 제시되기 전에 조건자극(CS)은 끝난다. 따라서 두 자극 사이에는 시간 차이가 존재한다.
② 예를 들어, 눈꺼풀조건형성에서 사람의 눈에 공기를 불어넣고 눈을 깜박이게 만드는 실험에서 버저가 5초간 울리고 난 후 0.5초 후에 눈에 공기를 훅 불어넣어 눈을 깜빡이게 만든다. 이렇게 버저와 공기분사를 짝지어 여러 번 시행하면 피험자는 버저소리에 눈을 깜박인다. 자연환경에서 번개가 치고 일정시간이 흐르면 천둥이 치는 것이 이러한 과정에 속하는 것이다.
③ 대부분의 연구에서 조건자극(CS)이 무조건자극(US)의 0.5초 전에 제시될 때 조건형성이 가장 효과적으로 진행된다는 것을 발견하였다.

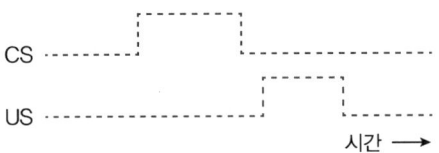

(2) 지연조건형성(Delayed Conditioning)
① 이 짝짓기에서는 조건자극(CS)과 무조건자극(US)이 중첩되어 제시된다. 무조건자극(US)은 조건자극(CS)이 사라지기 전에 제시되는 것이다. 눈꺼풀조건형성에서 이 방법을 적용하면 버저를 5초간 울리면서 그 시간 중에 눈에 공기를 불어넣는 것이다.
② 이 방법과 흔적조건형성의 공통점은 조건자극(CS)이 무조건자극(US)보다 먼저 제시된다는 것이다. 차이점은 지연조건형성에서는 조건자극(CS)과 무조건자극(US)이 겹쳐서 진행된다는 것이다.

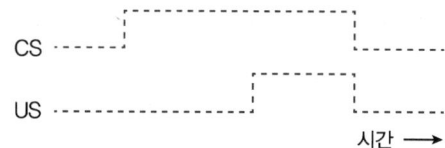

③ 지연조건형성은 단기지연 절차와 장기지연 절차로 구분하여 연구가 진행되기도 한다. 둘의 차이는 무조건자극(US)이 제시되기 전에 조건자극(CS)이 존재하는 기간을 가리킨다.

종류	단기지연 절차	장기지연 절차
의미	US가 제시되기 전 CS가 몇 밀리초(1밀리초는 0.001초)에서 몇 초 정도 존재한다.	US가 제시되기 전 CS가 수초에서 수분 정도 존재한다.
실험 예	쥐가 들어있는 실험상자 바닥에 전류가 흐르게 하고 전류가 흐르기 전 1/10초 전에 불빛이 켜진다.	실험상자 바닥에 전류가 흐르기 전에 불빛이 켜져서 5분 동안 지속된다.
결과	CS가 나타나면 조건반응이 나타나기 시작한다.	단기지연에 비해 CR이 나타나는 시간이 점차 길어진다. CR은 점점 길어지다가 US가 제시되기 바로 직전이 되기까지 CR은 나타나지 않는다.

(3) 동시조건형성(Simultaneous Conditioning)

① 동시조건형성은 조건반응을 확립시키기에는 약한 절차이다.
② 이 과정에서는 조건자극(CS)과 무조건자극(US)이 정확히 동시에 일어나고 동시에 끝난다. 눈꺼풀조건형성 실험에서 버저를 울림과 동시에 사람의 눈에 공기를 훅 불어 넣는다.
③ 자연환경에서 조건자극(CS)과 무조건자극(US)이 동시에 일어나는 일은 드물다. 천둥과 번개가 동시에 일어나는 경우는 드물지만 일어나는 경우가 있기는 하다.

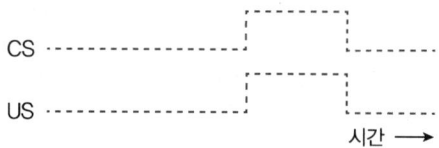

(4) 역향(후향, 역행)조건형성(Backward Conditioning)

① 이 조건에서는 무조건자극(US) 뒤에 조건자극(CS)이 따르는 것이다.
② 눈꺼풀조건형성과정에서 사람의 눈에 공기를 분사하고 나서 버저를 울리는 것이다.
③ 이러한 역향조건형성에서는 조건반응(CR)을 만들어내기가 대단히 어렵다.
파블로프의 연구에서도 침을 분비하게 하는 약한 산을 개의 입에 묻힌 후 바닐라 냄새를 맡게 하는 역향조건형성실험이 진행되었는데 427번을 시도했지만 바닐라 냄새가 침분비에 대한 조건자극이 되지는 않았다. 그러나 순서를 바꾸어서 냄새를 먼저 제시했을 때는 20번 반복 후에 조건형성이 되었다.
④ 역향조건형성이 가끔 효과적일 때가 있지만 일반적으로 조건반응(CR)을 일으키기 매우 어렵다는 결과가 다른 연구자들에 의해서도 검증이 되었다.

⑤ 동시 및 역향조건형성 절차들은 비교적 비효율적이기 때문에 파블로프식 조건형성연구에서는 거의 쓰이지 않는다.

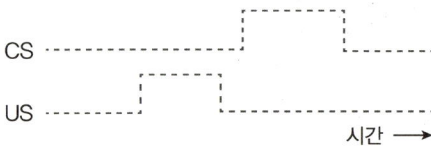

3 고전적 조건형성에 영향을 주는 변인

(1) 조건자극(CS)과 무조건자극(US) 사이의 수반성

① **후속 실험과정**
  ㉠ 레스콜라(Robert Rescorla, 1968)는 파블로프식 학습연구의 후속 연구에서 조건자극(CS)과 무조건자극(US)의 수반성에 따른 효과를 알아보기 위한 실험을 진행하였다.
  ㉡ 실험절차 : 쥐들에게 소리(CS)를 들려주고 약한 전기충격(US)을 준다. → 추가 시행에서 첫 번째 집단은 시행의 10%만, 두 번째 집단은 추가 시행 중 20%만, 세 번째 집단은 추가 시행 중 40%만 US를 단독으로 시행한다.

② **실험결과**
  ㉠ 학습의 형성은 CS가 US를 얼마나 정확하게 예언하는가에 달려있다.
  ㉡ CS 뒤에 항상 US가 이어질 때 조건형성이 일어난다.
  ㉢ CS가 발생하는 유무와 상관없이 US가 일어날 때는 학습이 일어나지 않거나 매우 적게 일어난다.
  ㉣ 레스콜라는 고전적 조건학습에 수반성이 필수적이라는 결론을 내렸다.
  ㉤ CS와 US 간에 수반성이 없을 때도 학습이 일어남을 발견한 연구도 있다.
  ㉥ 다른 조건이 동일할 경우 고전적 조건학습의 비율은 CS-US 수반성의 정도에 따라 변화한다고 할 수 있다.

③ 일상에서 학습은 CS와 US의 수반성은 일정하지 않으며 또 다른 자극이 동반되기도 한다.
④ CS와 US 간에 완벽한 수반성이 없는 것은 일상에서 사람이나 환경에 대해 양면적인 반응을 보이는 하나의 이유가 된다.

> **용어 설명**
>
> **수반성** : 유관성이라고도 하며, A라는 사건이 오로지 B라는 사건이 발생할 때만 일어날 경우에 '사건 A는 사건 B에 수반된다'라고 함

(2) 조건자극(CS)과 무조건자극(US) 사이의 근접성

① 근접성의 의미
  ㉠ 고전적 조건형성에서 근접성이란 자극 간 간격(Interstimulus Interval, ISI)을 말한다.
  ㉡ 흔적조건형성에서 ISI는 CS가 끝나는 시점과 US가 시작되는 시점 간의 간격을 뜻한다.
  ㉢ 지연조건형성에서 ISI는 CS가 시작되는 시점과 US가 시작되는 시점 간의 간격을 뜻한다.

② 조건형성의 학습효과와 근접성
  ㉠ 동시조건형성 절차는 비효율적이다.
  ㉡ 눈꺼풀조건형성 시 이상적인 ISI는 0.5초 이하이다.
  ㉢ 공포조건형성에서 ISI는 몇 분까지 갈 수 있다.
  ㉣ 맛혐오조건형성에서 ISI는 짧은 시간에서 매우 긴 시간까지 효과가 있다.
  ㉤ 이상적인 ISI는 스트레스 정도에 따라 달라진다.
  ㉥ 흔적조건형성에서 짧은 ISI가 중요하다.

③ 고전적 조건형성에서 근접성의 역할은 일반화하기 어렵지만 일반적으로 짧은 것이 긴 것보다 더 좋으며 이상적인 시간간격은 상황에 따라 복잡하게 달라진다.

④ 근접성은 복잡하지만 조건형성의 성공에 영향을 미치기 때문에 중요한 요인이 된다.

> **용어 설명**
>
> **근접성**: 두 사건이 시간적으로 또는 공간적으로 얼마나 가까운지를 가리킴. 파블로프식 조건형성에서 근접성이란 조건자극(CS)과 무조건자극(US) 간의 간격을 말함

(3) 자극의 특징

① 조건자극(CS)과 무조건자극(US)의 물리적 특성이 조건형성의 속도에 영향을 미친다.
  ㉠ 효과적인 CS는 자극의 종류에 따라 다르다.
  ㉡ CS로 제시되는 2개 이상의 자극을 복합자극이라고 한다.
  ㉢ 복합자극을 동시에 CS로 사용하고 이후 각각 하나씩 자극했을 때 조건형성을 확인하였다.
  ㉣ 복합자극 실험과정 : 개에게 냉(冷)자극과 촉각자극을 동시에 제시한다. → 개의 입에 약산성 액체(침분비 US)를 주입한다. → 냉(冷)자극만 제시한다. → 촉각자극만 제시한다. → 복합자극을 제시한다. → 단독 촉각자극과 복합자극은 효과적이나 냉(冷)자극은 단독으로 전혀 효과가 없다.

단계	과정	결과
1	냉(冷)자극 + 촉각자극 + US로 약산성액체(침분비 유도) 투입	조건화 형성
2	냉(冷)자극 제시	조건반응 없음
3	촉각자극 제시	조건반응 있음
4	냉(冷)자극 + 촉각자극	조건반응 있음

  ㉤ 한 자극은 효과적이나 한 자극은 효과적이지 않는 것을 음영화(Overshadowing, 뒤덮기)라고 한다.

ⓑ 음영화는 하나의 자극이 다른 자극의 효과를 뒤덮어 버리는 일이 자주 일어나기 때문에 발생한다.
ⓢ 뒤덮기자극은 감지되지 못 하는 것이 아니고 효과적인 CS가 되지 못 하는 것이다.
② 효과적으로 조건화되기 위해서는 조건자극(CS)의 강도와 무조건자극(US)의 강도가 중요하다.
㉠ CS의 강도가 높으면 효과적으로 조건화된다.

> **예**
> 강한 불빛>약한 소리
> 큰 소리>약한 소리
> 강한 불빛>약한 불빛
> 강한 냄새>약한 냄새

㉡ US의 강도가 높으면 효과적으로 조건화된다.

> **예**
> 눈꺼풀조건형성에서 강한 압력의 공기분사가 약한 압력보다 더 잘 학습된다.

> **예**
> US로 고양이에게 전기충격을 가할 때 CR의 습득비율은 전기충격의 강도에 정비례한다.

㉢ CS와 US의 강도가 지나치게 높을 경우에는 오히려 학습에 방해가 된다.

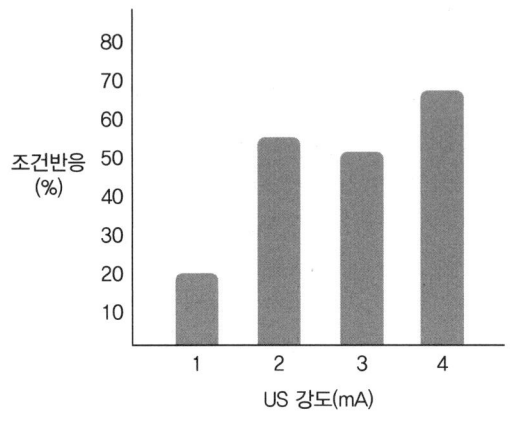

[US의 강도와 조건형성]
일반적으로 US가 강할수록 훈련의 효과가 크다.

③ 무조건자극(US)의 성질에 따라 조건자극(CS)의 효과는 다르다.
㉠ 일부 자극은 본질적으로 다른 것들보다 CS가 될 가능성이 더 크다.
㉡ 뱀 슬라이드를 본 경우 중성적인 그림을 볼 때 보다 조건공포반응을 더 잘 습득한다.
㉢ 어떤 자극이 쉽게 CS가 되는가는 US의 성질에 따라서도 달라진다.

> **예**
> US가 배탈을 일으키는 것일 때는 독특한 맛이 CS가 될 가능성이 높다.

> **예**
> US가 전기충격일 때는 시각자극과 청각자극의 조합이 CS가 될 가능성이 높다.

④ **사전경험**

조건자극(CS)과 무조건자극(US) 역할을 하는 자극들을 사전에 경험했는가의 여부는 조건형성의 효과에 영향을 미친다.

㉠ 잠재적 억제
- 어떤 자극이 조건형성훈련 전에 무조건자극(US) 없이 노출되고, 그 자극이 후에 조건자극(CS)이 되는 것을 방해하는 현상을 말한다.
- 자극의 사전노출이 조건화형성과정에서 CS와 US의 수반성을 약화시키기 때문이다.
- US가 없는 상태에서 반복되어 나타나 친숙해진 자극은 새로운 자극보다 조건화되기 어렵다는 것이다.

㉡ 차폐
- 조건화된 자극(CS)과 다른 새로운 자극 두 가지를 복합자극으로 제시할 때 새로운 자극이 CS가 되는 것을 이미 조건화된 자극이 방해하는 현상을 의미한다(뒤덮기와 유사함).
- 뒤덮기는 강도나 유사성 같은 특성에서 차이가 나기 때문에 일어난다.
- 차폐는 복합자극의 일부를 사전에 이미 경험했기 때문에 일어난다.

> **예**
> 초원에서 '바스락' 소리에 조건화된 얼룩말은 사자의 출현을 예상해 도망을 간다. 그런데 가시덤불 속에 있는 먹이에 이미 조건화된 얼룩말은 가시덤불 속에서 들리는 '바스락' 소리에 도망가지 않아 사자에게 잡아먹힐 수 있다.

> **예**
> 메스꺼운 음식을 경험하면 그 음식을 피하게 된다. 이것은 우리에게 유용한 생존방식이다. 그런데 이것이 불리하게 작용할 수도 있다. 코코넛을 먹고 메스꺼움을 느낀 경험을 가지고 있다고 할 때 이후에 코코넛과 함께 처음으로 망고를 맛보게 되고 배탈이 났다면 차폐현상 때문에 배탈을 일으킨 원인이 코코넛이 아니더라도 코코넛에 대한 혐오를 가질 가능성이 높다.

㉢ 차폐 실험과정

단계	과정	결과
1	소리자극(CS) + 전기충격(US)	조건화 형성
2	소리자극 + 불빛자극 + 전기충격(US)	조건반응 있음
3	불빛자극	조건반응 없음

② 감각사전 조건형성
  • 무조건자극(US)과 짝짓지 않았던 중성자극이 조건반응(CR)을 일으키는 것을 말한다.
  • 자극에 따라서 처음에 짝지어진 한 자극이 조건화되면 나머지 자극도 빨리 조건화될 수 있다.
⑩ 감각사전 조건형성 실험과정

단계	과정	결과
1	소리자극 + 불빛자극을 중성자극(NS)으로 제시	조건화 상관없음
2	소리자극(CS) + 전기충격(US)	조건화 형성
3	불빛자극만 제시	종종 조건반응 보임

⑤ **짝짓기의 횟수**
  ㉠ 조건자극(CS)과 무조건자극(US)이 함께 자주 나타날수록 조건반응이 일어나기 쉽다.
  ㉡ 자극의 짝짓기 수와 학습의 정도 관계는 직선적인 것은 아니다.

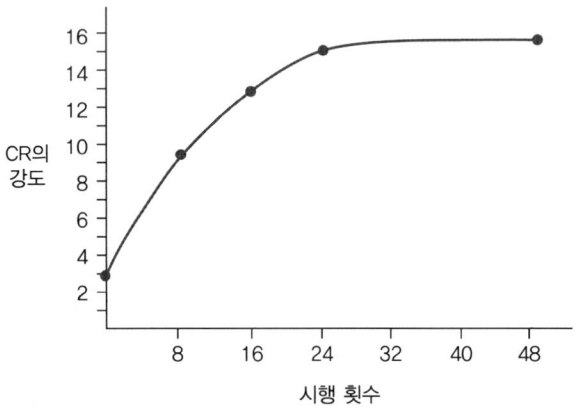

[CS와 US 짝짓기 횟수와 조건형성]
소리(CS)+손목(US)의 전기충격 횟수가 많을수록 소리만 따로 제시할 때 반응이 강하다.

  ㉢ 처음의 짝짓기가 나중의 것들보다 더 중요함을 의미한다.
  ㉣ 생존의 관점에서 중요한 사건들은 빨리 습득하는 것이 중요하다.
  ㉤ CS와 US의 짝짓기의 수는 경우에 따라 한 번부터 수백 번 이상까지 매우 다르다.

⑥ **시행 간 간격**
  ㉠ 자극 간 간격(CS와 US의 간격)은 학습에 중요한 요소이며 최적의 자극 간 간격은 일반적으로 1초 이하이다.
  ㉡ 시행 간의 간격 또한 학습에 중요한 요소이다.
  ㉢ CS와 US를 한 번 짝짓는 것을 한 번의 시행이라고 한다.
  ㉣ 시행 간의 간격은 1초에서 몇 년까지로 다르다.
  ㉤ 긴 간격이 짧은 간격보다 효과적이며 최적의 시행 간 간격은 20초 혹은 그 이상일 수 있다.

⑦ **기타 변인**
  ㉠ 학습은 나이와 밀접한 관련을 가지고 있다.

  > **예**
  > 눈꺼풀조건형성의 경우 노년층에서는 효과를 보이지 않았다.

  ㉡ 기질은 조건형성에 영향을 미친다.

  > **예**
  > 흥분을 잘 하는 개는 학습이 더 빨랐으며, 느긋한 학생에 비해 초조해하는 학생들이 조건반응을 더 빨리 획득했다.

  ㉢ 스트레스는 일반적으로 파블로프식 학습을 촉진했으며 성별에 따라 달라질 수 있다.

제3절 고전적 조건화의 이론

1 조건반응(CR)의 본질에 관한 이론

(1) 자극대체이론(Stimulus Substitution Theory)

① **파블로프의 주장**
  ㉠ 파블로프는 생리적 기제에 근거해 고전적 조건형성이론을 처음으로 제시하였다.
  ㉡ 조건반응(CR)의 본질은 '조건반응(CR) = 무조건반응(UR)'이다.
  ㉢ UR에서는 무조건자극(US)이 신경섬유를 자극하고 이것이 다시 UR을 일으키는 다른 신경섬유들을 자극한다.
  ㉣ 조건형성이란 조건자극(CS)과 무조건자극(US) 사이에 새로운 신경연결이 형성되는 것이다.
  ㉤ 조건형성은 새로운 행동을 습득하는 것이 아니라 새로운 자극에 대해서 기존의 방식으로 반응하는 경향을 말한다.
  ㉥ 단지 CS가 US를 대체하여 반사반응을 일으키는 것이다.
  ㉦ 자극치환이론 또는 자극대체이론이라고 한다.

② 조건형성의 과정
  ㉠ US가 UR을 촉발하는 영역을 흥분시킨다(A).
  ㉡ CS는 UR과 상관없는 뇌의 다른 영역을 흥분시킨다(B).
  ㉢ 조건형성 시 CS와 US는 짝지어지고 각각의 자극은 뇌에서 그에 해당하는 영역에 영향을 준다(C).
  ㉣ CS와 US가 반복해서 짝지어지면 CS영역과 US영역 사이에 연결이 생기고 CS가 US영역을 흥분시키면 UR을 촉발한다. 이제 UR은 CR이 된다(D).

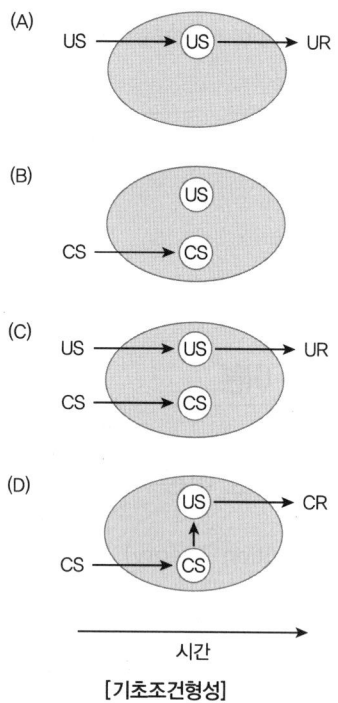

[기초조건형성]

③ 고순위조건형성의 과정
  ㉠ 뇌의 CS_1영역과 US영역 사이에 연결이 생긴다(A).
  ㉡ 조건형성이 CS_2와 CS_1을 짝짓는다(B).
  ㉢ 이것이 신경영역들에 연결을 만들고 그 결과 CS_2가 CR을 일으킨다(C).
  ㉣ 기초조건형성과 비슷한 과정을 설명한다.

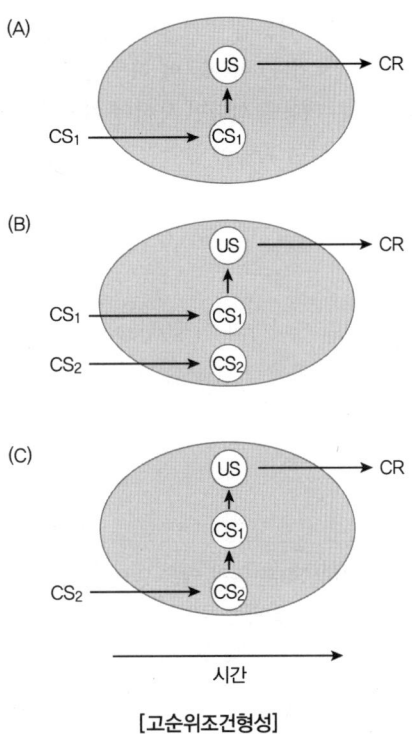

[고순위조건형성]

④ **이론의 문제점**
   ㉠ 오늘날 자극대체이론을 지지하는 연구자들은 극히 소수에 불과하다.
   ㉡ 조건반응(CR)과 무조건반응(UR)이 항상 같지는 않다 : 일반적으로 조건반응은 UR보다 더 약하고 덜 일관되게 일어나며 더 느리게 나타난다.
   ㉢ 조건반응(CR)과 무조건반응(UR) 사이에는 질적인 차이가 있다.
   - CS와 US가 모두 침을 유발하지만 다른 행동도 유발하였다.
   - 개가 US(먹이)를 받으면 씹는 운동 외에 거의 움직이지 않는다.
   - CS(종소리)가 나타나면 개는 활동적이 되지만 씹는 운동을 하지는 않는다.
   - 간혹 CR과 UR이 반대인 경우가 있다는 연구결과가 있다.

   > **예**
   > 전기충격은 심박률을 증가시키지만 전기충격과 짝지은 CS는 심박률을 감소시킨다.

   - 차폐, 잠재적 억제 및 소거를 설명하는 데도 문제가 있다.

(2) **준비반응이론[예비반응이론(Preparatory Response Theory)]**
   ① 무조건반응(UR)은 무조건자극(US)에 대처하도록 만들어진 선천적 반응이지만 조건반응(CR)은 무조건자극(US)에 대한 준비를 하도록 만들어진 반응이다(Gregory Kimble, 1967).

② 연구에 따르면 쥐는 전기충격을 받으면 펄쩍 뛰는 반응을 한다. 전기충격 전 소리를 들려주면 펄쩍 뛰는 대신 '얼어붙는' 반응을 보인다. 이 이론에 따르면 쥐가 단지 고양이가 보이기만 하거나 고양이의 울음소리에 공중으로 뛰는 행동을 한다면 오히려 치명적인 공격을 당할 수 있다. 따라서 이 경우에는 얼어붙음으로써 들키지 않을 확률이 높아지고 고양이가 공격을 할 때 도망갈 준비를 할 수 있다는 것이다.

(3) 보상반응이론
① 준비반응이론의 변형이론으로 캐나다의 시겔(Shepard Siegel, 1972)에 의해 제안되었다.
② 무조건자극(US)이 일으키는 효과를 조건자극(CS)이 상쇄시킴으로써 무조건반응(UR)에 대한 준비를 하게 만든다고 주장한다.
③ 연구
  ㉠ 과정

  > 대학생들에게 5일간 매일 30분 동안 많은 양의 맥주를 마시게 한다. → 첫날부터 4일까지는 같은 장소에서 마신다. → 5일째는 일부는 같은 장소에서 일부는 다른 장소에서 마신다. → 음주 후 모든 학생들에게 지적기술 및 지각-운동기술검사를 실시한다.

  ㉡ 결과
    익숙한 환경에서 술을 마신 학생들은 더 높은 점수를 얻었으며, 같은 양의 알코올을 섭취했어도 취한 정도가 더 낮았다.
  ㉢ 의미
    이전에 음주와 연합되었던 자극들(CS, 익숙한 환경에서의 자극들)이 알코올의 효과를 약화시켰다는 것을 보여준다. 새로운 환경에서는 CS(익숙한 환경 자극들)가 없었고 준비 CR(알코올 효과)에 대한 준비들이 일어나지 않아 알코올이 더 큰 효과를 발휘한 것이다.

  > • 술(US) → 취함(UR)
  > • 익숙한 환경(CS) + 술(US) → 덜 취함
  >   ⇒ 익숙한 환경(CS)이 술(US)에 대한 자극에 준비하도록 하기 때문이다.

④ 약물복용 후 급사에 관한 사례
  ㉠ 약물을 치명적이지 않은 용량으로 사용한 경우에도 사망하는 사건이 발생한다. 약물사용 후 거의 죽음까지 간 사람들을 조사한 결과 대상자의 공통점은 평소와 다른 절차, 다른 장소에서 약물을 투여하였고, 한 여성은 평상시와 다르게 실패 없이 한 번에 주사 투여에 성공하였다.
  ㉡ CS의 부재는 약물에 대해 더 강한, 거의 치명적인 반응을 의미했다.

2 조건자극(CS)의 본질에 관한 이론

(1) 레스콜라-와그너모형(Rescorla-Wagner Model)
① **모형의 발견**
  ㉠ 학습의 조건을 조건자극(CS)과 무조건자극(US)의 근접성이라고 한 파블로프의 주장과 CS와 US 사이에 수반성이 있어야 한다고 주장한 레스콜라(Rescorla)의 생각 모두 차폐를 설명하지 못 하였다.
  ㉡ 레스콜라-와그너는 파블로프식 조건형성의 새 이론을 만들었다.
  ㉢ 레스콜라-와그너모형은 지난 40년 동안 가장 영향력 있는 조건형성이론으로 자리잡았다.

② **조건학습에 영향을 주는 요인**
  ㉠ 레스콜라-와그너는 두 자극을 짝지을 때 일어날 수 있는 조건형성의 양에는 한계가 있다고 주장하였다.
  ㉡ 이러한 한계에 영향을 미치는 결정요인은 US의 성질이다.

  > **예**
  > 스테이크는 빵보다 더 강한 침 분비를 일으킬 것이다.

  ㉢ 자극에 따라 짝짓기 횟수가 달라진다.
  어떤 자극은 몇 번의 짝짓기만으로 학습이 되며 어떤 자극은 몇백 번 짝지어져도 효과가 없다.
  ㉣ 조건형성이 진행되는 속도는 일정하지 않다(짝짓기를 계속할수록 한 번의 짝짓기는 점점 더 적은 양의 학습을 일으킨다).

  > **예**
  > CS와 US가 최초로 짝지어질 때 두 번째보다 더 많은 학습이 일어나며 두 번째는 세 번째보다, 세 번째는 네 번째보다 학습이 더 많이 일어난다.

③ **이론의 내용**
레스콜라-와그너모형은 조건학습을 수학공식으로 표현하였다.

$$\Delta V_n = c(\lambda - V_{n-1})$$

㉠ 기호의 의미
  - ΔV_n : n번의 시행에서 연합강도의 변화
  - c : CS와 US가 서로 효과적으로 CR을 일으킬 수 있는지 나타내는 상수(c가 클수록 효과적인 자극들이라는 의미로 0~1 사이)
  - λ : US가 일으키는 학습의 총량(0 이상의 수)
  - V_{n-1} : 바로 직전까지 일어난 학습량

ⓒ 다음 공식은 학습된 총량의 50%가 첫 시행에서 일어날 것임을 의미한다. 이후의 시행이 진행될수록 보면 학습의 양이 감소함을 알 수 있다. 다섯 번의 시행 후에는 이 두 자극들을 짝짓기해서 얻을 수 있는 학습의 97% 정도가 이미 일어났다.

1회: $\Delta V_1 = 0.5(100-0) = 50$
2회: $\Delta V_2 = 0.5(100-50) = 25$
3회: $\Delta V_3 = 0.5(100-75) = 12.5$
4회: $\Delta V_4 = 0.5(100-87.5) = 6.3$
5회: $\Delta V_5 = 0.5(100-93.8) = 3.1$

ⓒ 다음 공식은 벌에 쏘여 독에 알러지 반응을 보인 경우를 만들어 본 것이다. 여기서 CS는 벌의 모습이고 US는 강력하기 때문에 두드러진 자극이 된다. 따라서 c의 값을 0.8로 놓은 것이다.

1회: $\Delta V_1 = 0.8(100-0) = 80$
2회: $\Delta V_2 = 0.8(100-80) = 16$
3회: $\Delta V_3 = 0.8(100-96) = 3.2$
4회: $\Delta V_4 = 0.8(100-99.2) = 0.64$

ⓐ 사용되는 자극들의 효력을 증가(c를 0.5에서 0.8로 높임)시키면 첫 시행의 학습량이 눈에 띄게 증가한다.
ⓜ ⓒ의 식에서 US는 약한 자극이므로 다섯 번에 일어난 학습량이 ⓒ의 경우 US가 더 강하기 때문에 세 번 반복으로도 같은 학습량을 보인다.

④ **차폐에 대한 설명**
   ㉠ CS_1과 CS_2가 결합할 즈음 학습의 거의 전부가 이미 일어난 상태이기 때문에 차폐가 발생한다.
   ㉡ 다시 말해 첫 번째 CS가 US로 만들어낼 수 있는 학습의 총량을 소진해 버려 더 이상 일어날 수 있는 조건형성이 남아있지 않음을 의미한다.
   ㉢ 어떤 면에서 US가 가르칠 수 있는 학습을 모두 가르친 것이라 할 수 있다.
⑤ 레스콜라-와그너모형은 차폐, 전형적인 조건형성 곡선의 부적으로 체감하는 기울기, 두드러진 자극들이 더 짧은 시간 안에 더 많은 학습을 일으킨다는 사실, 소거절차에 의한 CR의 감소를 설명해 준다.
⑥ 이 이론은 잠재적 억제와 사전노출효과를 설명하지는 못한다.
⑦ c 값을 미리 알 수 없기 때문에 특정실험에서 어떤 일이 일어날지 구체적으로 예측하는 데 이 공식을 사용할 수 없다.

(2) 주의이론(CS효과성이론)

① Mackintosh(1975) 및 Pearce & Hall(1980)이 주장한 이론이다.
② 학습자가 얼마나 주의를 주는가에 초점을 맞춘 이론이다.
③ 이 이론은 학습자가 정보적인 CS에는 주의를 기울이지만 비정보적인 CS에는 주의를 기울이지 않는다고 가정한다.
④ 학습자가 CS에 주의를 기울이지 않으면 조건형성은 일어나지 않는다.
⑤ 학습이 US의 효과성이 아니라 CS의 조건형성 능력에 달려 있다.
⑥ CS **사전노출효과**는 이 이론의 강력한 증거이다.

> **용어 설명**
>
> **사전노출효과** : CS가 US와 짝지어지기 전에 반복적으로 홀로 제시되면 고전적 조건형성이 더 느리게 일어나는 현상

(3) 비교기이론

① Miller & Schachtman(1985) 및 Stout & Miller(2007)가 주장한 이론이다.
② 동물이 CS가 존재할 때와 존재하지 않을 때 US가 일어나는 확률을 비교한다고 가정한다.
③ CS가 존재할 때 US의 확률이 50%, CS가 존재하지 않을 때 US의 확률이 50%라고 가정하면 CS가 CR을 유발하지 못한다고 예측한다.
④ 이에 대한 이유를 CS가 어떤 흥분성 강도를 습득하지 못한 것이 아니라 CS와 맥락자극(예 소리, 냄새, 실험상자의 모습 등) 모두가 시행의 50%에서 US와 짝지어졌기 때문에 동등한 흥분성 강도를 습득한다고 가정한다.
⑤ 이 이론은 CS가 맥락자극보다 더 큰 흥분성 강도를 가지지 않는 한 조건반응을 유발하지 못할 것이라고 예측한다.
⑥ CS가 맥락자극들보다 US에 대한 더 훌륭한 예언자가 아닌 한 CS에 반응하지 않을 것이라고 주장한다.

(4) 기타 조건자극이론

최근에는 CS와 US 간의 시간관계를 강조하는 이론(Balsam & Gallistel, 2009; Gallistel & Gibbon, 2002), 복잡한 신경망에서 정보의 저장과 인출을 강조하는 이론(Schmajuk, 2010; Schmajuk & Larrauri, 2006) 등도 제안되고 있다.

제4절 고전적 조건화의 활용

1 공포

(1) 정서반응의 고전적 조건화
① 인간의 정서를 체계적으로 연구한 최초의 사람은 왓슨(John B. Watson)이다.
② 정서반응을 일으키는 자극이 어떤 물체들과 짝지어지면 그 물체들은 정서반응을 일으키게 된다.
③ '조건정서반응'이란 공포, 사랑, 증오, 혐오 등의 정서가 고전적 조건형성(파블로프식 조건형성)을 통해 학습되어진다는 것이다.
④ 알버트(Albert B.) 실험
  ㉠ 11개월 된 건강한 유아인 알버트(Albert)는 흰쥐, 비둘기, 토끼, 개, 원숭이, 솜 등에 아무런 공포를 가지고 있지 않았다.
  ㉡ 연구자들은 알버트의 머리 뒤에서 쇠막대를 망치로 치면, 알버트가 깜짝 놀라는 것을 보고 큰 소리가 공포를 일으키는 US(무조건자극)임을 확인하였다.
  ㉢ 왓슨과 연구자들은 아이에게 흰쥐를 보여주고 망치로 쇠막대를 쳤다.
  ㉣ 이 과정을 몇 번 반복하자 알버트는 쥐를 보는 순간 울기 시작하였고 공포의 다른 징후들을 보였다.
⑤ 치과에 가면 불안해지는 이유는 치과에서 들리는 드릴 소리와 통증이 함께 오는 경우가 많기 때문에 드릴 소리는 불안을 유발하며, 통증과 연관된 의사, 간호사 등도 무서움이 될 수 있다.

(2) 고전적 조건화를 통한 정서치료
① 왓슨의 연구는 정서 장애, 특히 공포증이라 불리는 비합리적 공포의 이해와 치료를 발전시켰다.
② 파블로프식 조건형성은 공포의 습득뿐 아니라 공포 극복에도 도움이 될 수 있다.
③ 조건형성의 원치 않는 효과를 역전시키는데 파블로프식 조건형성을 사용하는 것을 '역조건형성'이라고 한다.
④ 노출치료는 역조건형성의 방식으로 사람이 편안하다고 느끼는 동안 점진적으로 공포자극에 노출시키는 것이다.

(3) 역조건형성의 치료법
① 실제 노출법
  ㉠ 왓슨의 제자인 존스(Mary Cover Jones)가 개발한 것이다.
  ㉡ 토끼를 무서워하는 피터(Peter)에게 크래커와 우유를 먹으면서 멀리 떨어진 토끼를 볼 수 있게 한다. 공포의 대상인 토끼(CS)와 긍정적인 자극인 크래커(US)를 짝짓는 것이다.
  ㉢ 다음 날 토끼를 좀 더 가까이 가져오고 크래커와 우유는 계속해서 토끼와 짝지어 제시된다.
  ㉣ 나중에는 토끼를 만지면서 음식을 먹으며 토끼와 놀 수 있게 되었다.
  ㉤ 실제 노출법은 사람이 공포를 주는 자극에 직접 노출되는 것이 특징이다.

② **체계적 둔감화**
    ㉠ 정신과 의사 월페(Joseph Wolpe)에 의해 개발된 치료법이다.
    ㉡ 불안(공포)자극에 대한 위계 목록을 작성한다.
    ㉢ 낮은 수준의 불안에서 높은 수준의 불안(공포)을 상상하도록 유도하며 근육이완 방법을 병행한다.
    ㉣ 공포장면(CS)이 긍정적인 이완(US)과 짝지어져 공포장면에 대한 둔감화가 학습되어진다.
    ㉤ 체계적 둔감화는 공포자극에 직접 노출되지 않고 그 자극을 상상한다는 것이 특징이다.
③ **가상현실 노출치료(Virtual Reality Exposure Therapy : VRET)**
    ㉠ 로스바움(Barbara Rothbaum)과 동료들은 가상현실 노출치료에 대한 실험을 최초로 수행하였다.
    ㉡ 이 치료는 현실적이지만 낮은 수준의 공포자극에 피험자들을 노출시키는 것이다.
    ㉢ 고소공포증이 있는 사람들이 실제로 존재하지 않는 육교와 다양한 높이의 발코니 위를 걸어가고 50층까지 올라갈 수 있는 유리 엘리베이터를 탄다.
    ㉣ 피험자가 낮은 높이의 가상 육교를 안심하고 걸어가게 되면 더 높은 육교를 걸어가게 만들었다.
    ㉤ 이 절차로 고소공포증이 눈에 띄게 감소했으며, 피험자들은 자발적으로 과거에 공포를 일으켰던 상황에 스스로를 노출시켰다.
    ㉥ 로스바움은 비행공포증, 외상후스트레스장애(PTSD)를 치료하는데도 VRET를 적용했다.
    ㉦ 이후 다른 연구자들은 거미공포증을 치료하는 데 VRET를 적용해 추가검증하였다.
    ㉧ 불안장애를 치료하는 데 VERT가 전통적인 형태의 노출 요법만큼 효과적이라는 것이 검증되었다.

2 편견

(1) 편견의 의미
① 편견은 미리 판단한다는 것으로, 우리가 관련된 사실을 알기도 전에 판단을 한다는 것이다.
② 편견은 어떤 사람 혹은 어떤 집단에 대해 부정적인 관점을 가리키는 데 가장 흔히 사용된다.
③ 극단적인 편견은 증오와 같은 의미를 갖는다.
④ 왓슨은 증오를 조건정서반응으로 규명하였다.

(2) 편견의 학습
① 공포의 학습과 비슷하게 싫어하는 것도 학습하는 것으로 보여진다.
② 대부분 특정집단과 부정적 단어, 영상과의 연합을 통해 습득된다. 따라서 어떤 집단의 구성원과 개인적인 접촉이 거의 또는 전혀 없이도 습득될 수 있다.
③ 네덜란드인이라는 단어가 긍정적인 단어들과 함께 나타났을 때 부정적인 단어와 함께 나타났을 때보다 긍정적인 점수를 얻었다.
④ 이슬람교도 극렬분자들이 911테러를 일으켰다는 사실은 이슬람교도에 대한 감정에 영향을 준다.
⑤ 실제로 2001년 9월 11일 이후 미국에서 아랍인에 대한 폭행이 증가하였다.
⑥ 편견을 만드는 것과 똑같은 종류의 경험들이 그것을 역전시킬 수 있다.

(3) 편견의 치료

① 사람들이 증오를 갖는 이유를 알게 되면 증오가 없어질 수 있다.
② 그러나 편견이 조건형성의 산물이라면 정보제공만으로 편견을 없애기는 어려울 것이다.
③ 접촉도 편견을 없애는 방법이지만 수십 년에 걸친 조건형성을 없애기는 어려울 수 있다.
④ 베트남인들의 사진과 긍정적인 단어들을 짝지음으로써 미국 백인 아이들의 베트남인들에 대한 부정적 감정을 변화시킬 수 있었다.
⑤ 어떤 사람이 증오학습이 오래 되었을수록 그 사람의 감정을 변화시키기가 더 어려웠다(아프리카계 사람들의 편견 없애는 훈련은 베트남 사람들에 비해 더 많은 시간이 필요했다).
⑥ 어떤 집단에 대한 부정적인 감정을 낳는 것과 같은 방식의 경험이 그 집단에 대한 긍정적인 감정을 낳을 수도 있는 것으로 보인다.

3 성도착증

(1) 성도착증과 조건형성

① 조건형성은 일반적으로 비정상적인 것으로 여기는 성행동들을 포함해서 여러 가지 형태의 성행동이 어떻게 습득되는지 이해하는 데 도움을 준다.
② 전기충격에 뒤이어 먹이를 주는 학습을 하자 개는 전기충격에 반응하여 침을 흘렸다.
③ 개들은 핀으로 찌르기 등의 고통 자극에 대한 반응으로도 침 흘리기를 학습하였다.
④ 전기충격이나, 핀 같은 자극들이 혐오적 성질을 상실하는 것으로 보였다.
⑤ 고통과 음식을 반복해서 짝지어주면 개들이 고통을 참았다기보다 즐기는 것으로 보였다.
⑥ 마조히즘(피학성 변태성욕)과 기타 비관습적인 성적 활동은 고통과 연합된 성적 자극의 학습에 따른 것일 수 있다.

(2) 성도착증 치료

① 혐오치료는 성도착증 치료로 사용된다.
② 혐오치료는 부적절한 성적 흥분을 일으키는 CS를 불쾌한 반응(일반적으로 구토)을 유발하는 US와 짝짓는다.
③ 치료가 효과를 내게 되면 예전에는 성적 흥분을 일으키던 자극이 더이상 흥분을 일으키지 않으며 오히려 불안과 불편한 느낌까지 일으킬 수도 있다.
④ 모든 혐오치료가 성공적인 것은 아니며 재발하는 경우도 흔하다.
⑤ 성도착증 중 일부는 특히 치료가 어려운데 그 행동 자체가 수많은 회기의 고전적으로 조건형성된 산물의 일부이기 때문일 것이다.
⑥ 약물 치료나 수술적인 방법도 있으나 거기에 따른 여러 문제가 존재한다.

4 광고

① 광고주들은 긍정적인 정서를 확실하게 일으키는 자극들을 제품과 짝지으려고 시도한다.
② 광고는 어떤 제품에 대한 정보를 제공하기보다 그 제품에 대한 조건정서반응을 만드는 데 관여하는 것이라고 할 수 있다.
③ TV 광고에서 멋진 사람들이 즐겁게 노는 장면과 특정 상표의 맥주가 연합된다.
④ 성공한 제품을 새 제품과 짝짓는 공동 마케팅, 경쟁 상품을 부정적인 정서를 일으키는 것들과 짝짓는 방법이 있다.
⑤ 실험에서 사람들이 좋아하는 음악과 좋아하지 않는 음악 각각을 어떤 펜과 짝지을 때, 펜에 대한 기호는 펜과 연합된 음악에 대한 기호를 반영하는 결과를 보였다.
⑥ A사 치약 다음에 호감을 유발하는 장면이 나올 때 A사의 치약에 대해 긍정적인 평가를 하였다.
⑦ 어떤 제품에 대해 오랫동안 확립된 선호도는 인종이나 민족 집단에 대해 오랫동안 확립된 편견과 비슷할 수 있다.
⑧ 오랜 시간 조건형성된 브랜드에 대한 선호도를 몇 번의 광고에 의해 다른 브랜드로 선호도를 바꿀 가능성은 매우 희박하다.

5 약물중독

(1) 고전적 조건형성에 따른 약물중독

① 많은 약물중독 연구자들이 중독을 뇌 질병으로 본다.
② 절정감, 내성, 금단, 재발이 파블로프식 조건형성에 의해 잘 설명된다.
③ 고전적 조건형성에 따르면 복용하는 약물은 무조건자극(US)이고 절정감은 무조건반응(UR)이다.
④ 약물과 연합된 약봉지, 복용 시 환경(가구, 사람들, 들려온 음악, 기타 소리, 냄새, 방안 온도 등), 복용 전 먹었던 음식 등 많은 것들이 조건자극(CS)이 될 수 있다.

> **용어 설명**
>
> - **절정감**: 중독 약물로 인해 기분 좋은 경험을 하는 것
> - **내성**: 약물 복용을 반복하다 보면 절정감을 느끼기 위한 약물의 양이 증가하는 것
> - **금단**: 어떤 약물에 중독되어 그 약물을 복용하지 못했을 때 갈망과 불편감을 느끼는 것
> - **재발**: 오랜 기간 약물을 끊어 체내에 약물의 흔적이 없는데 특정 상황에서 금단 증상들이 다시 나타나 약물을 다시 복용하는 것

(2) 약물의 내성
① 음악(CS)과 약물(US)이 연합될 때 음악은 약물이 들어온다는 신호를 몸에게 보내는 것이다.
② CS를 통한 조건반응(CR)은 UR의 한 형태가 아니라 약물이 곧 들어올 것이라는 일종의 신호역할을 하는 것이다.
③ CS에 따른 조건반응(CR)은 약물에 대해 신체를 준비시키는 생리적 반응들이 된다.
④ CS는 CR 즉, 금단현상으로 나타나는 증상을 말하며 US(약물)이 들어올 것이라는 암시를 줌으로써 약물에 대한 위험을 낮추도록 신체를 준비시키는 것이다.
⑤ 익숙한 환경과 낯선 환경에서 헤로인을 투여받은 쥐들을 비교했을 때 낯선 환경에서 투여받은 쥐들이 2배 더 죽는 비율이 높았다.
⑥ CR이 되는 생리적 증상들은 불안, 발한, 근육통, 떨림, 메스꺼움, 구토 및 설사 등으로 금단현상의 증상들이다.

(3) 약물의 금단 및 재발
① 금단 증상은 과거에 약물과 연합되었던 단서에 대한 반응이 연구를 통해 지지되었다.
② 레버를 눌러서 모르핀을 자가투여한 쥐들과 레버를 누르지 않고 모르핀을 받은 집단을 비교할 때 레버를 눌러서 모르핀을 받았던 쥐들이 훨씬 더 심한 금단 증상을 보였다.
③ 레버 누르기 집단은 약물과 확실하게 연합되었던 자극이 레버로부터 나오는 단서들이 있었다.
④ 레버 누르기 없이 약물을 받은 집단은 CR에 대한 강력한 신호가 없었던 것이다.
⑤ 약물중독이 완전히 치료가 된 사람이 약물에 중독되었던 똑같은 환경으로 돌아가게 되면 약물과 연합되었던 조건자극들이 조건반응을 유발하게 된다.

(4) 중독의 치료
① US(약물)을 구토 같은 불쾌한 경험과 짝짓는 혐오치료가 있다.
② 구토제를 마시고 술을 마시면 메스꺼움이 술 때문이라고 느끼게 된다.
③ 약물과 연관된 단서들(CS)을 절정감이 일어나지 않도록 US 없이 연속해 제시하는 소거방법이 있다.
④ 일반적으로 CS는 관찰 가능한 외적 자극이지만, 내적 자극(주사시 통증, 미묘한 느낌 등)도 조건자극이 되기 때문에 같이 소거가 되어야 한다.
⑤ 약물을 복용한 환경에서 소거를 진행하는 것은 위험하며, 불가능하기 때문에 전통적인 소거요법은 클리닉에서 주로 시행된다.
⑥ 최근에는 가상현실(VR) 세계에서 소거요법을 사용한다.
⑦ 약물중독에 대한 기타 치료법으로 '**12단계 프로그램**', '개인 및 가족상담', '약물대체요법(헤로인 대체물로 메사돈 복용)', '길항약물요법(목표 약물이 절정감을 일으키지 못 하게 막는 약물)' 등이 있다.
⑧ 약물중독은 복잡한 문제이기 때문에 다중 치료적 접근이 필요하다. 그러나 고전적 조건형성이 약물중독의 원인과 유지에 관여한다는 것은 분명하다.

> **용어 설명**
>
> **12단계 프로그램** : 1935년, 단주모임(Alcoholics Anonymous : AA)에서 처음 사용된 것으로 12단계 치료란 중독을 인정하는 1단계부터 출발하여 다른 사람 앞에서 자신의 병을 고백하고, 치료를 통해 사회로 복귀하게 되기까지 12단계적 과정을 거쳐 치료하는 것을 의미

6 보건

(1) 조건형성은 장애를 가진 사람들을 파악하는 데 유용할 수 있다.
① 고전적 조건형성 절차가 다양한 질병의 진단에 도움이 될 수 있다.
② 청각장애는 눈 깜빡임 조건형성을 통해 알아볼 수 있다.
③ 조건형성을 통한 학습을 잘하지 못했던 사람들은 이후에 치매에 걸릴 확률이 더 높다는 것일 발견되었다.
④ 알츠하이머 환자에게서는 동일 연령의 정상인과 달리 조건형성이 다르게 진행된다.
⑤ 자폐증이나 강박장애가 있는 사람들이 특정 상황에서는 다른 사람들보다 더 빨리 조건형성되는 것으로 나타났다.
⑥ 파블로프식 조건형성은 신경학적 기능의 연구와 신경학적 문제의 연구에 유용한 방법이다.

(2) 조건형성의 면역계 장애의 이해와 치료
① 알레르기 반응이 전적으로 알레르기 항원에 대한 유전적 반응 때문만은 아니다.
② 토마토에 알레르기가 있는 사람은 토마토 들어있지 않은 토마토 맛, 냄새 혹은 모양을 갖고 있는 것만 먹어도 금방 두드러기가 날 수 있다.
③ 꽃가루에 알레르기가 있는 사람은 조화를 보기만 해도 재채기가 날 수 있다.
④ 암 때문에 화학치료를 받는 사람들이 병원에 치료를 받으러 돌아왔을 때 면역 기능이 저하되어 있었는데 병원 자체가 조건면역억압(면역계의 억압)을 일으키는 CS가 되었던 것으로 보인다(암을 치료하기 위한 화학요법은 면역계를 억제한다).
⑤ 이러한 결과는 파블로프식 절차가 면역계의 기능을 끌어올리는 데 사용될 수 있다는 것을 암시한다.

7 고전적 조건형성의 평가

① 파블로프가 이룩한 과학에 대한 기여는 자연조건에서 정상적이고 건강한 동물을 연구하여 복잡한 상황을 단순한 실험으로 환원시켜 조건반사의 개념을 공식화한 것이라 할 수 있다. 이 과정에서 그는 주관적 요소를 배제하여야 한다는 것을 인식하고 측정 가능한 물리적 양으로 전환하여 정신적인 현상을 과학적으로 다루었다.

② 파블로프는 행동의 과학적 분석에 기초를 제공하여 과학자와 생리학자로서 과학발전에 큰 공헌을 하였다. 경험적인 실험을 통해 학습이 이루어지는 연합의 원리를 과학적으로 이끌어냄으로써 학습이론의 초석을 마련했다.

③ 파블로프는 탁월한 주관과 과학적 방법의 독자성은 인정됐지만 과학 분야에서 주관과 과학적 방법을 분명히 분리하거나 이들을 개별적으로 정의하지는 않았다.

④ 고전적 조건형성은 인간의 일생에 걸쳐 일어나는 많은 연상적 학습을 설명해 준다. 특정한 상징이 어떠한 이미지, 정서적 반응, 또는 그 대상과 결합될 때 그 상징은 새로운 의미를 갖게 된다.

⑤ 고전적 조건형성은 조건형성의 대상이 선천적인 반응을 유발하는 자극에 국한되며 조건반응이 단순하다. 파블로프는 복합적인 정신적 과정으로 학습을 설명하는 것을 회피하였으며 학습이 일어나기 위해서는 학습자가 CS-US 관계를 지각할 필요가 없다고 하였다.

제 2 장 　실전예상문제

01 자극과 반응에 대한 설명으로 틀린 것은?
① 무조건반사는 선천적이고 영구적인 반사로 대체로 생존에 중요한 사건들이다.
② 중성반사는 출생 시에는 존재하지 않았던 반사로, 경험을 통하여 습득된다.
③ 훈련을 통해 반응을 유발하는 자극을 조건자극이라고 한다.
④ 조건반응은 원래는 그 반응과 결합되어 있지 않았던 자극에 대하여 나타나는 반응으로 학습된 반응이다.

01 조건반사(Conditioned Reflex)는 출생 시에는 존재하지 않았던 반사이다. 경험을 통하여 습득되어야 하며 선천적 반사에 비해 상대적으로 비영구적이다. 이 반사는 경험에 의존하기 때문에 각각의 개체에서 상당히 다른 형태로 나타난다. 먹이를 가져다주는 사람의 발자국 소리에 침을 흘리는 것이 조건반사이다.

02 조건형성에 대한 기본현상들에 대한 설명으로 틀린 것은?
① 소거는 시간이 흐르면서 연습을 하지 못해서 생기는 수행의 퇴화를 가리킨다.
② 획득은 조건자극에 의해 새로운 반응을 학습하는 것을 말한다.
③ 자발적 회복이란 소거를 시키고 시간이 지난 다음 조건자극을 다시 제시하면 조건반응이 일시적으로 나타나는 현상이다.
④ 변별이란 피험자가 어떤 자극에는 반응하면서 그것과 비슷한 자극에는 반응하지 않는 것을 의미한다.

02 망각은 시간이 흐르면서 연습을 하지 못해서 생기는 수행의 퇴화를 가리킨다.

정답 01 ② 02 ①

03 파블로프의 개실험 절차
ㄹ. 연구자는 개 앞에 있는 창에 불빛을 비춘다.
ㄷ. 몇 초 후에 약간의 고기가루가 접시에 공급되고 불빛이 꺼진다.
ㄴ. 개는 배가 고픈 상태이고 상당한 타액을 분비한다.
ㄱ. 이러한 과정을 몇 차례 되풀이한다.
ㅁ. 개는 고기가루가 공급되지 않아도 불빛에 대한 반응으로 타액을 분비하게 된다.

03 다음은 파블로프의 실험내용이다. 올바른 순서는?

> ㄱ. 이러한 과정을 몇 차례 되풀이한다.
> ㄴ. 개는 배가 고픈 상태이고 상당한 타액을 분비한다.
> ㄷ. 몇 초 후에 약간의 고기가루가 접시에 공급되고 불빛이 꺼진다.
> ㄹ. 연구자는 개 앞에 있는 창에 불빛을 비춘다.
> ㅁ. 개는 고기가루가 공급되지 않아도 불빛에 대한 반응으로 타액을 분비하게 된다.

① ㄷ - ㄹ - ㄱ - ㄴ - ㅁ
② ㄷ - ㄱ - ㄹ - ㄴ - ㅁ
③ ㄹ - ㄷ - ㄴ - ㄱ - ㅁ
④ ㄹ - ㄴ - ㄷ - ㄱ - ㅁ

04 자발적 회복은 한 번 습득된 행동에 대해 보상이 주어지지 않더라도 동일한 상황에 직면하는 경우 소거된 반응이 다시 나타나는 현상을 의미한다.
① 특정조건자극에 대한 고전적 조건형성이 일어난 후에 무조건자극과 짝지어진 적이 없는 자극에 조건반응이 나타나는 현상을 일반화(Generalization)라고 한다.
③ 변별이란 일반화와 반대로 피험자가 한 자극에는 반응하면서 비슷한 자극에는 반응하지 않는 것을 학습하는 것을 말한다.
④ 중성자극을 잘 확립된 조건자극(CS)과 짝짓는 절차를 고순위조건형성이라고 한다.

04 얼마간의 휴식기간을 가진 후에 소거된 반응이 다시 나타나는 현상은?

① 자극일반화
② 자발적 회복
③ 변별조건형성
④ 고차조건형성

정답 03 ③ 04 ②

05 자신과 타인의 휴대폰 소리를 구별하거나 식용버섯과 독버섯을 구별하는 것은?
① 변별
② 일반화
③ 행동조형
④ 차별화

06 다음 중 무조건반사와 조건반사를 제대로 구분한 것은?

> ㄱ. 먼지를 들이마셨더니 재채기가 나왔다.
> ㄴ. 우리 집 강아지는 초인종 소리만 들리면 꼬리를 흔든다.
> ㄷ. 자라 보고 놀란 가슴 솥뚜껑 보고 놀란다.
> ㄹ. 계단에서 한 번 굴렀더니, 계단에서는 무조건 천천히 내려가게 되었다.
> ㅁ. 무릎을 치면 발을 차게 된다.

	무조건반사	조건반사
①	ㄱ, ㄴ	ㄷ, ㄹ, ㅁ
②	ㄱ, ㅁ	ㄴ, ㄷ, ㄹ
③	ㄴ, ㄹ, ㅁ	ㄱ, ㄷ
④	ㄴ, ㄷ, ㄹ	ㄱ, ㅁ

07 다음이 설명하는 용어는 무엇인가?

> 처음에는 아무 의미 없었던 자극이 무조건자극과 반복적인 훈련을 통하여 만들어지는 것으로 파블로프의 고전적 조건형성실험에서 훈련을 통해 종소리를 듣고 타액반응을 유발하게 될 때 종소리를 이것이라고 부른다.

① 조건자극(Conditioned Stimulus, CS)
② 조건반사(Conditioned Reflex, CR)
③ 중성자극(Neutral Stimulus, NS)
④ 무조건반사(Unconditioned Reflex, UR)

---

05 변별은 둘 이상의 자극을 서로 구별하는 것으로, 조건자극과 유사한 자극에서도 조건반응이 나타나지 않는 것을 말한다.
② 특정조건자극에 대해 조건반응이 성립되었을 때 그와 유사한 조건자극에 대해서도 똑같은 조건반응을 보이는 학습현상을 말한다.
③ 목표행동에 근접하는 반응들을 강화함으로써 새로운 행동을 가르치는 것을 말한다.
④ 차이를 두는 것을 의미한다.

06 • 무조건반사: ㄱ, ㅁ
• 조건반사: ㄴ, ㄷ, ㄹ

07 훈련을 통해 반응을 유발하는 자극을 조건자극이라고 한다. 파블로프의 고전적 조건형성실험에서 훈련을 통해 종소리를 듣고 타액반응을 유발하게 될 때 종소리는 조건자극이 된다.

정답 05 ① 06 ② 07 ①

08 모두 조건반응이 나타나는 것이 아닌 어떤 한 자극은 효과적이나 한 자극은 효과적이지 않았다. 이것을 음영화(Overshadowing, 뒤덮기)라고 한다.

08 무조건자극의 특징을 설명한 것으로 바르지 <u>않은</u> 것은?

① CS로 제시되는 자극이 2개 이상인 것을 복합자극이라고 한다.
② 복합자극으로 조건화시키면 두 자극을 각각 제시할 때 모두 조건반응이 나타난다.
③ 효과적인 조건화는 조건자극의 강도이다.
④ 무조건자극(US)의 성질에 따라 조건자극(CS)의 효과는 다르다.

※ 다음 내용을 참고하여 물음에 답하시오. [09~10]

〈실험 일지〉
• 10월 1일
 개에게 음식을 제공하기 전에 종소리를 들려주는 일을 반복하였다.
• 10월 5일
 개는 종소리만 들어도 침을 흘리게 되었다.
• 10월 9일
 내일은 소리가 조금 다른 벨을 가져다가 울려봐야겠다.
• 10월 11일
 오늘부터 음식을 주지 않고 종소리만 들려주는 일을 반복하기로 했다.

09 10월 5일에 종소리는 조건형성이 되어 조건자극이 되었다.
① 일반화를 말하는 것이다.
③ 변별을 말하는 것이다.

09 다음 설명 중 <u>틀린</u> 것은?

① 종소리에 침을 흘리게 된 개는 벨소리에도 침을 흘릴 것이다.
② 10월 5일, 음식은 무조건자극, 종소리는 중성자극이다.
③ 종소리에는 고기를 주고 벨소리에는 주지 않는 실험을 하면 개는 두 소리를 구분할 것이다.
④ 음식을 주는 행동과 종소리는 최대한 인접하게 주어야 한다.

정답 08 ② 09 ②

10 앞의 실험이 계속되었을 때에 대한 설명으로 옳은 것은?
① 며칠 후 개는 더 이상 종소리에 침을 흘리지 않았다.
② 종소리에 반응하지 않게 된 개를 다시 종소리에 반응하게 만들려면 처음과 같은 노력이 든다.
③ 앞으로 일어날 현상을 망각이라고 부른다.
④ 앞으로 개는 더 이상 종소리를 들어도 일시적으로도 침을 흘리는 일이 없을 것이다.

11 고전적 조건형성을 설명하는 이론 중 다음이 설명하는 것은?

> 무조건자극(US)이 일으키는 효과를 조건자극(CS)이 상쇄시킴으로써 무조건반응(UR)에 대한 준비를 하게 만든다고 주장한다. 연구에 따르면 익숙한 환경에서 술을 마신 학생들은 낯선 환경에서 술을 마신 학생들과 비교해 같은 양의 알코올을 섭취했을 때 취한 정도가 더 낮았다.

① 레스콜라-와그너(Rescorla-Wagner)모형
② 준비반응이론
③ 자극대체이론
④ 보상반응이론

12 맛혐오에 대한 설명 중 틀린 것은?
① 어떤 음식을 먹은 후 복통을 겪는 일을 여러 번 겪으면 그 음식을 피하게 되는 맛혐오학습이 된다.
② 조건형성된 음식을 회피하는 효과는 다른 조건형성들에 비해 상당히 길게 유지된다.
③ 고통의 수준이 높을수록 그 혐오가 심하다.
④ 다양한 동물에서 이 효과가 나타난다.

10 소거가 일어난 것이다.
② 이미 한 번 획득, 소거를 거친 자극은 더욱 빠른 학습이 일어난다.
③ 망각은 시간이 흐르면서 연습을 하지 못해서 생기는 현상이다. 본 실험은 소거가 된 것이다.
④ 자발적 회복의 가능성은 남아 있다.

11 제시문에서 무조건반응은 술에 취하는 것을 의미하는데 조건반응도 술에 취한다는 관점에서는 같은 반응이기 때문에 출제자에 따라 무조건반응 대신 조건반응이라고 기술할 수도 있다.
① 두 자극을 짝지을 때 일어날 수 있는 조건형성의 양에는 한계가 있다는 것으로 이러한 한계에 영향을 미치는 결정요인은 US의 성질이다.
② 무조건반응(UR)은 무조건자극(US)에 대처하도록 만들어진 선천적 반응이지만 조건반응(CR)은 무조건자극(US)에 대한 준비를 하도록 만들어진 반응이다.
③ 조건형성이란 CS와 US 사이에 새로운 신경연결이 형성되는 것이다. 따라서 새로운 행동을 습득하는 것이 아니라 새로운 자극에 대해서 기존의 방식으로 반응하는 경향을 말한다.

12 맛혐오는 단 한 번 짝지어져도 조건형성이 이루어진다는 점에서 파블로프 학습과 차이점을 보인다. 가령 독성음식은 생사에 위협을 줄 수 있기 때문인 것으로 보인다.

정답 10 ① 11 ④ 12 ①

※ 다음 그림을 참고하여 물음에 답하시오. [13~14]

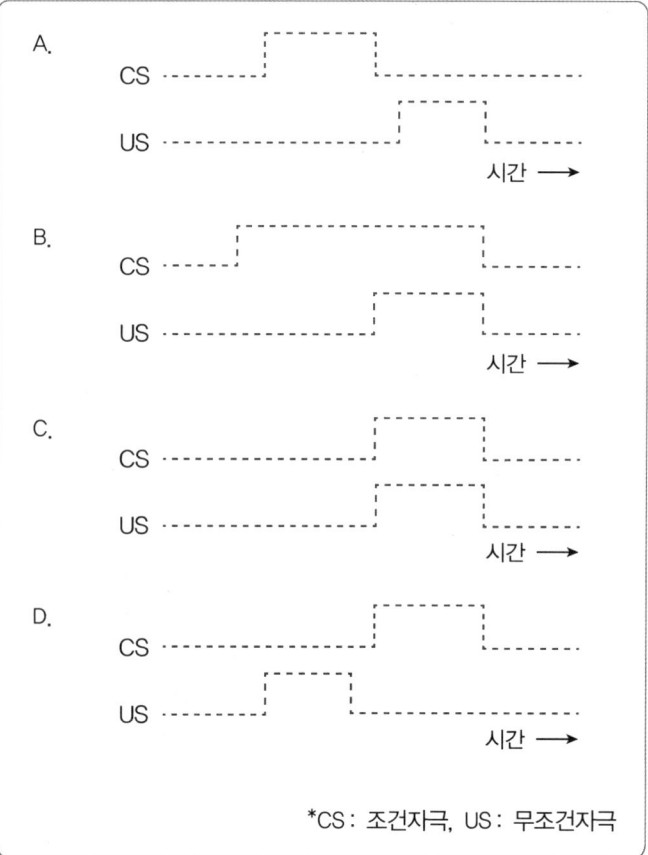

*CS : 조건자극, US : 무조건자극

13 흔적조건형성이 가장 효율적인 방법이다.
① 차이가 짧을수록 좋다면 B가 더 나을 것이다. 대부분의 연구에서 0.5초를 최적의 시간으로 발견했다.
③ 역향조건형성은 조건형성이 되기 가장 비효율적인 방법이다.
④ 동시조건형성은 자연에서 보기 드물다.
A : 흔적조건형성. 두 자극에 짧은 시간 차이가 존재하는 것이 특징으로 대부분의 연구에서 0.5초가 제시될 때 조건화가 가장 잘 이루어지는 것으로 발견된다.
B : 지연조건형성. 흔적조건형성과는 다르게 두 자극이 중첩되어 제공된다.
C : 동시조건형성. 두 조건이 정확히 동시에 일어나고 동시에 끝난다. 자연계에서 보통 보기 어려운 모습이다. 조건반응의 확립에 약하다.
D : 역향조건형성. 다른 조건형성과는 반대로 무조건자극이 조건자극보다 먼저 일어난다. 이는 조건반응을 만들기 대단히 어렵다.

정답 13 ②

13 다음 설명 중 옳은 것은?

① A의 두 자극이 일어나는 간격이 짧으면 짧을수록 좋다.
② A가 조건화에 가장 유리하다.
③ B와 C보나 D가 조건화에 너 유리하다.
④ C와 같은 조건형성은 자연계에서 흔히 보이는 형태이다.

14 A를 바르게 설명한 것은 무엇인가?

① 조건자극(CS)과 무조건자극(US)이 중첩되어 제시된다. US는 CS가 사라지기 전에 제시되는 것이다.
② 조건반응을 확립시키기에는 약한 절차이다. 이 과정에서는 조건자극(CS)과 무조건자극(US)이 정확히 동시에 일어나고 동시에 끝난다.
③ 조건자극(CS)이 무조건자극(US)보다 먼저 제시되는데 무조건자극이 제시되기 전에 조건자극은 끝난다. 따라서 두 자극 사이에는 시간 차이가 존재한다.
④ 무조건자극(US) 뒤에 조건자극(CS)이 따르는 것이다.

14
① 지연조건형성
② 동시조건형성
④ 역향(후향, 역행)조건형성

15 자극의 특성에 대한 설명으로 틀린 것은?

① 사전경험은 조건형성에 영향을 미친다.
② 자극의 강도가 효과적인 조건형성에 영향을 미친다.
③ 생존의 관점에서 중요한 자극들이 빨리 습득된다.
④ 복합자극이 가해지면 두 자극은 모두 조건형성을 하게 된다.

15 한 자극은 효과적이나 한 자극은 효과적이지 않은 현상을 음영화라 한다. 이는 한 자극이 다른 자극을 덮어버리는 것이며 자주 발생한다.
① 자극의 사전노출은 조건자극과 무조건자극의 수반성을 약화시켜 조건형성을 방해한다.
② 지나친 자극은 오히려 방해가 되지만, 일반적으로 강도가 강할수록 효과적이다.
③ 맛혐오 등 생존에 위협적인 자극은 빠르게 학습된다.

정답 14 ③ 15 ④

16
- ㄱ - ㄹ
- ㄴ - ㅂ
- ㄷ - ㅁ

17 조건자극과 무조건자극이 최초로 짝지어지는 때 가장 많은 학습이 이루어지며, 반복될수록 학습의 양은 점차 줄어든다.

16 다음은 고전적 조건형성 중 조건반응에 관한 이론이다. 바르게 연결된 것은?

이론	설명
ㄱ. 자극대체이론	ㄹ. 단지 조건자극이 무조건자극을 대체하여 반사반응을 일으킨다.
ㄴ. 준비반응이론	ㅁ. 무조건자극이 일으키는 효과를 조건반응이 상쇄시킴으로서 무조건자극에 대한 준비를 하게 한다.
ㄷ. 보상반응이론	ㅂ. 조건반응은 무조건자극에 대한 준비를 하도록 만들어진 반응이다.

① ㄱ - ㄹ
② ㄴ - ㄹ
③ ㄴ - ㅁ
④ ㄷ - ㅂ

17 레스콜라-와그너모형에 대한 설명 중 틀린 것은?

① 레스콜라-와그너모형은 조건형성의 양에 한계가 있다고 주장했다.
② 이러한 한계에 영향을 미치는 요인은 무조건자극의 성질이다.
③ 조건형성이 진행되는 속도는 첫 번째, 두 번째, 세 번째, …, 마지막까지 모두 일정하다.
④ 차폐는 조건형성의 양이 모두 소진되어 더 이상 조건형성이 일어나지 않는 것이다.

정답 16 ① 17 ③

18 고전적 조건형성이 나타난 사례들 중 올바르지 않은 것은?

① 공포를 비롯한 사랑, 증오 등 우리의 정서반응 대부분이 조건형성을 통해 학습될 수 있다.
② 편견은 어떤 집단과의 부정적 단어, 영상과 접촉의 연합을 통해 일어난다.
③ 불쾌한 반응을 일으키는 자극을 조건형성하는 혐오 치료를 통해 성도착증을 없앨 수 있다.
④ 광고는 그 제품에 긍정적인 정서를 일으키는 자극을 짝지어 물품을 구매하고 싶은 욕구를 일으킨다.

18 부정적인 단어나 영상 등과 특정집단을 연합하는 것만으로도 편견은 생성되므로 접촉이 거의 또는 전혀 없어도 습득될 수 있다.

19 고전적 조건화를 활용한 공포를 치료하는 방법에 관한 설명으로 옳지 않은 것은?

① 프리맥의 원리는 높은 빈도의 행동이 낮은 빈도의 행동에 효과적인 강화인이 되는 원리를 따르는 것이다.
② 가상현실(VR) 노출치료는 비행공포증, 외상후스트레스장애(PTSD)를 치료하는데도 적용한다.
③ 체계적 둔감화는 불안자극에 대한 위계목록을 작성한다.
④ 실제 노출법은 왓슨의 제자인 존스(Mary Cover Jones)가 개발한 것이다.

19 프리맥의 원리는 행동수정기법으로 조작적 조건화를 활용한 것이다. 프리맥의 원리에 따르면 높은 빈도의 행동(선호하는 활동)이 낮은 빈도의 행동(덜 선호하는 행동)에 효과적인 강화인이 될수 있다는 것으로 효과적인 행동 수정이 되기 위해서는 낮은 빈도의 행동이 먼저 일어나야 한다.
② 낮은 수준의 공포자극에 피험자들을 노출시키는 것으로 고소공포증이 있는 사람들이 실제로 존재하지 않는 육교와 다양한 높이의 발코니 위를 걸어가도록 하는 방법을 활용해 피험자들은 자발적으로 과거에 공포를 일으켰던 상황에 자신을 스스로 노출시킨다.
③ 체계적 둔감화는 낮은 수준의 불안에서 높은 수준의 불안(공포)을 상상하도록 유도하며 근육이완 방법을 병행한다.
④ 실제 노출법은 사람이 공포를 주는 자극에 직접 노출되는 것이 특징으로 서서히 공포자극에 익숙해지도록 하는 것이다.

정답 18 ② 19 ①

20 고전적 조건형성에 따르면 복용하는 약물은 무조건자극(US)이고 절정감은 무조건반응(UR)이다. 또한 약물과 연합된 약봉지, 복용 시 환경(가구, 사람들, 들려온 음악, 기타 소리, 냄새, 방안 온도 등), 복용 전 먹었던 음식 등 많은 것들이 조건자극(CS)이 될 수 있다.

20 다음 중 고전적 조건화가 우리 생활에 나타나는 모습에 대한 설명으로 옳지 않은 것은?

① 고전적 조건화로 특정 집단에 대한 편견이 학습되는 이유를 설명할 수 있다.
② 광고주들은 유명 연예인을 모델로 자사제품을 광고한다.
③ 약물 중독의 경우 약물과 연합된 환경은 무조건자극의 역할을 한다.
④ 약물 중독의 치료에 구토 같은 불쾌한 경험과 짝짓는 혐오치료가 활용된다.

21 CS를 통한 조건반응(CR)은 UR의 한 형태가 아니라 약물이 곧 들어올 것이라는 일종의 신호역할을 하는 것이다. CR이 되는 생리적 반응들은 불안, 발한, 근육통, 떨림, 메스꺼움, 구토 및 설사 등으로 금단현상의 증상들이다.

21 약물의 중독을 고전적 조건화의 관점에서 설명한 것으로 옳지 않은 것은?

① 같은 환경에서 반복적으로 약물(무조건자극)을 투여하게 되면 그 환경은 조건자극(CS)이 된다.
② 조건자극에 따른 조건반응은 약물에 대한 반응의 역할을 한다.
③ 조건자극이 있을 때 금단현상이 나타난다.
④ 약물중독이 완전히 치료가 되니 사람도 중독의 환경으로 돌아가면 다시 재발한다.

정답 20 ③ 21 ②

주관식 문제

01 고전적 조건형성에 대해 설명하시오.

01
정답 무조건반응(UR)을 발생시키는 무조건자극(US)과 중성자극(NS)이 반복적으로 노출됨으로써 무조건자극(US)과 중성자극(NS)이 연합되어 중성자극이 조건자극(CS)화되어 무조건반응(UR)과 유사한 조건반응(CR)을 일으키는 원리를 고전적 조건형성이라 한다.

02 조건자극이란 무엇인지 설명하시오.

02
정답 유기체로 하여금 자연적이며 자동적인 반응을 일으키게 하는 자극이 무조건자극인데 이러한 무조건자극과 일반적으로 반사반응을 일으키지 않는 중성자극을 함께 제시하는 훈련을 통해 중성자극으로 무조건반응을 유발시킬 수 있다. 이때 반응을 일으키는 중성자극을 조건자극이라고 한다. 예를 들어, 파블로프의 고전적 조건형성 실험에서 음식은 타액이라는 반응을 유발하는 무조건자극인데 비해 종소리를 듣고 침을 흘리게 되면 종소리는 조건자극이 된다.

03
[정답] ① 조건형성 전
개에게 고기(US)를 주면 침(UR)을 흘리고 종소리(NS)는 개에게 아무 의미가 없는 자극이므로 종소리는 아무런 반응을 유도하지 않는다.
② 조건형성 중
종소리(NS)를 들려주고 고기(US)를 주면 개는 고기 때문에 침(UR)을 흘린다. 종소리는 중성자극이기 때문에 단독으로 타액반응을 유도하지는 않는다. 이 과정을 반복한다.
③ 조건형성 후
종소리(CS)만 들려주어도 개는 침(CR)을 흘린다. 종소리는 고기와 연합이 되어 조건자극(CS)이 되고 개는 종소리를 들어도 타액반응을 보인다.

03 고전적 조건형성의 과정을 설명하시오.

04
[정답] 조건형성을 획득한 후 무조건자극(US) 없이 조건자극(CS)만 제시하는 절차를 소거라고 부른다. 침분비 조건형성에서 획득단계 후에 종소리가 음식 없이 제시되면 침의 양은 점차 감소하고 나중에는 완전히 사라진다.
소거를 시키고 시간이 지난 다음 조건자극을 다시 제시하면 조건반응이 일시적으로 나타난다. 조건자극과 무조건자극이 짝지어지지 않았는데 조건반응이 나타나는 것을 자발적 회복이라고 한다.

04 소거와 자발적 회복에 대해 설명하시오.

제 3 장

조작적 조건형성

제1절	조작적 조건화의 기초
제2절	강화
제3절	처벌
제4절	강화의 이론
제5절	학습현장에서의 활용
실전예상문제

※ 엄밀하게 따지면 도구적 조건형성(Instrumental Conditioning)은 조작적 조건형성(Operant Conditioning)과는 다른 개념으로 볼 수 있습니다. 전자의 경우 손다이크(Thorndike) 및 여러 학자들에 의해 정립된 개념이며 후자는 스키너(Skinner)가 도구적 조건형성의 기본원리를 바탕으로 정립한 개념입니다. 하지만 기본적인 원리가 유사하기 때문에 본서에서는 도구적 조건형성과 조작적 조건형성을 동일한 것으로 다루었습니다.

얼마나 많은 사람들이 책 한 권을 읽음으로써 인생에 새로운 전기를 맞이했던가.

– 헨리 데이비드 소로 –

보다 깊이 있는 학습을 원하는 수험생들을 위한
시대에듀의 동영상 강의가 준비되어 있습니다.
www.sdedu.co.kr ➜ 회원가입(로그인) ➜ 강의 살펴보기

제 3 장 조작적 조건형성

[학습목표]
스키너는 쥐가 먹이라는 보상을 얻기 위해 열심히 레버를 누른다는 사실을 알아냈다. 고전적 조건반응과 달리 우리의 일상적인 많은 행동들은 특정자극에 의해 유발되지 않는다. 선생님의 칭찬 한마디에 자극이 되어 과제를 열심히 해간 경험들이 한 번씩은 있을 것이다. 이렇게 우리는 우리가 한 행동에 따라오는 결과를 가지고 그 행동을 계속할지 말지를 결정하며 자발적으로 움직인다. 이번 장에서는 동물의 행동을 강화시키고 약화시키는 원리가 무엇인지에 대해 탐색해 볼 것이다. 이러한 원리를 통해 효과적인 학습 방법과 함께 학습을 방해하는 요인들에 대해서도 생각해보고 이것들이 우리의 생활에 어떻게 적용되고 있는지 알아보도록 하겠다.

제1절 조작적 조건화의 기초

1 조작적 학습의 유형

(1) 효과의 법칙(Law of Effect)

① 손다이크(Edward Lee Thorndike)

파블로프가 반사에 대한 연구를 하고 있던 때와 비슷한 시기에 미국의 대학원생인 손다이크(E. L. Thorndike)는 동물의 지능에 대한 고민을 하고 동물의 학습을 연구하였다. 손다이크는 동물의 비반사적 행동이 경험의 결과로 어떻게 수정되는지 체계적으로 연구한 최초의 연구자로 평가된다.

손다이크(Edward Lee Thorndike, 1874~1949)

미국의 심리학자로 웨슬리언·하버드·컬럼비아대학교에서 수학하였다. 컬럼비아대학교에서 심리학 교수를 역임하였고, 제임스 카텔 곁에서 동물지능에 관한 연구로 학계의 주목을 끌었다. 손다이크가 주장한 효과의 법칙과 연습의 법칙은 그 후의 행동연구와 학습이론에 큰 영향을 주었다. 그는 동물실험뿐 아니라 인간의 학습과 교육면에도 깊은 관심을 가지고 교육측정·어휘연구 등에서 선구자적인 역할을 하였다.

② 문제상자(Puzzle Box) 실험
   ㉠ 손다이크의 가장 유명한 실험으로, 굶주린 고양이를 문제상자에 넣고 발이 닿지 않는 곳에 먹이를 잘 보이게 두고 고양이의 반응을 본다. 이 실험은 고양이가 세 가지 행동을 하도록 요구되어졌다. 즉, 고양이는 고리를 당기거나 발판을 밟고 문을 열어 먹이를 먹거나 상자에서 나오게 된다.

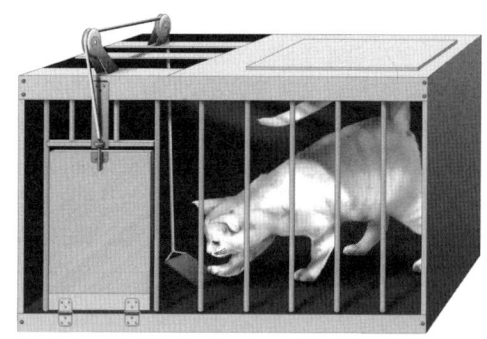

   ㉡ 이 실험의 종속변인은 '반응잠재기'이다. 즉 행동이 일어날 때까지의 시간을 특정하는 것이다.
   ㉢ 실험을 반복할수록 고양이는 효과가 없는 행동을 점점 더 적게 하였고 첫 시행에서 160초가 걸렸던 것이 24번째 시행에서는 7초 만에 성공하였다. 손다이크는 고양이가 처음 성공을 한 행동은 우연에 의한 것이라고 결론지었다.

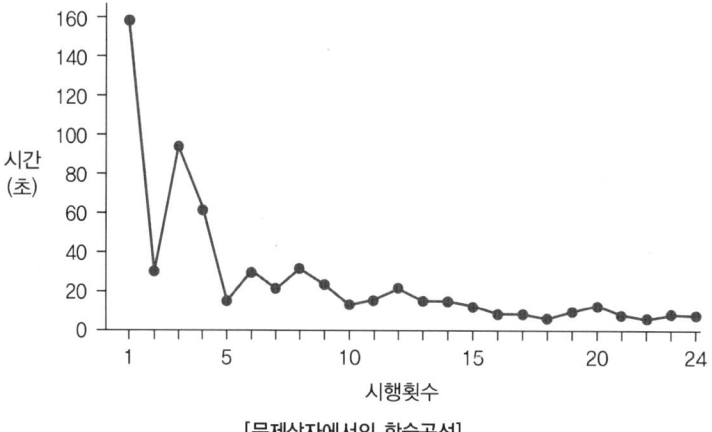

[문제상자에서의 학습곡선]

③ 정의
   ㉠ 효과의 법칙이란 동일한 상황에서 나오는 여러 가지 반응들 중에서 동물에게 만족을 가져오는 것들은 다른 조건들이 동등하다고 할 때 그 상황과 더 단단하게 연결되고, 그 상황이 다시 발생할 때 그 반응들이 다시 일어날 가능성이 높다는 것이다.
   ㉡ 반면에 동물에게 불편함을 가져오는 반응들은 다른 조건들이 동등하다고 할 때 그 상황과의 연결을 약하게 하고, 그 상황이 다시 발생할 때 그 반응들이 일어날 가능성이 더 낮다는 것이다.

④ 네 가지 핵심 요소
이 법칙의 네 가지 핵심 요소는 어떤 행동이 일어나는 환경, 일어나는 행동, 행동에 뒤따르는 환경 변화, 이 결과로 인한 행동의 변화이다. 손다이크는 행동이 결과에 따라 체계적으로 강해지거나 약해진다는 것을 최초로 보여주었다.

(2) 스키너의 연구
① 스키너(B. F. Skinner)
손다이크의 강화원리를 체계적으로 연구하여 학습과 행동을 획기적으로 진전시키는 연구를 하였다. 스키너는 강화의 가장 기본적이고 중요한 특징들을 많이 발견하였다. 또한 많은 학생들을 훈련시키고, 지속되는 연구는 강화가 인간과 동물의 행동에 영향을 주는 방식에 대한 지식을 풍부하게 만들었다.

스키너(Burrhus Frederic Skinner, 1904~1990)

미국의 심리학자로 행동주의 심리학의 아버지라 불리는 왓슨(J. R. Watson)에 관한 글을 읽고 심리학에 입문했다. 미네소타와 인디애나주립대학교에서 잠시 교편생활을 하다가 1948년 하버드대학교로 돌아온 뒤 오늘날까지 가장 영향력 있는 행동주의 심리학자로 불리며, 인간행동을 자극-반응의 관계로 설명하려 했다.

② 스키너상자(Skinner Box)
㉠ 특징
스키너가 만든 실험상자는 먹이통에서 몇 개의 먹이 알갱이가 자동으로 접시에 떨어지게 되어 있다. 이것을 헐(Hull)은 '스키너상자'라고 불렀다. 쥐가 먹이를 먹는 것에 익숙해지자 스키너는 레버를 설치하였다. 이후로는 쥐가 레버를 눌러야 먹이가 접시에 떨어졌다.

ⓒ 자유조작
- 손다이크의 '문제상자'는 불연속실행절차로 진행되는데 이것은 매 실험이 진행될 때마다 동물은 한 번만 반응할 수 있다는 것이다. 다음 실험이 진행되려면 다시 동물을 문제상자에 옮겨 놓아야 했다. 그러나 스키너는 실험자의 개입 없이 피험동물이 반복적으로 반응할 수 있게 하였다.
- 문제상자나 미로와 같은 불연속실행절차와 구분되는 레버 누르기와 비둘기가 반응키를 쪼는 것과 같은 반응을 사용한 절차를 '자유조작적 절차'라고 한다.

ⓒ 자유조작적 절차의 특징
- 조작적 반응이 언제라도 발생할 수 있다.
- 피험동물이 실험상자에 있는 한 조작적 반응은 반복해서 발생한다.
- 레버 누르기나 반응키 쪼기 같은 반응은 노력이 거의 들지 않아 한 회기에 수천 번도 반응할 수 있다.
- 스키너는 손다이크가 잠재기를 측정한 것과 다르게 반응률(일반적으로 분당 횟수)을 측정하였다.
- 자유조작적 절차는 많은 반응이 가능하기 때문에 피험동물들이 실험상황에 대해 학습하거나 외부자극이 변했을 때 발생하는 매 순간의 반응률 변동을 실험자가 관찰하고 기록할 수 있다는 장점이 있다.

ⓔ 삼항 수반성
- 스키너는 조작적 조건형성 수반성에 실제로 반응에 선행하는 자극, 반응 자체, 반응에 따르는 강화물 세 요소가 있다고 하였다.
- 변별자극이라고 불리는 특정자극이 존재하는 상황에서 조작적 반응이 발생할 때 강화물이 발생한다.

> **예**
> 불이 켜지면 반응키를 쪼을 때 먹이가 나오고 불이 꺼지면 먹이가 나오지 않는 비둘기 실험에서 불빛은 변별자극이 된다.

- 변별자극, 반응, 강화물을 삼항 수반성이라고 한다.

③ 조작적 학습
ⓐ 쥐가 레버를 누르는 것과 같은 행동은 일반적으로 중요한 결과를 일으키는 도구적인 역할을 하기 때문에 스키너는 결과를 통해 행동이 증가되거나 약화되는 이러한 학습을 '조작적 학습(조작적 조건형성)' 또는 '도구적 학습(도구적 조건형성)'이라고 하였다. 이것은 반응학습, 결과학습, R-S 학습 등으로도 불린다.
ⓑ 이 학습의 중요한 특징은 피험자가 환경 내에서 가장 중요한 자극, 즉 강화물에 대해 상당한 통제를 하고 있다는 것을 의미한다.

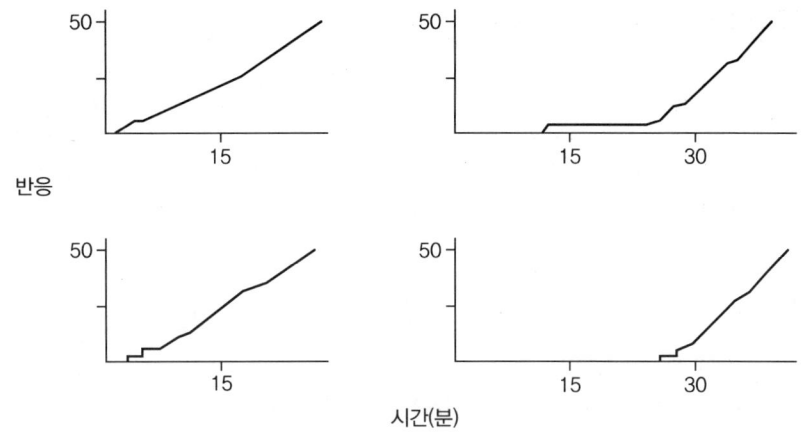

[스키너상자실험의 네 마리 쥐 관찰결과]
쥐는 레버 누르기에 익숙해졌고 레버를 누르는 비율은 급격하게 증가하였다.

2 조작적 조건형성의 기본원리

(1) 복귀
① 한 번 형성된 조작적 조건반응은 영구히 제거되지 못한다.
② 복귀란 가장 최근 강화받은 반응이 소거될 때 그 이전에 강화받았던 반응이 재출현하는 것이다.
③ 비둘기의 반응키 쪼기 실험(Lioving & Lattal, 2003)
  ㉠ 과정

  > 비둘기의 반응키 쪼기를 강화한다. → 10일간 매일 몇 회기에 걸쳐 소거시킨다. → 마지막 몇 번의 소거회기기간에 비둘기는 반응키를 거의 쪼지 않는다. → 다른 반응(발판 밟기)을 5회기 동안 강화한다. → 다음 몇 회기 동안 어떤 반응도 강화하지 않는다.

  ㉡ 결과
    • 발판 밟기가 더 이상 강화되지 않으면 모든 비둘기가 반응키 쪼기를 다시 시작하였다.
    • 여러 세션 동안 쪼기 강화가 없었음에도 반응키를 수백 번이나 쪼았다.
④ 복귀는 사람과 쥐를 포함하여 다양한 종에서 관찰되었다.

⑤ 특정반응패턴의 복귀(Cancado & Lattal, 2011)
  ㉠ 과정

> 어떤 한 가지 색(예 빨강)에는 안정적으로 쪼는 것을 강화(A), 다른 색(예 노랑)에는 빠르게 쪼는 것을 강화(B)시킨다. → 두 반응(A, B)을 소거시킨다. → 다른 반응키를 쪼는 것을 강화(C)시킨다. → C를 더 이상 강화하지 않는다.

  ㉡ 결과
  • 이후 빨간색 반응키가 제시될 때는 안정적인 쪼기(A)를, 노란색 반응키가 제시될 때는 빠르게 쪼기(B)가 증가하였다.
  • 처음에 강화된 반응이 모두 증가하는 것을 보였다.

⑥ 창의적 행동에서의 복귀(Epstein & Medalie, 1983)
  ㉠ 과정

> 여러 목표점을 향해 조그만 종이상자를 밀도록 비둘기를 훈련시킨다. → 실험상자의 벽 아래에 있는 금속접시를 쪼도록 훈련받고 먹이를 먹는다. → 금속접시를 벽에 있는 구멍 뒤에 넣어둔다. 접시는 비둘기가 닿지 않아 쪼기가 힘들다.

  ㉡ 결과
  • 비둘기는 벽에 있는 구멍으로 종이상자를 밀어 넣어 금속접시에 닿게 하고 상자를 쪼기 시작한다.
  • 가장 최근에 강화받은 반응에 더 이상 강화물이 제공되지 않으면 전에 강화받았던 행동인 상자 밀기가 복귀된 것이다.

(2) 조건강화

조건강화 현상은 2차 고전적 조건형성과 유사하다.

① **조건강화의 과정**(Skinner, 1938)

> 쥐에게 '찰칵' 소리와 먹이를 반복해서 짝지어 제시한다(이 단계에서 피험동물에게 요구되는 반응은 없다). → 레버를 누르면 '찰칵' 소리가 들리지만 먹이를 제시하지 않는데 쥐는 레버 누르기를 한다. 그러나 레버 누르기가 오래 지속되지 않는다.

② **2차 고전적 조건형성**

불빛(CS_1)+먹이(US) → 소리(CS_2)+불빛(CS_1)+먹이(US) → 소리(CS_2)가 조건반응(CR)을 유발한다.

조건강화(이차강화)		2차 고전적 조건형성
먹이(일차강화물)		먹이(US)
'찰칵' 소리(조건강화물)	=	불빛자극(CS_1)
조건강화물이 **일차강화물**과 짝지어지지 않으면 **조건강화물은 강화물로 작용하지 않음**		US 없이 CS_1 제시 → CS_2는 힘이 약해짐

> **용어 설명**
> - **일차강화물**: 다음에 따르는 어떤 자극이라도 자연적으로 증강시키는 자극
>   예 음식, 물, 성적 쾌락, 안락함 등
> - **조건강화물**: 이전에는 중립자극이었으나 먹이나 다른 일차강화물과 반복적으로 짝지어짐으로써 반응을 증강시키는 능력을 획득한 자극

(3) 새로운 행동조성

목표로 하는 행동을 순차적으로 닮아가도록 행동들을 체계적으로 강화하는 절차를 조성(조형)이라고 한다. 동물들에게 어떠한 행동을 학습시키기 위해서는 동물이 그 행동을 하고 있어야 한다. 전혀 일어나지 않는 행동을 강화할 수는 없다. 그런데 유사한 행동을 강화하는 것이 답이 될 수 있다.

① 학습에 적용

> 글쓰기를 처음 배우는 아이가 한글과 비슷한 무언가를 쓰면 칭찬해 준다. → 그다음은 아이가 한글과 대충 비슷하게 쓰면 칭찬한다 → 다음은 더 잘 써야 칭찬해 준다.

② 조성의 자연현상

> 피곤한 부모는 아이의 입을 닫으려고 아이의 요구를 들어준다. → 다음번 같은 요구에 부모는 지지 않으려고 버틴다. → 아이는 더 큰 소리로 울거나 떼를 쓴다. → 부모는 소란을 피우지 않으려고 아이의 요구를 들어준다. → 부모는 다음 요구에서 절대 지지 않겠다고 다짐을 한다. → 아이는 악을 쓰며 더 심하게 울고 떼를 쓴다. → 부모는 포기하고 만다.

㉠ 울화행동(아이들의 분노적인 떼쓰기)은 전형적인 조성의 산물이다. 강화를 받기 위해 아이는 점점 더 심하게 강도를 올려 행동을 하는데 이것은 부모가 요구하는 것을 아이가 이에 응하여 결국은 울화행동을 하게 되는 것이다.
㉡ 부모가 울화행동을 조성하려는 의도가 없지만 중요한 것은 의도가 아니라 결과인 것이다.

③ 동물들의 조성사용

아프리카 칼라하리 사막의 육식성 동물 미어캣 새끼들은 다 자란 미어캣을 따라 사냥에 나선다. 다 큰 미어캣들은 새끼 미어캣들의 어린 정도에 따라 살아있는 먹잇감을 제공하는 비율이 달랐다. 가장 어린 미어캣들에게는 65%가 살아있는 먹잇감이었으며, 더 자란 미어캣들은 90%를 제공받았다. 새끼들이 경험을 쌓아갈수록 더 많은 것을 하도록 요구되는 것이다. 이것은 원시적인 조성의 한 형태라고 할 수 있다.

④ 레버 누르는 쥐의 행동조성

㉠ 동물이 정확한 반응을 한 즉시 확실한 강화를 받도록 강화물이 제공되어야 한다.
㉡ 쥐에게 공급장치의 소리에 먹이가 제공된다면 먹이는 일차강화물이고 소리는 조건강화물이 된다.
㉢ 바닥에서 조금 높이 있는 레버를 누르는 행동을 조성

> 머리를 위로 들 때 강화한다. → 머리를 1cm 들어 올리면 강화한다. → 다음은 2cm, 3cm에서 강화를 한다. → 다음은 레버를 건드리는 어떤 움직임에 강화한다. → 앞발로 레버를 건드릴 때 강화한다. → 레버를 아래로 내리는 움직임에 강화한다. 이와 같은 방식으로 레버 누르기를 충분히 학습할 때까지 한다.

⑤ 이 외에도 행동조성은 높이뛰기와 같은 운동선수에게 팔을 뻗는 높이를 조금씩 올리는 방식으로 훈련에 적용할 수 있고, 지적장애아동에게 행동을 가르칠 때, 약물중독환자 금연프로그램 등 심각한 상황에서 행동을 조성하는 데 사용된다.

(4) 연쇄짓기

우리가 식당에 가서 하게 되는 행동의 순서가 있다. 문을 열고 들어가면 종업원에게 인원수를 말한다. 종업원은 자리를 안내해 준다. 자리에 앉아 종업원은 물을 따라 주며 메뉴판을 준다. 우리는 메뉴판을 보고 음식을 주문한다. 음식이 나온다. 음식을 먹는다. 계산을 하고 식당을 나온다. 이처럼 서로 순서대로 연결된 행동을 '행동연쇄'라고 한다.

① 동물이나 사람에게 행동연쇄를 수행하도록 훈련시키는 것을 연쇄짓기(Chaining)라고 한다.
② 동물들이 서커스나 다른 대중공연에서 행동을 수행하도록 훈련할 때 사용한다.

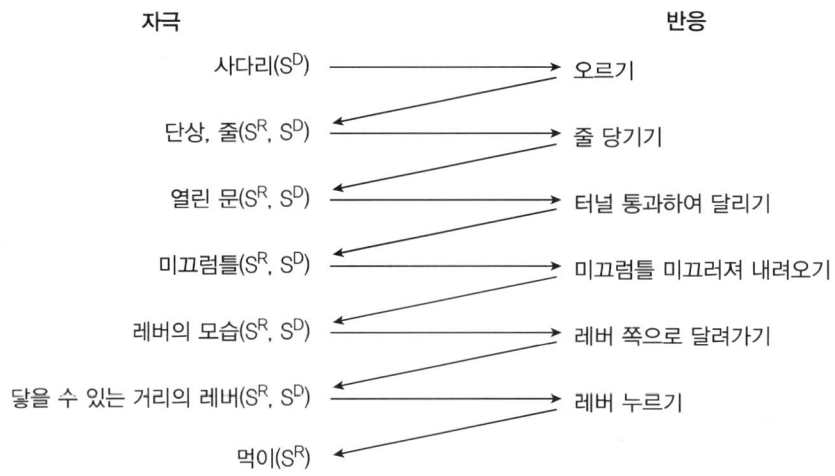

[행동연쇄: 쥐가 사다리를 타고 올라가 먹이를 받기까지 과정]

③ 사다리를 올라가는 첫 번째 반응을 시작으로 다음 단계로 이동한다. 다음 단계가 일차강화물이 아니지만 단계가 진행되는 것이 일차강화물과 가까워지기 때문에 학습행동이 유지된다고 한다.
④ 그림에서 '열린 문'은 '터널 통과하여 달리기'(다음 자극)의 변별자극(S^D)이며, '줄 당기기'(이전 자극)의 강화자극(S^R)이다.

⑤ 행동연쇄의 효과적인 전략
  ㉠ 후향(역향)연쇄짓기
    • 연쇄의 마지막 반응에서 시작하여 앞으로 진행하는 것이다.
    • 과정

      > 쥐가 어디에서 강화물을 얻는지 가르친다. → 먹이 공급장치의 소리가 조건강화물이 되도록 한다. → 연쇄행동의 가장 마지막 반응인 레버 누르기부터 조성을 시작한다. → 레버 누르기가 확립된다. → 레버는 조건강화물이 되었으므로 미끄럼틀 아래에 쥐를 둔다. → 계속한다.

    • 일단 반응이 확립되면 일차강화물을 제외하고 연쇄의 다음 자극에 가까워졌음을 신호하는 자극에 의해 제공되는 조건화된 강화로 행동이 유지될 수 있다.
  ㉡ 전향(순향)연쇄짓기
    • 연쇄의 첫 반응을 강화하여 시작하고 두 번째, 세 번째 반응 등을 추가한다.
    • 지적 장애인에게 행동을 가르칠 때 사용할 수 있다.
    • 목표 : 세탁기 돌리기

      > 비어있는 세탁기를 발견하면 강화한다. → 세제를 넣으면 강화한다. → 세탁물을 넣으면 강화한다. → 계속한다.

⑥ 학습된 연쇄행동에서의 행동은 일차강화물이 제거되면 사라진다.
⑦ 연쇄의 '끊어진 연결' 뒤에 일어난 행동은 소거된다.

  예
  > 줄 당기기를 했는데 문이 열리지 않는다면 그 이전의 행동인 사다리 오르기도 중단된다. 그러나 '끊어진 연결'을 넘어 터널 안에 쥐를 두면 일차강화물이 제공되면 나머지 반응은 계속된다.

⑧ 행동연쇄의 앞부분에 있는 반응들은 일차강화물에서 멀리 떨어져 있으므로 가장 약하기 때문에 가장 쉽게 붕괴될 것이다.
⑨ 연쇄짓기는 조성과 마찬가지로 자연적으로도 일어날 수 있다.

더 알아두기

고전적 조건형성과의 비교
• 고전적 조건반응(CR)과 마찬가지로 획득이 점진적으로 일어난다.
• 소거는 조작적 반응에 더 이상 강화물이 뒤따르지 않는다는 것을 포함하며, 고전적 조건형성과 마찬가지로 반응은 점차 약화되다가 사라진다.
• 시간이 지난 후 피험동물을 다시 실험상자에 옮겨 놓으면 자발적 회복이 나타난다.
• 조작적 조건형성에서도 변별학습이 일어난다.
• 변별과 반대인 일반화도 일어난다.

3 조작적 학습에 영향을 주는 변인

(1) 수반성
① 조작적 학습에서 수반성이란 행동과 그 결과 사이의 상관의 정도를 가리킨다.
② 상관관계가 강할수록 즉, 강화물이 어떤 행동에 더 일관성 있게 따라올수록 더 효과적이다.
③ 쥐가 레버 누르기를 한 후와 누르기를 하지 않은 후에 나오는 먹이를 얻을 확률이 같다면 쥐는 레버 누르기를 계속하지 않았다.

(2) 근접성
① 행동과 그것을 강화하는 결과 사이의 시간 간격(즉, 레버를 누르고 먹이가 나올 때까지 시간)을 가리킨다.
② 이 간격이 짧을수록 학습이 더 빨리 일어난다. 즉각강화가 지연강화에 비해 효과적이다.
③ 즉각적 결과가 학습을 더 잘 유발하는 것은 결과가 지연되는 동안 다른 행동이 일어날 시간이 생기기 때문이다.
④ 특정자극이 지연에 앞서서 규칙적으로 일어나면 강화지연의 효과가 낮아질 수 있다.

> 천장에 광전자 빔을 설치한다. → 쥐가 뒷발로 일어서면 빔이 끊어지고 먹이가 떨어진다. → 한 그룹은 즉각 먹이 제공, 한 그룹은 4초 후 제공, 한 그룹은 10초 후 제공하고 결과를 비교한다. 또한 지연강화 전에 소리의 제시 유무로 결과를 비교한다.

　㉠ 즉각 강화>4초 후 강화>10초 후 강화 순으로 효과적이다.
　㉡ 지연 이전에 소리가 제시된 경우 지연효과가 크지 않다.
⑤ 만족이 행동에 수반되거나 긴밀하게 뒤따를 때 행동이 증가된다.

(3) 강화물의 특징
① 강화물의 크기
　㉠ 다른 조건이 같을 때 강화물의 크기가 클수록 빠른 학습이 일어난다.

> **예**
> 먹이를 한 개 받은 쥐보다 6개 받은 쥐들의 학습이 더 빨랐다.

　㉡ 큰 강화물은 강화지연의 부정적인 효과를 상쇄하기도 한다.
　㉢ 자주 제공하는 적은 양의 강화물이 가끔 주어지는 많은 양의 강화물보다 빠른 학습을 일으키는 결과도 있다.
　㉣ 강화물의 크기와 효율성과의 관계는 직선적이지 않다. 일반적으로 강화물의 크기를 증가시킬수록 그 증가분으로부터 얻어지는 이득은 점점 더 줄어든다.

> **예**
> 임금의 차이와 일과의 관계연구에 따르면 보너스를 받은 학생이 받지 않은 학생에 비해 더 많은 일을 하였으나 보너스 액수의 차이는 일의 생산성과는 차이가 없었다.

② **강화물의 질적 차이**
  ㉠ 어떤 종류의 강화물이 제공되는가가 학습의 효과에 차이를 준다.
  ㉡ 빵과 우유를 받은 쥐들이 해바라기씨를 받은 쥐들의 수행을 능가한다.
  ㉢ 밀가루를 제공받은 쥐들이 해바라기씨를 받은 쥐들보다 수행이 높았다.
  ㉣ 동물과 사람에게 과제를 시키고 2개의 강화물 중 하나를 선택하게 할 경우 더 강력하게 선호하는 강화물이 있음이 나타났다.
  ㉤ 선호하는 강화물을 활용하면 강화절차의 효율성을 향상시킬 수 있다.

(4) 행동의 특징

① 강화의 대상이 되는 행동이 얼마나 쉽게 증강될 수 있는가에 영향을 미치는 행동들의 특징들이 있다.

> **예**
> 외줄타기보다 평균대 걷기가 배우기 더 쉽다.

② 골격근에 의존하는 행동보다 평활근(내장근)이나 내분비선에 의존하는 행동을 조작적 학습으로 수정하는 것이 어렵다는 것은 확증적이지 않다.
③ 내장학습의 존재는 아직 증명되지 않았다.
④ 효과적인 강화물을 쓰더라도 혈압을 낮추는 것을 학습하는 것은 목소리를 낮추는 것을 학습하기보다 더 어렵다.
⑤ 과제의 난이도는 동물의 종에 따라 다르다. 진화를 통해 생겨난 어떤 경향성 때문에 특정 행동의 강화가 거의 힘들 수도 있다.

> **예**
> 원반을 쪼는 학습은 비둘기에게는 쉬우나 매에게는 어렵다. 비둘기는 곡식을 쪼아 먹지만 매는 먹잇감을 쪼지 않고 부리로 찢어 먹기 때문이다.

(5) 동기화조작

① 동기화조작이란 결과의 효력을 변화시키는 모든 것을 의미한다.
② 결과의 효력을 증가시키는 것을 확립조작이라고 하며, 효력을 감소시키는 것을 제거조작이라고 한다.

③ **확립조작(Establishing Operation)**
  ㉠ 동물에게서 먹이를 박탈하는 것은 먹이를 더 강력한 강화물로 만든다.
  ㉡ 미로를 통과하는 쥐 실험을 통해 먹이를 박탈당한 쥐들은 그렇지 않은 쥐들에 비해 달리기를 더 효율적으로 학습했다.
  ㉢ 관심을 강화물로 사용할 때 일정 시간 관심을 기울이지 않은 뒤에 보이는 관심은 더 강화적이다.
  ㉣ 통증은 확립조작이 될 수 있다.

  > **예**
  > 레버를 누른 후 실험실 바닥의 전기충격이 얼마간 사라진다면 쥐는 레버 누르기를 학습하게 된다.

  ㉤ 대부분의 확립조작은 어느 정도 예측이 가능하다.
  ㉥ 그러나 강화물을 위해 열심히 일을 해야 하거나 강화물을 오랫동안 기다려야 하는 것으로 강화물이 더 큰 효력을 갖게 만들기도 한다.
  ㉦ 특정결과가 행동을 강화할지 보증하기는 불가능하다. 그러나 확립조작이 그 가능성을 높여준다.

④ **제거조작(Abolishing Operation)**
  ㉠ 어떤 약물은 음식의 강화적 효과를 감소시킨다.
  ㉡ 이러한 효과는 다이어트에 도움을 줄 수 있다.
  ㉢ 어떤 약물이 니코틴의 강화력을 감소시킨다면 중독에서 벗어나는 데 도움을 줄 수 있다.

(6) 기타 변인

과거의 학습경험은 중요한 변인 중 하나이며, 또한 어떤 변인은 행동을 강화시키기도 하고 처벌적인 결과를 만들기도 한다. 변인들 중 어떤 것은 하나의 행동을 강화시키면서 동시에 다른 행동을 강화시키기도 한다.

4 일상에서 조작적 조건형성과 생물학적 제약

(1) 조작적 조건형성의 사례

① **통찰적 문제해결**
  ㉠ 어떤 문제를 해결하기 위해 다양한 방법을 적용해보다가 우연히 해결책을 찾는 경우가 많다.
  ㉡ 문제가 학습에 의해서가 아니라 '통찰'에 의해 해결되었다고 한다.
  ㉢ 인지심리학자 브루너(J. Bruner, 1983)는 통찰은 학습의 도움 없이 발생한다고 말했다.
  ㉣ 침팬지는 손이 닿지 않는 곳의 바나나를 상자를 쌓고 올라가 따 먹는 모습을 보였다.
  ㉤ 침팬지가 어떤 경험을 했었는지는 분명하지 않다.
  ㉥ 똑같은 종류의 통찰이 특정한 강화 내력을 가진 동물에게서 나타났지만 그런 내력이 없는 동물에게는 나타나지 않았다.

ⓐ 통찰적 문제해결은 그 개체의 강화 내력에 직접 좌우된다는 것이 실험을 통해 보였으며 결국 과거 경험들의 결과임을 입증하는 것일 수 있다.

② **창의성**
ⓐ 창의적이라는 것은 무엇보다 독창적인 방식으로 행동하는 것을 의미한다.
ⓑ 많은 연구들이 새로운 행동을 강화하는 기초적인 기법들이 사람들의 창의성을 증가시킬 수 있다는 것을 보여주었다.
ⓒ 어떤 심리학자들은 강화가 실제로 사람들을 덜 창의적으로 만든다고 주장한다.
ⓓ 창의성이 증가된 연구들에서 보상은 창의적인 행동에 수반된다.
ⓔ 창의적인 행동이 일어날 때마다 강화를 주면 창의성은 높아진다.
ⓕ 독창적인 행동이 긍정적인 결과가 있으면 사람들은 창의적으로 될 가능성이 높으며 부정적인 결과를 가져오면 창의적일 가능성이 낮아진다.
ⓖ 이러한 창의성의 이해는 창의성이 선택받은 소수의 이야기가 아니라 우리 모두가 창의적이 되도록 학습할 수 있다는 것이다.

③ **학습된 무기력**
ⓐ 어떤 사람은 고생스러운 일을 겪은 후에 그것을 이기려는 노력을 배우고 어떤 사람은 포기를 배운다.
ⓑ 많은 경우에 이런 상황을 사람의 차이, 즉 유전자로 인한 내적 특질을 원인으로 돌린다.
ⓒ 셀리그만(Martin Seligman, 1967)은 고전적 조건형성으로 소리와 전기충격이 짝지어진 경우 소리가 도피학습에 어떠한 영향을 미치는지 관찰하였다.

> 가운데를 장벽으로 막고 두 곳으로 나뉜 왕복상자 한쪽에 개를 두고 그 곳에 전기충격을 가한다. 처음 30초간 개는 미친 듯이 날뛰다가 움직이는 것을 멈추었고 조용히 엎드려 낑낑거리기만 하였다. 전기충격을 종료시켰을 때도 개는 가운데 장벽을 넘는 데 실패하였고 도망가지 않았다. 개를 안전한 상자에서 불러도 반응하지 않았고 움직이려는 노력을 전혀 하지 않았다.

ⓓ 이러한 현상을 '학습된 무기력'이라고 한다. 무기력해지는 것을 학습시킨 것처럼 보였기 때문이다.
ⓔ 무기력을 가져오는 것은 전기충격에 노출되는 것 그 자체가 아니라 전기충격을 피할 수 없다는 사실이었다.
ⓕ 여러 연구에서 역경에 직면했을 때 '면역훈련'이 놀라운 회복력을 이끌어 낼 수 있다는 것이 나타났다.

> 한 그룹은 레버를 눌러 충격을 피하는 것을 학습한 쥐들이고 다른 그룹은 레버 누르기를 학습하지 않은 쥐들이 있다. 왕복상자(바닥에는 전기가 흐르고 가운데를 칸으로 막고 쥐가 뛰어넘을 수 있는 상자)에 쥐를 넣고 전기충격을 가하자 레버학습이 된 쥐들은 200회를 시행하는 동안 레버를 누르고 왕복행동을 하는 경향이 감소하지 않고 나타났다. 레버학습이 안 된 쥐들은 왕복경향이 별로 없었고 검사가 진행됨에 따라 왕복행동비율은 더욱 낮아졌다.

④ 학습된 근면성
  ㉠ 아이젠버그(Robert Eisenberg, 1992)는 사람들이 쉽게 포기하기를 학습할 수 있다면 끈질기게 노력하기도 학습할 수 있다고 추론했다. 고도의 노력과 끈기에 대한 강화를 주면 어려운 과제를 오랫동안 열심히 하는 경향이 증가한다는 것을 발견했다.
  ㉡ 경험(주로 우리의 강화 내력)은 우리에게 포기하거나 계속해 나가는 것을 가르치는 것이다.

(2) 조작적 조건형성의 생물학적 제약
  ① 향본능표류(Instinctive Drift)
    ㉠ 개념
      행동이 선천적인 고정행위패턴 쪽으로 돌아가려는 경향을 말한다. 즉 어떤 행위가 고정행위패턴과 갈등을 일으킬 때에는 동물이 그것을 학습하는 데 문제가 생겨 학습에 한계를 나타낸다.
    ㉡ 향본능표류의 발견
      • 켈러와 브렐런드(Keller & Breland, 1961)는 최초로 향본능표류라는 현상을 발견했다.
      • 어떤 반응이든 강화가 뒤따르면 학습된다는 것이 조작적 조건형성의 전통적 입장이다.
      • 하지만 아무리 훈련시켜도 학습이 불가능한 경우가 존재한다.
      • 구두쇠 너구리의 사례
        − 앞발로 동전을 저금하도록 너구리를 훈련시키려 하였으나, 동전을 상자에 바로 넣지 않고 두 동전을 마주 문지르고 나서야(구두쇠처럼) 겨우 상자에 집어넣음
        − 이는 문지른 후 먹는 너구리의 습성 때문
    ㉢ 학습 불가능의 원인
      • 고정행위패턴(Fixed Action Pattern) : 동물의 선천적인 행동과 연구자들이 학습시키려 했던 행동이 상충했기에 때문인 것으로 보인다.
      • 즉 향본능표류는 학습하는 과정에서 동물이 고정행위패턴으로 되돌아가려는 경향으로 학습에 한계를 가져오게 된다.
      • 학습하려는 어떤 행위가 고정행위패턴과 상충하여 갈등이 일어날 때 동물은 '학습하려는 행동을 할 것이냐' 아니면 '고정행위패턴을 따를 것이냐'라는 갈등을 하게 된다. 이러한 갈등에서 고정행위패턴이 더 우세한 것으로 보인다. 따라서 학습된 행동이 잠깐 나타나더라도 다시 고정행위패턴이 그것을 뒤엎어 버리는 것이다.
    ㉣ 향본능표류현상은 유기체가 가진 고유의 유전적인 행동특징이 학습으로 형성된 행동보다 더 우세할 수 있음을 시사한다.
  ② 자동조성
    ㉠ 유기체가 하는 반응과 무관하게 자극 뒤에 강화물이 따르는 절차로, 흔히 미신행동의 학습을 가져온다.
    ㉡ 예를 들면, 비둘기가 원판을 쫄 때 강화(먹이)를 주는 것은 원판을 쪼는 행동에 대한 강화이므로 이때 강화는 유관강화이다. 그러나 비둘기는 흔히 한 다리를 들고서 있는데, 어떤 비둘기가 우연히 한 다리를 들고 서 있으면 먹이가 나올지도 모른다는 의식적 행동을 하게 되고, 그러한 행동이 먹이를 받게 하는 원인이라고 믿고 같은 행동을 반복하는 것을 자동조성이라 말한다.

ⓒ 사람이나 동물이 자기 행동이 실제로는 그렇지 않은데도 마치 강화를 낳은 것처럼 행동할 때 그 행동은 미신적인 것이다.
ⓔ 미신에 대한 상황이론에 모든 사람들이 동의하는 것은 아니다. 그러나 미신적이 행동이 적어도 부분적으로는 우발적인 강화에 의해 조성되고 유지된다는 증거들이 있다.
ⓜ 강화 하나로 모든 미신행동을 완전하게 설명할 수는 없지만 우발적 강화가 미신에 중요한 역할을 한다는 것은 분명해 보인다.

③ **강화와 생물학적 제약**
자동조성과 향본능표류에 대해 학습의 일반원리접근이 적절하지 않다는 문제가 제기된다.
ⓐ 스키너의 반응
- 유기체의 행동이 학습경험과 유전에 의해 결정된다고 주장해왔다.
- 자동조성과 향본능표류 같은 현상은 유전적 영향(계통발생학적)과 학습된 영향(개체발생학적)이 행동에 동시에 작용한 사례일 뿐이라고 주장하였다.
- 계통발생과 개체발생은 우호적 경쟁자이며 하나가 다른 하나를 늘 이기는 것은 아니다.

ⓑ 강화물이 주기적, 규칙적으로 제공되면 강화받지 않은 다양한 행동들이 강화물 사이에 나타난다.
ⓒ 자동조성과 향본능표류 같은 현상은 강화원리에 오류가 있다는 것이 아니라 강화가 유기체 행동의 유일한 결정요소가 아니라는 것을 보여주는 것이다.
ⓓ 유전적 자질은 많은 학습상황에서 중요한 역할을 하며 유전의 영향이 무시되어서는 안 된다는 것을 보여준다.
ⓔ 생물학적 요인이 어떻게 영향을 주는지에 대해 더 많이 알아갈수록 유기체의 행동을 더 잘 이해하고 예측할 수 있게 된다.

5 고전적 학습과 조작적 학습의 비교

구분	고전적 학습	조작적 학습
기본관점	유기체는 행동을 조작하지 않는다.	유기체는 행동을 조작한다.
자극-반응	자극이 반응에 선행한다.	반응은 결과에 선행하여 일어난다.
조건형성과정	사건들의 연합, NS가 US와 짝지어져 CS가 된다.	반응의 결과(강화물이나 처벌자극)가 미래행동에 영향을 미친다.
관심대상	자극을 주어 반응을 인출	반응 후 강화
조건형성내용	정서적, 불수의적 행동이 학습된다.	목적지향적, 의도적 행동이 학습된다.
예시	학생이 학교를 행복함과 연합하면 학교는 긍정적인 정서를 유발한다.	학습자가 질문에 답해서 주어지는 칭찬은 이후 학습에서 답을 하려는 시도를 늘린다.
대표자	파블로프	스키너

※ 두 학습을 완전히 분리하기는 불가능하며 일차적 강화인을 사용하는 조작적 조건형성은 반드시 고전적 조건형성을 생성시킨다.

제2절 강화

1 행동의 증가 강화물

(1) 강화물의 특징
① 학습에서 강화란 결과에 따르는 행동의 강도를 증가시킨다는 의미를 가지고 있다.
② 강화의 자격
  ㉠ 행동이 어떤 결과를 낳아야 한다.
  ㉡ 그 행동의 빈도가 늘어나야 한다(즉, 행동의 강도가 증가해야 한다).
  ㉢ 그 강도의 증가가 그 행동의 결과로 인한 것이어야 한다.
③ 정적 강화와 부적 강화 두 가지 모두 행동의 강도를 증가시키는 것임을 유의해야 한다.
④ 현실에서 정적 강화와 부적 강화가 독립적으로만 일어나지 않으며 같이 일어나는 일이 흔하다.
⑤ 정적 강화물이 상황에 따라 부적 강화물이 되기도 한다.
⑥ 정적 강화와 부적 강화를 구분하기가 불가능한 경우도 있다.

> **예**
> 추운 방에서 난방기구를 켜는 것은 강화물이 온기의 증가(정적 강화물)이기도 하지만 냉기의 감소(부적 강화물)가 되기도 한다.

(2) 정적 강화
① 어떤 행동의 후속결과가 그 행동을 이후에 발생시킬 가능성을 증가시키는 것이다.
② 정적 강화를 일으키는 자극을 정적 강화물이라고 한다.
③ 정적 강화물은 일반적으로 유기체가 원하는 것들이다.

> **예**
> 칭찬, 음식, 인정, 실력향상, 돈, 성공, 다양한 선물 등

④ 정적 강화는 보상학습이라고도 불린다.
⑤ 아이들이 칭찬 스티커를 받기 위해 수업시간에 집중하는 행동을 하는 것은 정적 강화이다.
⑥ 그러나 그 칭찬 스티커가 항상 효과가 있는 것은 아니다.
⑦ 정적 강화물의 유일한 특징은 어떤 행동 뒤에 그것이 제시되었을 때 그 행동이 증가한다는 것이므로 강화물을 명확히 목록화하기는 힘들다.

(3) 부적 강화
① 행동이 어떤 자극의 제거나 자극강도의 감소를 통해 증가하는 것이다.
② 유기체가 어떤 자극으로부터 회피하기 위해 행동을 증가시킨다면 그 자극은 부적 강화물이 된다.
③ 부적 강화에서 행동을 강화하는 것은 불쾌한 상황에서 벗어나는 것이다.

④ 부적 강화를 도피학습 또는 도피-회피학습이라고도 부른다.
⑤ 불쾌한 상황을 만드는 자극들은 부적 강화물이라고 한다.

> **예**
> 소음, 악취, 잔소리, 체벌, 벌점 등

⑥ 벌을 받지 않기 위해 수업시간에 집중을 한다면 부적 강화가 된다.
⑦ 정적 강화물과 마찬가지로 제거되었을 때 행동을 증가시키는 결과를 명확히 가려내기는 힘들다.

2 강화물의 종류

(1) 일차강화물과 이차강화물

① **일차강화물(무조건강화물)**
  ㉠ 선천적으로 효과가 있는 것으로 보이는 것으로 학습경험에 의존하지 않는 강화물이다.
    • 연구에서 흔히 사용되는 일차강화물

    > **예**
    > 음식, 물, 성적 자극 등

    • 쉽게 선천적으로 인식되는 다른 것들

    > **예**
    > 잠, 활동(마음대로 움직이는 기회), 약물(취하게 하거나 불편함을 완화시키는), 특정 뇌영역에 대한 전기자극, 더위와 추위에서 벗어나는 것 등

  ㉡ 사회적 접촉은 쥐를 포함한 많은 포유류에서 선천적으로 강화적인 것으로 보인다.
  ㉢ 인간에게서 선천적으로 보이는 강화물은 '환경에 대해 통제를 하는 것'이다.
  ㉣ 사회학자 볼드윈(John Baldwin, 2007)은 일차강화물의 목록에다가 '감각 자극하기'를 추가하였다. 사람이 비만해지는 이유 중 하나는 향기나 질감 같은 음식이 제공하는 감각들 때문이라고 지적한다.
  ㉤ 일차강화물을 효과적으로 만드는 것이 무엇인지 확실히 말하기 어렵다.
  ㉥ '물림'현상
    • 일부 일차강화물들은 그 효과가 상당히 빨리 상실된다. 이것을 물림이라고 한다.
    • 배가 고픈 상황에서 음식은 강력한 강화물이다. 그러나 음식을 먹을 때마다 강화력은 약해져 결국 효과가 없어진다. 그 시점이 물리는 시점이다.

② **이차강화물(조건강화물)**
  ㉠ 선천적인 것이 아니라 학습에 의존하는 강화물이다.
  ㉡ 보통 다른 강화물들과 짝지어짐으로써 강화력을 획득한다.

  > **예**
  > 칭찬, 인정, 미소, 박수 등

  ㉢ 목마른 쥐들에게 물을 주기 전에 버저를 울리는 것을 짝짓고 쥐가 레버를 누르면 버저를 울린다. 레버 누르기가 물을 나오게 하지 않아도 쥐는 레버 누르기를 학습하였다. 이때 버저는 조건강화물이 되었다.
  ㉣ 돈은 음식이나 그것으로 구입할 수 있는 것들과 짝지어져 강화적 속성을 얻게 된다.
  ㉤ 일반강화물이란 여러 다른 종류의 강화물과 짝지어져 광범위한 상황에서 사용될 수 있는 강화물을 의미한다. 대표적으로 돈이 있다.
  ㉥ 장점
   • 이차강화물은 보통 일차강화물보다 물리게 되기까지 훨씬 더 오랜 시간이 걸린다.
   • 일차강화물보다 행동을 즉각적으로 강화하기 쉬운 경우가 많다.

   > **예**
   > 돌고래 조련 시 먹이와 호루라기소리를 짝지으면 먹이가 없어도 호루라기로 행동을 강화할 수 있다.

   • 일차강화물보다 방해가 덜 된다.

   > **예**
   > 먹고 마시는 것들은 시간이 걸리지만 칭찬 한마디는 행동을 중단시키지 않고도 강화시킬 수 있다.

   • 일차강화물은 그것이 필요한 상황에서 효과적(배고플 때 음식이 효과적)이지만 이차강화물은 상황과 상관없이 강화적일 수 있다.
   • 돈과 같은 일반강화물은 광범위하게 사용될 수 있다.
  ㉦ 단점
   • 일반적으로 일차강화물보다 강화력이 다소 약하다.
   • 조건강화물의 효과가 일차강화물과의 연합에 의존한다.

   > **예**
   > 레버 누르기와 짝지어진 이차강화물인 불빛은 먹이가 중단되면 강화력이 사라진다.

   • 돈은 다른 강화물이 뒷받침되지 않으면 강화력을 상실한다.
   • 일차강화물은 원상 회복력이 이차강화물보다 강하다.

   > **예**
   > 굶주린 사람은 음식을 다른 어떤 것과 교환할 수 없다고 해도 음식을 위해 일할 것이다.

(2) 자연적 강화물과 인위적 강화물

① **자연적 강화물(자동강화물)**
어떤 행동을 했을 때 자연적으로 생겨나는 사건이다. '이를 닦으면 입에서 냄새가 나지 않는다', '자전거 페달을 돌리면 자전거가 앞으로 나간다'와 같은 사건은 어떤 행동의 자동적인 강화물이다.

② **인위적 강화물**
어떤 행동을 수정시킬 목적으로 만들어지는 사건이다. '직원들이 일을 잘 하도록 하기 위해 보너스를 주는 것', '아이가 착한 행동을 하면 과자를 주는 것' 등이 인위적으로 만들어진 강화물이다.

③ **자연적 강화물과 인위적 강화물의 구분**
  ㉠ 인위적 강화물과 자연적 강화물 사이의 구분은 뚜렷해 보이지만 때로는 구분이 명확하지 않다. 아이가 양치질을 하는 것은 양치질 후에 개운한 기분과 냄새가 사라지는 자연적인 강화라고 할 수 있지만, 양치질 행동에 대한 부모의 칭찬은 인위적 강화물로 아이의 양치질을 강화시킬 수 있다.
  ㉡ 사용된 강화물의 종류와 상관없이 강화는 행동에 강력한 효과를 낼 수 있다. 또한 그 힘은 균등하지 않아 여러 변인들에 의존하게 된다.

3 강화계획

스키너는 강화에 대한 연구 초기에 쥐가 레버를 누를 때마다 자동으로 먹이가 나오는 장치를 만들었다. 그런데 매번 먹이를 직접 만들면서 레버를 누를 때마다 강화를 줄 필요가 있을까 하는 질문을 하게 된다. 대답은 '아니다'였고, 이 대답 하나는 학습연구의 엄청난 변화를 가져왔다. 다양한 연구늘을 통해 강화방식이 행동에 미치는 독특한 효과를 발견하게 되었다. 이렇게 행동과 강화 사이의 수반성을 나타내는 특정한 규칙을 '강화계획'이라고 한다.

(1) 단순강화계획

① **연속강화(Continuous Reinforcement, CRF)**
  ㉠ 어떤 행동이 일어날 때마다 강화를 하는 것이다.
  ㉡ CRF는 각각의 행동을 증가시키기 때문에 반응률이 매우 빠르게 증가된다.
  ㉢ 새로운 행동이나 행동연쇄를 조성하는 과제에 유용하다.
  ㉣ 연속강화는 대개 새로운 행동을 빠르게 증가시키지만 자연환경에서는 어려운 일이다.
  ㉤ 자연적 상황에서는 **간헐적 강화**가 주로 일어난다.

② **간헐강화**
같은 행동에 대해서 강화가 어떤 경우에는 일어나고 어떤 경우에는 일어나지 않는 것이다.
  ㉠ 고정비율계획(Fixed Ratio Schedule, FR)
    • 정해진 수만큼 반응이 일어난 후에 강화가 주어지는 것이다.

- 레버를 3번 누를 때마다 먹이를 준다(FR 3)면 세 번에 한 번의 비율로 강화를 하는 것이다.
- FR 안에 있는 동물은 높은 비율로 반응하고 '**강화 후 휴지기**'를 갖는다.

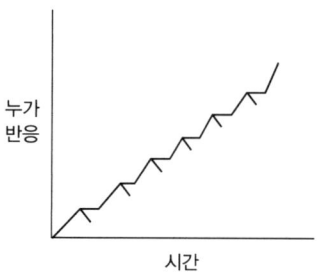

[고정비율계획 반응 그래프]

- 강화 후 휴지는 FR 10보다는 FR 50일 때 더 길다.
- 강화 후 휴지의 이유(연구자마다 다름)
  - 얻는 것이 없이 일한 것에 대해 잠시 휴식을 취함으로써 혐오적인 느낌을 벗어난다.
  - 일 미루기는 기본적으로 일하기 전에 쉬는 것으로서 비율 전 휴지일 수 있다.
  - 다른 강화물의 존재가능성 때문이다.

> **예**
> 쥐들은 규칙적으로 자신의 털을 다듬고, 가려운 곳을 긁고, 물을 마시고 주변을 살피는데 이것은 쥐들이 쉬는 것이 아니라 다른 강화물을 위해 일을 하는 것이다.

- FR 10에서 FR 50으로 변하는 것은 **실행속도**에 영향을 미치지 않고 휴지시간이 길어진다.
- 강화 후 휴지가 길어지는 것은 전반적인 수행률(시간당 레버 누르기 횟수)을 감소시킨다.
- 사과농장에서 사과 한 바구니를 딸 때 받는 임금, 바지 50벌 바느질할 때 받는 수당 등이 해당된다.

ⓒ 변동비율계획(Variable Ratio Schedule, VR)
- 요구되는 반응의 개수를 평균 횟수를 중심으로 강화하는 것으로, 매우 강력한 강화계획이다.

> **예**
> '평균 5번 반응에 강화한다(VR 5)'라고 정한다면, 두 번째 반응 뒤에 강화하고, 여덟 번째 반응 뒤에 강화한다. 세 번째 반응 뒤에 강화하고, 일곱 번째 반응 뒤에 강화한다.

- 반응 횟수가 길수록 강화 후 휴지가 길어지고, 고정비율계획(FR)보다는 휴지가 적게 일어나며 휴지기간도 짧다.
- 한 번의 반응으로 강화가 될 때는 휴지가 전혀 일어나지 않을 수 있다.

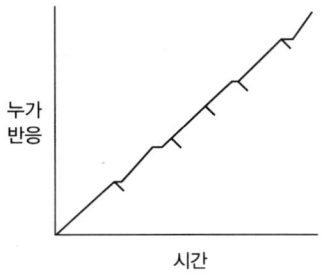

[변동비율계획 반응 그래프]

- VR이 동등한 수준의 고정비율계획(FR)보다 시간당 반응행동을 더 많이 유발한다.
- 영업사원이 제품을 팔 때 받는 수수료, 카지노도박이 해당된다.
- 강화 사이의 간격이 매우 짧으면 동물들은 변동비율계획을 선호하고, 이 간격이 길면 고정비율 계획을 선호한다.

ⓒ 고정간격계획(Fixed Interval Schedule, FI)
- 일정한 시간이 지난 후 처음으로 일어나는 학습된 행동에 강화를 하는 것이다.
- FI 5"(FI 5초)라고 할 때 맨 처음 비둘기가 원반을 쪼면 먹이(강화)를 준다. 그리고 다음 5초 동안은 원반을 쪼아도 먹이를 주지 않는다. 그러다가 5초가 끝나고 바로 원반 쪼기를 할 때 강화를 한다.
- 시간만 지나서 강화가 주어지는 것이 아니라 시간이 지나고 행동이 나타날 때 강화가 주어진다.
- 이 강화계획에서 강화 직후에는 반응이 나타나지 않다가 서서히 다시 반응비율이 증가된다.
- 고정된 시간이 끝나갈 때쯤이면 반응률이 매우 높아진다.
- FI의 반응 그래프는 부채꼴 모양으로 나타난다. 아무리 열심히 반응을 해도 일정 시간이 지나야 강화가 되기 때문에 동물은 강화가 오는 시간이 가까워져야 반응의 비율을 서서히 증가시켜 정해진 간격의 끝 무렵에 가까워지면 반응을 빨리, 꾸준히 하게 된다.

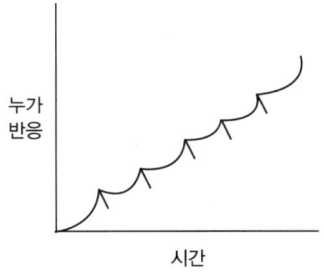

[고정간격계획 반응 그래프]

- 일상에서 오븐에 빵을 굽는 데 30분 정도가 걸린다면 이것은 FI의 경우가 된다. 그리고 빵이 익었는지(강화에 해당) 처음에는 자주 오븐을 열고 확인(반응에 해당)하겠지만 빵을 굽는 것이 익숙해진다면 30분에 거의 가까워지면 오븐을 자주 열어 익었는지 확인하게 될 것이다(부채꼴 모양의 그래프에 대한 이유가 됨).
- 학교 기말고사 기간이 다가오면 공부를 더 열심히, 자주 하는 것도 이러한 강화의 원리이다.

ㄹ. 변동간격계획(Variable Interval Schedule, VI)
  - 시간간격을 어떤 평균을 중심으로 하는 강화계획으로 VI 5"(VI 5초)라고 하면 3초 후에 강화, 7초 후에 강화하는 것이다.
  - 항공관제사가 레이더 화면을 보고 있는 것은 신호가 불규칙한 시간에 간격을 두고 나타나므로 VI계획에 따르는 것이다.
  - 변동간격계획은 고정간격계획보다 더 강화가 잘 되고 안정적인 실행속도를 만들지만 고정비율 계획이나 변동비율계획만큼 강화가 잘 되지는 않는다.

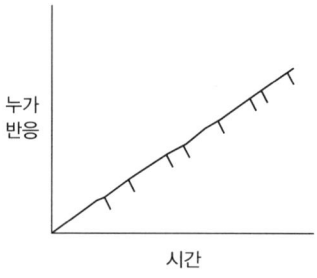

[변동간격계획 반응 그래프]

③ 소거
  ㄱ. 이전에 강화된 행동 다음에 강화물이 절대 따라오지 않음을 의미한다.
     학습한 행동이 더 이상 일어나지 않거나 훈련 전보다 덜 일어나면 소거되었다고 한다.
  ㄴ. 소거가 진정한 강화계획은 아니지만 고정비율계획으로 생각할 수 있다.
  ㄷ. 먹이강화물로 레버 누르기를 학습한 쥐에게 레버를 누른 후 먹이 공급을 끊어 버리자 레버 누르기 속도는 점진적으로 감소하였다.
  ㄹ. 소거의 전반적인 효과는 학습된 행동의 빈도를 감소시키는 것이다.
  ㅁ. 소거격발
     - 소거행동이 갑작스럽게 증가하는 것을 의미한다.
     - 실제적인 문제행동을 개선시키는 데 소거가 사용될 경우 상황을 더 악화시키기도 한다.
     - 장난감을 사달라고 요구하는 아이의 말을 무시하는 것이 소리 지르며 떼쓰기로 바뀔 가능성이 높다는 것이다.
     - 소거가 계속되면 소거격발 후 강화되었던 행동이 빠르고 안정적으로 감소되는 경우가 생긴다.
  ㅂ. 소거는 정서적 행동, 특히 공격성의 빈도를 증가시킬 때가 많다.

> **예**
> 레버를 눌러도 먹이가 더 이상 나오지 않게 되면 레버를 물어뜯는다. → 공격성이 다른 동물에게 향할 수 있다.

ⓢ 복귀
- 과거에 강화를 받았던 행동이 다시 나타나는 것이다.

> **예**
> 비둘기에게 원반 쪼기를 강화 → 원반 쪼기 소거 → 날개 퍼덕거리기 강화 → 날개 퍼덕거리기를 소거하자 원반을 쪼는 예상하지 못한 상황이 나타남

- 복귀는 퇴행을 이해하는 데 도움이 될 수 있다.

> **예**
> 남편이 아내에게 점잖게 요구를 하고 아내가 들어주지 않을 때 남편은 어린 시절 엄마에게 했던 화내기를 할 수 있다.

ⓞ 한 번의 회기로 소거를 하기 충분하지 않은 경우가 많다.
ⓩ 소거 후 재출현하는 행동이 강화를 받으면 그 비율이 확연히 올라간다.
ⓩ 행동은 대개 빨리 습득되고 서서히 소거된다.
ⓚ 소거가 이전에 받았던 강화효과를 완전히 지워버린다고 할 수 없다.
ⓔ 소거 시 반응이 감소하는 속도는 다양하다.
ⓟ 소거의 속도에 영향을 주는 요인
- 소거 이전에 그 행동에 강화받은 횟수
- 그 행동을 하는 데 드는 노력
- 훈련 시 제공된 강화물의 종류와 크기(노력이 많이 필요하면 소거가 빨리됨)
- 소거 이전에 유효했던 강화계획(변동비율계획은 강력함)

④ **기타 난순강화계획**
㉠ 수반적 강화계획 : 강화가 행동에 수반적으로 일어난다.
- 고정기간계획(Fixed Duration Schedule, FD) : 일정시간 동안 계속해서 일어나는 것에 강화가 수반된다.

> **예**
> 30분 동안 피아노 연습을 해야 하는 아이에게 그 시간 동안 연습을 했을 때 강화물을 주는 것이다.

- 변동기간계획(Variable Duration Schedule, VD) : 강화를 위해 수행하는 기간이 평균 시간을 중심으로 변화하는 것이다.

> **예**
> 아이가 피아노 연습을 할 때 항상 30분을 할 수 없기 때문에 연습을 시작하여 평균 30분이 되면 강화물을 주는 것이다.

※ 기간계획을 사용하는 부모들이 강화물을 충분히 제공하지 않는 경우가 많다. 내적 강화물이 강화효과를 내기에는 그 강도가 너무 약할 수 있다.

ⓒ 비수반적 강화계획(Non-Contingent Reinforcement Schedule, NCR) : 강화가 행동과 상관없이 일어난다.
- 고정시간계획(Fixed Time Schedule, FT) : 정해진 시간이 지나면 행동과 상관없이 강화물이 주어진다.

> **예**
> 비둘기가 원반을 쪼지 않아도 일정 시간이 지나면 먹이를 주는 것이다.

- 변동시간계획(Variable Time Schedule, VT) : 강화가 무슨 행동이 일어나는가와는 상관없이 불규칙한 간격을 두고 주기적으로 주어진다.

ⓒ 점진적 계획(Progressive Schedule)
- 점진적 비율계획(Progressive Ratio Schedule, PR) : 점진적 계획은 어떤 형식을 띠든 행동의 비율이 뚜렷하게 떨어지거나 완전히 멈출 때까지 계속된다. 그 지점을 '중단점'이라고 한다.

> **예**
> 쥐가 먹이를 받기 위해 누르는 레버의 수가 점진적으로 변하는 것이다. 처음에는 두 번 그 다음은 네 번, 여섯 번, 여덟 번 …과 같은 식이거나 혹은 두 번, 네 번, 여덟 번, 열여섯 번 …과 같이 늘어날 때마다 강화물을 제공하는 것이다.

⑤ 비율 늘리기(수반성 늘리기)
㉠ 쥐가 소량의 먹이를 먹기 위해 수백 번의 레버를 누르게 할 수 있는 것은 일종의 조성이다.
㉡ 처음부터 FR 1000(고정비율계획으로 1000번 눌러야 먹이를 줌)을 계획하고 행동을 조성하지 않는다.
㉢ 처음에는 연속강화계획(CRF)으로 시작한다. 이후 FR 3으로 안정된 반응을 만들고 이후에는 FR 5, FR 8, …, FR 50으로 점차 바꾸어 나간다.
㉣ 전문사기도박꾼들은 같이 노름을 하는 사람들이 처음에는 자주 이기게 해주고(연속적인 강화) 이후에 서서히 따는 횟수가 줄어들게 하여 도박중독으로 만든다.
㉤ 유익한 목적으로 자녀가 공부를 하는 것을 볼 때마다 강화를 주다가 점점 뜸하게 강화를 줄 수 있다.
㉥ 비율을 너무 급격히 늘리거나 줄이면 수행하려는 경향성이 붕괴되는데 이것을 '비율긴장'이라고 한다.

> **용어 설명**
> - **간헐적 강화** : 같은 행동에 대해서 강화가 어떤 경우에는 일어나고 어떤 경우에는 일어나지 않는 것
> - **강화 후 휴지** : 강화를 받은 이후에 나타나는 쉬는 시간(먹이 강화를 받은 쥐는 바로 레버를 누르지 않고 짧게 휴지기를 갖는다). '비율 전 휴지', '비율 간 휴지'라고도 함
> - **실행속도** : 강화를 받고 난 후 행동이 일단 다시 시작되었을 때 그 행동이 일어나는 속도

(2) 복합강화계획

① **다중계획(Multiple Schedule)** : 반응이 2개 이상의 단순강화계획의 통제 하에 있고 각 단순강화계획은 특정한 자극과 관련된다.

> 예
>
> MULT FI 10" VR 10계획이란 비둘기를 다중계획 하에 두면 빨간불이 켜지면 FI 10"에 따라 강화되고 노란불이 켜지면 VR 10계획에 따라 강화시키는 것이다.

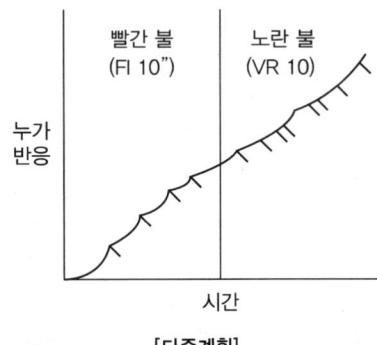

[다중계획]

어떤 자극이 시행 중인 강화계획의 변화를 알리면 비둘기의 반응비율과 패턴이 변화한다.

② **혼합계획(Mixed Schedule)** : 다중계획과 동일하지만 원판의 불빛은 한 가지라는 점이 다르다.

> 예
>
> MIX FI 10" VR 10계획 하에서 일정 시간은 FI 10"으로 강화하고 일정 기간은 VR 10으로 강화하는 것이다.

③ **연쇄계획(Chain Schedule)** : 여러 계획들을 순차적으로 진행하고 마지막 것이 완성되었을 때만 강화가 주어진다.

> 예
>
> CHAIN FR 10 FI 15" VR 20계획으로 비둘기를 강화시킨다고 한다면 원판이 빨간색일 때 10회 쪼기(FR 10) → 노란 불빛으로 바뀌게 되고 노란 원판은 FI 15"(고정간격 15분)계획으로 시행 → 이후 파란색으로 불빛이 바뀌고 파란색 원판을 VR 20(변동비율)으로 시행한다. 이 패턴으로 시행을 하고 마지막으로 정한 반응을 수행하면 그때 먹이를 제공한다.

④ **직렬계획(Tandem Schedule)** : 연쇄계획과 동일하며 불빛이나 버저 같은 뚜렷하게 변화되는 사건이 없다는 것만 다르다.

⑤ **협동계획(Cooperative Schedule)**
  ㉠ 두 마리의 비둘기에게 원반을 쪼게 하고 둘이 합쳐 20번을 쪼면 먹이를 받도록 할 수 있다. 각각의 비둘기가 쪼은 수와 상관없이 총합 20으로 강화를 할 수도 있고, 혹은 각각 10번씩 쪼았을 때 먹이를 줄 수 있다.

ⓒ 협동계획에서는 한 피험자가 받는 강화가 다른 피험자의 행동에 부분적으로 의존한다. 또한 두 개체만이 아니라 더 큰 집단에게도 시행이 가능하다.
ⓒ 이 강화는 한 그룹이 낸 전체 성과를 가지고 강화하기 때문에 일을 더 많이 하는 구성원과 적게 하는 구성원이 생기는 것이 흔한 결과이다.
⑥ **병립계획(Concurrent Schedule)**: 한 번에 2개 이상의 계획이 가용하며 선택을 수반하는 계획이다. 즉 비둘기가 VR 50에서 빨간 원판을 쪼고 VR 20에서 노란 원판을 쪼는 것을 선택할 수 있다. 아마도 이 경우 비둘기는 노란 원판을 쪼을 것이다.

(3) 부분강화효과

부분강화효과란 간헐적 강화로 유지된 행동이 연속강화로 유지된 행동보다 소거가 더 어렵다는 것이다. 따라서 이것은 현장에서 유용한 방법이 된다. 어떤 행동을 일단 확립시킨 다음 강화비율을 늘리는 것으로 소거에 더 저항적으로 만들 수 있다. 부분강화현상을 설명하는 다음 네 가지 가설이 이 효과를 설명해준다.

① **변별가설**
ⓐ 간헐적 강화 이후 소거하는 데 더 오랜 시간이 걸리는 이유가 소거와 연속강화를 구별하는 것보다 소거와 간헐적 강화를 구별하기 더 힘들기 때문이라는 것이다.
ⓑ 소거와 FR 1(한 번 반응에 강화하는 것이므로 연속강화를 의미)보다 FR 30(30번 반응에 강화)을 변별하는 데 더 오랜 시간이 걸리기 때문이다.

② **좌절가설**
ⓐ 이전에 받던 행동에 대한 비강화가 좌절을 준다고 주장한다. 좌절은 혐오적인 정서상태이므로 좌절을 감소시키는 행동은 무엇이든 강화적이라는 것이다.
ⓑ 연속강화는 좌절이 전혀 없기 때문에 소거가 일어나면 좌절이 많이 생기고 그 행동을 하지 않음으로써 좌절이 감소된다. 그러나 간헐적 강화의 경우 비강화의 기간(레버를 눌러도 먹이가 나오지 않는 것)이 이미 존재하고 그러한 비강화의 기간에도 쥐가 레버를 누르면 결국 먹이를 받게 된다. 따라서 좌절한 상태에서 레버를 누르는 것이 강화를 받는다는 것이다. 소거가 진행되면 좌절이 오지만 그것은 오히려 레버를 누르는 신호로 작용을 한다.

③ **순서가설**
ⓐ 연속강화 이후 소거가 신속하게 진행되는 이유는 수행을 하기 위한 중요한 단서인 먹이가 없기 때문이라는 것이다.
ⓑ 간헐적 강화의 경우 강화와 비강화의 연속적 순서가 레버를 누르게 한다. 즉 9번의 레버 누르기 후 10번째 누르기에 강화가 주어진다면 9번째까지 레버 누르기는 10번째 레버 누르기 반응의 신호가 되는 것이다.
ⓒ 강화의 부재에도 수행을 하는 이유는 과거 강화 이전에 항상 비강화된 레버 누르기가 길게 이어졌기 때문이다.

④ **좌절가설과 순서가설의 공통점과 차이점**
ⓐ 두 가설은 모두 소거가 능동적인 학습과정이라고 가정한다.
ⓑ 두 가설 모두 훈련 시 존재하는 자극들이 행동에 대한 단서가 된다고 가정한다.

ⓒ 좌절가설은 좌절이라는 생리적인 반응(유기체 내부)에서 단서를 찾는다.
ⓔ 순서가설은 강화와 비강화의 연속적 순서(외부환경)에서 그 단서를 찾는다.

⑤ 반응단위가설
㉠ 쥐들의 레버 누르기 실험에서 강화계획별 소거 시 반응 횟수

구분	FR 1	FR 2	FR 3	FR 4
반응 횟수	128	188	215	272.3
주장	128 ÷ 1 = 128	188 ÷ 2 = 94	215 ÷ 3 = 71.8	272.3 ÷ 4 = 68.1

ⓒ 이 주장은 반응단위를 각각의 레버를 누른 횟수로 보는 것이 아니라 FR 3이라면 세 번의 반응이 하나의 단위로 생각해야 한다는 것이다.
ⓒ 부분강화효과가 착각이라고 주장한다.
ⓔ 간헐적 강화를 받고 있는 행동은 소거에 대해 저항이 더 큰 것처럼 보이는 것은 우리가 강화를 위해 요구되는 반응단위를 고려하지 못했기 때문이라는 것이다.

(4) 강화계획에서 수행에 영향을 주는 요인

① 일반적 요인
㉠ 강화계획의 효과는 제공되는 강화물의 특징에 따라 달라지는데 학습자가 생각하는 '가치', '제시 속도', '강화의 지연'이 있다.
ⓒ 피험자가 더 원하는 강화물, 강화의 속도가 빠를수록, 지연이 짧을수록 효과적이었다.
ⓒ 노력이 적게 들어가는 활동을 더 선호하였다.
ⓔ 강화물의 양이 많을수록 더 효과적이었다.
ⓜ 개인의 동기수준이 중요한 요인이 되었는데 자신이 신경 쓰지 않는 영역일 경우 학습이 잘 일어나지 않았다.

② 행동운동량
㉠ 유기체의 운동량과 조작적 행동의 행동운동량 사이에 유사성이 있다.
ⓒ 높은 강화율과 연합된 행동은 방해하기가 어렵다.

> **예**
> 비둘기가 빨간 원판을 쪼는 반응에서 시간당 50번의 먹이를 제공받고, 노란 원판에서 20번의 먹이를 제공받는다면 비둘기는 빨간 원판을 더 빨리 쪼게 될 것이다. 이후 공짜로 먹이가 제공되는 기간을 두어 원판 색깔에 대한 반응을 방해한 후 다시 원판 색깔의 반응을 관찰하였을 때 노란색 원판의 쪼기 반응이 더 많이 감소하였다.

ⓒ 약물중독자가 치료 이후 집으로 돌아가서 다시 약물을 하게 되는 이유는 그 약물이 특정 변별자극(예 친구, 약과 연합된 다른 환경들)과 강하게 연합되어 그러한 환경에 있을 때 강한 운동량을 가지기 때문이다.

제3절 처벌

1 처벌

(1) 정의
   ① 처벌이라는 단어의 사전적 의미는 '형벌에 처함' 또는 벌을 의미한다.
   ② 강화는 행동의 결과로 인한 행동강도의 증가를 의미한다.
   ③ 처벌은 행동의 결과로 인한 행동강도의 감소를 의미한다.
   ④ **처벌로 분류되기 위한 절차의 특징**
      ㉠ 행동에는 결과가 있어야 한다.
      ㉡ 그 행동의 강도가 감소해야 한다.
      ㉢ 그 행동의 강도의 감소가 그 행동의 결과로 인한 것이어야 한다.
   ⑤ 손다이크와 스키너의 실험은 처벌이 일시적인 효과를 가져오지만 효과가 없다는 결론을 내렸다.
   ⑥ 이후 연구자들은 처벌받지 않는 특정행동에 제한되지 않는 행동의 일반적 감소를 '억압'이라고 표현하였다.
   ⑦ 이후의 연구들은 손다이크와 스키너가 처벌의 힘을 과소평가했다는 것을 보여주었다.

(2) 유형
   ① **정적 처벌**
      ㉠ 어떠한 자극이 나타남으로써 행동이 약화되거나 줄어드는 것이다.
      ㉡ 정적 처벌의 자극제로는 꾸중, 벌, 매, 질책, 구타 등이 포함된다.
      ㉢ 늦잠을 자는 아이에게 꾸중을 함으로써 행동을 감소시킨다면 정적 처벌에 해당한다.
   ② **부적 처벌**
      ㉠ 어떤 자극의 제거 혹은 그 강도의 감소에 의해 행동이 약화되는 것이다.
      ㉡ 벌금, 원하는 무언가(예 게임, TV 보기, 간식 등)를 제거하거나 감소시키는 것이다.
      ㉢ 부적 처벌은 무언가의 제거 혹은 감소를 의미하기 때문에 '벌금훈련'이라고도 부른다.
      ㉣ 게임을 많이 하는 아이에게 용돈을 깎는 것은 부적 처벌에 해당한다.
   ③ **강화 vs 처벌**

구분		행동의 강도	
		증가	감소
자극의 결과	자극 제시	정적 강화	정적 처벌
	자극 제거	부적 강화	부적 처벌

(3) 처벌의 효과성
① 처벌의 효과는 신속하게 나타나며, 단기적으로 효과가 있다.
② 어떤 행동 뒤에 처벌물이 규칙적이고 처음부터 충분한 강도로 일어나면 일반적으로 그 행동은 매우 빠르게 감소한다.
③ 제대로 사용되면 처벌은 유익한 효과를 낼 수 있다.
④ 자폐아동의 치료에 전기충격을 사용하여 긍정적인 결과를 만들기도 한다.

2 처벌에 영향을 주는 요인

(1) 수반성
① 쥐가 레버를 누를 때마다 전기충격이 가해진다면 레버 누르기와 전기충격 사이에 수반성이 있는 것이다.
② 레버를 누를 때나 누르지 않을 때나 전기충격을 받을 가능성이 비슷하다면 레버 누르기와 전기충격 사이에는 수반성이 없다.
③ 처벌의 효과성은 처벌적 사건이 그 행동에 얼마나 좌우되는가에 따라 달라진다.
④ 행동과 처벌적 사건 사이의 수반성이 클수록 행동은 더 빨리 변화한다.
⑤ 처벌이 일관되게 일어날수록 미래에 그 행동이 일어날 가능성이 낮아진다.

(2) 근접성
① 즉각적인 처벌이 목표행동에 작용할 가능성이 더 높다.
② 먹이 강화로 레버 누르기를 학습한 쥐들에게 레버를 누르면 전기충격을 가했을 때(집단1은 즉시, 집단2는 2초 뒤, 집단3은 30초 뒤 전기충격을 가함) 즉각적인 전기충격이 레버 누르기 억압효과가 컸다.
③ 초등학생의 과제 외 행동에 대해 즉각적 꾸중과 지연된 꾸중의 효과연구에 따르면 즉각 꾸중일 때만 효과가 있었다.
④ 행동과 결과 사이의 지연이 길수록 처벌 절차의 효과는 떨어진다.
⑤ 처벌을 효과적으로 사용하려면 행동과 그 결과 사이의 간극을 감소시켜야 한다.
⑥ 형법체계가 비효율적인 이유 중 하나는 범죄에 대한 처벌이 즉각적이지 않기 때문일 가능성이 높다.

(3) 처벌자극의 강도와 최초수준

① 처벌자극의 강도가 강할수록 처벌된 반응이 더 많이 감소한다.
② 강력한 처벌로 시작하는 것이 약한 처벌로 시작하여 강도를 증가시키는 것보다 효과적이다.
③ 처벌자극의 강도를 증가시키는 동안 처벌받을 행동이 지속되면 이후에는 처벌자극의 효력이 상실될 수 있다.

> **예**
> 음주운전에 대한 3진아웃 제도는 오히려 그 사람의 내성을 길러주는 것일 수 있다.

④ 처벌은 처음부터 행동을 억압할 만큼 충분히 강한 처벌자극을 가지고 시작하는 것을 목표로 잡아야 한다.
⑤ 처벌의 성공여부는 그 행동의 강화적 결과에 좌우한다.

> **예**
> 레버 누르기를 하면 시끄러운 소리(처벌자극)가 난다고 해도 먹이가 올 가능성이 있다면 쥐들은 레버를 누른다.

(4) 강화를 얻는 방법과 동기화조작

① 강화를 얻는 대안적인 수단이 있을 때 처벌이 원래 반응을 완전히 억압한다.
② 레버를 누르는 쥐에게 전기충격을 가해 처벌할 때 먹이를 얻을 수 있는 다른 수단이 있어야 처벌의 효과가 있었다.
③ 바람직하지 않은 행동을 처벌할 때 그 행동을 유지시켜 온 강화물을 얻을 수 있는 대안적 수단을 제공해야 효과적이다.
④ 처벌자극은 **동기화조작**인 확립조작을 수행함으로써 효과적일 수 있다.

> **예**
> 배가 고플 때 음식은 큰 강화물이 된다. 따라서 바람직하지 않은 행동이 음식으로 유지된다면 음식 박탈수준을 낮추는 것이 효과적일 수 있다.

⑤ 사회적 고립은 사람들에게 처벌의 효과를 주는데 최근 다른 사람들과 접촉하지 못했다면 사회적 접촉을 차단하는 것이 효과적인 처벌자극이 된다.

> **용어 설명**
> **동기화조작**: 결과의 효력을 변화시키는 모든 것. 결과의 효력을 증가시키는 것을 확립조작이라고 하며, 효력을 감소시키는 것을 제거조작이라고 함

3 처벌의 문제점과 대안

(1) 문제점
① 처벌은 공포나 분노 같은 여러 감정을 유발한다.
② 처벌된 행동뿐 아니라 때때로 모든 행동을 전반적으로 억압한다.
③ 실생활에서 처벌을 하려면 개인을 끊임없이 감시해야 한다.
④ 개인이 규칙을 교묘히 빠져나가거나 상황을 완전히 도피하려고 한다.
⑤ 주변의 누구에게나 공격성을 나타낼 수 있다.
⑥ 속이거나 거짓말을 함으로써 처벌을 피할 수 있다.
⑦ 처벌을 피하기 위해 자살을 택하기도 한다.
⑧ 처벌이 학대로 연결되기도 한다.
⑨ 처벌을 받은 사람이 처벌한 사람을 모방하기 쉽다.
⑩ 신체적 처벌이 행해지는 경우에 특히 문제가 생길 수 있다.

(2) 대안
① **반응방지** : 환경을 수정함으로써 그 행동이 일어나지 않도록 하는 것이다.
② **소거** : 행동을 증가시키는 강화물을 제거하는 것이 도움이 되지만 속도가 느리고 소거 격발이나 소거 시 공격행동이 나타나는 등 문제가 될 때가 자주 있다.
③ **과잉교정** : 대안적으로 좀 더 바람직한 행동을 여러 번 반복하도록 요구한다. 원래 했던 나쁜 행동보다 시간과 노력이 더 많이 들어간다.
④ **반응제지** : 위협하거나 파괴적인 행동에 대한 대안으로 문제행동을 하지 못하도록 물리적으로 제지하는 방법이다.
⑤ **차별강화**
　㉠ 대안행동 차별강화 : 원치 않는 행동에 대한 특정한 대안적인 행동이 강화를 받는다.

> **예**
> 숟가락으로 장난을 치는 아이의 행동을 무시하고 아이가 색칠공부를 하는 것에 관심을 표하는 것이다.

　㉡ 상반행동 차별강화 : 원치 않는 행동과 상반되는 행동의 비율을 증가시키면 원치 않는 행동의 비율은 저절로 감소된다.

> **예**
> 아이들이 교실 안을 돌아다니는 시간을 줄이는 방법은 앉아 있는 아이들을 칭찬하는 것이다.

ⓒ 저율 차별강화 : 어떤 행동을 완전히 제거하는 것이 아니라 합리적인 수준으로 그 비율을 낮추는 것이다. 처벌에 대한 이상적인 대안이 될 수 있다.

> **예**
> 아이가 똑같은 노래를 5분에 한 번씩 반복해서 부르고 있어서 듣고 있기가 힘들다면 그 노래를 10분에 한 번 할 때 칭찬을 하고, 15분, 20분으로 시간을 늘려가면서 칭찬하는 방법으로 견딜 수 있는 수준까지 비율을 낮추는 것이다.

ⓔ 자극포만 : 문제행동을 유지하는 강화물을 제거하는 것이 적당하지 않다면 강화물을 아주 많이 제공하여 효과를 잃게 하는 것이 가능할 수 있다. 이 기법은 강박적 사고를 치료하는 데 사용되기도 한다.

> **예**
> 자신의 병실에 수건을 몰래 숨기는 정신과 환자의 경우 매일 간호사들이 수건을 가져다주었고 처음에는 즐거워했지만 수건이 너무 많다고 불평하며 수건을 숨기는 행동이 사라졌다.

제4절 강화의 이론

1 정적 강화이론

(1) 헐의 추동감소이론

① 동물과 사람은 추동(Drives)이라는 동기상태 때문에 행동을 한다(Clark Hull, 1943).
② 헐은 추동이 모든 행동이라고 하였다. 예를 들어, 먹이가 박탈된 동물은 먹이를 획득하도록 추동된다. 어떤 추동은 물, 수면, 산소, 성적 자극의 박탈로 인해 일어난다.
③ 강화물이란 하나 이상의 추동을 감소시키는 자극이다.
④ 음식이나 물과 같은 일차강화물은 추동을 감소시킨다.
⑤ 헐은 이차강화물이 추동을 감소시키는 일차강화물과의 연합을 통해 강화력을 갖게 된다고 주장하였다.
⑥ **이론의 비판점**
  ㉠ 피드백, 칭찬, 돈, 상과 같은 이차강화물이 추동을 감소시킨다는 것을 설명하지 못한다.
  ㉡ 이차강화물로도 분류하기 힘든 강화물들이 있다.
  ㉢ 생리적 상태와 관련이 있는 것처럼 보이는 강화물들조차도 추동감소에 의존하지 않을 수 있다.
  ㉣ 추동을 감소시키지도 않으며 일차강화물과의 연합을 통해 강화적 속성을 얻는 것도 아닌 강화물이 너무 많다.

(2) 프리맥(Premack)원리(= 상대적 가치이론)
① 프리맥은 강화물이 일반적으로 자극으로 간주되지만 강화물을 행동으로 볼 수 있다고 생각하였다.
② 먹이의 제공이 강화물이지만 먹이를 먹는 행위도 강화물로 간주될 수 있다.
③ 어떤 행동은 다른 행동보다 일어날 가능성이 더 높다.

> **예**
> 기회가 주어진다면 쥐는 레버 누르기보다 먹는 행동을 할 가능성이 높다.

④ 특정 순간에 서로 다른 행동은 상대적으로 서로 다른 가치를 갖는다.
⑤ 하나의 행동이 다른 행동을 강화할 것인지를 알기 위해서는 그 행동들의 상대적 가치만 알면 된다.
⑥ 행동의 강화적 속성을 결정하는 것은 상대적 가치이다.
⑦ **이론의 비판점**
  ㉠ "그래, 됐어, 맞아"와 같은 이차강화물이 왜 강화적인지 설명하지 못한다.
  ㉡ 저확률행동을 수행하는 것을 금지했을 때 저확률행동이 고확률행동을 강화하였다.

(3) 반응박탈이론
① 프리맥원리를 변형한 이론으로 평형이론, 반응제한이론이라고도 불린다.
② 유기체가 어떤 행동을 정상적인 빈도로 하는 것을 금지당했을 때 그 행동은 강화력을 갖는다.
③ 어느 정도 빈번하게 일어나는 행동은 **기저수준(Baseline Level)**을 가지고 있다.
④ 어떤 행동이든 그것이 기저수준 아래로 떨어지면 그 행동을 할 수 있는 기회가 강화적일 것이라고 예언한다.

> **예**
> 물 마시기를 제한하여 물 마시기의 비율이 기저수준 아래로 떨어지게 되면 물 마시기가 강화력을 갖는다.

> **예**
> 쳇바퀴 돌리기를 못 하도록 제한하여 기저수준으로 떨어지면 쳇바퀴 돌리기가 강화력을 갖게 될 것이다.

⑤ 프리맥원리는 한 강화물에 대한 다른 강화물의 상대적 가치가 결정적이다.
⑥ 반응박탈이론은 어떤 행동은 유기체가 그 행동을 정상적인 수준으로 수행하는 것을 금지당한 정도만큼 강화력을 갖는다.
⑦ 이 이론 역시 "그래, 됐어, 맞아"와 같은 단어들이 갖는 강화력을 설명하는 데 문제가 있다.

> **용어 설명**
>
> **기저수준(Baseline Level)** : 어떠한 행동이 안정적으로 일어나는 비율
> 예 쥐에게 물을 마시거나 쳇바퀴를 마음대로 돌 수 있도록 하면 어느 정도 시간이 지난 후에 각 행동의 안정적인 비율이 확립됨

2 회피이론

(1) 회피행동
  ① 회피행동은 도피(Escape)와 회피로 구분하여 이해하는 것이 쉽다.
    ㉠ 도피란 혐오자극을 감소시키거나 제거하는 반응을 획득하는 것을 말한다. 어떤 사람을 만나면 기분이 상하기 때문에 모임에 나가지 않는다면 그것은 도피이다.
    ㉡ 현재 혐오자극이 존재하지는 않지만 미리 특정 행동을 함으로써 혐오자극이나 상황이 발생하지 않게 되는 경우를 회피라고 한다.
  ② 부적 강화에서는 어떤 자극의 제거가 뒤따를 때 그 행동이 증강된다. 그 자극이란 혐오적인 사건, 보통 도피하거나 회피하려고 하는 어떤 것을 의미한다.
  ③ 동물은 전기충격과 같은 혐오적 자극을 피하려는 행동을 하는 데 이것은 당연한 반응으로 혐오적인 자극으로부터 도피하는 것이 강화적이기 때문이다.

(2) 2과정이론
  ① 왕복상자에 개를 넣어두고 불빛이 꺼진 뒤 곧 전기충격을 주면 개는 장벽을 뛰어넘어 전기충격이 없는 칸으로 이동한다.
  ② 시행이 반복되면 개는 전기충격을 받기 전에 장벽을 뛰어넘는다. 즉 도피뿐 아니라 회피하기를 학습하는 것이다.
  ③ 파블로프식 학습과 조작적 학습이라는 두 종류의 학습경험이 회피학습에 관여한다고 말한다.
  ④ 전기충격을 받기 전에 뛰어넘는 것은 어두운 칸이 조건자극(CS)이 되어 그것으로부터의 도피에 의해 강화를 받는다는 것이다. 이 이론에 따르면 결국 회피는 없고 도피만 있는 것이다.
  ⑤ 신호가 없으면 회피학습도 없다.
  ⑥ 이론의 비판점
    ㉠ 이론에 따르면 CS가 혐오성을 잃게 되면 회피반응이 일어나지 않아야 하지만 회피반응이 지속되는 증거가 있다.
    ㉡ 회피훈련이 반복됨에 따라 CS가 점점 덜 두려운 것이 된다.
    ㉢ 이 이론에 따르면 회피행동이 학습되면 소거가 시작되어야 하지만 회피행동은 놀라울 정도로 지속적이다.

② 시드먼(Sidman)에 따르면 쥐는 전기충격에 선행하는 소리나 자극이 없어도 레버를 누름으로써 전기충격을 지연시킬 수 있었다(시드먼의 회피절차).

(3) 1과정이론
① 회피에 조작적 학습이라는 한 가지 요인만 관여한다고 주장한다.
② 도피행동과 회피행동 모두 혐오적 자극의 감소에 의해 강화받기 때문이다.
③ 전기충격에 더 적게 노출되는 것이 강화적이라는 것이다.
④ 전기충격을 회피하는 것을 학습한 동물이 전기충격이 오지 않아도 계속 장벽을 뛰어넘는 행동을 하는 이유는 그 행동이 전기충격을 피하게 하는 강화물로 작용하기 때문이다.
⑤ 따라서 이 이론에 따르면 회피행동을 중단시키는 방법은 그 행동이 일어나지 못 하도록 방지하는 것이다.

3 처벌의 이론

(1) 초기 이론들
① 처벌이 반응을 억압하는 이유는 혐오적 자극이 갖는 효과 때문이다.
② 전기충격으로 펄쩍 뛰는 행동은 레버 누르기와 양립 불가능하기 때문에 레버 누르기의 비율이 감소하는 것이다.
③ 스키너는 처벌된 행동이 정서적 반응에 의해 효과적이지만 단지 일시적으로 억압될 뿐이라고 하였다.
④ **처벌에 관한 연구에서 중요한 발견**
  ③ 충분히 강한 혐오자극을 사용하면 처벌의 효과가 그렇게 일시적이지 않다.
  ⓒ 처벌은 혐오자극보다 행동에 더 큰 억압효과를 낸다.
⑤ 행동에 수반적인 자극이 비수반적인 자극보다 조건억압(레버 누르기 멈춤)에 훨씬 효과적이라는 것을 설명하지 못한다.

(2) 2과정이론
① 회피이론과 유사하게 처벌에 파블로프식 절차와 조작적 절차가 모두 관여한다고 주장한다.
② 쥐가 레버를 누르면 전기충격을 받고 레버가 전기충격과 짝지어진다.
③ 레버는 조건자극(CS)이 되고 전기충격이 혐오스러우면 레버도 혐오스러운 것이 된다.
④ 이 이론은 어떤 반응이 처벌받는 반응과 근접한 것일수록 처벌이 그 반응을 그만큼 많이 감소시킬 것이라고 예측한다.
⑤ 따라서 원판 두 개를 오른쪽-왼쪽 순으로 쪼는 것을 학습한 비둘기에게 그 순서로 쪼을 때 전기충격을 주면 오른쪽은 쪼고 왼쪽은 쪼지 않아야 하지만 비둘기는 두 원판 모두 쪼지 않는다.
⑥ 2과정이론은 1과정이론에 밀리게 되었다.

(3) 1과정이론
① 이 이론은 회피이론과 유사하게 조작적 학습의 과정이 개입된다고 주장한다.
② 강화가 행동을 증강시키는 것과 같이 처벌은 행동을 약화시킨다.
③ 손다이크는 처벌이 강화의 거울상이라고 하였다.
④ 프리맥은 고확률행동이 저확률행동을 강화한다고 하였다. 역으로 저확률행동이 고확률행동을 처벌한다고 주장했다.
⑤ 배고픈 쥐를 달리게(저확률행동) 하려면 먹이(강화물)를 먹어야(고확률행동) 한다.
⑥ 배고픈 쥐가 먹은(고확률행동) 다음 달리기(저확률행동, 처벌자극)를 해야 한다면 쥐는 먹기를 덜 하게 된다.
⑦ 손다이크의 주장대로 처벌과 강화는 근본적으로 행동에 서로 대칭적인 효과를 낸다.

제5절 학습현장에서의 활용

1 일상에서 활용

(1) 가정
① 열악한 고아원의 환경에서 자란 아이는 양육자로부터 긍정적인 강화를 받기가 힘들어 정상적인 발달을 하지 못하는 경우가 많다.
② 조작적 학습은 정상적인 발달에 절대적으로 필요하다.
③ 언어
  ㉠ 언어행동을 조성하고 유지하는 것은 사회적 환경, 즉 다른 사람의 행동이다.
  ㉡ 아기들은 어떠한 언어도 닮지 않은 소리들을 내기 시작한다.
  ㉢ 부모들은 이 소리에 반응하고 아기에게 미소 짓고 쓰다듬고 언어로 대응하는 등 이차강화물을 제공하는데 이러한 천연적 강화는 대단히 강력하다.
  ㉣ 부모들은 이후 아이들의 특정소리들에 선택적으로 강화를 주고 그 소리가 부모의 언어와 닮을수록 더 많은 강화물을 제공한다.
  ㉤ 이러한 조성과정을 통해 부모는 아기들에게 초보적인 언어를 가르치는 것이다.
  ㉥ 일상생활에서 말하기를 학습하는 것은 말하기가 다른 행동보다 더 확실하게 강화를 초래했기 때문이다.
  ㉦ 부모로부터 언어에 관한 교습을 가장 많이 받은 유아들은 나중에 가장 잘 발달된 언어기술을 갖게 된다.

④ 자기통제
　㉠ 자기통제는 우리가 지금 어떤 것을 함으로써 나중의 행동에 영향을 미치는 경향을 말한다.
　㉡ 우리가 장기적으로 이익이 되는 어떤 일을 할 때 우리는 자기통제를 실시하고 있는 것이다.
　㉢ 어떤 사람이 적당히 술을 마시고, 시험공부 기간에 휴대폰을 멀리하고, 다이어트를 위해 식이조절을 하고, 담배를 끊는 행동을 하면 그 사람이 자기통제를 잘한다고 말한다.
　㉣ 자기통제를 잘하지 못하는 사람들이 의지력이 없거나 나약한 것이 아니라 교육을 받지 못한 것이다.
　㉤ 강화는 자기통제교육의 핵심이다.
⑤ 근면성
　㉠ 쉽게 포기하는 아이들과 포기할 줄 모르는 아이들 사이의 차이는 대체로 학습내력의 문제로 보인다.
　㉡ 곤경에 빠진 상황에서 끈질기게 노력하는 행동에 부모가 강화를 준다면 단념하지 않는 사람으로 성장하기 마련이다.
⑥ 자기지각
　㉠ 자기지각을 한다는 것은 자신의 행동을 관찰한다는 것이다.
　㉡ 자기지각은 우리가 더욱 효율적으로 행동할 수 있게 해준다.
　㉢ 배가 고프다는 아이에게 음식을 바로 제공한다면 음식은 아이가 자신의 상태를 정확하게 지각하는 것에 강화물로 작용할 것이다.
　㉣ 자기지각은 학습되는 것이다.
⑦ 무기력
　㉠ 학습된 무기력은 피할 수 없는 충격과 고통이 무기력을 가르치는 것으로 보인다는 것이다.
　㉡ 우울에 빠진 사람들은 대부분 고통을 감내하며 아무것도 하지 않는다.
　㉢ 무기력이 학습되는 것이라면 학습경험이 무기력을 예방할 수 있다.
　㉣ 고도의 노력과 끈기에 대한 강화를 주면 어려운 과제를 오랫동안 열심히 하는 경향이 증가한다(학습된 근면성).
　㉤ 경험은 우리에게 그만두기 또는 계속 애쓰기, 지쳐 쓰러지기, 혹은 계속 싸워나가기를 가르친다.
⑧ 조작적 학습원리는 배우자, 연인, 부모문제를 해결하는 데 도움이 된다.
⑨ 아이들의 원하는 행동, 원치 않는 행동을 개선시키는 데 효과가 있다.

(2) 학교
① 학습원리 특히 조성과 정적 강화의 사용은 학교를 학생들이 과제를 받아 해결에 성공하고 즐거운 생활을 하는 장소로 변화하게 만드는 한 가지 핵심적인 요소이다.
② 학생의 행동에 대해 꾸짖거나 벌을 주는 대신 인정과 칭찬, 관심을 보일 때 아이들의 행동이 개선되었으며 학업시간이 증가하였다.
③ 학생들의 실수를 무시하고 잘한 것에 초점을 맞추자 학생들의 수행이 크게 향상하였다.
④ 교사의 수업방식 변화(예 처벌 줄이기, 즉각적 긍정적 피드백, 인정, 칭찬 등)는 수학, 읽기 등에서 두 배 이상의 향상을 가져왔다.

⑤ 스키너는 단계적으로 단어를 익히게 하는 교수기계를 만들어 아이들에게 적용하였다. 현재 이 프로그램은 컴퓨터 개발로 실제 교육에 적용하고 있는데 이것은 조성의 방법을 활용한 효과적인 학습방법이 되었다.

(3) 직장
① 근로자에게 단순한 피드백을 주는 것만으로도 작업수행을 높일 수 있다.
② 직원을 감독하는 관리자를 대상으로 초과근무에 대한 정기적인 피드백과 초과근무가 감소하면 칭찬을 하고 증가하면 약한 꾸지람을 주자 초과근무수당 지급이 40% 감소하였다.
③ 업무능력에 근거한 피드백과 보너스를 제공하자 상당한 업무향상을 초래하였다.
④ 자신의 노력으로 인한 노무비의 감소에 근거하여 매주 보너스를 지급하자 근로자들은 더 많은 급여를 받았고, 회사는 노무비 감소의 결과를 만들어냈다.
⑤ 사고의 위험이 있는 현장근무자들에게 안전수칙을 지키는 그들의 행동을 관찰하여 매일 피드백을 주고 80% 이상의 안전수칙을 지키는 사람에게 휴식시간을 주자 안전수칙을 지키는 행동이 상당히 개선되었다.

(4) 동물원
① 동물원에 있는 동물들의 생활의 질을 향상시키고 수의학적 관리를 제공하는 데 조작적 학습원리가 많이 사용되고 있다.
② 야생동물들, 몸집이 크고 위험한 동물들을 수의학적으로 관리하는 일은 사육사와 그 동물 모두에게 위험한 일일 수 있다.
③ 행동조성의 방법으로 코끼리 발바닥의 굳은살을 제거하였다.
④ 야생동물들의 삶의 질을 향상시키기 위해 조작적 절차를 사용하였다. 먹이를 직접 주지 않고 우리 전체에 흩뿌려 놓자 곰은 야생에서 하는 것과 마찬가지로 나무둥치나 돌을 뒤집어 보고 나무 같은 것에 난 구멍들을 들여다보는 데 하루의 일부를 보냈다.
⑤ 정적 강화, 조성, 연쇄짓기는 오늘날 많은 동물전문조련사들과 사육사들이 당연한 것으로 사용하는 방법이 되었으며 사람뿐 아니라 동물들에게도 엄청난 혜택을 가져다주었다.

2 임상장면에서의 활용

(1) 자해행동
① 자폐증이나 지적장애와 같은 발달장애 아동들은 자기파괴적인 행동을 보인다.
② 자신을 때리는 소년에게 가벼운 전기충격을 주자 이 행동이 완전히 중지되었다.
③ 오랫동안 지속되어온 자해행동이 신체적 처벌에 의해 중단되거나 크게 감소될 수 있다.
④ 혐오자극이 통증은 일으키지만 상해를 입히는 것은 아니다.

⑤ 보상을 얻거나 하기 싫은 과제에서 벗어나기 위해 자해행동을 하기도 한다.
⑥ 덩굴 옻나무에 노출된 이후 3년간 긁기를 계속해온 소년의 행동이 부모의 관심을 받기 위한 것임을 알게 되었고 부모는 이러한 행동을 할 때 무시하는 방법과 재미없는 방에 들여보내는 타임아웃을 사용하여 피부를 긁을 때마다 강화적 활동들을 박탈함으로써 행동을 개선시키는 데 성공하였다.
⑦ 발달장애 아동뿐 아니라 정상 아동들의 자해행동은 조작적 절차로 빠르게 제거될 수 있다.

(2) 망상
① 망상으로 자신이 원하는 상대의 반응을 만들어낼 때 이러한 행동은 강화된다.
② 자신이 원하는 것을 표현하는 학습을 하고 난 이후 망상이 사라지게 되었다.
③ 망상적이지 않은 행동에 관심을 보이는 것으로 강화를 주자 망상이 줄었다.
④ 정신병적 행동이 전부 학습의 산물임을 의미하는 것은 아니지만 기질적 질병에서 생겨날 때조차도 그 결과들에 의해 수정될 수 있다.
⑤ 자신의 망상적 행동을 의심하는 표현에 강화를 주는 것으로도 망상이 줄어든다.

(3) 마비
① 부상당했던 팔을 사용하지 않는 원숭이에게 그 팔을 사용할 때 강화를 주는 것으로 팔의 사용을 회복시켰다.
② 뇌졸중 환자를 대상으로 제한적으로 사용하는 신체부위를 사용하도록 정상부위를 사용할 수 없게 하자 기능이 향상되었다.
③ 조작적 학습은 다발성경화증, 언어장애, 뇌성마비를 비롯한 다양한 재활문제에 적용하였다.
④ 또한 비만, 약물남용, 신경성식욕부진 및 뇌손상 등을 포함하여 다른 의학적 장애들과 연관된 행동 문제를 치료하는 데 유용한 것으로 알려졌다.

제 3 장 실전예상문제

※ 다음 내용을 참고하여 물음에 답하시오. [01~12]

실험상자에는 쥐가 누를 수 있는 레버가 설치되어 있다. 쥐가 레버를 누르면 먹이통에서 몇 개의 먹이 알갱이가 자동으로 접시에 떨어진다.

01 다음 설명 중 틀린 것은?

① 쥐가 레버를 누르는 것은 조작적 학습이라고 부른다.
② 행동이 결과에 따라 체계적으로 강해지거나 약해진다는 것을 알 수 있다.
③ 조건반응을 소거시키면 다시 나타나지 않는다.
④ 고전적 조건반응과 마찬가지로 획득이 점진적으로 일어난다.

01 새로이 형성된 반응에 강화물이 제공되지 않으면 이전에 강화받은 행동을 하는 복귀현상을 보인다.
② 쥐는 강화물에 상당한 통제력을 갖고 있다. 이는 조작적 학습의 중요한 특징이다.

02 위 연구에 대한 설명으로 틀린 것은?

① 피험동물의 반응률 변동을 바로바로 관찰할 수 있다.
② 자극, 반응, 강화물을 조작적 조건형성 수반성의 세 요소라 보았다.
③ 쥐는 강화물에 대한 통제력을 거의 갖지 못한다.
④ 자유조작적 절차로 설계되어 있다.

02 스키너의 연구에 대한 설명이다. 쥐는 강화물에 상당한 통제력을 갖고 있다. 이는 조작적 학습의 중요한 특징이다.
① 손다이크의 실험과의 차이점이다.
② 삼항수반성이라 부른다.

정답 01 ③ 02 ③

03 다음 사례에 대한 설명 중 **틀린** 것은?

> 아이가 쇼핑몰에서 악쓰고 울며 떼를 쓰고 있다. 같이 있는 부모는 행인들을 의식해 아이를 달래며 요구를 들어주겠다고 했다. 원하던 바를 이룬 아이는 그제야 울음을 그쳤다.

① 목표로 하는 행동들을 체계적으로 강화하는 절차이다.
② 전혀 일어나지 않은 행동 또한 강화가 가능하다.
③ 아이의 행동은 점점 심화될 것이다.
④ 학습에 적용시킬 수도 있다.

03 그 행동 또는 유사한 행동을 하고 있어야지 그 행동을 강화시킬 수 있다.
④ 칭찬을 통해 더 나은 학습을 하도록 유도할 수 있다.

04 연쇄짓기(Chaining)에 대한 설명으로 옳지 <u>않은</u> 것은?

① 동물이나 사람에게 행동연쇄를 수행하도록 훈련시키는 것을 말한다.
② 후향(역향)연쇄짓기와 전향(순향)연쇄짓기가 있다.
③ 학습된 연쇄행동에서의 행동은 일차강화물이 제거되면 사라진다.
④ 연쇄짓기는 자연적으로도 일어날 수 없다.

04 연쇄짓기는 조성과 마찬가지로 자연적으로도 일어날 수 있다.

05 조작적 학습에 영향을 주는 요인에 대한 설명으로 **틀린** 것은?

① 강화물의 크기나 양은 학습에 큰 문제가 되지 않는다.
② 결과가 지연되면 그 사이 다른 행동이 일어날 수 있어 강화에 방해가 된다.
③ 강화물이 제공되는 행동에 일관성이 있을수록 학습에 효과적이다.
④ 만족이 행동과 수반되거나 긴밀하게 뒤따를 때 행동이 증가한다.

05 다른 조건이 같다면 강화물의 크기가 클수록 빠른 학습이 일어난다.
② 행동과 결과의 근접성이 좋을수록 학습이 효과적이다.
③ 행동과 결과 사이의 상관 정도를 말하는 수반성을 말한다.

정답 03 ② 04 ④ 05 ①

06 ㄱ·ㄴ은 강화원리의 오류가 아니라 강화가 유기체행동의 유일한 결정요소가 아니라는 것을 보여주는 것이다.

06 다음 내용에 대한 설명으로 틀린 것은?

> ㄱ. 학습하는 과정에서 동물이 연구자가 강화한 적도, 예전에 학습한 적도 없는 행동을 보이는 경우가 있다. 또는 학습한 행동이 쉬운 것이었음에도 다시 하지 못하게 되기도 하였다. 이는 고정행위패턴으로 되돌아가려는 경향으로 향본능표류라 불린다.
> ㄴ. 우연히 한 다리를 들고 서 있던 비둘기가 먹이를 얻어먹는 경험을 한 후, 의식적으로 한 다리를 들고 있는 행동을 반복하게 되었다.

① ㄱ은 유기체가 가진 고유의 유전적 행동특징 때문이다.
② ㄴ의 이러한 미신적인 행동에 중요한 역할을 한 것은 우발적인 강화이다.
③ 유전적 영향과 학습된 영향은 어느 하나가 다른 하나를 늘 이기는 것은 아니다.
④ 이러한 현상들은 강화원리의 오류를 증명한다.

07 행동의 빈도가 높다는 것은 곧 행동의 강도가 증가한다는 것과 같은 뜻이다.

07 강화에 대한 설명 중 틀린 것은?
① 학습에서 강화란 결과에 따르는 행동의 강도를 증가시킨다는 의미이다.
② 행동이 어떤 결과를 낳아야 한다.
③ 그 행동의 빈도가 중요한 것이 아니다.
④ 강도의 증가가 행동의 결과로 인한 것이어야 한다.

정답 06 ④ 07 ③

08 정적 강화와 부적 강화에 대한 설명 중 틀린 것은?

① 정적 강화와 부적 강화 모두 행동의 강도를 증가시키는 것이다.
② 정적 강화와 부적 강화는 독립적으로 일어나며 보통 같이 일어나지 않는다.
③ 상황에 따라 정적 강화물이 부적 강화물이 되기도 혹은 반대일 수도 있다.
④ 정적 강화물은 칭찬, 인정 등이며 부적 강화물은 체벌, 벌금 등이 있다.

08 현실에서 정적 강화와 부적 강화가 독립적으로만 일어나지 않으며 같이 일어나는 일이 흔하다. 둘을 구분하기가 불가능한 경우도 있다.
④ 일반적으로 정적 강화물은 유기체가 선호하는 것이며 부적 강화물은 불쾌한 상황을 만드는 것들이다.

09 다음 중 연결이 올바른 것은?

```
ㄱ. 음식, 잠
ㄴ. 칭찬, 박수
ㄷ. 활동, 성적 자극
ㄹ. 물, 더위로부터 회피
ㅁ. 레버 누르기, 박수
```

	일차강화물	이차강화물
①	ㄱ, ㄴ	ㄷ, ㄹ, ㅁ
②	ㄴ, ㄹ	ㄱ, ㄷ, ㅁ
③	ㄱ, ㄷ, ㄹ	ㄴ, ㅁ
④	ㄴ, ㄷ, ㅁ	ㄱ, ㄹ

09 • 일차강화물은 선천적으로 효과가 있는 것으로 보이는 것으로 학습경험에 의존하지 않는 강화물이다.
• 이차강화물은 선천적인 것이 아니라 학습에 의존하는 강화물이다.

정답 08 ② 09 ③

10 두 강화물의 특징에 대한 설명으로 틀린 것은?

① 일차강화물은 모두 효과가 오래 지속된다.
② 일차강화물은 선천적으로 효과가 있는 강화물이다.
③ 이차강화물은 학습에 의존하는 강화물이다.
④ 이차강화물은 다른 강화물들과 짝지어짐으로써 강화력을 획득한다.

10 일부 일차강화물은 효과가 빨리 상실되는데 이를 물림이라 한다. 예를 들어 배고픔이 사라지는 경우 음식의 효과는 금세 사라지게 된다. 효과가 없어지는 시점이 물리는 시점이다.

11 다음 중 연결이 올바른 것은?

ㄱ. 시험에서 등수가 3번째 안에 들면 장학금을 준다.
ㄴ. 운동을 하면 개운하다.
ㄷ. 커피를 마시면 잠이 깬다.
ㄹ. 성과에 따라 인센티브를 포함하여 월급을 지급한다.

	인위적 강화물	자연적 강화물
①	ㄱ, ㄴ	ㄷ, ㄹ
②	ㄱ, ㄹ	ㄴ, ㄷ
③	ㄴ, ㄹ	ㄱ, ㄷ
④	ㄷ, ㄹ	ㄱ, ㄴ

11
- 자연적 강화물은 어떤 행동을 했을 때 자연적으로 생겨나는 강화물이다.
- 인위적 강화물은 어떤 행동을 수정시킬 목적으로 만들어지는 강화물이다.

※ 제시된 내용과 관련된 강화계획을 고르시오. [12~13]

12

- 어떤 행동이 일어날 때마다 강화를 한다.
- 새로운 행동을 조성할 때 유용하다.
- 자연환경에서 나타나기 어렵다.

① 고정비율계획
② 연속강화계획
③ 고정간격계획
④ 변동비율계획

12
- 연속강화계획: 어떤 행동이 일어날 때마다 강화를 하는 것이다.
- 고정비율계획: 정해진 수만큼 반응이 일어난 후에 강화가 주어지는 것이다.
- 고정간격계획: 일정한 시간이 지난 후 처음으로 일어나는 학습된 행동에 강화를 하는 것이다.
- 변동비율계획: 요구되는 반응의 개수를 평균 횟수를 중심으로 강화하는 것이다. 매우 강력한 강화계획이다.

정답 10 ① 11 ② 12 ②

13

> - 요구되는 반응의 개수를 평균횟수를 중심으로 강화한다.
> - 반응횟수가 길수록 강화 후 휴지가 길다.
> - 영업사원의 인센티브, 카지노의 도박 등이 해당된다.
> - 매우 강력한 강화계획이다.

① 고정비율계획
② 연속강화계획
③ 고정간격계획
④ 변동비율계획

14 강화계획에서 수행에 영향을 주는 요인들에 대한 설명 중 틀린 것은?

① 학습자가 생각하는 가치, 제시 속도, 강화의 지연으로 효과가 달라진다.
② 강화물의 양이 많을수록 효과적이었다.
③ 일반적으로 들어가는 노력의 양은 크게 영향을 미치지 않는다.
④ 약물중독자의 주변은 약과 가까운 환경들로 강하게 연합되어 있어서 중독을 떨치기 더욱 어렵다.

15 처벌에 대한 설명 중 틀린 것은?

① 처벌은 행동의 결과로 인한 행동강도의 감소이다.
② 처벌은 일시적인 효과는 있지만 장기적으로 볼 때는 그렇지 못하다.
③ 정적 처벌은 어떠한 자극이 나타남으로 행동이 약화되는 것이다.
④ 부적 처벌로 꾸중, 벌, 매 등이 있다.

13 변동비율계획에 대한 내용이다.

14 일반적으로 적은 노력의 활동을 더욱 선호하는 편이다.

15 ④는 정적 처벌의 예이다. 부적 처벌은 어떤 자극의 제거 혹은 그 강도의 감소에 의해 행동이 약화되는 것이다. 예로는 벌금, TV 시청 금지 등이 있다.

정답 13 ④ 14 ③ 15 ④

16 행동의 강화적 속성을 결정하는 것은 상대적 가치이다.

16 상대적 가치이론에 대한 설명 중 <u>틀린</u> 것은?
① 행동을 강화물로 볼 수 있다고 주장했다.
② 더 일어날 법한 행동이 덜 일어날 법한 행동을 강화한다.
③ 행동의 강화적 속성을 결정하는 것은 절대적 가치이다.
④ 행동의 가치를 알면 다른 행동을 강화할 것인지 알 수 있다.

17 부적 강화는 불쾌자극을 제거하여 바람직한 반응의 확률을 높인다.
① 유쾌자극을 부여하여 바람직한 반응의 확률을 높인다.
③ 불쾌자극을 부여하여 바람직하지 못한 반응의 확률을 감소시킨다.
④ 유쾌자극을 제거하여 바람직하지 못한 반응의 확률을 감소시킨다.

17 어머니의 잔소리를 피하기 위해 방청소를 하는 것은 조작적 조건형성에서 무엇에 해당되는가?
① 정적 강화
② 부적 강화
③ 정적 처벌
④ 부적 처벌

18 부분강화는 간헐강화라고도 하며 반응행동이 있을 때마다 강화를 주는 것이 아니라 불규칙적으로 강화를 주는 것을 의미한다. 이 경우 반응행동이 생성되면 반응률이 높게 유지되며, 지속성도 높다. 도박에 빠져들면 이러한 부분강화효과가 나타나기 때문에 소거가 어렵다.

18 한 번 도박에 빠지면 그만두기 어려운 이유를 학습원리로 가장 적절하게 설명한 것은?
① 너무나 큰 정적 강화를 제공하기 때문에
② 부분강화효과 때문에
③ 보상에 비해 처벌이 적기 때문에
④ 현실도피라는 부적 강화를 제공하기 때문에

정답 16 ③ 17 ② 18 ②

19 정적 강화를 설명하는 추동감소이론에 대한 설명으로 **틀린** 것은?

① 동물과 사람은 추동(Drives)이라는 동기상태 때문에 행동을 한다고 가정한다.
② 강화물이란 하나 이상의 추동을 감소시키는 자극이다.
③ 피드백, 칭찬, 돈, 상과 같은 이차강화물은 추동을 감소시킨다는 것을 설명하지 못한다.
④ 헐은 일차강화물이 추동을 감소시키는 이차강화물과의 연합을 통해 강화력을 갖게 된다고 주장하였다.

19 헐은 이차강화물이 추동을 감소시키는 일차강화물과의 연합을 통해 강화력을 갖게 된다고 주장하였다.

20 회피이론에 대한 설명으로 **틀린** 것은?

① 2과정이론에서는 파블로프식 학습경험만이 회피학습에 관여한다고 주장한다.
② 1과정이론에서는 회피에 조작적 학습이라는 한 가지 요인만 관여한다고 주장한다.
③ 2과정이론에 따르면 회피는 없고 도피만 있는 것이다.
④ 1과정이론에서는 도피행동과 회피행동 모두 혐오적 자극의 감소에 의해 강화받는다고 하였다.

20 2과정이론에서는 파블로프식 학습과 조작적 학습이라는 두 종류의 학습경험이 회피학습에 관여한다고 말한다.

정답 19 ④ 20 ①

주관식 문제

01 조작적 조건형성에 대해 설명하시오.

01
[정답] 조작적 조건형성에서 개체의 반응은 그 결과에 따라서 계속 그런 반응이 일어날 지, 더 이상 그런 반응이 나타나지 않을 지가 결정된다. 어떤 반응의 결과로 보상이 주어지면 이후에 그런 반응이 일어날 가능성이 증가하고, 반대로 반응 이후에 보상이 없든지 처벌이 가해지면 다음에 그 반응을 할 가능성이 줄어든다는 것이다. 쥐가 먹이를 얻기 위해 레버를 누르는 것과 같은 행동은 일반적으로 중요한 결과를 일으키는 도구적인 역할을 하기 때문에 스키너는 결과를 통해 행동이 증가되거나 약화되는 이러한 학습을 '조작적 학습(조작적 조건형성)' 또는 '도구적 학습(도구적 조건형성)'이라고 하였다.

02 프리맥원리에 대해 설명하시오.

02
[정답] 어떤 행동들의 강화값을 결정하는 것은 그것들의 상대적 가치이다. 한 사건이 강화적 속성을 갖는 이유는 유기체가 선호하는 행동을 할 수 있는 기회를 제공하기 때문이며, 어떤 두 반응 중 더 일어남직한(고확률) 행동이 덜 일어남직한(저확률) 행동을 강화한다. 예를 들어, 사탕보다 게임을 더 좋아하는 아이들에게 사탕을 먹어야 게임을 할 수 있게 한다면 사탕먹기행동(저확률행동)이 증가한다는 것이다.

03 정적 처벌과 부적 처벌을 비교하시오.

03
정답 처벌은 바람직하지 않은 행동을 감소시키는 것이다. 정적 처벌은 어떠한 자극의 나타남으로써 행동이 약화되거나 줄어드는 것이다. 정적 처벌의 자극제로는 꾸중, 벌, 매, 질책, 구타 등이 포함된다. 부적 처벌은 어떤 자극의 제거 혹은 그 강도의 감소에 의해 행동이 약화되는 것이다. 벌금, 원하는 무언가(게임, TV 보기, 간식 등)를 제거하거나 감소시키는 것이 여기에 해당한다.

04 이차강화물에 대해 설명하시오.

04
정답 이차강화물은 선천적인 것이 아니라 학습에 의존하는 강화물이다. 칭찬, 인정, 미소, 박수 등이 해당되는데 보통 다른 강화물들과 짝지어짐으로써 강화력을 획득한다.
이차강화물은 보통 일차강화물보다 오랜 시간 효과적이다. 일차강화물은 그것이 필요한 상황에서 효과적(배고플 때 음식이 효과적)이지만 이차강화물은 상황과 상관없이 강화적일 수 있다. 그러나 일반적으로 일차강화물보다 강화력이 다소 약할 수 있다.

합격의 공식 시대에듀

지식에 대한 투자가 가장 이윤이 많이 남는 법이다.

– 벤자민 프랭클린 –

제 4 장

관찰학습

제1절	관찰학습과 모방
제2절	관찰학습의 이론
제3절	관찰학습의 활용
실전예상문제	

행운이란 100%의 노력 뒤에 남는 것이다.
― 랭스턴 콜먼 ―

보다 깊이 있는 학습을 원하는 수험생들을 위한
시대에듀의 동영상 강의가 준비되어 있습니다.
www.sdedu.co.kr → 회원가입(로그인) → 강의 살펴보기

제4장 관찰학습

[학습목표]
스티븐스의 멱함수 법칙(Stevens' power law)이란 감각 자극과 감각 경험 간의 관계가 멱함수(power function, 지수 함수)로 표시된다는 것을 말한다. 감각의 종류에 따라 멱함수의 계수와 지수가 다르다. 이 법칙은 페흐너(Fechner)의 법칙을 포함하여 더 다양한 종류의 감각 경험을 설명하는 장점이 있다. 뉴웰과 로젠블룸(Newell & Rosenbloom)은 기억 수행이 연습의 멱함수로 향상된다는 현상에 대해 학습의 멱함수 법칙이라고 불렀다.

제1절 관찰학습과 모방

1 관찰학습의 역사적 배경

(1) 관찰학습 연구의 시작
① 인간이 타인의 행동을 보며 학습한다는 믿음은 플라톤과 아리스토텔레스 시대에도 존재했다.
② 고대 그리스 시대 교육은 최고의 모델을 관찰학습함으로써 따라가도록 하는 것이었다.
③ 인간에게 타인의 행동을 따라하려는 선천적 경향이 있다는 믿음이 있었던 것이다.
④ 손다이크(Thorndike)는 처음으로 관찰학습을 실험하였다.

> **손다이크의 관찰학습 실험**
> - 실험방법
>   - 퍼즐상자 탈출을 학습한 A고양이를 퍼즐상자에 넣는다.
>   - 일반 다른 B고양이를 근처 우리에 넣어 퍼즐상자 안의 A고양이가 탈출하는 것을 관찰하도록 한다.
>   - B고양이를 퍼즐상자에 넣는다.
> - 실험결과
>   - B고양이는 퍼즐상자를 탈출하지 못한다.
>   - A고양이가 학습했던 것처럼 탈출하는 학습을 하기까지 여러 시행착오를 거쳤다.
> - 다른 동물에 적용
>   병아리, 개, 원숭이에게 추가로 시도했으나 관찰학습은 일어나지 않았다.
> - 실험의 결론
>   다른 동물이 행동하는 것을 보는 것만으로 그것을 학습할 수 있는 능력을 가졌다는 가설은 지지되지 않았다.

⑤ 왓슨(Watson)도 원숭이를 이용해 손다이크의 연구를 반복 확인했지만 관찰학습을 발견하지 못하였다.
⑥ 손다이크와 왓슨은 학습이 오직 직접경험에 의해서만 일어날 뿐 대리경험에 의해 일어나지 않는다고 결론지었다.
⑦ 학습은 개인이 환경과 상호작용한 결과로 발생한 것이며, 타인의 상호작용을 관찰한 결과로는 발생하지 않는다.

(2) 밀러와 달라드(Miller & Dollard)의 사회적 학습과 모방
① 밀러와 달라드는 손다이크와 왓슨과 같이 관찰학습이 타고 난다는 입장에 반대했다.
② 그러나 손다이크와 왓슨과 달리 유기체가 다른 유기체를 관찰함으로써 학습할 수 있다고 생각했다.
③ 모방 행동이 강화된다면 다른 많은 종류의 행동과 같이 강해질 것이라고 생각하며 조작적 조건형성의 한 형태라고 가정하였다.
④ 밀러와 달라드(1941)의 모방 행동의 범주
　㉠ 동일 행동(same behavior)
　　• 둘 이상의 사람들이 같은 상황에서 같은 방식으로 반응할 때 일어난다.
　　• 콘서트가 끝나면 많은 사람들이 박수를 치고 다른 사람들이 자리에서 일어나 환호를 하면 같이 한다.
　　• 동일 행동을 하는 사람들은 특정 자극이 주어졌을 때 특정한 방식으로 반응하는 것을 독립적으로 배운다.
　　• 그들의 행동은 그 자극이 주어지게 되었을 때 혹은 그와 비슷한 자극이 일어날 때 동시에 유발된다.
　㉡ 복사/모사 행동(coping behavior)
　　• 어떤 사람의 행동이 다른 사람에 의해 안내받는 것이다.
　　• 그림을 그리려는 학생에게 안내를 해주고 올바른 피드백을 제공하는 것과 같은 것이다.
　　• 복사 행동은 마지막에 '복사된' 반응이 강화되고 이로써 강해지게 된다.
　㉢ 맞춤(배합)-의존 행동(matched-dependent behavior)
　　• 관찰자는 모델의 행동을 맹목적으로 반복하는 것을 강화받는 경우이다.
　　• 맞춤-의존 행동은 친숙하지 않은 상황에서 어른들의 행동 특성에서 나타난다.
　　• 다른 문화권에 갔을 때 어떤 행동이 올바른지 정확히 알지 못한다면 주변의 다른 사람들 행동을 관찰하고 따라 하게 된다.
⑤ 모방 자체가 습관이 될 수 있다고 주장하였다.
⑥ 한 명 이상의 사람들을 모방하는 학습된 경향성을 일반화된 모방(generalized imitation)이라고 한다.
⑦ 모델의 역할은 적절한 반응이 형성될 때까지 관찰자의 반응을 안내해 주거나 또는 관찰자에게 어떠한 반응이 특정 상황에서 강화될지를 보여주는 것이었다.
⑧ 만약 모방행동이 강화받지 못한다면 이는 더 이상 발생하지 않을 것이다.

⑨ 밀러와 달라드도 손다이크와 왓슨처럼 유기체가 관찰만으로는 학습하지 못한다는 동일한 결과를 확인하였다.
⑩ 밀러와 달라드의 연구는 모방 학습에 대한 선천적이고 생득적인 기존의 설명과 달리 엄격하게 이로어진 실험 연구로 지지되었다.

(3) 스키너(Skinner) 학파의 관찰학습
① 스키너 학파의 관찰학습에 대해 설명하는 방식은 밀러와 달라드의 접근과 유사하다.
② 관찰학습의 과정은 '모델의 행동 관찰 → 모델 행동 따라하기 → 반응의 강화'로 진행된다는 것이다.
③ 이러한 방식을 통해 학습이 일어나면 환경에서 나타나는 어떤 종류의 강화 스케줄에 따라 이 반응이 유지된다.
④ 조작적 연구에 따르면 모델의 행동은 변별 자극이 된다는 것이다. 따라서 모방은 변별 조작에 불과하다는 것이다.

(4) 동물들의 관찰학습
① 최근의 연구는 인간 외의 다른 동물들이 같은 종의 다른 동물을 관찰하는 것으로 복잡한 학습을 할 수 있고, 강화가 없이도 가능하다는 것을 보여준다.
② 조작적 조건화가 된 시범 닭이 먹이를 받기 위해 버튼을 쪼는 것을 본 관찰 닭은 실험 상황에 놓이자 먹이를 받을 수 있는 조작 버튼을 더 많이 쪼았다(Nicol & Pope, 1993).
③ 관찰 메추라기는 시범 메추라기가 보이는 강화받은 행동은 모방하지만 강화를 받지 않은 행동은 모방하지 않았다(Akins & Zentall, 1998).
④ 먹이를 받기 위해 지렛대를 누르는 행동을 강화받은 시범 쥐의 행동을 관찰 쥐가 모방하고 지렛대를 누르는 경향이 있었다(Heyes & Dawson, 1990).
⑤ 메추라기는 관찰과 수행 간의 30분의 지연이 있을 때도 관찰된 반응을 수행하였다(Dorrance & Zentall, 2001).
⑥ 메추라기가 시범자의 행동을 머릿속에 인지적으로 표상할 수 있음을 알 수 있다.
⑦ 인간이 아닌 동물들도 관찰을 통해 단지 시범자의 행동을 따라 하는 것이 아니라 문제 해결의 원리를 배울 수 있다.
⑧ 인간이 특정한 행동을 하는 모습을 관찰한 침팬지도 동일한 행동을 할 수 있다.
⑨ 인간 외의 동물이 보이는 관찰학습은 복잡한 현상이며 단순한 반사적 반응이나 단순한 모방이 아니라는 결론을 내릴 수 있다.

(5) 모방
① **사회적 관찰학습**
   ㉠ 능동적 모델 유형이라고 부를 수 있으며 전통적으로 관찰학습으로 간주되어 온 것을 가리킨다.
   ㉡ 손다이크의 실험들이 이 유형에 속한다.
   ㉢ 일반적으로 다른 개체의 행동에 대한 관찰과 그 모델의 행동의 결과가 관여한다.

② **비사회적 관찰학습**
  ㉠ 모델이 없는 상태에서 관찰된 사건으로부터의 학습으로 이루어진다.
  ㉡ 모델이 없기 때문에 대리 강화나 대리 처벌이 있을 수 없지만 관찰자의 행동은 어떤 사건의 결과에 영향을 받는다.
  ㉢ 매트를 당기면 장난감이 가까이 올 수 있도록 숨겨진 도르래를 이용해 매트를 움직이게 하고 이것을 유아들(14~26개월)이 보게 했을 때 모델이 직접 보여주지 않아도 매트를 필요한 방향으로 움직여서 장난감을 가질 수 있었다.
  ㉣ 문제를 해결하는 데 걸린 시간은 비사회적 관찰이 모델을 관찰하는 것만큼 효과적이었다.

③ **모방**
  ㉠ 모방을 한다는 것은 모델의 행동을 닮은 방식으로 행동하는 것이다.
  ㉡ 사회적 관찰학습과 비사회적 관찰학습에 따르면 모방하기는 '모델이 있거나 없거나 상관없이 관찰된 행위를 수행하기'라고 정의할 수 있다.
  ㉢ 관찰자는 강화적 결과가 산출되지 않는 행위를 모방하기도 한다.
  ㉣ 과잉모방은 결과에 영향을 주지 않는 무관한 행동을 모방하는 경향성을 의미한다.
  ㉤ 과잉모방 실험

> • 과정
> 연구자들은 아이들에게 불필요한 행동을 찾아내는 훈련을 시킨다. → 연구자들은 새로운 문제에 대한 해결책을 보여주기 전에 아이들에게 그런 무관한 행동을 하지 말도록 강하게 이야기한다(예를 들어, "상자를 열 때 내가 깃털로 상자를 두드리는 바보 같은 짓을 할지도 모르는데 너는 아주 열심히 잘 해야 한다"). → 실험자는 깃털로 상자를 두드리고(불필요한 행동) 상자를 여는 것을 보여준다. → 실험자는 방을 나가면서 아이들에게 "쓸데없는 행동은 하지 말아야 한다는 것을 명심하고 네가 꼭 해야 할 일만 하는 거야"라고 말을 한다.
> • 결과
> 실험자의 노력에도 불구하고 아이들의 절반은 실험자가 했던 쓸데없는 행동(깃털로 상자 두드리기)을 수행했다.

  ㉥ 5세의 아동이 3세의 아동보다 과잉모방을 할 가능성이 더 높은 것으로 나타났는데 과잉모방은 성인기까지 꾸준히 증가한다.
  ㉦ 다른 영장류는 인간보다 무관한 행동을 모방하는 경향이 더 적다.
  ㉧ 인간의 과잉모방 경향성에 대한 이유는 과잉모방이 진정한 관찰학습 능력 이전에 진화했다는 것이고 다른 이유는 과잉모방 경향은 학습이 된다는 것이다.
  ㉨ 과잉모방은 새로운 관행이 사회 전체에 퍼져나가는 것을 촉진해서 그 사회가 생존할 확률을 높여 주기 때문에 진화했다고 주장한다.
  ㉩ 한 모방 행동을 강화하게 되면 다른 모방 행동의 수행도 증가하게 되는데 이것을 모방 일반화라고 한다.
    • 실험에 따르면 정신분열증 아동에게 영어 단어를 정확히 모방하는 것을 강화하자 수행이 향상됨에 따라 노르웨이어 단어들을 정확히 모방하는 것도 증가하는 것이 발견되었다.

2 관찰학습

(1) 반두라의 관찰학습 연구
① 이전까지는 모방과 관찰학습을 동일한 의미로 사용해 왔다.
② 반두라는 모방과 관찰학습의 개념을 구분하였다.
③ 관찰학습은 모델의 행동을 그대로 모방할 수도 있고 모방하지 않을 수도 있다.
④ 학습된 것은 정보이며 이것은 인지적으로 처리되고 관찰자에게 유리한 방식으로 적용된다.

> **예**
> 자전거를 타고 가다가 급경사 길에서 넘어지는 사람을 본다면 관찰자는 자전거를 타지 않고 그 길에서 자전거를 끌고 갈 수 있다.

⑤ 관찰학습은 대부분 다른 사람의 행동을 흉내 내는 단순한 모방보다 훨씬 복잡하다.
⑥ 반두라의 이론은 본질적으로 인지적인 접근을 취하고 있으며, 강화이론이 아니다.
⑦ **경험적 관찰**
　㉠ 반두라의 이론에서 모델은 사람, 영상, 시범 보여주기, 그림, 지시 등과 같은 정보이다.
　㉡ 반두라의 보보인형 실험

> - **모델**: 인형에게 공격하는 행동의 영상
>   - A집단: 모델이 공격적인 행동을 한 것에 대해 강화 받는 것을 봄
>   - B집단: 모델이 처벌 받는 것을 봄
>   - C집단: 모델이 강화나 처벌 중 어느 것도 받지 않는 중립 집단을 봄
> - **실험내용**: 각 세 집단에 아동들이 노출되었을 때 보이는 아동들의 공격성을 측정함
> - **결과**:
>   - A집단의 아동들이 가장 높은 수준의 공격성을 보임
>   - B집단의 아동들이 가장 낮은 정도의 공격성을 보임
>   - C집단의 아동들은 중간 정도의 공격성을 보임
> - **결론**: 아동들은 간접적 또는 대리적 경험에 의해 영향을 받는다는 것이다. 즉, 다른 사람의 경험을 관찰하는 것이 행동에 영향을 준다.
>   - A집단의 아동들은 대리강화를 경험하였다.
>   - B집단의 아동들은 대리처벌을 경험하였다.

　㉢ 보보실험의 두 번째 단계
　　• 학습과 수행을 구분하기 위해 반두라는 보보인형 실험의 두 번째 단계를 시행하였다.
　　• 모델의 행동을 따라 하는 것에 보상을 함으로써 모델의 행동을 따라 하도록 했다.
　　• 아동들은 모두 모델의 행동을 따라 했는데 이것은 학습이 이루어졌다는 의미이다.
　　• 보상이 없을 때 아동들의 행동은 A, B, C집단별로 다르게 나타나 수행은 어떤 모델을 관찰하느냐에 따라 달라짐을 보였다.

ㄹ. 반두라의 보보인형 실험은 유기체에 있어 외현적 행동에 강화가 따라올 경우에만 관찰학습이 일어난다는 밀러와 달라드의 주장과 차이가 있다.
ㅁ. 반두라의 연구와 이전 연구와의 비교
- 톨먼과 혼지크(Tolman & Honzik, 1930)
  - 강화 없이 미로를 달렸던 A쥐가 갑자기 강화를 받을 경우, 모든 시행에서 강화를 제공받은 B쥐와 급격하게 비슷하게 미로를 통과하는 것이 확인되었다.
  - 톨먼은 쥐들이 강화를 받지 못했더라도 미로에 대한 올바른 반응을 학습하고 있었다고 하였다.
  - 상황에 강화를 맞추는 것이 아니라 강화가 쥐들이 그동안 축적했던 많은 정보를 사용할 수 있게 만들었다는 것이다.
  - 반두라의 연구는 톨먼과 혼지크의 연구와 유사하며, 학습과 수행을 구분한 점에서도 유사하다.
  - 따라서 강화는 학습과 관련된 변인이기보다는 수행과 관련된 변인이라는 것이다.
  - 참고로, 헐(Hull)과의 주장과는 반대인데. 헐은 강화가 학습관 관련된 변인일 뿐 수행 변인은 아니라고 하였다.
- 밀러와 달라드
  - 밀러와 달라드의 연구와는 불일치한다.
  - 밀러와 달라드는 강화가 없으면 모방행동은 일어나지 않는다고 하였다.
  - 반두라는 관찰학습이 외현적인 반응이나 강화를 요구하지 않으며 언제든지 일어난다고 생각했다.
ㅂ. 이전 연구에 대한 반두라의 주장
- 스키너, 밀러와 달라드의 주장으로는 모델이나 관찰자가 행위에 대해 강화를 받지 못했을 때도 학습이 일어나는 이유를 설명할 수 없다.
- 관찰자가 훨씬 이전에 관찰한 것을 학습하는 지연모델링을 설명하지 못했다.
- 강화는 기계적이고 자동적으로 행동을 촉진하는 것이 아니라 관찰자가 강화에 대한 효과를 가지려면 먼저 관찰자가 강화 유관성을 인식해야 한다.
- 따라서 반두라가 주장한 관찰학습에는 중요하게 여겨져 왔던 변별자극, 외현적 반응, 강화 등이 빠져 있다.

(2) 관찰학습의 과정

반두라는 관찰학습에 영향을 주는 네 과정을 제안하였다.

① **주의 과정(attentional process)**
ㄱ. 모델로부터 무언가를 학습하기 위해서는 모델에 주의를 기울여야 한다.
ㄴ. 우리가 관찰을 하는 상황은 단지 하나가 아니다. 여러 상황이 항상 우리 주위에서 동시에 일어난다.
ㄷ. 이때 하나의 대상에 주목할지 결정하는 것은 첫째, 감각 하는 사람의 능력이다.
- 관찰자의 선택적인 주의집중은 과거의 강화에 의해 영향을 받을 수 있다.
- 관찰로 배운 활동들이 강화물에 의해 기능을 가지게 되면 비슷한 행동은 이후의 모델링 상황에서 나타날 것이다.

ⓔ 대상에 주목할지 결정하는 두 번째 요인은 모델의 다양한 특징이다.
- 관찰자와 모델이 유사하거나(성별, 나이 등), 존경 받는 사람, 높은 지위, 높은 유능감, 매력(더욱 주의를 기울인다) 등이 있다고 생각되는 경우 주의를 기울인다.
- 반복된 처벌을 받는 모델보다 좋은 결과물을 내는 유능한 모델을 선택하고자 한다.

② **파지 과정**(retentional process)
ⓐ 관찰을 얻은 정보가 기능을 하기 위해서는 파지되어야 한다.
ⓑ 정보는 심상으로 그리고 언어적으로 유지되는 파지 과정으로 저장된다.
ⓒ 심상으로 저장된 정보는 모델이 수행하는 것들을 실제적인 그림으로 저장한 것으로 관찰학습이 일어난 많은 시간 뒤에도 인출되어 사용될 수 있다(심상에 의해 행동이 결정된다는 개념은 반두라와 톨만 이론의 일치점이라고 할 수 있다).
ⓓ 반두라에게 중요한 상징화는 언어이다. 행동을 조절하는 인지 과정은 심상적이기보다는 개념적이다.
ⓔ 언어적 상징이 가지는 엄청난 유연성은 복잡한 행동을 편하게 이해할 수 있게 한다.
ⓕ 정보가 인지적으로 저장된다면 관찰학습이 일어난 지 오랜 시간이 지나더라도 확실하게 인출되고 시연(지연 모델링)되고 강해질 수 있다.

> **용어 설명**
>
> **파지**: 기억하고 있는 것 중에 재생되는 것. 비록 재생되지 않는 것일지라도 동일한 내용을 다시 학습할 경우 기억해 둔 잠재적 효과가 나타나 학습을 용이하게 하는 현상으로 망각의 반대를 의미한다.

③ **운동재현 과정**(motor reproductive process)
ⓐ 운동재현 과정은 학습된 것이 얼마나 수행으로 변화되는가를 결정한다.
ⓑ 인지적으로 많은 것을 학습할 수는 있지만 신체적 한계, 성숙 수준, 부상, 질병 등 여러 가지 이유로 학습한 것을 수행할 수는 없다.
ⓒ 반두라는 수행을 할 수 있는 모든 신체적 요소를 갖추었다고 해도 관찰자가 모델의 행동을 따라하기 위해서는 인지적인 시연이 필요하다고 하였다.
ⓓ 모델링의 경험으로부터 얻은 상징들은 어떤 사람의 행동을 비교하는 틀로서의 역할을 한다.
ⓔ 시연 과정 동안 개개인들은 그들 자신의 행동을 관찰하고 모델의 경험 표상과 비교한다.
ⓕ 자신의 행동과 기억 속 모델의 행동 간에 불일치를 관찰하면 수정 행동이 일어나는데 관찰자는 자신의 행동과 모델의 행동이 서로 비슷한 정도가 될 때까지 수정을 계속한다.
ⓖ 모델 경험에 의한 상징적인 파지는 자신의 행동에 대한 관찰과 자신의 행동을 모델의 행동에 맞추는데 사용 가능한 피드백 역할을 한다.

④ **동기 과정**(motivational process)
ⓐ 반두라의 이론에서 강화는 두 가지 주요한 기능을 가진다.
- 관찰자들은 어떠한 모델이 특정 행동을 수행하고 강화 받는 것을 보면 자신도 특정 행동 후에 강화받을 것이라는 기대를 형성한다.
  ⇒ 특정 방식의 행동이 강화받을 확률이 높다는 기대를 믿는다.

- 강화는 학습을 수행으로 변화시키는 유인가로 작용한다. 즉 관찰을 통해 배운 것은 잠복해 있다가 이러한 정보를 사용할 때가 되면 나타나게 된다.
  ⇒ 학습된 것을 촉발하는 동기과정을 제공하는 동기적 과정이 된다.
  ⓒ 기대형성과 동기적 과정은 모두 정보적이다.
⑤ 반두라의 관찰학습의 기능들은 주어진 상황에서 강화된 반응들만 강화된다는 전통적인 강화 이론과 차이가 있다.
  - 반두라는 강화나 직접적인 경험은 학습이 일어나기 위해 꼭 필요한 것은 아니라고 하였다.
  - 관찰자는 단순히 타인의 행동의 결과로 발생하는 것을 관찰함으로써 상징화된 정보를 저장하고 그것을 사용하는 것이 유리할 때 사용한다.
⑥ 관찰학습이 일어나지 않는다면 관찰자가 모델의 행동을 관찰하지 못했거나, 머릿속에 저장하지 못했거나, 신체적으로 모델의 행동을 수행하지 못했거나, 그것을 수행하기에 적절한 유인을 가지지 못 했기 때문일 수 있다.

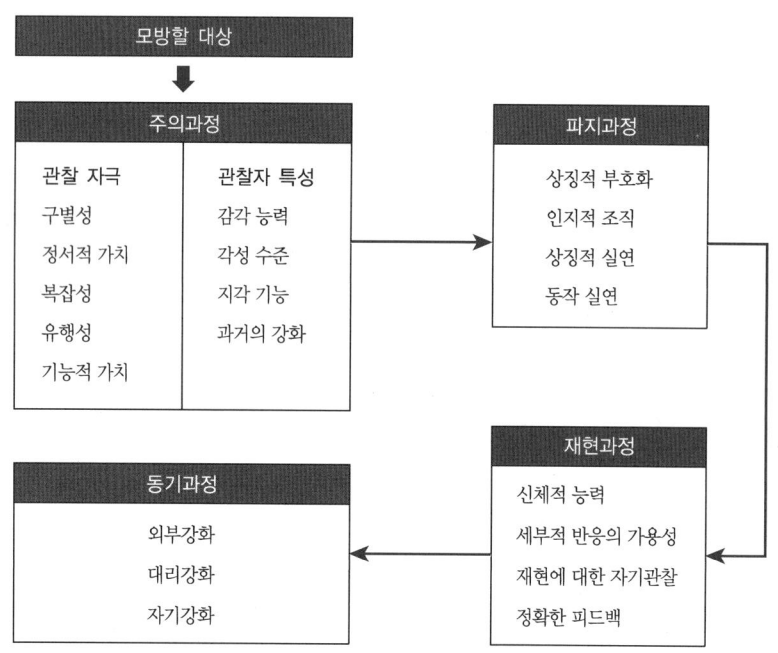

[반두라의 관찰학습의 과정]

(3) 관찰학습에 영향을 주는 변인

① **과제의 난이도**
  과제가 어려울수록 관찰 동안 학습이 일어날 가능성이 낮다.

② **숙련된 모델/비숙련된 모델**
  ㉠ 숙련된 모델은 과제의 적절한 수행법을 보여준다. 전문가 모델링은 관찰자가 긍정적 결과를 얻는 데 필요한 것이 무엇인지를 볼 수 있는 장점이 있다.

            ⓛ 비숙련된 모델은 학습 중인 모델로서 과제를 수행하는 것을 배우는 모습이 관찰된다. 비숙련된 모델은 관찰자가 어떤 것이 효과가 있고 어떤 것이 효과가 없는지를 보게 되면서 실패로부터 배울 수 있는 장점이 있다.
        ③ 모델의 특성
            매력적이고 호감이 있는 모델에게 더 많이 배우는 경향이 있다.
        ④ 관찰자의 특성
            ㉠ 관찰학습에 영향을 미치는 가장 강력한 변인은 관찰자의 종일 것이다. 인간이 관찰로부터 가장 많은 것을 얻고, 다른 유인원들이 그다음을 차지한다.
            ㉡ 연령도 관찰학습의 요인이다. 성인에 비해 아이들이 모델을 모방하는 경향이 더 컸다.
            ㉢ 모델을 관찰하는 데서 더 많은 것을 얻는 것은 성숙한 경우이다.
            ㉣ 발달 연령은 생활 연령보다 중요한데 발달장애가 있는 사람들은 그렇지 않은 사람에 비해 관찰학습으로 배울 가능성이 적다.
        ⑤ 관찰된 행동의 결과
            공격적 행동이 항상 칭찬받는 것을 본 아이들은 공격적으로 노는 경향이 있고, 그러한 행동에 비난받는 것을 본 아이들은 덜 공격적이었다.
        ⑥ 관찰자의 행동의 결과
            ㉠ 타인을 관찰하는 것이 이득이 된다면 타인 관찰에 더 많은 시간을 소비하기 쉽다.
            ㉡ 궁극적으로 관찰자는 자신에게 유용한 것을 수행한다. 모델에게 유용했는지는 상관이 없다.

(4) 관찰학습의 생리학적 기전
    ① 신경과학 분야에서는 최근 사회인지학습의 저변에 깔려 있는 복잡한 신경 기전을 상대적으로 밝혀내고 있다.
    ② 원숭이가 먹이를 직접 잡을 때뿐만 아니라 연구자가 먹이를 다루는 장면을 볼 때 뉴런들이 활성화되는 것이 발견되었다.
    ③ 이러한 뉴런을 거울 뉴런(mirror neuron)이라고 부른다.
    ④ 거울 뉴런은 다른 동물의 행동을 뇌에 저장하고 같은 행동의 수행을 촉진하는 하나의 방법으로 밝혀졌다.
    ⑤ 인간도 거울 뉴런을 가지고 있음이 확인되었지만 원숭이의 경우보다 더 복잡하다.
    ⑥ 카멜레온 효과는 인지적 처치나 계획을 필요로 하지 않는다. 거울 뉴런은 이 같은 비자발적 현상의 기저가 되는 시스템으로 보인다(Wilson & Knoblich, 2005).

> **용어 설명**
>
> **카멜레온 효과(chameleon effect)**: 무의식적으로 상대의 자세, 행동, 포즈, 다른 행동을 따라 하는 것을 말한다. 우리는 억양을 포함한 행동 패턴을 따라 하며 이러한 모방은 사회적으로 영향을 주는 경향이 있다.

⑦ 거울 뉴런은 즉각적 모방이 아니라 지연 모방 행동에도 관여하는데 거울 뉴런을 이용한 행동의 매핑은 상황에 따라 표현될 수도 있고 제지될 수도 있다.
⑧ 거울 뉴런에 의한 행동의 매핑에는 강화가 존재하지 않는다. 이러한 세포의 특징은 어떤 행동을 하거나 관찰할 때 모두 활성화된다는 것이다.
⑨ 행동을 관찰하거나 행동을 할 때 강화가 없이도 거울 뉴런이 활성화된다는 것은 관찰학습이 사회적 환경에서 계속해서 일어난다는 것을 의미한다.
⑩ 그러나 주의와 수행은 관찰된 결과가 강화되는지 혹은 처벌받는지에 따라 조절된다.

제2절 관찰학습의 이론

1 관찰학습의 시대적 흐름

(1) 19세기 말과 20세기 초에 발생한 행동주의이론은 관찰 가능한 행동에 초점을 맞추며, 외부 자극에 대해 더 유익한 행동반응을 보이는 것을 학습이 일어난 것으로 정의한다.

(2) 행동주의이론은 고전적 조건화 및 조작적 조건화와 같은 개념을 정립하였지만, 학습의 요소로서 생각이나 정신적 활동을 고려하지 않았다는 점에서 제한적인 부분이 있었다.

(3) 1950년대 후반에 이르러 학습에서 사고, 기억, 인지, 해석, 추론 등과 같은 정신적 활동을 강조한 인지주의이론이 본격적으로 논의되기 시작하였다.

(4) 인지주의이론은 지식의 구조적 단위로서 스키마(schema)라는 개념을 가정하고, 학습은 동화와 조절을 통해 새로운 정보를 학습자의 지식체계에 의미 있는 방식으로 통합시킴으로써 일어난다고 하였다.

(5) 행동주의이론의 큰 줄기에서 발생한 사회학습이론(social learning theory)은 사회적 관찰이 새로운 행동의 획득과 학습에서 중요한 역할을 한다는 개념이다.

(6) 사회학습이론의 관점에서 인간의 행동과 학습을 분석한 반두라는 기존의 논의를 확장하여 환경과 행동 사이의 관계에 영향을 주는 인지적 요소를 강조하였다.

(7) 1986년 반두라는 『Social foundations of thought and action(사고와 행동의 사회적 기반)』이라는 저서를 통해 '사회인지이론(social cognitive theory)'이라는 새로운 이름으로 이론을 명명하였다.

(8) 행동주의이론이 외부의 자극과 관찰 가능한 행동에 관심을 기울이고 인지주의이론이 내적 정보처리과정과 정신적 활동에 초점을 맞춘다면, 사회인지이론은 환경이 행동에 미치는 영향과 학습에서의 인지적 활동을 모두 중요하게 다룬다는 측면에서 두 이론의 특성을 모두 가지고 있다고 할 수 있다.

2 주요 이론적 개념

(1) 상호결정주의(reciprocal determinism)

① 반두라는 사람과 환경, 사람의 행동 그 자체가 모두 상호작용하면서 사람의 행동을 만들어 낸다고 하였다.
② 세 가지 요소(사람, 환경, 행동)는 어떤 것도 독립적으로 이해될 수 없다.

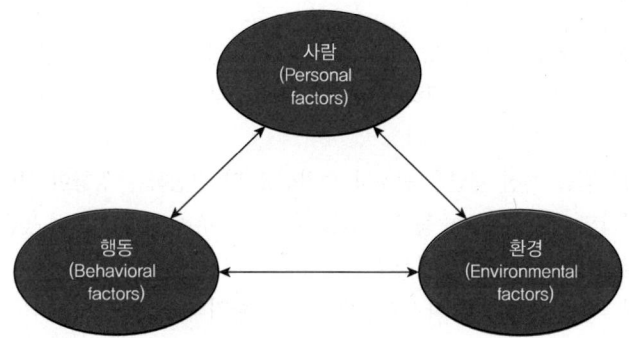

③ 사람(개인적) 요인이란 한 사람의 인지, 정서, 생물학적 특성을 의미한다.
　교육의 맥락에서 볼 때 개인적 요인은 학습의 목표, 주어진 과제에 대한 자기효능감, 성공과 실패의 원인에 대한 귀인 등이 해당된다.
④ 행동요인은 개인이 특정 행동에 대해 받게 되는 반응이나 결과를 뜻한다.
　교육의 맥락에서 행동요인은 학습활동, 학생이 기울이는 노력, 끈기, 목표에 대한 진전 정도 등이 해당된다.
⑤ 환경요인은 특정한 행위의 활성화나 저하, 또는 목적을 달성하는 데 영향을 주는 모든 요소를 포함하는 개념이다.
　교육의 맥락에서 환경요인에는 모델, 교수방법, 피드백 등이 포함되는데, 교육에서 관심을 가지는 잠재적 교육과정도 환경요인의 하나라고 할 수 있다.

> **용어 설명**
>
> **잠재적 교육과정**
> 학교에 의하여 의도되지 않았지만 학교생활을 하는 동안에 은연중에 학생들의 가치관, 태도 및 행동에 영향을 미치는 학교환경과 교육실천 과정을 의미한다.

⑥ 반두라는 실제적 환경(actual environment)은 유기체의 행동에 달려있다고 하였다.
⑦ 잠재적 환경(potential environment)이 같더라도 동물이 환경을 통제하는지, 환경이 동물을 통제하는지에 따라 실제적 환경은 다르다.
⑧ 유기체가 환경 간의 상호 과정 중 어디에 집중하는지에 따라 유기체가 통제의 대상이 될 수도 있고, 환경을 통제하는 주체가 될 수도 있다.
⑨ 환경의 어떤 측면이 영향을 주는가는 우리가 환경에서 어떻게 작용하는가에 달려 있으며, 행동이 환경을 새롭게 만들어 낼 수 있다.
⑩ 반두라의 상호결정주의 개념은 사람, 행동, 환경이 상호작용하여 사람의 행동이 결정된다는 것을 의미한다.

(2) 자기효능감(self-efficacy)

① 자기효능감이란 "자신이 성과를 달성하기 위해 필요한 행동을 조직하고 실행할 수 있는 능력을 가지고 있다는 믿음"을 의미한다.
② 자기효능감은 사람들의 의사결정, 행동양식, 목표를 설정하고 목표 달성을 위해 헌신하는 정도, 장애물을 만났을 때 노력하고 인내하는 정도, 역경으로부터 회복하는 능력, 그리고 성취의 정도에 영향을 미친다.
③ 높은 자기효능감을 가진 개인은 공포나 수치심을 덜 경험하는 경향이 있다.
④ 반두라는 지각된 자기효능감이 높은 사람들은 자신이 주변 환경에 대해 높은 통제력을 가진다고 지각하는 경향이 있어 낮은 불확실성을 경험한다고 생각했다.
⑤ 특히 교육의 맥락에서 학생의 자기효능감은 지식, 술기와 같은 역량을 획득하고 이후의 성취수준을 매개하는 역할을 한다.
⑥ 반두라가 주장한 자기효능감 형성에 영향을 주는 네 가지 요인
  ㉠ 실제 수행 경험(enactive attainments)
    • 성공경험 또는 완숙경험이라고도 한다.
    • 구체적 상황과 맥락에서 실제로 목표를 달성하고 성취 경험은 자기효능감 형성에 가장 강력한 영향을 미친다.
    • 일반적으로 성공 경험은 자기효능감을 향상시키고, 실패 경험은 자기효능감을 저하시킨다.
    • 쉽게 성취한 경험보다는 어려움을 극복하고 끈기 있게 노력해서 성공하였을 때 강한 자기효능감을 형성하게 된다.
  ㉡ 대리 경험(vicarious experience)
    • 자신과 비슷한 다른 사람들이 성공적으로 성취하는 것을 관찰함으로써 자신도 유사한 과제를 수행할 수 있다는 인식을 가질 수 있게 된다.
    • 대리 경험에 의한 효능감 형성은 직접적인 수행에 기반한 경우보다 약할 수 있지만 성취 경험이 적거나 자신의 능력에 대한 확신이 부족한 경우 자기효능감의 중요한 원천이 될 수 있다.

ⓒ 사회적(언어적) 설득(social persuasion)
- 다른 사람들로부터 자신이 주어진 과제를 수행할 수 있는 능력이 있다는 말을 듣는 것은 자기 효능감의 또 다른 원천이 된다.
- 평가의 내용이 현실적일수록 사람들은 주어진 과제를 성취하기 위해 더 많은 노력을 기울인다.
- 학생들의 경우 피드백을 주는 상대가 지식이 풍부하고 신뢰할 수 있다고 인식할수록 효과적이다.

ⓔ 정서적 각성/생리적 상태(physiological state)
- 개인의 생리적, 정서적 상태는 사람들이 자신의 능력에 대해 판단할 때 부분적으로 영향을 미치게 된다.
- 사람들은 긴장되는 상황에서 생리적인 각성을 느끼면 자신이 부족하거나 취약하다는 징후로 생각하는 경향이 있으며, 편안하고 안정된 상태에서는 성공을 기대하는 경우가 많다.

⑦ 개인이 지각하는 자기효능감은 실제 자기효능감과 일치하거나 일치하지 않을 수 있다.
⑧ 실제로는 자신이 잘 할 수 있는 일인 경우에도 자신은 잘 할 수 없다는 낮은 지각된 자기효능감을 가질 수 있다는 것이다(반대의 경우도 있을 수 있다).
⑨ 개인의 포부와 개인의 능력이 일치하는 상황이 최선이다.
⑩ 자신의 능력보다 높은 일을 계속해서 해내려고 시도하는 사람들은 절망감, 좌절감을 경험하고 결국은 모든 것을 포기할 수 있다.

(3) 자기조절(self-regulation)

① 인간은 외부의 보상과 처벌에 의해서만 행동이 결정되는 것이 아니다.
② 반두라는 인간의 행동이 일반적으로 자기 조절적 행동으로 통제된다고 하였다.
③ 인간은 직접경험 또는 대리경험을 통해 학습하는데, 이때 수행 기준도 함께 학습된다.
④ 학습된 수행 기준은 자기 평가의 기준으로 작용하게 된다.
⑤ 수행의 기준은 강화받은 직접적인 경험으로 생겨날 수도 있고, 타인이 강화를 받는 것을 관찰함으로써 대리적으로 생겨날 수도 있다.
⑥ 자신을 평가한 뒤에 자기 스스로부터 오는 내적 강화가 타인에 의해 제공되는 외적 강화보다 더 큰 영향력을 가진다.
⑦ 너무 높고 어려운 목표로 활동에 참여하는 것은 우울감, 만성적 좌절감, 무가치감, 목적의 손실을 일으키므로 적당한 난이도의 부가적 목표는 가장 높은 동기 수준과 만족감을 이끈다.
⑧ 지각된 자기효능감은 자기 조절적 행동에 주요 역할을 한다.

(4) 도덕적 행위

① 어떤 개인의 도덕적 코드(moral code)는 모델들과의 상호작용을 통해 발달하게 된다.
② 부모는 대부분 아이가 내면화하게 될 도덕적 규칙과 조절의 모델이 된다.
③ 도덕적 코드가 개인에게 내면화되면 이는 어떤 행동(생각)이 인정될지 안 될지를 결정하게 된다.

④ 도덕적 코드를 벗어나는 행동이나 생각은 자기경멸을 일으키게 되므로 사람은 전형적으로 도덕적 코드에 맞게 행동한다.
⑤ 반두라는 단계 이론들과 특성 이론들에 반대하며, 인간 행동에 안정성은 존재하지 않는다고 생각했다.

> **용어 설명**
> - **단계 이론**: 피아제와 콜버그와 같은 이론가는 인간의 능력이 성숙에 따라 발전되기 때문에 개인이 한 수준에서 할 수 있는 도덕적 판단은 연령에 따라 달라진다는 견해를 가진다.
> - **특성 이론**: 올포트와 같은 이론가의 주장으로 사람들은 어떤 특질을 가지고 있기 때문에 광범위한 상황에 대해 일괄적으로 행동할 것이라고 주장한다.

⑥ 반두라는 인간의 행동은 개인의 발달 단계와 특질, 그 사람의 유형보다는 그 사람이 속해 있는 상황과 이에 대한 해석에 의해 더 많은 영향을 받는다고 생각했다.
⑦ 도덕성에 대한 확고한 원칙을 가지고 있는 사람일지라도 비난받을 만한 행동을 하면서 자책감에서 벗어날 수 있는 여러 가지 방법이 있다.

  ㉠ 도덕적 정당화
   - 비난 받을 일을 더 높은 목적을 위한 수단으로 여기게 된다.
   - '나는 내 가족을 먹이기 위해 음식을 훔친 것이다', '나는 인류를 위해 악을 처리한 것이다', 주변 환경에 대한 재구조화는 사려 깊게 행동하던 사람들조차 인류의 목표를 성취하기 위해 폭력을 행사한다는 도덕적 정당화의 함정에 빠지게 한다.

  ㉡ 완곡한 표현
   - 비난 받을 행동을 하더라도 이를 실제로 하는 행동이 아닌 다른 어떤 것으로 부름으로써 자기경멸 없이 그 행위를 할 수 있다.
   - 평소 공격적인 행동을 하지 않는 개인들이 공격적인 행동을 놀이라고 불렀을 때 더 공격적인 모습을 보인다.
   - 군인들이 살인할 때 '청소한다', '계약을 완료한다' 등의 표현을 사용하면 살인은 존경할 만한 의무와 수행으로 변화된다.

  ㉢ 유리한 비교
   자신의 비난 받을 행동을 더 악질적인 행동과 비교하는 것이다.

  ㉣ 책임감의 치환
   - 자신의 권위가 자신들이 하는 행동을 승인했고 이에 대한 책임을 질 수 있다고 인식하는 경우이다.
   - 나치 교도소 지휘관의 잔혹한 행동이나 베트남 미라이 대량학살 등은 명령 때문이었다는 것에 책임을 돌린다.

  ㉤ 책임감의 확산
   비난 받을 행동에 대해 집단적으로 결정하는 것은 개인이 혼자 결정하는 것보다 더 견디기 쉽다.

ⓑ 결과의 무시 또는 왜곡
  - 사람들은 자신의 행동이 가져온 좋지 않은 결과를 무시하거나 왜곡함으로써 자기경멸을 할 필요가 없게 된다.
  - '나는 단지 폭탄을 던지기만 했을 뿐이다'
ⓐ 비인간화
  - 상대가 인간이 아닌 것처럼 보인다면 자기경멸을 경험하지 않고 상대를 비인간적으로 대할 수 있다.
  - 상대가 비인간화되면 그들은 더 이상 감정, 희망 등이 없는 것으로 여겨지고, 그 사람들을 학대하는 것은 자기경멸을 가져오지 않게 된다.
  - 폭력게임이 폭력 행동을 만든다는 연구에 따르면 폭력게임으로 인해 타인에 대한 비인간화의 증가를 가져오기 때문일 수 있다.
ⓞ 비난의 귀인
  - 사람들은 피해자의 말이나 행동이 비난받을 만한 행동을 불러일으켰다고 주장한다.
  - 학교폭력을 하는 가해 학생은 상대가 맞을 행동을 했다고 말한다.
⑧ 반두라는 대부분의 비도덕적 행동은 잘못된 도덕적 코드보다 이러한 분리 기제들에 기인한다고 하였다.

3 사회인지이론과 조작적 학습 모형

관찰학습에 관한 주요 이론은 반두라(Albert Bandura)의 사회인지이론과 조작적 학습 모형이다.

(1) 사회인지이론

① 톨만과 반두라의 이론은 모두 인지적이다. 그러나 톨만은 학습과정에 집중하지만 반두라는 포괄적으로 많은 부분을 다룬다.
② 밀러와 달라드의 이론은 사회적 행동에 초점을 두고 헐의 학습 이론을 통합한 사회학습이론이다.
③ 반두라는 자신의 이론을 톨먼의 이론, 밀러와 달라드의 이론과 구분하기 위해 사회인지이론이라는 용어를 사용하였다.
④ 사회인지이론은 학습이 본질적으로 사회적이라는 것, 즉 인간은 다른 사람 및 환경과의 상호작용을 통해 학습한다는 것에 초점을 맞추고 있다.
⑤ 사회인지이론의 관점에서 인간의 기능은 개인적 특성, 행동, 환경이라는 세 가지 요인이 지속적, 역동적으로 상호관계를 맺음으로써 결정된다.
⑥ 이 이론에서는 인지적 기능을 포함한 그 밖의 개인적 특성이 행동과 환경에 각각 영향을 미침으로써 학습을 조율하는 것으로 바라본다.
⑦ 사회인지이론의 근간을 이루는 또 다른 논의는 인간이 직접적인 행위를 통해서뿐만 아니라 다른 사람의 행동을 관찰하는(관찰학습, 대리학습) 것을 통해서도 학습이 가능하다는 것이다.

⑧ 사회인지이론에서는 관찰학습에서의 네 가지 인지 과정 즉 주의, 파지, 운동재현, 동기과정을 규명하고 있다.
⑨ 사회인지이론의 모체가 되는 행동주의이론에 따르면 학습은 실제 실행된 행동에 대한 강화를 통해서만 일어날 수 있다.
⑩ 사회인지이론에서는 관찰을 통해 새로운 행동양식을 획득할 수 있으며, 그 행동에 대해 다른 사람이 받는 보상이나 처벌을 관찰하는 것만으로도 강화의 조건이 형성된다.

[반두라의 사회인지학습단계]

단계	내용	설명
1	자극(S1)	이러한 자극은 피험자의 과거사와 경험에서 비롯된 기대된 강화를 품고 있다.
2	주의	피험자는 자신에게 관련된 것들에 선택적으로 주의를 기울인다.
3	자극(S2)	이러한 자극은 피험자가 모델을 관찰하는 본보기 자극이다.
4	인지적 과정	이러한 인지적 과정에는 상징적 부호화, 인지적 재구조화, 인지적 연습이 포함된다.
5	반응	인지적 과정에 따른 반응이다.
6	자극(S3)	이러한 자극은 반응에 따라 강화되는 자극이다.

⑪ 위의 표에서 보듯이 반두라는 네 번째 단계에서 일어나는 인지적 과정을 통한 상징적 부호화, 인지적 재구조화, 인지적 연습을 사회인지학습에 중요한 요인으로 생각하였다.
⑫ 반두라는 인간을 역동적인, 문제를 해결하고 정보를 처리하는 사회적 유기체로 설명한다.
⑬ 최근 연구에서 반두라는 인간작용 즉 미래의 일들에 영향을 주는 의식적인 계획과 의도적인 행동 수행을 강조하면서 인간은 단순히 경험을 받아들이는 존재가 아니라 경험의 주체라고 하였다.

(2) 조작적 학습 모형

① 관찰학습을 조작적 학습의 한 변형으로 취급하는 것도 가능하다.
② 우리는 긍정적 결과를 가져오는 행위를 모방하고 부정적 결과를 가져오는 행위를 회피하게 된다.
③ 조작적 학습 접근은 반두라의 주의, 파지, 운동재생, 동기과정을 부정하지 않지만 다른 관점으로 바라본다.
  ㉠ 조작적 학습에서 주의
    • 환경 사건이 우리의 행동에 발휘하는 영향력이다.
    • 주의는 외현적 행동(눈 마주치기, 모델의 이동에 맞게 시선 옮기기 등)을 통해 측정할 수 있다.
    • 조작적 학습에서 주의는 머릿속에 그려지는 어떤 것이 아니다.
  ㉡ 조작적 학습에서 파지
    • 관찰자가 겉으로든 마음속으로든 행하는, 수행을 향상시킬 수 있는 행위들이다.
    • 누군가에게 목적지로 가는 길을 설명 듣는다고 할 때, 마음속으로 계속 되뇌일 수도 있고, 받아 적을 수도 있고 휴대전화에 저장할 수도 있다. 이 모든 것들이 파지 행위가 된다.
  ㉢ 조작적 학습에서의 운동재생
    • 행동을 모방하는 것은 외현적 수행(운동재생)인데, 경험적 원리들(중심을 잡기 위해 허리를 굽힌다, 공을 끝까지 바라본다 등)이 도움이 될 수 있다.

- 경험적 원리들은 우리가 마음속으로 또는 소리 내어 말하는 것들이고 그것 역시 행동이다.
- 경험적 원리들이 도움이 되는 이유는 우리가 모델을 모방할 때 무엇을 해야 할지에 대한 단서를 주기 때문이다.
  ② 조작적 학습에서의 동기
  - 동기가 중요하지만 조작적 학습 모형은 환경을 중요하게 본다.
  - 강화가 주어진 모델의 행동을 모방한다면 그 이유는 강화를 받은 모델의 행동을 따라 하는 것이 강화를 받을 가능성이 높다는 것을 경험을 통해 알고 있기 때문이다.
  - 모방 행동에 대한 보상을 얻는 것을 기대할 수 있겠지만 우리의 기대와 모방은 모든 과거의 환경 사건들의 결과이다.
④ 관찰학습에 대한 조작적 접근에서는 가상적이고 관찰 불가능한 정신과정을 살펴보는 것이 아니라 경험을 구성하는 환경 사건들에 집중하는 것이다.
⑤ 조작적 학습 모형의 큰 약점은 직관적 호소력이 부족하다는 것이다.
⑥ 사람들이 생각하고 느낀다는 것을 부정하지 않지만 행동에 대한 설명으로 보지는 않는다.
⑦ 관찰학습에 대한 최선의 설명이 무엇인가에 대해서는 의견일치가 거의 없지만 관찰학습이 실제 활용도가 있다는 데는 학자들이 전반적으로 동의한다.

제3절 관찰학습의 활용

1 교육상황

(1) 유아의 관찰학습
① 관찰학습은 유아기에 시작되는 교육에서 주된 역할을 한다.
② 6개월 된 아기들이 인형의 장갑을 벗기는 행동을 모방하는 것이 확인되었다.
③ 모국어를 배우는 데도 관찰학습이 중요하다.
④ 엄마들은 아기가 가리키는 물건에 이름을 말해주고 아이는 이것을 따라 한다. 이때 엄마는 아기의 반응에 칭찬으로 강화해준다.
⑤ 아기는 엄마의 행동을 관찰하고, 모방하고, 그 모방에 대해 강화를 받는다.

(2) 학교에서의 관찰학습
① 대부분의 교실 수업은 집단 중심적이다. 집단 수업에서 일어나는 학습의 많은 부분들은 관찰을 통한 것이다.
② 선생님은 칠판에 수학문제 푸는 방법을 시범 보이고 학생들에게 이를 풀어 보도록 한다.
③ 학생들은 선생님이나 다른 학생을 모델로 관찰학습을 하게 된다.

④ 그러나 학생이 얼마나 많은 것을 배우는가는 학생의 주의집중에 달려 있다.
⑤ 주의집중을 잘 하는 학생에게 칭찬을 하거나 다른 강화를 하는 것은 주의집중력을 높이는 방법이다.
⑥ 주의집중을 잘 하는 학생이 칭찬을 받는 것을 관찰한 학생도 주의집중이 향상되는 결과를 보인다.

(3) 발달장애가 있는 사람들의 관찰학습
① 다운증후군 아이들에게 음식 만드는 법을 가르칠 수 있다.

> 다운증후군인 두 아이가 지켜보고 한 아이에게 직접 음식(스크램블드에그, 푸딩, 밀크셰이크)을 만드는 법을 가르쳤다. → 관찰하는 아이들이 모델 아이에게 집중하면 강화를 준다. → 관찰자 아이들의 수행은 개인 교습을 받은 아이만큼 극적으로 향상되었다.

② 자폐증이 있는 아이가 관찰학습을 하는 데 필요한 기술을 습득할 수 있다.

> 자폐증이 있는 5세 아동에게 또래 아이가 단어를 배우거나 그림에 있는 과일 이름을 말하는 것을 배우는 장면을 지켜보게 한다. → 교사는 정답을 말하는 모델을 칭찬하고 틀린 답은 정정해준다. → 관찰하는 아이들은 모델을 모방할 때가 아니라 모델이 정답을 말했는지 아닌지를 말함으로써 칭찬과 토큰을 받았다.

③ 학생들이 모델을 관찰함으로써 학습을 할 수 있게 되면 학교 안에서나 밖에서도 앞으로 나갈 수 있는 강력한 도구를 갖게 되는 것이다.

2 임상적 상황

(1) 대리소거
① 개에 대한 두려움을 관찰학습을 통해 소거할 수 있었다.

> 개에 강한 두려움을 가진 아동에게 친구들이 개와 상호작용하는 것을 보여주었다. → 모델이 개와 두려움 없이 상호작용하는 것을 본 실험군은 대조군에 비해 유의하게 개에게 더 많은 접근반응을 보였다.

② 모델의 행동을 관찰함으로써 새로운 반응들을 학습할 수 있을 뿐 아니라 같은 방식으로 소거를 할 수도 있음이 확인되었다.

(2) 모델링의 종류에 따른 차이

① 단일 모델링보다 다중 모델링에서 관찰학습의 효과가 더 크게 나타났다.
   ㉠ 개에 공포를 가진 아동을 세 조건으로 구분하고 일련의 영상을 보여준다.
      - 단일 모델링 조건 아동 : 한 명의 모델이 한 마리의 개와 친밀하게 상호작용하는 것을 본다.
      - 다중 모델링 조건 아동 : 여러 명의 모델이 많은 개와 두려움 없이 상호작용하는 것을 본다.
      - 대조조건 아동

> 개가 나오지 않는 영상을 본다. → 각 집단의 아동이 개에게 접근하는 정도를 측정한다. → 대조조건에 비해 단일·다중 모델링 조건에서 개에 대한 두려움이 감소하였다. 특히 다중 모델링 조건의 아동들만이 개와 함께 우리에 남아 있을 정도까지 두려움이 감소하는 것으로 나타났다.

② 직접 모델링이 상징적 모델링보다 효과적이다.
   ㉠ 직접 모델링은 살아 있는 모델을 보는 것이고, 상징적 모델링은 영화 속과 같은 영상 속 모델을 보는 것이다.
   ㉡ 직접 모델링이 공포를 감소시키는 데 더 효과적이었다.
   ㉢ 직접 모델링에 비해 상징적 모델링에서 감소한 효과는 다양한 모델을 보여줌으로써 극복할 수 있었다.

(3) 공포증 치료 방법 비교

① **실험내용** : 뱀에 대한 공포증을 가진 아동과 청소년을 치료하는 방법으로 상징적 모델링, 참여 모델링, 둔감화 효과를 비교하였다.
   ㉠ 집단1(상징적 모델링)
      아동, 청소년, 성인이 뱀과 함께 상호작용하는 영상을 보여주었다. 영상에 나오는 장면은 각각 등급으로 구분되어 있는데, 등급이 높아질수록 상호작용도 증가하였다.
   ㉡ 집단2(참여 모델링)
      모델이 뱀을 다루는 것을 직접 보고 이 모델의 도움을 받아 직접 뱀을 만져보도록 보았다. 나중에 학생들이 도움 없이 뱀을 무릎 위에 둘 수 있을 때까지 계속되었다.
   ㉢ 집단3(둔감화 치료)
      집단3은 뱀과 함께 있어 불안감을 느끼는 모습을 상상하고 작은 불안을 일으키는 장면에서부터 큰 두려움을 일으키는 장면에 대한 상상을 하는 것까지 이어졌다.
   ㉣ 집단4(대조집단)
      아무런 처치도 받지 않았다.
② **결과** : 집단1, 2, 3은 집단4에 비해 뱀에 대한 공포가 감소하였다. 그중에서도 집단2의 모델링 참여가 가장 효과적인 것으로 나타났다.

3 뉴스와 오락 매체의 영향

(1) 폭력 영상의 작용
① 신문, TV, 영화도 많은 것을 배울 수 있는 모델로서 작용한다.
② 종종 가상적인 매체를 통해 공격적인 행동 양식이 확산될 수 있다.
③ 비행기 협박범이 등장한 TV 프로그램 방영 이후 실제 항공사에 폭탄을 사용한 협박이 증가하였다.
④ 반두라는 TV 프로그램에서 폭력적 행동이 대부분 허용되고 있으며 분명하게 표출되기 때문에 이것을 시청하는 것은 폭력 행동을 증가시킨다고 하였다.
⑤ 가상 프로그램뿐 아니라 뉴스에 등장하는 폭력적 일들에 대한 보도는 결과를 어떻게 표현하는가에 따라 공격성을 제지할 수도 있다.
　테러나 대량 파괴로 인한 사람들의 고통을 보여주는 대신 폭동의 모습을 보여주는 것이 공격성을 촉진할 가능성이 더 높다.

(2) 외설 장면
① 성욕을 자극하는 자료들은 성적인 문제가 있는 사람들을 치료하는 데 유용하게 사용된다.
② 쾌락에 대한 모델링은 성적 불안을 낮추고 성에 대한 우호적인 태도를 만들며 성생활을 촉진시킨다.
③ 포르노의 경우 여성에 대한 성적 공격성이 자주 모델링된다. 이러한 모델링은 일부 시청자들에게 유사한 행동을 하도록 자극할 수 있다.

4 모델링을 통해 성취할 수 있는 것

(1) 행동의 습득은 대리강화로부터 유발된 결과이다.
　모델이 어떤 활동들에 대해 강화받는 모습을 관찰함으로써 새로운 반응을 습득할 수 있다.

(2) 제지반응은 대리처벌로부터 유발된 결과이다.
　어떤 상황에서 모델이 특정 행동을 하고 이에 대한 처벌을 받는 것을 보았을 때 이미 형성된 반응들은 제지된다.

(3) 두려움을 감소시키는 탈제지가 가능하다.
　나쁜 결과를 경험하지 않고 두려운 활동에 참여하는 모델을 관찰하는 것은 관찰자의 제지를 줄여 주는 효과가 있다.

(4) 촉진이 가능하다.
관찰자는 모델의 활동을 관찰하는 것만으로 이미 학습했던 행동을 유발하거나 유사한 행동이 나올 확률을 증가시킨다.

(5) 창의성을 자극할 수 있다.
사람은 다양한 모델을 접하고 그 모델의 특성이나 양식을 수용함으로써 창의성을 얻게 된다.

(6) 추상적 모델링은 관찰자가 규칙이나 원리를 학습한 뒤 모델링과는 다른 어떤 상황에서 사용하는 것이다.

(7) **추상적 모델링의 세 가지 요소**
① 원리나 규칙이 공통적으로 적용되는 광범위한 상황에 대한 관찰
② 다양한 경험에서 규칙이나 원리 추출
③ 새로운 상황에서 규칙이나 원리의 사용

(8) 인간은 계속해서 광범위한 상황에서 모델링을 하기 때문에 인간 행동을 지배하고 있는 규칙이나 원리는 대부분 추상적 모델링을 통해 유래한다.

(9) 제지, 탈제지, 촉진은 모두 이미 학습한 반응들의 발생 확률을 증가시키거나 감소시킨다.

(10) 습득, 창의성, 규칙이나 원리는 모델링을 통해 새로운 학습의 발전을 포함한다.

(11) 관찰학습은 발달과 생존 모두를 위해 반드시 필요한 요소이다. 직접경험은 치명적인 결과를 유도할 수도 있기 때문에 실수로 인한 희생이 크거나 위험할수록 관찰학습에 대한 의존은 더욱 커진다.

제 4 장 | 실전예상문제

01 손다이크와 왓슨은 학습이 오직 직접경험에 의해서만 일어날 뿐 대리경험에 의해 일어나지 않는다고 결론지었다.

01 관찰학습 연구의 초기에 대한 설명으로 옳지 않은 것은?

① 처음으로 관찰학습에 대한 실험을 한 사람은 손다이크(Thorndike)이다.
② 학습은 개인이 환경과 상호작용한 결과로 발생한 것이다.
③ 인간은 타인을 따라 하는 선천적 경향이 있다고 생각했다.
④ 손다이크와 왓슨은 대리경험이 학습에 중요한 요소라고 하였다.

02
- 한 사람 이상의 사람들을 모방하는 경향성을 일반화된 모방(generalized imitation)이라고 한다.
- 맞춤–의존행동은 관찰자가 강화를 받아 모델의 행동을 맹목적으로 반복하는 것을 말한다.

02 밀러와 달라드의 모방행동에 대한 설명으로 옳지 않은 것은?

① 관찰학습이 타고 난다는 입장에 반대하였다.
② 모방행동을 동일행동, 모사행동, 맞춤–의존행동으로 범주화하였다.
③ 한 사람 이상의 사람들을 모방하는 경향성을 맞춤–의존행동이라고 한다.
④ 유기체가 관찰만으로는 학습하지 못한다.

03 인간이 아닌 동물들도 관찰을 통해 단지 시범자의 행동을 따라 하는 것이 아니라 문제 해결의 원리를 배울 수 있다. 메추라기 실험을 통해 메추라기가 시범자의 행동을 머릿속에 인지적으로 표상할 수 있음이 관찰되었다.

03 관찰학습에 대한 설명으로 옳지 않은 것은?

① 둘 이상의 사람들이 같은 상황에서 같은 방식으로 반응하는 것을 동일 행동이라고 한다.
② 동물의 관찰학습은 단지 시범자의 행동을 따라 하는 것이다.
③ 스키너는 관찰학습이 '행동관찰 → 모델 행동 따라하기 → 반응의 강화'의 순서로 진행된다고 하였다.
④ 인간 외의 다른 동물들이 강화가 없이도 관찰을 통해 복잡한 학습이 가능한 것으로 나타났다.

정답 01 ④ 02 ③ 03 ②

04 관찰학습과 관련된 표현에 대한 설명으로 옳지 <u>않은</u> 것은?
① 비사회적 관찰은 문제해결에 있어서 시간이 오래 걸리기 때문에 효과적이지는 않다.
② 사회적 관찰학습은 능동적 모델로 전통적으로 관찰학습으로 여겨온 것을 의미한다.
③ 모사행동은 타인에 의해 안내받은 행동이다.
④ 과잉모방은 결과에 영향을 주지 않는 무관한 행동을 모방하는 경향성을 의미한다.

04 비사회적 관찰은 모델이 없는 상태에서 관찰된 사건으로부터의 학습으로 이루어지는 것으로 문제를 해결하는 데 걸린 시간은 비사회적 관찰이 모델을 관찰하는 것만큼 효과적이었다.

05 반두라의 관찰학습 연구와 이전 연구의 차이점으로 <u>틀린</u> 설명은?
① 반두라의 관찰학습은 대부분 다른 사람의 행동을 흉내 내는 단순 모방보다 훨씬 복잡하다.
② 반두라 이전까지는 모방과 관찰학습을 동일한 의미로 사용해 왔다.
③ 반두라 이전에는 지연모델링을 설명하지 못하였다.
④ 반두라의 이론은 행동주의 접근으로 강화이론이라고 할 수 있다.

05 반두라의 이론은 본질적으로 인지적인 접근을 취하고 있으며, 강화이론이 아니다.

06 관찰학습의 과정을 순서대로 나열한 것은?

⊙ 파지 과정
ⓒ 주의 과정
ⓒ 동기 과정
② 운동재현 과정

① ⊙ - ⓒ - ⓒ - ②
② ⓒ - ⓒ - ⊙ - ②
③ ⓒ - ⓒ - ⊙ - ②
④ ⓒ - ⊙ - ② - ⓒ

06 관찰학습과정은 주의 과정 – 파지 과정 – 운동재현 과정 – 동기 과정의 순서이다.

정답 04 ① 05 ④ 06 ④

07 거울 뉴런 : 타인의 행동을 거울처럼 반영하는 신경 네트워크를 말한다. 이탈리아의 신경심리학자 리촐라티(G. Rizzolatti)가 1990년대에 원숭이의 이마엽에서 처음 발견하였고, 인간의 거울 뉴런은 뇌의 더욱 다양한 영역에서 복잡하게 나타난다.
② 카멜레온 효과 : 무의식적으로 상대의 자세, 행동, 포즈, 다른 행동을 따라하는 것을 말한다.
③ 시냅스 가소성 : 학습 및 기억 등에서의 뇌기능의 유연한 적응능력을 의미한다. 신경계에서 정보는 시냅스를 거쳐 한 신경세포에서 다른 신경세포로 전달된다. 개체의 경험을 통해서 시냅스의 연결강도는 변화될 수 있으며 때로는 새로운 시냅스가 형성되기도 하고 기존의 시냅스가 소멸되기도 한다. 이러한 시냅스의 변화를 시냅스 가소성이라 하며 학습과 기억을 담당하는 중요한 기전으로 여겨지고 있다.
④ 스키마 : 생각이나 행동의 조직된 패턴을 의미한다. 도식은 선입견의 정신적 구조, 세계에 대한 관점의 측면을 나타내는 틀, 새로운 정보를 지각하고 조직화하는 시스템으로 작용한다.

08 ① 과제의 난이도가 어려울수록 관찰 동안 학습이 일어날 가능성이 낮다.
② 숙련된 모델은 과제의 적절한 수행법을 보여주며, 비숙련된 모델은 관찰자가 어떤 것이 효과가 있고 어떤 것이 효과가 없는지를 보게 되면서 실패로부터 배울 수 있는 장점이 있다.
④ 발달 연령은 생활 연령보다 중요한데 발달장애가 있는 사람들은 그렇지 않은 사람에 비해 관찰학습으로 배울 가능성이 적다.

정답 07 ① 08 ③

07 다음 괄호 안에 들어갈 말로 알맞은 것은?

> 관찰학습의 생리학적 기전에 따르면 (   )은(는) 다른 동물의 행동을 뇌에 저장하고 같은 행동의 수행을 촉진하는 하나의 방법으로 밝혀졌다. (   )은(는) 다른 사람의 행동을 관찰할 때 활성화된다.

① 거울 뉴런
② 카멜레온 효과
③ 시냅스 가소성
④ 스키마

08 관찰학습에 영향을 주는 요인으로 옳은 설명은?

① 과제의 난이도가 높으면 관찰학습 가능성이 높다.
② 비숙련된 모델은 학습에 도움이 되지 않는다.
③ 매력적이고 호감이 있는 모델에게 더 많이 배우는 경향이 있다.
④ 관찰학습은 생활 연령보다 관찰 연령의 영향을 많이 받는다.

09 자기효능감 형성에 영향을 미치는 요인에 해당하지 않는 것은?

① 수행경험
② 자기조절
③ 사회적 설득
④ 정서적 각성

> 09 자기효능감에 영향을 미치는 4가지 요인으로 대리경험이 더 있다. 자기조절은 관찰학습의 주요개념 중 하나로 반두라는 인간의 행동이 일반적으로 자기 조절적 행동으로 통제된다고 하였다.

10 반두라의 관찰학습의 이론적 개념에 대한 설명이 아닌 것은?

① 지각된 자기효능감이 높은 사람들은 자신이 주변 환경에 대해 높은 통제력을 가진다.
② 반두라는 사람과 환경, 사람의 행동 그 자체가 모두 상호작용하면서 사람의 행동을 만들어 낸다고 하였다.
③ 반두라는 잠재적 환경(potential environment)은 유기체의 행동에 달려있다고 하였다.
④ 부모는 대부분 아이가 내면화하게 될 도덕적 규칙과 조절의 모델이 된다.

> 10 반두라는 실제적 환경(actual environment)은 유기체의 행동에 달려 있다고 하였다. 잠재적 환경(potential environment)이 같더라도 동물이 환경을 통제하는지, 환경이 동물을 통제하는지에 따라 실제적 환경은 다르다.

11 관찰학습에 관한 주요 이론에 대한 설명으로 옳지 않은 것은?

① 반두라 사회인지이론은 행동주의를 기반으로 인간의 인지적 측면을 강조한 이론이다.
② 밀러와 달라드의 이론은 사회적 행동에 초점을 두고 헐의 학습 이론을 통합한 사회학습이론이다.
③ 사회인지이론의 모체가 되는 행동주의이론에 따르면 학습은 실제 실행된 행동에 대한 강화를 통해서만 일어날 수 있다.
④ 반두라는 인간이 타인의 행동을 모델로 학습한다는 측면에서 인간이 수동적 존재임을 인정하였다.

> 11 반두라는 인간작용 즉 미래의 일들에 영향을 주는 의식적인 계획과 의도적인 행동 수행을 강조하면서 인간은 단순히 경험을 받아들이는 존재가 아니라 경험의 주체라고 하였다.

정답 09 ② 10 ③ 11 ④

12 사람들이 생각하고 느낀다는 것을 부정하지 않지만 행동에 대한 설명으로 보지 않으며, 관찰학습에 대한 조작적 접근에서는 가상적이고 관찰 불가능한 정신과정을 살펴보지 않는다.

13 ② 사회인지이론은 반두라의 이론으로 행동주의 학습이론에 인지적 측면을 강조한 것이다.
③ 기능주의는 구성주의에 반대하여 시작된 이론으로 인간 의식과 환경의 관계에 대해 연구했다.
④ 경험주의는 모든 지식의 바탕이 감각적 정보라고 주장한다.

정답 12 ① 13 ①

---

12 관찰학습을 조작적 학습의 접근으로 설명하는 내용이 옳지 않은 것은?

① 조작적 학습 접근에서는 행동에 대한 설명으로 사람들이 생각하고 느끼는 것을 강조한다.
② 사람은 긍정적 결과를 가져오는 행위를 모방하고 부정적 결과를 가져오는 행위를 회피한다.
③ 조작적 접근 관점에서는 인간의 정신과정보다 경험을 구성하는 환경사건에 집중한다.
④ 조작적 접근에서는 가상적이고 관찰 불가능한 정신과정을 살펴보는 것이 아니라 경험을 구성하는 환경 사건들에 집중하는 것이다.

13 다음 설명에 해당하는 관찰학습의 개념은 무엇인가?

> '사람, 환경, 행동'은 어떤 것도 독립적으로 이해될 수 없다. 반두라는 사람, 환경, 행동 모두가 사람의 행동을 만들어 낸다고 하였다. 사람(개인적) 요인이란 한 사람의 인지, 정서, 생물학적 특성을 의미하며, 행동요인은 개인이 특정 행동에 대해 받게 되는 반응이나 결과를 뜻하고, 환경요인은 특정한 행위의 활성화나 저하, 또는 목적을 달성하는 데 영향을 주는 모든 요소를 포함한다.

① 상호결정주의
② 사회인지이론
③ 기능주의
④ 경험주의

14 관찰학습이 활용되는 상황에 대한 설명으로 옳지 않은 것은?
① 관찰학습은 유아기의 주된 교육 방법이다.
② 학교에서 학생이 얼마나 많이 배우는가는 관찰의 수에 달려 있다.
③ 발달장애가 있는 사람에게 관찰학습을 통해 사회기술을 가르칠 수 있다.
④ 대리강화는 주의집중을 높이는 방법 중 하나이다.

14 학생들이 선생님이나 다른 학생을 모델로 관찰학습을 하지만, 얼마나 많은 것을 배우는가는 학생의 주의집중에 달려있다.

15 공포 치료에 활용되는 관찰학습에 대한 설명으로 옳지 않은 것은?
① 모델의 행동을 관찰하는 것으로 소거가 가능하다.
② 직접모델링이 상징적 모델링보다 효과적이다.
③ 뱀에 대한 공포치료에서 상징적 모델링, 참여 모델링, 둔감화 중 참여 모델링이 가장 효과적인 것으로 나타났다.
④ 단일 모델링이 다중 모델링보다 관찰학습의 효과가 더 크게 나타났다.

15 다중 모델링에서 관찰학습의 효과가 더 크게 나타났다. 단일 모델링은 한 사람이 공포의 대상 하나와 상호작용하는 것을 보는 것이며, 다중 모델링은 여러 명이 여러 공포 대상과 상호작용하는 것을 보는 것이다.
② 직접 모델링은 살아 있는 모델을 보는 것이고, 상징적 모델링은 영화 속과 같은 영상 속 모델을 보는 것이다.
③ 세 집단이 모두 공포가 감소되었고, 가장 효과적인 방법은 참여 모델링으로 모델이 뱀을 다루는 것을 직접 보고 모델의 도움을 받아 직접 뱀을 만져보도록 하는 것이다.

16 모델링을 통한 행동 학습에 대한 설명으로 옳지 않은 것은?
① 관찰학습은 발달에 필요한 요소지만 생존에는 방해가 된다.
② 인간 행동을 지배하고 있는 규칙이나 원리는 대부분 추상적 모델링을 통해 유래한다.
③ 추상적 모델링은 관찰자가 규칙이나 원리를 학습한 뒤 모델링과는 다른 어떤 상황에서 사용하는 것이다.
④ 사람은 다양한 모델을 접하고 그 모델의 특성을 수용함으로써 창의성을 얻게 된다.

16 관찰학습은 발달과 생존 모두를 위해 반드시 필요한 요소이다. 직접경험은 치명적인 결과를 유도할 수도 있기 때문에 실수로 인한 희생이 크거나 위험할수록 관찰학습에 대한 의존은 더욱 커진다.

정답 14 ② 15 ④ 16 ①

17 자발적 회복은 행동주의 이론에서 소거가 이루어진 후 일정 기간 훈련을 중지했다가 조건자극을 다시 제시하면 조건반응이 갑자기 재출현하는 것을 말한다.

18 자기조절 학습의 구성요소
- 자기결정 목표와 기준 : 학생들이 성취목표와 행동기준을 결정한다.
- 자기점검 : 학생들이 자신의 수행을 관찰하고 점검한다.
- 자기지도 : 학생들 스스로 행동을 안내하기 위한 자기지도를 실시한다.
- 자기평가 : 학생들이 자신의 수행의 질을 평가한다.
- 자기강화 : 학생들 스스로 자기 행동의 결과에 대해 강화하거나 벌을 가한다.

19 반두라(Bandura)는 아동이 사회적 상황에서 타인들의 행동을 단순히 관찰만 하여도 그들의 행동을 학습할 수 있다고 보았다. 즉, 아동이 자신의 행동에 대해서 직접적인 강화를 받지 않더라도, 다른 아동이 보상이나 벌을 받는 것을 관찰함으로써 간접적으로 강화를 받기 때문에, 다른 아동이 보상받은 행동은 학습하는 반면, 벌을 받은 행동은 학습하지 않게 된다는 것이다.

정답 17 ③ 18 ② 19 ③

---

17 사회인지이론에서 제시한 모델링의 기능으로 볼 수 없는 것은?

① 반응촉진
② 관찰학습
③ 자발적 회복
④ 탈억제

18 다음 사례들이 공통적으로 설명하고 있는 사회인지이론의 자기조절(self-regulation) 전략은?

- 게임을 과도하게 하는 학생에게 일주일 간 게임 시간을 기록하게 한다.
- 산만한 학생에게 알람이 울릴 때마다 '나는 집중하고 있는가?'를 확인하게 한다.

① 자기지시
② 자기점검
③ 자기강화
④ 자극통제

19 다음 중 사회인지이론에서 강화의 의미로 옳지 않은 것은?

① 유인의 구실을 한다.
② 자기강화를 의미한다.
③ 직접적 강화를 의미한다.
④ 관찰자로 하여금 기대를 가지게 한다.

20 괄호 안에 들어갈 용어들이 순서대로 바르게 나열된 것은?

> 관찰과 모델링에 의한 학습은 처음에는 사회학습이론으로 알려졌으며, 이 입장은 (   )에서 비롯되었으나 지금은 (   ) 입장의 개념도 많이 포함되어 있기 때문에 그 명칭이 (   )으로 점차 바뀌게 되었다.

① 행동주의 – 인지주의 – 사회인지이론
② 행동주의 – 인지주의 – 인지행동이론
③ 인지주의 – 행동주의 – 사회인지이론
④ 인지주의 – 행동주의 – 인지행동이론

20 관찰과 모델링에 의한 학습으로 알려진 사회학습이론은 행동주의 학습이론과 인지주의 학습이론을 결합한 형태의 행동발달이론이라 할 수 있다. 이는 인간이 어떤 행동을 학습하는 데 있어서 외부로부터의 자극뿐만 아니라, 인간 내부의 인지적 요인이 함께 작용하여 학습이 진행된다는 것이다.

주관식 문제

01 반두라의 관찰학습의 순서를 설명하시오.

01
정답
① 주의 과정: 모델에 주의를 집중하는 과정이다. 모델은 매력적 특성이 있어서 주의를 끌며, 관찰자의 흥미와 같은 심리적 특성의 영향도 받는다.
② 파지 과정: 관찰을 통해 얻은 정보는 심상과 언어적으로 유지되는 파지 과정으로 저장된다.
③ 운동재현 과정: 운동재현 과정은 학습된 것이 얼마나 수행으로 변화되는가를 결정한다. 또한 관찰자가 모델의 행동을 따라 하기 위해서는 인지적인 시연이 필요하다.
④ 동기 과정: 강화는 학습을 수행으로 변화시키는 유인가로 작용한다. 즉 관찰을 통해 배운 것은 잠복해 있다가 이러한 정보를 사용할 때가 되면 나타나게 된다. 관찰을 통해 학습한 행동은 강화를 받아야 동기화가 이루어져 행동의 수행 가능성을 높인다. 행동을 학습한 후 그 행동을 수행할 여부를 결정하는 데 중요한 역할을 하는 것이 바로 강화이다.

정답 20 ①

02

정답
① 과제의 난이도: 과제가 어려울수록 학습이 일어날 가능성이 낮다.
② 숙련된 모델/비숙련된 모델: 숙련된 모델은 과제의 적절한 수행법을 보여주며, 비숙련된 모델은 관찰자가 어떤 것이 효과가 있고 어떤 것이 효과가 없는지를 배울 수 있다.
③ 모델의 특성: 매력적이고 호감이 있는 모델에게 더 많이 배우는 경향이 있다.
④ 관찰자의 특성: 관찰학습을 하는 주체가 사람인 경우, 연령이 낮을수록, 성숙 수준이 높은 경우 학습이 잘된다.
⑤ 관찰된 행동의 결과: 모델이 행동에 대해 강화(칭찬)받는지, 처벌(비난)받는지에 영향을 받는다.
⑥ 관찰자의 행동의 결과: 관찰한 것이 자신에게 이득이 되는 경우 더 많이 수행한다.

02 관찰학습에 영향을 주는 요인을 3개 이상 쓰고 설명하시오.

03

정답 반두라는 사람과 환경, 사람의 행동 그 자체가 모두 상호작용하면서 사람의 행동을 만들어 낸다는 것으로 세 가지 요소(사람, 환경, 행동)는 어떤 것도 독립적으로 이해될 수 없다고 하였다. 사람(개인적) 요인이란 한 사람의 인지, 정서, 생물학적 특성을 의미한다. 환경요인은 특정한 행위의 활성화나 저하, 또는 목적을 달성하는 데 영향을 주는 모든 요소를 포함하는 개념이다. 행동요인은 개인이 특정 행동에 대해 받게 되는 반응이나 결과를 뜻한다.

03 사회인지이론의 상호결정주의에 대해 설명하시오.

제 5 장

지각학습

제1절	지각학습의 특성
제2절	지각기술학습
제3절	행동학습
제4절	자극일반화, 변별, 자극통제
실전예상문제	

또 실패했는가? 괜찮다. 다시 실행하라. 그리고 더 나은 실패를 하라!

− 사뮈엘 베케트 −

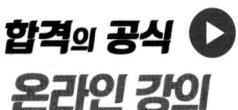

보다 깊이 있는 학습을 원하는 수험생들을 위한
시대에듀의 동영상 강의가 준비되어 있습니다.
www.sdedu.co.kr ➜ 회원가입(로그인) ➜ 강의 살펴보기

제 5 장 지각학습

[학습목표]
지금까지 우리는 연합학습의 형태인 조건학습에 대해 공부하였다. 이번 장에서는 조건연합학습과 다른 학습의 종류인 비연합학습에 대해 공부해보고자 한다. 우리는 어떤 상황이 오면 습관적으로 행동을 하게 된다. 습관이라는 것은 우리가 같은 자극에 반복적으로 노출되어 그 상황이 오면 무의식적으로 행동을 하는 것이다. 습관은 이러한 학습이라고 할 수 있다. 비연합학습의 한 형태인 지각학습은 한 세트의 자극에 대한 경험이 이들 자극으로 하여금 더 쉽게 구별되도록 하는 학습이다. 지각학습은 매우 유사한 자극들을 세밀하게 구별해 내는 능력을 증가시킨다는 특징을 가지는 학습이다. 이번 장에서는 지각학습을 포함하여, 행동학습, 기억과 지각학습과의 관계를 포함하여 비연합학습에 대하여 전반적으로 알아보고자 한다.

제1절 지각학습의 특성

1 학습의 종류

> **용어 설명**
>
> **인지학습**: 학습의 한 형태로, 가시적 또는 직접적으로 관찰할 수 없는 심리적 과정, 특히 인지적 과정을 통해 일어나는 학습형태. 구체적으로 인지학습에 포함되는 하위유형은 통찰학습(Insight Learning), 잠재학습(Latent Learning), 관찰학습(Observational Learning) 등이 있음. 한편 인지과정, 즉 내적인 과정에 의존한다는 의미에서 인지학습을 내적 학습(Internal Learning)이라고도 함

2 비연합학습의 종류

(1) 비연합학습의 개념
① 자극과 자극, 또는 자극과 반응이 연합되어 나타나지 않고, 단지 한 번에 하나의 독립된 자극만이 주어짐으로써 나타나는 학습이다.
② 가장 간단한 형태의 학습이라고 할 수 있다.
③ 비연합학습의 반대개념은 연합학습으로, 한 자극이 다른 자극과 연합하거나, 한 자극이 하나의 새로운 반응과 연합하는 학습을 의미한다.
④ 습관화, 민감화, 점화는 자극에의 반복 노출이 차후에 동일자극에 대한 반응(또는 인식)을 증가시키거나 감소시키게 하는 형태의 학습이다.

(2) 습관화
① 우리에게 발생하는 모든 일은 아무리 단순하고 평범한 일이라도 처음에는 신기하게 느껴진다.
② 어떤 사건에 반복적으로 노출되면 우리는 반응하지 않는다.
③ 습관화는 자극에 반복 노출된 후에 그 행동의 강도 또는 발생빈도가 감소하는 것을 뜻한다.
④ **습관화의 과정**
  ㉠ 청각적 놀람반사의 습관화

  > 실험상자 안에 있는 쥐에게 갑자기 큰 소리를 들려주면 놀라서 펄쩍 뛰게 된다. → 동일한 소음이 여러 번 반복되면 쥐의 놀람반응은 감소하게 된다. → 이런 반응이 충분히 오랫동안 진행된다면 놀람반응은 완전히 멈춰버릴 수도 있다. 쥐는 큰 소리에 대해 습관화가 된 것이다.

  ㉡ 정향반응의 습관화

  > 유아에게 체스판을 제시하면 아이는 다른 곳을 보기 전에 이 자극을 몇 초간 바라본다. → 10초 정도 간격을 두고 다시 제시하면 아이는 다시 이 자극을 응시하지만 시간은 더 짧아질 것이다. → 동일한 자극을 반복 제시하면 대상을 응시하는 시간은 감소하게 된다.

  ㉢ 친숙한 자극에 습관화됨으로써 유기체는 모든 친숙한 자극에 공들여 반응할 필요가 없어 시간과 에너지의 낭비를 막을 수 있다.
  ㉣ 습관화가 위험을 가져다주기도 한다.

  > **예**
  > 총소리에 습관화되어 있는 사슴은 목숨을 잃을 확률이 높다.

  > **예**
  > 재미로 시작한 포커게임의 흥겨움에 습관화되어 전 재산을 잃을 수도 있다.

ⓜ 습관화에 영향을 미치는 요인
- 반응이 얼마나 빨리 습관화되고 얼마나 오래 유지되는가는 자극의 강도, 자극이 경험되는 횟수, 노출시간의 길이에 영향을 받는다.
- 같은 자극에 노출되는 빈도가 증가할수록 이에 대한 반응성은 점진적으로 감소한다.
- 자극 사이의 간격이 짧은 자극에 반복 노출될수록 습관화의 속도가 더 빨라진다.
- 긴 휴지기 후에 재검사 시 자극 사이의 간격이 긴 자극에 노출된 집단이 처음 자극에 더 좋은 기억을 가지며 덜 반응하는 경향을 보인다. 따라서 한 번에 몰아서 하는 학습보다 시간을 두고 학습하는 경우 더 좋은 기억과 습관화를 만들기 쉽다.
- 습관화는 몇 분 또는 수 시간 그리고 어떤 상황에서는 며칠 정도 지속될 수 있지만 영원하지는 않다.
- 습관화되었던 반응에 자극이 제시되지 않고 짧은 휴식시간을 가질 때 습관화되었던 반응이 다시 나타나거나 증가하는 현상을 '자발적 회복'이라고 한다.

⑤ 탈습관화
㉠ 습관화된 반응은 다른 자극으로 일반화되지 않는다. 즉, 습관화는 자극특정적이다.
㉡ 같은 자극의 반복 제시에 의해서 반응이 감소된 습관화된 자극과 지각적으로 변별이 가능한 새로운 자극을 제시했을 경우 반응행동으로서 반사강도나 빈도가 회복될 때 이를 탈습관화라 한다.
㉢ 하나의 시각자극에 습관화되어 있는 아기는 새로운 시각자극에 강한 정향반응을 보일 것이다.

> **예**
> 도넛모양에 습관화되어 있는 아기는 별모양 자극을 제시하면 정향반응을 나타내는데 이것은 반응이 되살아나는 탈습관화현상이다.

> **용어 설명**
> - **청각적 놀람반사**: 예상하지 못한 큰 소리에 방어적 반응을 보이는 것
> - **정향반응**: 동물에게 새로운 자극이나 상황을 제공했을 때 나타나는 각성반응

(3) 민감화

① 과거에 어떤 반사반응을 유발하는 자극에 미리 노출됨으로써 비슷한 자극에 대해 반응강도나 확률이 증가하는 것을 말한다.
② 습관화는 쥐의 청각적 놀람반응을 약화시키지만 민감화는 이 반응을 증가시킨다.

> **예**
> 쥐가 큰 소음을 여러 번 반복해서 듣게 되면 쥐의 놀람반응은 습관화되지만 쥐가 전기충격을 받은 후에 큰 소음이 제시되면 쥐의 놀람반응은 전기충격을 받지 않았던 동물보다 훨씬 더 커진다.

> **예**
> 강한 전기충격이 쥐를 민감화시켜 후속의 큰 소음자극에 대한 쥐의 놀람반응을 증가시키게 된다.

③ 습관화처럼 민감화도 여러 종에 걸쳐 관찰된다.

> **예**
> 사람 또한 놀람반사에 대해 민감화를 나타낸다.

④ 민감화의 지속기간은 매우 짧다. 전기충격 후 10~15분 정도 지속되다가 그 이후로는 놀람반응이 정상수준으로 떨어진다.
⑤ 큰 소음 이후 중립적인 음색을 들려주면 큰 소음이 중립적인 음색에 대한 놀람반응을 민감화시킨다.
⑥ 습관화와 비교해 민감화가 형성되기 위해서는 훨씬 적은 노출횟수가 요구되며 그 결과로 얻어진 기억은 훨씬 더 오래갈 수 있다.
⑦ 습관화는 자극 특정적이어서 큰 소리가 여러 번 반복되면 동물의 놀람반응이 습관화되고, 이후에 다른 큰 소음이 제시되면 놀람반응은 나타나지만 습관화가 새로운 소음에 전이되지 않는다. 그러나 민감화는 자극 일반적이어서 전기충격과 같은 민감화시키는 자극에 노출되면 후속하는 어떤 자극에 대해서도 놀람을 증가시킬 수 있다.

(4) 점화
① 점화란 정보처리과정에서의 '예열'이라고 할 수 있는데, 대체로 사전정보를 이용함으로써 자극의 탐지나 확인능력이 촉진되는 것을 가리킨다.
② 자극에 사전노출되어도 유기체가 차후에 그 자극(또는 반복되는 자극)을 인식하는 능력을 향상시킨다.
③ 점화효과에서 먼저 제시된 단어는 점화단어(Prime)라고 하고, 나중에 제시된 단어는 표적단어(Target)라고 한다.
④ **점화효과**
  ㉠ 정적 점화효과
   • 이전에 경험했던 단서에 대한 **빠른** 반응으로 나타나는 기억의 흔적이다.
   • 그림을 이용한 점화효과 추정

> 각각 한 가지 색으로 겹쳐지게 그린 두 그림자극을 응시한다. → 참가자는 한 가지 색 그림에 선택적으로 주의를 기울이도록 한다.
>
> ※ **참가자가 주의를 기울였던 한 가지 색 그림에 대한 반응속도는 정적 점화효과로 인하여 이전에 주의를 기울이지 않았던 색 그림에 대한 반응보다 대체로 빠르게 나타날 것이다.**

  ㉡ 부적 점화효과
   • 부적 점화효과는 이전에 경험했던 단서에 대한 지연된 반응으로 나타나는 기억의 흔적을 일컫는다.
   • 그림자극실험에서 이전에 주의가 억제되었던 그림에 대한 반응속도는 오히려 느려질 것이다.
   • 이것은 하나의 그림만을 지각대상의 표적으로 지각하기 위하여 다른 그림을 표적대상으로 삼으려는 처리과정을 억제한 결과로 볼 수 있다.
   • 이러한 억제는 부적 점화효과로 이후 지각판단의 지연된 반응속도로 나타난다(Tipper, 1985).

ⓒ 어휘점화효과
- 어휘점화효과란 먼저 제시된 단어가 나중에 제시된 단어의 처리에 영향을 주는 효과이다.
- 일반적으로 연상관계가 강하면 강할수록 점화효과도 크다.

> **예**
> 점화단어로 '의사'를 제시하고 표적단어로 '간호사'를 제시한 조건과, 점화단어로 '빵'을 제시하고 표적단어로 '간호사'를 제시한 조건을 비교하면, 앞의 조건일 때에 어휘판단과제 및 음독과제 수행이 향상되었다.

ⓓ 지각적 점화
지각적 점화는 자극의 형태에 기반하여 이전의 자극과 이후의 자극의 일치에 의하여 증가한다.

> **예**
> 참가자들에게 "mot___" 단어의 빈칸을 완성하라는 요구를 받으면, "moth" 단어에 사전노출된 사람들은 "motel"이나 "motor" 같은 보편적인 단어보다는 "moth"를 자주 사용하는 것으로 나타났다.

3 지각학습

(1) 지각학습의 개념
① 자극의 반복노출은 일반적으로 반응을 증가시키거나 감소시킨다.
② 반복노출이 단지 유기체의 자극에 대한 반응양식을 변화시키는 것만은 아니다.
③ 때때로 반복노출은 동물이 그 자극을 어떻게 지각하는가를 변화시킬 수 있다.
④ 지각학습은 한 자극에 대한 경험이 다른 자극을 더 쉽게 구별하도록 하는 학습이다.
⑤ 이전의 경험이 인식을 향상시킨다는 점에서 개념적으로 점화와 유사하다.
⑥ 점화는 일반적으로 친숙하거나 최근에 관찰된 자극을 인식하는 속도를 향상시키지만 지각학습은 매우 유사한 자극들을 세밀하게 구별해 내는 능력을 증가시킨다.

> **예**
> 경험이 많은 의사는 같아 보이는 증상에 대해 각각 정확하게 진단을 내린다.

> **예**
> 일반적으로 5~6주경에 병아리의 성별을 구별할 수 있지만 숙련된 병아리 감별사는 태어난 지 하루 된 병아리의 성별을 구별할 수 있다.

(2) 단순노출학습

① 지각학습은 때때로 단순한 노출만으로도 발생한다.
② 외현적인 촉진 없이 단순한 자극에의 노출만으로도 학습이 된다.
③ 이와 관련되는 학습으로 잠재학습은 원래 학습이 나중에 밖으로 드러나기까지는 탐지가 되지 않는 학습을 뜻한다.
④ 실험집단의 쥐들이 지내는 우리에 삼각형 모형을 얼마간 걸어두면, 그 쥐들은 나중에 실험실에서 삼각형을 더 빠르게 구분해낼 수 있다.
⑤ 노출 이외에 그 어떤 외현적 촉진이나 피드백, 강화물이 전혀 존재하지 않음에도 학습이 발생한다는 것이다.
⑥ 사람들의 경우 자신들의 과제수행이 옳은지 그른지를 알지 못하는 상태에서 지속적으로 자극이 반복되자 점차 표적자극을 정확하게 구분할 줄 알게 되었다.

(3) 변별학습

① 표적자극을 이해하고, 표적 및 표적과 유사한 자극 사이의 차이를 정확히 확인하는 능력이 학습되는 현상을 의미한다.
② 지각학습이 단순노출에 의해서만 발생하는 것은 아니다. 오랜 시간의 훈련과 정확성에 대한 피드백을 받는 것이 학습의 하나의 과정이다.
③ 피드백훈련은 지각학습을 아주 많이 촉진시킬 수 있다.
④ 단순노출학습과 변별훈련 모두 다른 사람들보다 더 나은 숙련인을 만들어 낸다.
⑤ 지각학습은 학습특정성이 높다.

> **예**
> 수십 년간 개 품평회에서 개들의 품종을 감정해 온 사람이 농축산물 품평회에 나온 돼지를 감정하는 것은 잘 할 수 없다.

⑥ 촉각반응도 학습이 가능하다.

> **예**
> 이쑤시개 두 개를 3cm 간격으로 두고 피부를 누르면 2개라는 것을 알지만 5mm 간격으로 두고 피부를 누르면 한 개로 인식한다. 그러나 이것도 학습에 의해 구별이 가능하다.

⑦ 초기의 지각학습은 특수성이 높아서 새로운 자극으로 전이가 되지 않는다. 새로운 자극에 대해서는 새로운 변별을 배워야 한다.
⑧ 지각학습의 특수성은 부분적으로는 학습되고 있는 변별과제의 난이도에 의해 결정된다. 더 어려운 과제는 더 큰 특수성으로 이어진다.
⑨ 주변 환경 색으로 위장한 나방이 위장을 더 잘 할수록 변별과제는 더 힘들어질 것이며 나방모양을 인식하는 학습이 다른 배경에 놓인 다른 나방들을 인식하는 능력에 전이되지는 않을 것이다.

(4) 공간학습
① 사람이 자신이 거주하는 인근 지역의 지리에 대해 기억하는 것과 같이 우리 주변에 대한 정보를 습득하는 것을 공간학습 또는 장소학습이라고 한다.
② 쥐가 단순노출을 통하여 공간학습을 한다는 것이 톨만에 의해 수행되었고 이것을 잠재학습이라고 하였다.
③ 잠재학습은 탐색하는 쥐가 나중에 미로의 특정지점으로 달려가는 학습을 더 용이하게 해주었다.
④ 쥐가 단순히 길을 도는 순서를 학습하였다는 것만으로는 설명이 충분하지 않다. 왜냐하면 새로운 출발지에 놓여도 목표점으로 가는 길을 찾을 수 있기 때문이다.
⑤ 쥐는 주변의 환경을 시각단서로 이용하는 것 같았다. 이들 단서가 다른 것들로 전환되면 쥐는 잠시 어리둥절하는 것으로 보였다.
⑥ 야생의 동물들도 이정표를 바탕으로 길 찾기를 학습한다.

> **예**
> 어떤 종류의 말벌과 꿀벌은 먹이를 찾아 자신의 벌통 또는 굴을 떠나기 전에 그들의 집 주위를 선회하는데 이것이 이정표에 대한 시각정보를 수집하기 위한 것으로 결론지었다.

4 비연합학습의 모델

(1) 이중과정이론
① 자극을 반복적으로 제시하면 반응까지 연결되는 중간마디들의 연결이 약해져서 운동반응에서 활성화강도 또는 경향성이 감소할 수 있다.
② 민감화에서는 반응의 활성화강도 또는 경향성이 각성자극에의 노출에 의해 일시적으로 강화된다.
③ 동일한 자극에의 반복적인 노출 후에 관찰되는 반응은 습관화와 민감화의 결합된 효과를 반영한다.
④ 습관화와 민감화가 서로 독립적이지만 평행적으로 작용함을 제안한다.
⑤ S에 대한 반응의 강도는 얼마나 자주 S가 반복되었는가와 민감하게 하는 사건이 얼마나 강하고 얼마나 최근에 일어났는가와 같은 측면에 달려있다.

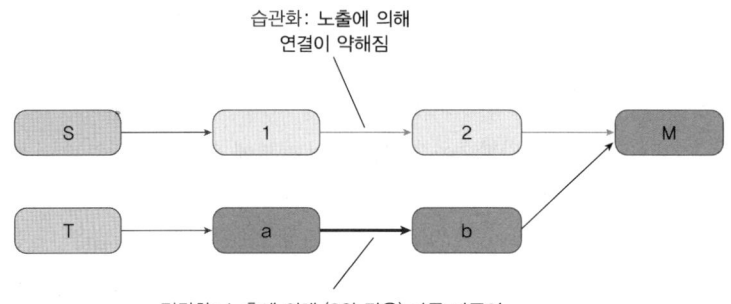

[습관화의 이중과정이론]

(2) 비교기모델

① 뇌가 하나의 자극을 탐지할 때마다 뇌는 그 자극에 대한 하나의 표상을 형성한다.
② 형성된 표상과 이전에 경험했던 자극에 대한 기억을 비교한다.
③ 이 두 개의 표상이 꼭 닮은 것이 아니면 정향반응과 같은 하나의 반응이 발생한다.
④ 이 두 개의 표상이 꼭 닮은 것이 되면 해당반응은 억제된다.
⑤ 즉 친숙한 자극에 대한 반응이 감소되는 습관화가 된다.
⑥ 자극에 대한 노출이 더 많이 반복될수록 표상은 더 친숙해지고 정향반응에 대한 요구는 더 적어진다.

(3) 변별이론

① 하나의 자극은 수많은 속성을 가질 수 있지만 뇌의 지각적 표상들은 한 번에 하나의 정보만을 흡수할 수 있다.
② 반복노출은 뇌가 하나의 자극에 대한 더 많은 정보를 수집할 수 있는 기회를 제공한다.
③ 그 자극에 대한 저장된 정보량이 증가함에 따라 정신적 표상들은 더 정교해진다.
④ 완전한 표상들은 자극에 대해 더 정확한 인식뿐만 아니라 더 정확한 변별판단을 할 수 있게 해준다.

제2절 지각기술학습

1 숙련기억

(1) 숙련기억의 특징
① 숙련기억은 오래 유지되고 반복적 경험을 통해 향상된다.
② 숙련기억은 언제나 말로 표현되는 것은 아니고 의식적인 자각 없이 획득되고 인출된다.
③ 사건과 사실에 관련된 모든 기억은 숙련기억에 좌우된다.
④ 정보를 표현하기 위해 말하고, 쓰고, 제스처를 취하는 능력은 연습을 통해 향상되기 때문이다.
⑤ 사실에 대한 기억이 기술을 획득하는 데 중요한 역할을 할 수 있더라도 숙련기억이 반드시 말로 표현될 수 있는 기억에 좌우되지 않는다.
⑥ 기억의 분류가 전통적인 도식에 정확히 맞아떨어지지는 않는다.
⑦ 일반적으로 숙련기술은 지각-운동기술과 인지기술로 나눌 수 있다.

(2) 지각-운동기술
① 보편적인 기술은 신발을 신고, 연필을 잡고, 자전거를 타고, 달리기를 하고, 춤을 추는 것 등을 포함한다.
② 감각입력에 뒤따르는 이런 기술은 학습된 동작패턴이며 지각-운동기술에 해당한다.
③ 전문 발레리나는 정해진 동작을 순서에 맞게 정확히 연습한다. 이렇게 정해진 동작을 수행하는 기술을 폐쇄기술이라고 한다.
④ 사교댄스는 발레와는 달라서 상대의 다음 동작을 잘 예측해서 춤을 추어야 한다. 이렇게 환경의 변화에 대한 예측에 기반한 반응을 요구하는 기술을 개방기술이라고 한다.
⑤ 피겨스케이팅이나 체조는 완벽한 폐쇄기술을 사용하며 축구 같은 팀 스포츠는 개방기술을 사용한다.
⑥ 대부분의 지각-운동기술은 폐쇄와 개방기술의 특징을 모두 포함한다.

(3) 인지기술
① 지각-운동기술 외에 연습을 통해 향상되는 전략게임, 표준화된 시험, 요리하기 등의 능력들은 인지기술을 요하는 활동들이다.
② 인지기술이란 단순히 지각한 것에 따라 몸을 움직이기보다는 문제를 해결하고 전략을 적용하는 데 뇌의 사용이 요구되는 것들이다.
③ 현재 인지기술에 대해 밝혀진 대부분이 인간연구에서 비롯된 것들이다.
④ 심리학자들은 추리하고 문제를 해결하는 능력을 인지능력이라 하고 인간만이 추론할 수 있는 능력이 있다고 생각하였다.
⑤ 그러나 최근 연구를 통해 침팬지나 돌고래 등은 도구 사용법을 스스로 학습할 수 있다는 것이 알려졌다.

⑥ 도구사용은 전형적으로 지각-운동기술과 인지기술 모두와 관련이 있는 능력이다.
⑦ 도구사용 시 요구되는 동작과 특정 전략이 문제를 푸는 데 유용하다는 인식은 연습을 통해 향상된다.
⑧ 역사적으로 철학자와 심리학자들은 지각-운동기술과 인지기술을 구분해 왔지만 이 두 가지 기술을 배우고 기억하는지에 대한 최근 증거들은 이전까지의 생각보다 서로 더 많은 유사성이 있다는 것을 말해준다.

2 훈련

(1) 기술획득

① **연습**
   ㉠ 연습은 특정기술을 수행하는 데 요구되는 시간을 감소시킨다.
   ㉡ 학습은 처음에는 빠르게 일어나지만 점차로 느려진다.

   > **예**
   > 타이핑을 하는 연습은 시간이 지날수록 속도가 빨라진다. 그러나 어느 순간부터는 더 이상 빨라지지 않는다.

   ㉢ 학습의 **멱함수법칙**은 연습을 계속함에 따라 수행이 향상되지만 향상의 폭은 점점 줄어든다는 것을 의미한다.
   ㉣ 이러한 멱함수법칙은 다양한 종류의 인지적 기술 및 지각-운동기술들에 적용된다.
   ㉤ 어떤 기술에 점점 능숙해질수록 개선될 여지는 점점 줄어든다.
   ㉥ 연습으로 수행을 개선시키는 능력이 줄어드는 비율은 대개 연습될 기술이나 기술을 배우는 동물의 종류와는 무관하게 미리 결정된다.
   ㉦ 특정기술의 향상은 연습횟수가 증가함에 따라 놀라울 만큼 증가되었다.

② **피드백**
   ㉠ 일반적으로 연습의 증가는 기술의 향상을 가져오지만 연습의 효과를 강화시키는 또 다른 요인들이 있다.
   ㉡ 피드백은 수행향상에 도움을 주며, 자신의 기술을 향상시키는 데 도움이 되는 영상을 수행을 개선시키는 데 사용하는 사람은 수행시간이 향상되었다.
   ㉢ 영상을 본 사람은 그가 관찰한 수행기술에 대한 기억을 형성함으로써 수행을 개선시키는 데 사용할 것이다.
   ㉣ 이 기억은 최선의 신체적 동작과 비교하여 어떻게 학습한 기술을 성공적으로 수행할 수 있는지에 대한 강력한 피드백으로 작용한다.
   ㉤ 피드백은 연습하는 동안 기술을 수행하는 방법에 영향을 주기 때문에 숙련기억의 습득에 중요하다.

ⓑ 모든 피드백이 동일한 효과를 갖는 것은 아니며 주어진 피드백의 종류는 연습이 어떻게 수행에 영향을 주는지 결정한다.
ⓐ 빈번한 피드백은 단순지각-운동과제에 단기적으로 좋은 성과를 보이지만 장기적으로는 보통 정도의 성과를 이끈다.
ⓞ 수행의 종류에 따라 효과적인 피드백은 다르다.
ⓒ 즉각적인 피드백은 인지기술을 개선시키는 데 도움이 된다.

③ **노력의 배분방법**
   ㉠ 숙련기억을 향상시키는 데는 연습방식뿐 아니라 연습과정 동안 노력의 배분방법에도 영향을 받는다.
   ㉡ 한꺼번에 몰아서 하는 연습은 단기간에 더 나은 실적을 만들지만 시간을 두고 하는 연습이나 여러 회로 나누어 하는 연습은 장기적으로 더 오래 기억된다.

   > **예**
   > 하루에 한 시간씩 3개월간 타이핑 연습을 한 그룹이 1개월 동안 하루에 4시간 훈련한 그룹에 비해 더 성과적이었다.

   ㉢ 그러나 어떤 개인이 주어진 기술을 배우는 데 어떤 스케줄이 더 적합한지 합의점을 찾지는 못했다.

④ **다양한 연습**
   ㉠ 일관된 연습은 반복적으로 동일한 기술을 연습하는 것이다.
   ㉡ 다양한 연습은 여러 가지 상황을 다양하게 만들어 특정기술을 연습하는 것이다.
   ㉢ 다양한 연습은 더 나은 수행을 이끌어내는 것으로 보인다.
   ㉣ 그러나 다양한 연습이 일관된 연습보다 언제나 더 효과적인 것은 아니다.
   ㉤ 다양한 연습이 더 나은 학습과 수행을 이끌어내는 상황을 확실히 예측하는 방법을 알아내지는 못하고 있다.

   > **용어 설명**
   > **스티븐스의 멱함수 법칙(Stevens' power law)** : 감각 자극과 감각 경험 간의 관계가 멱함수(power function, 지수 함수)로 표시된다는 것을 말한다. 감각의 종류에 따라 멱함수의 계수와 지수가 다르다. 이 법칙은 페흐너(Fechner)의 법칙을 포함하여 더 다양한 종류의 감각 경험을 설명하는 장점이 있다. 뉴웰과 로젠블룸(Newell & Rosenbloom)은 기억 수행이 연습의 멱함수로 향상된다는 현상에 대해 학습의 멱함수 법칙이라고 불렀다.

(2) **암묵적 학습**

① **우연히 배우는 학습**
   ㉠ 암묵적 학습은 인식하지 못하는 학습이며 어떠한 학습을 한다는 인식 없이 특정기술을 수행하는 것을 배우는 것이다.

ⓒ 암묵적 학습으로 얼마나 많은 기술을 습득했는지 알기는 매우 어렵다.
　　　ⓒ 암묵적 학습의 한 가지 형태는 어떤 과제를 수행하는 상황에서 개인은 자신의 수행을 용이하게 하는 기초적인 기술을 우연히 학습하게 되는 것이다.
　　　ⓔ 창문닦기를 반복적으로 하다 보면 어떻게 하는 것이 잘 닦이는 방법인지 자신이 알 수도 있고 알지 못 할 수도 있지만 학습하게 된다.
　② **기억상실증과 숙련기억**
　　　㉠ 순행성기억상실증에 걸린 사람은 과제수행을 습득해 나가는 과정에서 항상 처음 시도한다고 생각한다.
　　　ⓒ 이들은 과제수행이 향상되는데 이것은 숙련기억을 형성하고 있음을 말해주는 것이다.
　　　ⓒ 앞에서 소개한 HM은 새로운 지각-운동기술을 학습할 수 있었지만 자신이 그것을 학습했다는 사실을 알지 못하였다.
　　　ⓔ 기억상실증에 걸린 사람이 복잡한 기술을 학습할 수 있다는 것은 기술을 담당하는 신경시스템이 사건과 사실에 대한 기억을 저장하고 회상하는 시스템과 다르다는 것을 의미한다.
　　　ⓜ 학습의 차이(노래 배우기)

구분	정상인	기억상실증 환자
암묵적 학습	암묵적 학습 아님	암묵적 학습
이유	정상인은 노래 부르기를 연습하면서 가사를 해석하고 그 노래를 회상하고 있고 노래를 부르는 능력이 시간이 흐름에 따라 향상된다고 인지한다.	환자들이 특별한 노래를 부르는 데 있어서 자신들이 점점 잘 부르고 있다는 것을 알지 못하며 그 노래를 배운 것조차 기억하지 못한다.

　　　ⓗ 기억상실증에 걸린 사람이 암묵적으로 기술을 학습할 수 있지만 최근 사건을 회상할 수 없다는 사실은 숙련기억이 기본적으로 사실 및 사건기억과 다르다는 증거가 된다.
　③ **지각-운동기술에서 암묵적 학습의 효과**
　　　㉠ 지각-운동기술을 획득한 후에 배운 것을 말로 표현하는 것은 어려운데 이것은 학습이 암묵적으로 이루어진다는 것을 보여준다.
　　　ⓒ 전문가들은 훈련 속에서 암묵적 학습이 이루어지며 이것은 인지기술의 향상을 가져온다.
　　　ⓒ 연습이 일으킨 생각의 변화는 관찰하기가 어렵다.
　　　ⓔ 학습자는 자신의 변화를 알아차리지 못하기 때문에 그것을 보고할 수도 없다.
　　　ⓜ 그러나 지각-운동기술의 학습이 이루어지는 동안 암묵적 학습이 인지기술의 학습보다 더 잘 일어나는지 평가할 방법이 없다.

> **용어 설명**
>
> **순행성기억상실증** : 손상 이후에 새로운 기억이 불가능한 기억상실증으로 정보를 장기기억에 전이하는 능력이 손상된 경우
> cf. **역행성기억상실증** : 손상 전의 기억이 불가능한 역행성기억장애증으로 기억흔적 응고화가 와해된 경우

(3) 기억과 망각

① 특정기술을 기억하는 능력은 그 기술의 복잡성, 숙련기억의 부호화, 회상 정도, 회상이 되는 조건에 의존한다.
② 지각-운동숙련기억은 인지숙련기억보다 오래가지만 숙련기억도 사용하지 않으면 희미해진다.
③ 운동제어의 상실이 숙련기억의 망각을 의미하지는 않으며 외부관찰자 입장에서 둘을 구별하기는 어렵다.
④ 개인이 더 이상 학습한 기술을 사용하지 못할 때 그 과정을 기술퇴화라고 한다. 따라서 운동결함과 장애는 학습된 기술을 사용하지 못하기 때문에 기술의 퇴화를 가져온다.
⑤ 기술의 망각은 학습과 반대여서 망각곡선은 학습곡선과 유사함을 보인다. 망각은 처음에는 빠르게 일어나다가 점차 느려진다.
⑥ 시간의 경과는 특정기술의 퇴화를 가져오는데 이것이 기술을 망각하는 것인지, 새로운 학습으로 인한 간섭에 의한 것인지 구별할 수는 없다.
⑦ 숙련기억의 간섭이 하루만에도 발생할 수 있다.

> **예**
> 간단한 과제의 경우 같은 날 두 개의 과제를 학습하면 먼저 학습된 숙련기억은 방해를 받는다.

⑧ 음악가나 운동선수와 같이 다양한 기술을 연습하는 경우 일정한 연습보다 다양한 연습이 더 장기적인 수행을 이끌어 내는 데 복잡한 기술이 간섭효과에 덜 취약하다는 것을 보여준다.

(4) 훈련의 전이

① 기술은 그 적용의 측면에서 보면 상당히 제한적이다.
② 최고급 한식요리사가 중식을 한식과 같은 수준으로 만들지는 못할 것이다.
③ 기술은 새로운 상황에 쉽게 이전될 수도 있다.

> **예**
> 손으로 글씨를 쓰는 것을 배우면 입으로 연필을 물고 글씨를 쓰면 힘들지만 알아볼 수는 있다.

> **예**
> 스포츠선수들이 연습에서 배웠던 기술은 실전으로 전이된다.

④ 손다이크의 '동일요소이론'에 따르면 학습된 능력의 새로운 상황으로의 전이는 해당기술이 부호화되었던 상황과 새로운 상황 간 동일한 요소가 얼마나 있느냐에 달려있다.
⑤ 보유한 숙련기억을 새로운 기술의 수행에 적용할 때 과거 경험에 기초한 일반화를 행하는 셈이다.
⑥ 그러나 한 가지 기술이 일반화되는지 어떤 요소들이 학습된 능력의 일반화를 제한하는지 아직 확실히 알지 못한다.
⑦ 연습은 수행과 회상을 향상시키며 시간이 흐르면서 기술의 안정성과 신뢰성이 증가한다.
⑧ 개인이 사건과 사실기억을 운동의 미리 정해진 순서에 대한 기억으로 바꿈으로써 숙련기억을 안정화시키는 것으로 보인다.

3 전문기술과 숙련기억의 모델

(1) 전문적 기술과 재능

① 사람마다 무언가를 처음 시작할 때 기술수준이 다르고 연습을 통해 향상할 수 있는 수행수준이 다르다.

② 노력 없이 특정기술을 마스터하는 것처럼 보이는 사람은 기술적 소질이나 재능이 있는 것으로 보이고 기술에 능숙한 사람은 전문가로 간주된다.

③ 어떤 기술수행을 잘 시작하는 사람이 전문가가 되기도 하지만 기술수행능력이 처음에 없는 사람도 연습을 통해 타고난 자질을 가진 사람보다 더 능숙한 기술을 발휘할 수 있다.

④ **인지기술과 지각-운동기술의 전문성과 재능의 관계**

　㉠ 일란성 쌍둥이의 **회전추적과제** 수행능력은 훈련 시 과정이 진행될수록 점점 비슷해졌고, 이란성 쌍둥이는 달라졌다.

　㉡ 회전추적과제 훈련 시 손동작 스타일도 일란성 쌍둥이는 서로 유사한 모습을 보였지만 이란성 쌍둥이의 동작은 매우 다르게 나타났다.

　㉢ 일란성 쌍둥이는 동일한 유전자를 가지고 있어 훈련을 통해 행동에서의 유전적 역할을 증가시킴으로써 그들의 행동이 점차 동일해진다.

　㉣ 이란성 쌍둥이는 서로 다른 유전자를 가지고 있어 행동에서 그들의 유전자 역할을 증가시킬수록 그들의 행동은 더욱 달라진다.

　㉤ 훈련은 좀 더 복잡한 지각운동과 인지기술에도 유사한 영향을 줄 수 있다.

　㉥ 어떤 심리학자는 타고난 재능이 아무런 역할을 하지 않으며 훈련만이 전문가가 되는 것을 결정한다고 주장하기도 한다.

　㉦ 개인의 특정기술수행이 최고의 수준에 이르는데 필요한 연습량을 확실히 예측하는 것은 어렵다.

⑤ 그러나 숙련기억을 연구하는 과학자들은 훈련이 개인의 특정기술수행 정도를 결정하는 데 있어 매우 중요하다고 말한다.

⑥ 연구자들은 여러 프로게이머들의 숙련기억을 연구한다 : 다양한 수준의 게이머를 찾기가 비교적 쉽고 게임은 다양한 지각운동과 인지기술을 필요로 하며 각각의 전문성수준을 경쟁을 통해 양적으로 측정할 수 있기 때문에 실제 세계에서 기억의 훌륭한 예를 제공한다.

> **예**
> 프로 체스선수가 체스판을 바라보는 초점과 프로 축구선수들이 경기에서 다른 선수들의 움직임을 보는 초점 등이 아마추어와 다르게 나타났다.

> **예**
> 세계 체스챔피언과 컴퓨터의 체스시합에서 컴퓨터가 승리를 하였다. 컴퓨터는 막대한 체스정보를 저장 받았기에 가능한 일이다. 훈련이 전문가의 필수사항은 아닌듯하지만 사람이 그런 과정을 만들기는 불가능하다. 따라서 우리가 할 수 있는 것은 오직 훈련만이 답인 것 같다.

> **용어 설명**
>
> **회전추적과제**: 끝이 뾰족한 막대기의 끝을 잡고 회전하는 원반의 가장자리에 그려진 표적 위에 계속해서 놓여 있게 하는 것으로 도공이 물레 위에서 진흙 항아리의 모양을 만드는 데 필요한 조정능력처럼 정확한 손과 눈의 조율이 필요한 과제다.

(2) 행동연쇄접근

① 행동연쇄란 특정한 순서로 발생하는 연속적 행동을 의미하며 연쇄의 마지막 행동이 완성되면 일차강화물이 뒤따른다.
② 행동연쇄가 정확한 순서로 유지되는 이유는 각 반응이 연쇄의 다음 반응에 대하여 변별자극으로 작용하여 구별된 자극을 만들기 때문이다.
③ 연속동작수행에서 하나의 동작으로부터 나오는 시각, 촉각, 운동감각피드백이 다음 동작을 위한 변별자극으로 작용한다.
④ 연속동작을 수행하는 능력이 연습을 통해 향상되는 것은 적절한 자극-반응연합이 강화에 의해 증가되기 때문이다.

(3) 운동프로그램

① 운동프로그램과 규칙

㉠ 기술을 연습하는 것은 그 기술을 더 잘 수행하기를 원하기 때문일 것이다.
㉡ 어떤 조직이 무의식적으로 수행할 수 있는 일련의 동작을 '운동프로그램'이라고 한다.
㉢ 운동프로그램은 반사적인 것이 아니라 학습된 것이거나 선천적인 것이다.
㉣ 고도로 학습된 지각-운동기술은 운동프로그램이라고 할 수 있다.
㉤ 고도로 학습된 인지기술도 추가적인 연습을 통해 운동프로그램이 될 수 있다.
㉥ 구구단을 외우면 누군가 곱하기를 묻는 질문에 고민하지 않고도 즉시 답을 말할 수 있다.
㉦ 내가 들은 단어를 인지하고 뇌는 자동적으로 대답을 만들기 위해 연속적 운동을 생성해 내는 것이다.
㉧ 숙련기억이 사건과 사실기억일 수 있다.

> **예**
>
> 새로 산 전자제품의 사용방법을 매뉴얼을 보고 처음 작동을 시도하고 기억을 되살려 이를 재수행할 수 있다. 이는 사건과 사실기억에 의존하기 때문에 가능하다.

㉩ 처음에 레시피를 보고 한 요리가 몇 번의 연습으로 글로 쓴 규칙에 의존하지 않아도 수행이 가능해지는 것도 사실기억이 숙련기억의 역할을 한다는 것을 의미한다.
㉪ 이것은 연습이 규칙을 운동프로그램으로 전이시키기 때문에 가능하다고 설명한다.

② 운동프로그램의 단계
　㉠ 인지단계
　　• 교육, 관찰, 시행, 착오 등의 과정으로 획득한 정보를 부호화하기 위한 초기기간의 노력은 기술학습에 해당한다(Fitts, 1964).
　　• 이 단계는 기술을 부호화하는 데 필요한 능동적인 사고를 하는 단계이다.
　　• 이 단계에서 사람은 특별한 목표를 완수하기 위해 동작과 사고를 통제하는 능력뿐 아니라 알고 있는 것을 이용해 기술을 수행한다.
　　• 사람은 말로 표현할 수 있는 사실이나 규칙의 기억에 의존하는 것으로 보인다.
　㉡ 연합단계
　　• 이 단계에서는 능동적으로 회상하는 규칙기억에 덜 의존하고 기술을 수행할 때 필요한 전형적인 동작을 사용하기 시작한다.
　　• 기술획득을 위해 처음에는 규칙과 방법들을 끊임없이 상기하지만 반복 후에는 그 조합에 대해 더 이상 생각하지 않는다.
　㉢ 자동단계
　　• 연습했던 기술이나 그 기술의 일부가 운동프로그램이 되는 단계이다.
　　• 이 단계에서 수행되는 특별한 동작의 어떤 부분은 말로 표현하기 불가능할 수 있다.
　　• 수행은 사건과 사실에 대한 말로 표현할 수 있는 기억에 훨씬 덜 의존적이 된다.
　　• 자신이 하고 있는 것에 주의를 기울이지 않고도 그 기술을 수행할 수 있다면 자동적인 단계에 도달한 것이다.

> **예**
> 누군가와 대화를 하면서 저글링을 할 수 있다면 자동단계에 도달한 것이다.

　㉣ 핏츠의 숙련학습모델 3단계

단계	특성	예시
인지단계	수행이 언어로 표현된 규칙에 의존한다.	설명서를 보고 텐트를 설치한다.
연합단계	동작이 정형화된다.	설명서를 보지 않고 순서대로 텐트를 설치한다.
자동단계	자동적으로 운동을 수행하는 것처럼 보인다.	다른 사람과 정치에 관한 대화를 나누면서 텐트를 설치한다.

(4) 역동적 패턴이론

① 많은 연구자들이 일반화된 운동프로그램 개념을 수용하지만 다른 관점으로 접근을 제안하였다.
② 역동적 패턴이론은 빠르고 적응적으로 일련의 동작을 수행하는 능력이 반드시 그 동작들이 일반화된 운동프로그램에 의해 제어된다는 것을 의미하지는 않는다고 생각했다.
③ 운동프로그램의 주장과 달리 어떤 기술들은 생물학적으로 그렇게 하는 것이 쉽기 때문에 발생한다고 시사한다.
④ 동작을 수행하는 동안 신체와 환경으로부터 오는 피드백의 중요한 역할을 강조한다.

⑤ 능숙한 동작을 수행하는 데 감각피드백이 중요한 역할을 하므로 사전프로그램되어 있다는 것에 의심을 제기하였다.

4 신경시스템과 임상적 관점

(1) 신경 메커니즘
① 숙련기억의 형성과 회상과 관련된 뇌영역은 기저핵, 대뇌피질, 소뇌이다.
② 기저핵은 학습과정에서 감각과 운동시스템 사이의 상호작용을 지휘하고 다양한 피질네트워크는 움직임을 통제하고 조정하는 특별한 기능을 담당한다.
③ 기저핵이 손상된 쥐들의 미로학습수행에 관한 연구들은 기저핵이 주변단서를 이용해서 운동반응을 학습하는 데 필수적인 역할을 수행함을 보여준다.
④ 기저핵은 날씨 예측과 같은 인지기술을 학습할 때도 반응한다.
⑤ 어떤 특정한 기술을 학습할 때 그와 관련된 체감각피질과 운동피질의 영역들이 확장된다. 반면, 관련 없는 영역들은 거의 변화가 없다.
⑥ 많은 종류의 지각-운동학습은 소뇌를 필요로 한다.
⑦ 소뇌는 춤추기와 같은 연속동작의 정확한 타이밍을 요구하는 기술학습에서 표적을 겨냥하거나 따라가야 하는 과제에 중요하다.
⑧ 소뇌가 타이밍에 결정적인 역할을 한다면 대뇌피질은 복잡한 동작을 조절하는 데 주로 관여하고 기저핵은 감각신호를 반응으로 연결하는 데 필요하다.

(2) 기술장애
① 실행증은 대부분 머리 부위의 부상이나 뇌졸중에 의한 대뇌피질의 손상으로부터 비롯된다. 실행증 환자들은 목적이 있는 행동을 만들어내는 데 어려움을 겪는다.
② 실행증 환자들을 대상으로 한 기술학습연구들은 뇌손상이 특정 기술을 학습하고 회상하는 것을 막기보다는 주로 그 기술의 통제와 실행을 방해하기 때문이라고 제안한다.
③ 연구자들은 **경두개자기자극법**(Transcranial Magnetic Stimulation, TMS)을 이용해서 건강한 피험자들에게서 실행증과 유사한 증상을 만들어냄으로써 숙련기억과 피질의 관계를 연구한다.
④ 헌팅턴병은 뇌 전체, 특히 기적핵과 대뇌피질의 뉴런들에 서서히 손상을 입히는 유전질환의 하나이다.
⑤ 헌팅턴병 환자들은 보통 지각-운동기술의 학습에 결함을 보이며 이는 기억의 인출실패 및 저장용량의 감소에서 기인하는 것으로 보인다.
⑥ 연구자들은 유전학적 방법을 이용하여 헌팅턴병 진단에 발전을 가져왔지만 이 병을 예방하거나 치료하는 방법에 대한 연구는 아직 초기단계이다.

⑦ 파킨슨병은 기저핵의 정상적 기능이 방해됨에 따라 점진적으로 운동 통제가 망가지는 증상을 동반한다.
⑧ 파킨슨병 환자들은 점점 더 심해지는 근육의 떨림과 경직을 경험한다. **심부뇌자극법**을 통해 기저핵-피질 루프로 전류를 흘려주는 치료방법이 어느 정도 가능성을 보이고 있다.

> **더 알아두기**
>
> 반복적인 경험은 점차적으로 기술의 수행을 향상시킨다. 반복은 기존에 가지고 있던 기억들을 차츰 수정하게 되고 그 결과 가장 나은 수행을 할 수 있게 한다.

> **용어 설명**
>
> - **경두개자기자극법**: 대뇌피질을 비활성화시킴으로써 건강한 사람을 일시적으로 운동장애 상태로 만들어 이것이 기술학습과 회상에 미치는 영향을 살펴보는 것. 두개골에 짧은 자기펄스를 가하여 가로 세로 각각 약 1cm의 사각형영역에 정상적 활성화패턴을 방해하는 작은 전류를 생성하는 것으로, 장애는 단지 수백분의 일초 동안 지속되지만 시간을 적절하게 맞춘다면 기술학습과 수행에 장애를 줄 수 있음
> - **심부뇌자극법**: 환자의 기저핵 가까이에 한두 개의 전극을 깊이 삽입하여 전극을 통해 전류를 흘려보내면 떨림 같은 파킨슨병과 관련된 많은 운동장애 증상이 수초 내에 사라짐. 떨림은 결국 다시 시작되지만 심부자극은 떨림증상을 통제하는 효과적인 방법

제3절 행동학습

1 운동기술의 다양성

(1) 운동기술의 종류
우리는 매일매일 다양한 운동기술을 사용하며 살아간다. 또한 사람들이 배울 수 있는 숙련된 동작은 매우 다양한데 운전 시 급브레이크 밟기, 자전거 타기, 농구에서 슛, 골프에서 드라이브 샷, 피아노 치기, 타이핑하기 등 이외에도 나열할 수 없는 무수히 많은 운동기술들이 있다.

(2) 운동기술의 특징
① 어떤 운동기술은 시작하자마자 곧 끝나기 때문에 비연속적이라고 한다.
② 다른 운동기술은 연속적인데 오랫동안 계속되기 때문이다.
③ 비연속적, 연속적이라는 말은 연속선의 양 끝을 나타내고 행동은 이 양극단 사이에 위치한다.

④ 대부분의 연속적 동작은 동작의 정확한 진행에 관한 피드백을 계속 받으면서 반응해야 하기 때문에 '폐쇄고리동작'이라고 부른다.

> **예**
> 평균대 위에서 걸어갈 때 몸이 한쪽으로 기울어지는 것을 느끼면 무게중심을 반대로 바꾸면서 즉시 보완한다.

⑤ 급브레이크 밟기 같은 비연속적 동작은 매우 급히 발생하기 때문에 오류가 발생한다 해도 그것을 대처하거나 교정할 시간이 없다. 이러한 동작을 '열린고리동작'이라고 한다.
⑥ 어떤 기술은 매번 정확히 똑같은 동작을 요하지만 다른 기술은 상황에 맞춰서 동작을 바꿔야 한다.

> **예**
> 농구에서 자유투는 성공했던 동작을 그대로 반복하면 언제든지 성공할 수 있다.

> **예**
> 골프의 퍼팅은 매번 다른 상황에서 해야 한다. 거리, 경사, 각도 등이 매번 다르기 때문에 선수는 이것들을 모두 고려해서 적절한 힘과 방향으로 공을 쳐야 한다.

(3) 운동기술연구
① 운동기술연구에는 손잡이 돌리기나 회전판점추적하기 등의 특이한 과제를 사용한다.
② 사용되는 과제들은 광범위한 일상적 동작들을 대표하는 것들이다.
③ 사용되는 과제들은 매우 간단해서 결과 해석이 용이하다.
④ 참가자가 실험실 밖에서 접했을 가능성이 없는 과제들로 새로운 운동기술의 획득을 증명할 수 있는 과제들이다.

2 운동학습과 수행에 영향을 주는 변인

(1) 강화와 결과지식
① 효과의 법칙과 운동학습
  ㉠ 문제상자로 잘 알려진 손다이크는 인간의 운동학습을 가장 처음 연구한 사람이다.
  ㉡ 손다이크는 인간의 운동학습도 동물과 마찬가지로 효과의 법칙이 중요하다고 하였다.
  ㉢ 강화를 받은 집단은 그렇지 않은 집단에 비해 수행의 정확성이 상당히 증가하였다.
  ㉣ 실험
    • 참가자의 눈을 가리고 3인치 길이의 선을 그리게 한다.
    • 집단1은 3인치에서 1/8인치를 더하거나 뺀 값이면 '맞다', '틀리다'로 강화를 받았다.

- 집단2는 '맞다', '틀리다'의 강화를 주지 않는다.
- 결과 : 집단2는 여러 차례 수행에서 향상이 나타나지 않았다.

② **결과지식**
  ㉠ 트로우브리지(Trowbridge)와 캐이슨(Cason)은 손다이크의 실험에서 반응의 정확성에 대한 피드백을 준 것이라고 주장했다.
  ㉡ 그런 유형의 피드백을 '결과지식'이라고 한다.
  ㉢ 두 사람은 '맞다', '틀리다'가 참가자의 정확성을 향상시킨 것이지, 강화와 처벌적 측면에 영향을 준 것이 아니라고 하였다.
  ㉣ 두 사람은 손다이크의 실험을 추가집단을 포함해 100회 시행하여 재현하였다.

구분	처치
집단1	질적 결과지식 집단
집단2	결과지식 없음 집단
집단3	• 양적 결과지식 집단 • 각 오류에 대하여 1인치의 1/8까지 오류의 방향과 양에 피드백 받음 　예 선분이 3인치보다 5/8인치 더 길면, "+7", 2/8인치 더 짧으면 "-2"라고 말함
집단4	• 부적절한 결과지식 집단 • 매 시행 후 의미 없는 무의미 철자로 쓸모없는 피드백을 받음

  ㉤ 다음 그래프는 네 집단의 결과이다. 결과지식 없음 집단이나 부적절 결과지식 집단은 수행이 향상되지 않았다. 질적 결과지식 집단은 분명한 향상을 보였고, 나중에 평균 오류의 크기가 1/2인치까지 감소했다. 양적 결과지식 집단의 수행이 가장 우수했다.

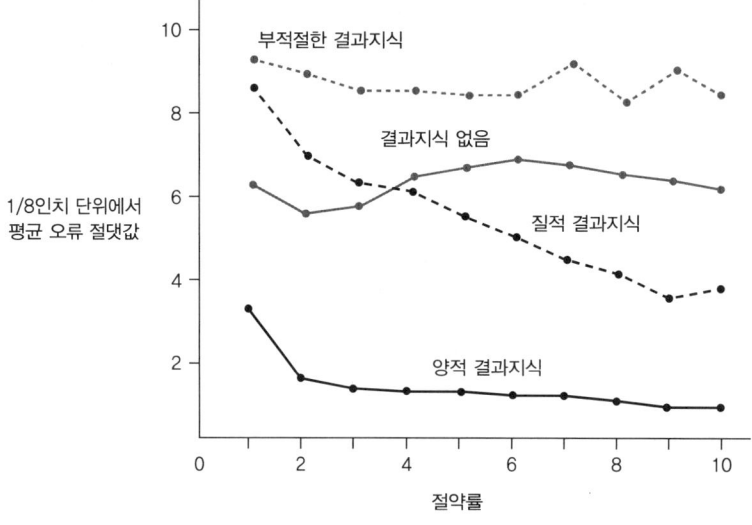

[트로우브리지(Trowbridge)와 캐이슨(Cason) (1932)의 실험에서 네 집단의 결과]

  ㉥ 위 실험의 결과를 통해 강화가 아닌 정보가 결정적 요인이며 더 정확한 양적 결과지식이 덜 정확한 질적 결과지식보다 더 나은 수행을 초래한다고 할 수 있다.

③ 결과지식을 제시하는 방법
  ㉠ 양적 결과지식이 매 시행 후에 제시되면 학습자는 지속적 피드백에 지나치게 의존해서 나중에 피드백 없이 수행을 해야 할 때 덜 숙련된 모습을 보일 수 있다.
  ㉡ 매 시행 후 양적 결과지식을 제공받은 집단과 시행의 67%만 양적 결과지식을 제공받은 집단의 비교에서 학습기간 동안에는 지속적 피드백이 효과적이나 추후 피드백 없는 검사에서는 간헐적 피드백이 더 효과적이었다.
  ㉢ 안내가설(Salmoni, Schmidt & Walter, 1984)
    • 결과지식은 참가자가 새로운 운동기술을 학습하는 데 도움을 되는 정보를 제공한다.
    • 결과지식을 시행마다 주는 것은 시행 일부에서만 주는 것보다 더 나은 안내를 제공하므로 획득기간 동안에는 100% 결과지식조건에서 수행이 더 정확하다.
    • 그러나 참가자는 지속적 결과지식에 지나치게 의존하므로 추후에 결과지식 없는 검사에서는 수행이 낮다.
    • 간헐적 피드백 참가자는 자신의 능력에 의존하는 상황이 많아 결과지식이 전혀 없는 검사에서 수행이 더 높다.

    > **예**
    > 훈련자가 코치의 도움 없이 오류를 탐지하고 교정하는 것을 배우게 하려면 피드백을 매번 주어서는 안 된다.

④ 결과지식의 지연
  ㉠ 즉각적 피드백을 계속 받는 과제에서는 피드백이 약간만 지연되어도 수행이 현저히 나빠진다.
  ㉡ 피드백이 지연되는 여러 추적과제에서 피드백이 지연될수록 참가자의 수행이 더 나빠졌다.
  ㉢ 조건형성에서는 수초의 지연만으로도 학습이 방해되었다. 그러나 학습자가 동작이 끝난 후에만 결과지식을 받으면 지연된 결과지식은 과제에 해로운 영향을 주지 않는다.
  학습자는 자신의 지각단서에 의존해야 하기 때문에 일반적으로 결과지식이 매 시행 후에 지연되어도 참가자의 정확성에는 거의 영향을 주지 않았다.

    > **예**
    > 1초 내로 반응을 해야 하는 타이밍과제를 수행하면서 즉각적 양적 결과지식 집단과 8초 지연된 양적 결과지식 집단을 이틀 후 결과지식 없이 검사했을 때 8초 후 집단이 더 정확한 수행을 보였다.

  ㉣ 지연된 결과지식을 받은 참가자는 8초간 자신의 동작의 정확성을 추정할 수 있었기 때문에 자신의 오류를 탐지할 수 있었다. 지연된 결과지식을 받은 참가자는 결과지식 대신 자기동작의 지속시간이나, 감각, 동작위치 등 다양한 피드백에 의지하는 것으로 나타났다.
  ㉤ 여러 선행연구에서 지연된 피드백이 운동기술을 획득하는 동안 효과가 나타나지 않은 이유는 즉각적 피드백을 받지 못하는 지연기간 동안 오류추정을 연습하는 기회가 생겼기 때문이다.
  ㉥ 즉각적 결과지식 또는 매 시행 후 결과지식 제시에 대한 과도한 의존은 새로운 운동기술을 획득하는 동안에 수행향상을 돕지만 외적 피드백을 받지 않고 수행해야 하는 추후 검사에서는 수행을 손상시킨다.

(2) 수행지식

① 피드백은 다양한 유형으로 줄 수 있다.
② 운동선수코치는 선수의 실력향상을 위한 정보를 선수와 의논하며, 각 정보는 선수가 장래의 수행을 향상시키는 데 도움이 된다.
③ 복잡한 운동의 일련의 구성성분에 관한 정보제공을 '수행지식'이라고 한다.
④ 목표물을 가능한 빨리 차는 수행실험에서 참가자는 자신의 수행에 대한 비디오와 최선의 수행에 대한 피드백을 받자 수행이 향상되었다.
⑤ 자신의 동작과 이상적인 동작의 비교는 효과적인 피드백이다.
⑥ 네 집단을 결과지식, 수행지식1(비디오), 수행지식2(비디오의 어디에 초점을 둘지 단서 제공), 수행지식3(비디오를 보면서 시행에서 수행동작의 교정단서 제공)으로 나누어 수행비교실험 시 수행지식3 집단이 가장 큰 향상을 보였다.
⑦ 사례에 따라서 결과지식은 전반적으로 수행을 향상시키지 못하였고 수행지식 집단만 향상을 보이기도 하였다.
⑧ 양적 결과지식이 운동기술을 학습하는 데 상당히 유용하지만 더 정교한 유형의 피드백이 수행을 더 크게 향상시킨다는 것이다.

(3) 운동기술의 관찰학습

① 다른 사람이 운동기술을 수행하는 것을 단지 관찰하는 것은 자기 스스로 연습을 하는 것만큼 효과적이지 않다.
② 어떤 운동기술은 관찰을 통해 획득된다. 특히 직접적인 연습과 함께 이루어질 때 특히 유익하다.
③ 커서 움직이기 실험에서 개인의 연습과 관찰 모두 새로운 기술을 획득하는 데 기여했다.
④ 새로운 운동기술의 시범을 관찰하는 것은 일차적으로 과제의 지각성분과 관련해서 유익이 있고 직접 연습하는 것은 과제의 운동성분을 발달시키는 데 필요하다.
⑤ 비디오자기모델링은 새로운 기술을 가르치는 효과적인 방법이며 이 기법은 스포츠나 다른 운동기술을 가르치는 데 사용된다.

(4) 동작에서 역설적 오류

① 사람들은 하지 않으려고 하면 오히려 그 행동을 해버리는 경향이 있다.
② 베그너(Wegner, 1997)는 역설적 오류이론을 제안하였는데 사람들이 잘못된 동작을 피하기 어려워하는 경향으로 특히 경쟁적 과제로 인해 주의가 분산될 경우에 발생한다는 것이다.
③ 사람들에게 추를 묶은 줄을 30초간 잡고 있으라고 요청하면서 좌우로 움직이지 않게 하라고 지시하면 지시받은 집단은 아무런 지시를 받지 않은 집단보다 더 많이 움직이는 경향이 있었다.
④ 인지적 부담조건에서 과제를 수행할 때 이러한 경향이 강해진다.

> **예**
> 운동선수가 역설적 오류를 피하기 위해서는 시합 중 발생할 수 있는 모든 상황에 철저히 익숙해지게 하여 새로운 결정을 해야 할 필요를 최소화하는 전략이 도움이 될 수 있다.

3 운동기술학습이론

(1) 아담스(Adams)의 2단계이론
① 아담스의 이론에서 중요한 개념 중 하나는 '지각흔적'으로 사람이 새로운 운동기술을 배우기 시작할 때는 지각흔적이 약하거나 존재하지 않는다고 하였다.
② 기술학습에서 중요한 부분은 적절한 지각흔적의 발달이라고 제안하였다.
③ 선분그리기과제에서 지각흔적은 적절한 길이의 선분을 그릴 때 손과 팔의 감각신경에 의해 만들어지는 감각에 대한 기억이다.
④ 두 번째 중요한 개념은 '운동흔적'으로 아담스는 실제로 이것을 기억흔적이라고 불렀다.
⑤ 정확한 운동을 산출하는 느낌을 학습하는 것 이외에 동작이 실제로 산출되도록 근육협응을 학습해야 한다는 것이다.
⑥ 초보 피아니스트가 어려운 곡을 연주하려면 훌륭한 연주자의 곡을 감이 잡힐 때까지 반복해서 듣고 오랫동안 고통스러운 연습을 해야 한다.
⑦ 아담스 이론에 따른 운동기술학습의 두 단계
  ⊙ 언어운동단계
    • 이 단계는 언어적 피드백에 의해 향상된다.
    • 훈련자는 학습자에게 결과지식을 제공해야 한다.
      학습자는 아직 정확한 지각흔적이 없기 때문에 좋은 시행과 나쁜 시행을 구분하지 못한다.
    • 이 단계에서 끊임없는 피드백은 학습자의 향상을 이끌어 내는 중요한 과정이다.
    • 결과지식에 대한 오류가 미미해지면 반응참조를 전적으로 지각흔적으로 바꾸는 시점이다. 따라서 학습자는 결과지식 없이도 행동을 할 수 있게 된다.
  ⓒ 운동단계
    • 이 단계에서는 외적인 결과지식 없이도 내적인 지각흔적에 의존해서 동작의 정확성을 판단할 수 있다.
    • 아담스는 결과지식 없이도 학습자는 운동흔적의 정확성을 다듬으면서 수행을 실제로 향상시킬 수 있다고 하였다.
    • 운동학습 첫 단계 동안 참가자가 가끔씩 결과지식만 제공받는다면 결과지식이 있을 때는 지각흔적이 강화되지만 결과지식이 없으면 쇠퇴한다고 하였다.
    • 새로운 운동기술을 처음 학습할 때 결과지식은 필수적이다.
    • 훈련 후기에는 결과지식이 반드시 필요한 것은 아니라는 증거도 있다.

- 간헐적으로 결과지식을 받은 집단은 결과지식을 받지 않은 집단에 비해 더 나은 수행이 지속되었는데 이것은 지각흔적을 발달시키기 시작한 것으로 보인다.
- 지각흔적은 결과지식을 많이 받을수록 더 강해진다고 하였다.
- 최근의 연구는 획득시행의 일부에서만 결과지식을 제공받거나 결과지식이 몇 초간 지연되어도 수행이 더 나아짐을 확인했다. 아담스의 이론을 적용하면 간헐적으로 또는 지연된 결과지식을 받은 참가자는 외적인 결과지식을 빈번하게 받을 수 없었으므로 매 회마다 결과지식을 받은 참가자에 비해 자신의 수행을 판단하기 위하여 감각단서를 사용하여 정확한 지각흔적을 발달시킬 기회가 더 많았다.
- 일단 운동단계에 도달하면 피드백이 덜 중요해지지만 학습자는 외적인 피드백 대신 내적인 피드백에 의존해야 한다.

⑧ 아담스가 기여한 가장 중요한 부분은 운동기술을 획득하는 중에 발생하는 두 유형의 학습을 구분한 것인데, 정확한 반응이 어떤 느낌인지 인식하는 것을 학습하는 것과 그 반응을 일관성 있게 산출하는 것을 학습하는 것이다.

⑨ 2단계이론은 운동기술의 학습을 분석하는 데 있어서 중요한 진전을 나타냈다. 그러나 이 이론의 주요한계는 단일한 반복적 동작의 획득에 한정되었다는 것이다.

(2) 슈미트(Schmidt)의 도식이론

① 유기체는 하나의 지각흔적과 하나의 운동흔적이 아니라 그 이상의 더 많은 기술을 습득해야 한다.
② 슈미트는 아담스의 이론을 넘어서 더 유연한 운동기술을 다루기 위해 운동기술학습의 도식이론을 발전시켰다.
③ 슈미트는 사람들이 연습을 하면서 일반규칙(Schema)을 획득한다고 제안하였다.
④ 사람들은 구체적인 과거동작과 그 결과에 대한 정보를 가지고 있는 것이 아니라 오히려 지각도식과 운동도식을 발달시킨다고 제안하였다.
⑤ 골프선수는 성공적인 퍼팅을 위해 다양한 노력들을 가지고 연습을 한다. 각각의 결과는 곧 망각되지만 이러한 노력은 일반적인 규칙이나 운동도식을 발달시킨다.
⑥ 학습자가 적절한 동작산출 여부를 예측하기 위해 감각피드백을 사용하게 해주는 지각도식을 발달시킨다고 제안한다.
⑦ 지각도식이란 아담스이론의 지각흔적을 하나의 상황 이상에 적용될 수 있도록 일반화시킨 것을 말한다.
⑧ 사람들은 결과가 나오기 전에 지각도식을 활용하여 결과를 예측한다.

> **예**
> 농구에서 바스켓에 공이 들어갈지 아닐지를 가장 먼저 아는 사람은 슛을 한 선수 본인이라고 한다.

⑨ 다양한 연습은 학습자의 지각도식과 운동도식을 발달시키는 데 도움이 된다.
⑩ 도식이론의 주요 장점은 경험하지 않았던 상황을 접했을 때 성공적 반응을 하게 만드는 유연한 운동기술의 발달을 이해하기 위한 틀을 제공한다는 것이다.

(3) 맥락간섭이론

① 베티그(Battig, 1979)는 연습기간 동안 고도의 맥락간섭이 결국 장기적으로 더 나은 수행을 초래한다고 주장하였다.
② 맥락간섭은 과제수행을 더 어렵게 만드는 학습상황(맥락)의 특징 전부를 지칭하는데 새로운 기술을 획득하는 동안 학습자의 수행을 간섭하는 상황을 말한다.
③ **구획연습**과 **무선연습**의 경우 맥락간섭은 무선연습에서 더 많다는 것이다.
④ 무선으로 연습한 참가자가 구획으로 연습한 참가자보다 더 나은 수행을 보였다.
⑤ 일반적으로 다양한 연습>무선연습>구획연습 순으로 수행이 효과적이다.
⑥ 그러나 무선연습이 수행에 더 나쁜 결과를 준다는 결과도 있다.

> **용어 설명**
>
> - **구획연습** : 일정한 횟수를 연습하고 다른 구획에서 다르게 변형시켜 일정 횟수를 연습하는 것
>   예 농구선수가 슛팅 연습에서 바스켓의 왼쪽에서 10번, 앞에서 10번, 오른쪽에서 10번 슛을 연습하는 것이다.
> - **무선연습** : 매 시행마다 해야 할 과제가 다른 것
>   예 농구선수가 왼쪽, 오른쪽, 중앙을 번갈아가면서 슛을 연습하는 것이다.

제4절 자극일반화, 변별, 자극통제

1 자극일반화(stimulus generalization)

(1) 일반화의 의미

① 사람은 학습을 통해 행동의 변화를 나타낸다.
② 훈련에 포함되지 않았던 자극이 나타났을 때 학습된(훈련된) 행동이 나타나는 것을 '일반화'라고 한다.
③ 일반화로 인해 과거 학습경험을 바탕으로 새로운 상황에서 적절한 행동을 구사한다. 즉 학습의 범위가 넓어진다는 것이다.
④ 학습된 행동이 적절하지 않은 상황에까지 옮겨진다면 학습이 오히려 장애가 될 수 있다.
⑤ 새로운 자극이 훈련자극과 유사할수록 유기체가 새로운 자극이 마치 훈련자극인 것처럼 반응할 가능성이 더 높다.
⑥ 훈련자극과 유사한 자극을 그 정도에 따라 배열하고 그에 따른 행동의 변화를 측정하게 되면 일반화 기울기가 나타난다.

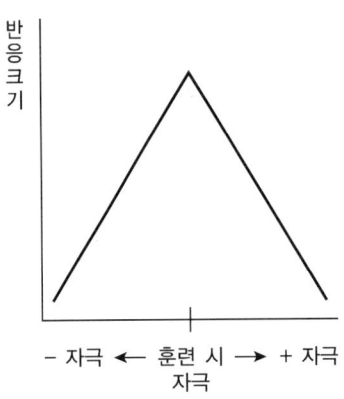

[학습된 반응에 대한 일반화 기울기]

⑦ 2000cps의 진동수를 조건자극으로 무조건자극(먹이)과 연합을 하게 되면 진동수가 2000cps보다 더 높아지거나 또는 더 낮아질수록 반응은 줄어들게 된다.

(2) 일반화와 조건학습

① 일반화는 어떤 학습경험의 효과가 퍼져나가는 경향성을 가리키며 전이(transfer)라고도 불린다.
  ㉠ 자극일반화(상황에 걸친 일반화) : 행동의 변화가 한 상황에서 다른 상황으로 퍼져나가는 경향성을 가리킨다. 학습 시에 존재하지 않았던 자극에 대하여 반응하는 경향성이다. 일반적으로 연구자들이 관심을 갖는 일반화이며 여기서 다루는 일반화는 자극일반화를 의미한다.
  ㉡ 대리일반화 : 여러 사람 사이에 걸쳐 일어나는 일반화로 관찰대상(모델)의 학습 경험이 관찰자의 것으로 일반화되는 것을 의미한다.
  ㉢ 반응일반화(행동에 걸친 일반화) : 한 행동의 변화가 다른 행동들에까지 퍼져나가는 경향성을 말한다.

  > **예**
  > 쥐가 오른쪽 앞발로 레버를 눌러 먹이를 먹는다면 나중에는 왼쪽 앞발이나 턱으로도 레버를 누를 수 있다.

  ㉣ 시간에 걸친 일반화(반응유지) : 시간이 흘러도 학습된 행동이 지속되는 것으로 망각의 반대로 간주될 수 있다.
  ㉤ 의미일반화 : 물리적 자극 외에 추상적 특징(의미)에 기반하여 일반화될 수 있다.
    • 의미일반화는 편견 및 후광효과나 다른 정서적 행동에 중요한 역할을 하는 것으로 보인다.
    • '알카에다'라는 단어가 테러, 폭력, 살인 등과 같은 단어와 짝지어지는데, 이로 인해 '이슬람'이라는 단어를 들으면 부정적인 정서반응이 일어날 수 있다.

② 자극은 항상 어떤 맥락, 어떤 상황의 일부이다. 따라서 일반화란 한 상황에서 배운 것이 다른 상황으로 넘겨지는 것이라고 말할 수 있다.

③ 왓슨의 공포학습에서 일반화
  ㉠ 조건반응(CR)이 조건자극(CS)과는 다른 자극들에까지 퍼져나가는 것, 즉 일반화되는 것이다.
  ㉡ 왓슨의 알버트실험은 조건반응의 일반화를 보여주는 것이다.
  ㉢ 알버트는 흰쥐에 대한 공포를 형성한 이후 토끼, 솜, 산타클로스 가면 등에서도 공포반응을 보였다. 하얗고 털이 있는 다른 대상에게로 퍼져나간 것, 즉 일반화된 것이다.
④ 일반화는 대학생을 대상으로 한 공포조건형성에서도 확인되었다.
  ㉠ 특정높이의 음을 약한 전기충격과 짝지어 제시하고 무조건반응은 피부전기반응을 보았다.
  ㉡ 조건자극(CS)과 무조건자극(US)을 16번 짝짓고 CS를 포함하여 4개의 음을 제시했다.
  ㉢ 피부반응은 원래 음을 포함하여 다른 음들까지 퍼져나갔다.
  ㉣ 음 자극이 CS와 덜 비슷할수록 조건반응(CR)은 더 약했다.

> **용어 설명**
>
> **알버트실험**: 왓슨이 알버트라는 아동을 대상으로 한 실험으로 이 실험에서 흰쥐와 공포를 유발하는 큰 소리를 연합시켰는데, 이후 알버트는 흰쥐만 봐도 공포반응을 보였으며, 나중에는 흰 털을 가진 토끼, 개 등으로 공포반응이 확장됨

(3) 강화 · 소거 · 처벌에 따른 일반화

① 강화에 따른 일반화
  ㉠ 발톱으로 상자를 빠져나온 고양이는 다른 상자에서도 같은 행동을 하였는데 이전보다 할퀴는 행위를 더 많이 하였다(최초의 연구결과는 손다이크의 실험).
  ㉡ 구체적인 행동에서 일반화

> 특정 색깔의 원반을 쪼도록 비둘기를 훈련시킴 → 30초간 다양한 색깔에서 원반을 쪼을 수 있는 기회를 줌 ⇒ 훈련 시에 사용된 색깔에서 가장 빈번하게 쪼지만 다른 색 원반을 쪼는 행위가 나타남

원반이 훈련 원반과 유사할수록 더 많이 쪼았으며, 훈련 원반과 거의 같은 색이면 훈련 원반과 거의 동일하게 쪼았고 원반이 아주 다른 색깔이면 거의 건드리지 않았다.
  ㉢ 넓은 행동경향성에서 일반화
    • 한 과제에서 많은 노력을 할 때 보상을 주면 다른 과제들에서도 노력의 정도가 증가하는 것으로 학습된 근면성을 알 수 있다.
    • 열심히 노력하는 것이 한 상황에서 강화를 받으면 다른 상황에까지 일반화될 수 있다는 것을 의미한다.

② **소거에 따른 일반화**
  ㉠ 수평 레버를 눌러서 먹이를 얻도록 쥐들을 훈련시키고 그 행동을 소거시킨다.
  ㉡ 수직 레버가 있는 상자에서 쥐들을 검사하였을 때 레버를 누르는 행위는 감소하였다.
  ㉢ 수직 레버를 누르고 수평 레버에서 검사를 하였을 때도 결과는 같았다.
  ㉣ 소거절차는 유사한 상황에서의 수행경향성을 63%만큼 감소시켰다.

③ **처벌로 인한 행동의 억압에서 일반화**
  ㉠ 다양한 원반을 쪼도록 비둘기를 훈련시키고 원반 쪼기를 계속하면 강화를 주었다.
  ㉡ 원반이 특정색깔일 때는 쪼기를 처벌하였다.
  ㉢ 원반 쪼기는 특정색깔에서 감소하는 경향을 보였지만 다른 색깔일 때 쪼는 경향도 감소하였다.
  ㉣ 쪼기의 빈도는 그 원반이 처벌된 색깔과 얼마나 유사한가에 따라 체계적으로 변했다.
  ㉤ 처벌의 효과는 강화나 소거에서 나타나는 것과 같은 경향을 보였다.
  ㉥ 동일한 현상은 사람에게도 나타났다.

④ 일반화가 언제나 일어나는 것은 아니다.
  ㉠ 청각장애 아동에게 사회적 기술훈련프로그램을 시행하였을 때 훈련프로그램상황에서는 사회적 상호작용이 안정적으로 높은 비율로 나타났다.
  ㉡ 사회적 기술이 다른 상황에서는 일반화되지 않았다.
  ㉢ 훈련효과의 일반화를 증가시키는 방법
    • 아주 다양한 상황에서 훈련을 시킨다.
    • 예시적인 상황을 많이 제공한다.
    • 결과를 다양하게 변화시켜준다.
    • 강화물의 종류, 양 및 계획을 변화시킨다.
    • 일반화가 일어날 때 그것을 강화시킨다.

(4) **일반화의 부정적인 결과**
  ① 일반화 및 그것의 향상에 대한 연구는 여러 실제적 상황에서 중요한 시사점을 갖는다.
  ② 어떤 원리를 일단 이해하고 나면 다른 어떠한 상황에서도 응용할 수 있다고 생각하지만 실생활에서 많은 부분은 그렇지 않다.

  > **예**
  > 길을 건널 때 양쪽을 모두 살피도록 배웠다고 해서 아이가 도로로 굴러가는 공을 쫓아갈 때 그 행위가 일반화될 것이라는 기대를 해서는 안 된다.

  ③ 학습의 일반화를 증가시키는 것이 중요하지만 일반화가 항상 바람직한 것은 아니다.

  > **예**
  > 학생들에게 해결 불가능한 문제들을 주고 나서 해결 가능한 문제들을 다시 주었을 때 학생들은 그것을 해결하지 못하였다. 포기하려는 경향이 일반화되었던 것이다. 그러나 다른 교사가 해결 가능한 문제를 주자 학생들은 문제 해결에 성공하였다.

④ 한 상황에서 유용한 행동이 다른 상황에서도 항상 도움이 되는 것은 아니다.
⑤ 일반화는 일반화가 일어나지 않았을 경우보다 문제행동을 더 심각하게 만들 수 있다.

> **예**
> 커다란 풍선인형을 때리는 것에 강화를 받은 아이들은 나중에 다른 아이들과 어울릴 때 더욱 공격적이 되는 경향이 있다.

> **예**
> 미국 국립공원에서 매년 곰에게 부상을 입는 사람들이 발생하는 경우는 곰이 먹이를 두고 다른 동물들과 경쟁하는 것이 사람에게 일반화된 것으로 볼 수 있다.

⑥ 일반화는 증오범죄에도 관여되는 것으로 보이는데 9·11 테러 이후 많은 아랍계 사람들이 공격을 받았다.
⑦ 위와 같은 전위된 공격성(displaced aggression)이 자극일반화 때문이라는 증거가 제시되었다(Miller, 1948).

2 변별(discrimination)

(1) 변별과 일반화

① 변별이란 행동이 특정상황에서는 일어나지만 다른 상황에서는 일어나지 않는 경향을 가리킨다.
② 행동이 어떤 자극의 존재 하에서는 일어나지만 다른 자극의 존재 하에서는 일어나지 않는 경향성이라고 말하기도 한다.
③ 변별과 일반화는 서로 역관계에 있어 변별이 클수록 일반화는 작고, 변별이 작을수록 일반화는 크다.
④ 어떤 자극이 훈련자극과 유사할수록 일반화의 정도가 크며, 어떤 자극이 훈련자극과 덜 유사할수록 변별의 정도가 클 것이다.
⑤ 변별훈련을 통해 아주 유사한 자극들 사이에도 변별을 확립할 수 있다.

(2) 변별훈련

① 변별을 확립하기 위한 절차를 변별훈련이라고 한다.
② 종(CS^+)이 울릴 때마다 개에게 고기를 주고 버저(CS^-)가 울릴 때는 아무것도 주지 않으면 개는 종소리(CS^+)에는 침을 흘리지만 버저소리(CS^-)에는 침을 흘리지 않는다. 이때 종소리와 버저소리를 변별한다고 말한다.
③ 어떤 물체가 시계방향으로 회전(CS^+)할 때는 먹이를 주고 반시계방향으로 회전(CS^-)할 때는 먹이를 받지 못하자 개는 시계방향으로 회전하는 물체에서만 침을 흘렸다.

④ 파블로프의 개들은 특정소리의 음량 차이, 어떤 음의 높이 차이, 기하학적 형태의 차이, 온도의 차이 변별하기를 학습하였다.
⑤ 어떤 개 한 마리는 메트로놈이 1분에 100회 비율로 똑딱거리는 소리와 96회 똑딱거리는 소리까지 변별하는 것을 학습하였다.
⑥ 조작적 변별훈련에서 일반적으로 한 자극(S^+ 또는 S^D)은 행동이 강화적인 결과를 가져오고 다른 자극(S^- 또는 $S^{\triangle}$)은 강화적 결과를 가져오지 않는다.

> **용어 설명**
> CS+ : 파블로프식 변별훈련에서 무조건자극과 짝지어지는 자극
> CS- : 무조건자극과 짝지어지지 않는 다른 자극
> S+ 또는 SD : 조작적 학습에서 강화를 받도록 하는 자극
> S- 또는 S△ : 조작적 학습에서 강화를 받지 못하는 자극

> **예**
> 쥐가 레버를 누를 때마다 먹이를 주는데 불빛이 켜져(S^+ 또는 S^D) 있을 경우에만 주도록 한다. 이 경우 불빛이 꺼져(S^- 또는 $S^{\triangle}$) 있을 때는 레버를 누르지 않고 켜져 있을 때만 누를 것이다.

(3) 다양한 변별훈련

① 비둘기는 바흐의 음악(원반 쪼면 먹이 제공)과 힌데미트의 음악(원반 쪼아도 먹이 제공하지 않음)을 구분할 수 있었다.
② 바흐의 음악(왼쪽 원반 쪼면 먹이 제공)과 스트라빈스키 음악(오른쪽 원반을 쪼면 먹이 제공)을 구분할 수 있었다.
③ 어떤 비둘기는 모네의 그림이 있을 때만 원반을 쪼면 먹이를 주고, 다른 비둘기에게는 피카소의 그림이 있을 때만 원반을 쪼면 먹이를 주었을 때 비둘기는 특정 그림을 변별하는 학습이 가능하였다.
④ 비둘기는 대학캠퍼스의 여러 장소를 변별하기가 가능하였고, 알파벳 변별도 학습하였다.
⑤ 쥐들에게 네덜란드어와, 일본어 구어 변별하기를 학습하게 하였다.
⑥ 변별학습은 실용적인 활용도를 갖는데 개가 불법약물을 냄새로 탐지하는 것이나 아프리카 캥거루쥐를 훈련하여 폭약을 탐지하게 할 수 있다.

3 자극통제(stimulus control)

(1) 자극통제의 개념

① 변별훈련을 통해 행동이 변별자극의 영향 하에 있게 될 때 그 행동은 자극통제하에 있다고 이야기한다.
② 인간이 자유의지에 의해 움직인다고 하기보다는 자극들에 대한 반응으로 움직이는 것 같다고 해서 붙여진 것이다.
③ 변별자극의 통제하에 있다는 것은 또한 환경에 대한 통제력을 그 유기체에게 주는 것이기도 하다.

> **예**
> 버스의 번호를 구별함으로 인해 우리는 목적지에 따라 다른 버스를 타게 된다. 이 경우 버스의 번호판이 우리를 움직이게 하는 것처럼 보이지만 시간과 에너지를 절약할 수 있도록 자신의 목적지에 맞는 버스를 탄다고 할 수 있다.

④ 자극통제가 일반적으로 의미하는 것은 그 행동이 규칙적이고 효율적이라는 것이다.
⑤ 자극통제 덕분에 우리는 바람직한 결과를 얻고 바람직하지 않은 결과를 피할 수 있다는 것이다.
⑥ 자극통제는 우리에게 불리하게 작용할 수 있지만 우리는 자극통제를 우리에게 이득이 되는 쪽으로 이용할 수 있다.

(2) 자극통제의 예시

① 운전 중에 빨간 불이 들어오면 브레이크를 밟는 것은 변별학습의 결과 우리의 행동이 신호등의 영향 하에 있게 된 것이다.
② 유통기한 날짜가 지난 음식을 보면 그 과자를 먹으려 하지 않을 것이다.
③ 자극통제가 없어 신호등의 통제·안전표지판의 통제·속도 등 무시하고 운전을 한다면 도로는 위험한 전쟁터가 될 수 있다.
④ 자극통제의 이해는 우리의 환경을 적절하게 변화시킬 수 있는 힘을 얻게 한다.
⑤ 다이어트 중인 사람이 음식만 보면 먹게 된다는 사실을 안다면 음식을 보이지 않게 치우거나 사두지 않을 것이다.
⑥ 금연 중인 사람은 자신의 주위에 담배를 모두 없앨 것이다.

4 일반화, 변별, 자극통제의 응용

(1) 일상에서의 일반화 - 심적 회전(mental rotation)

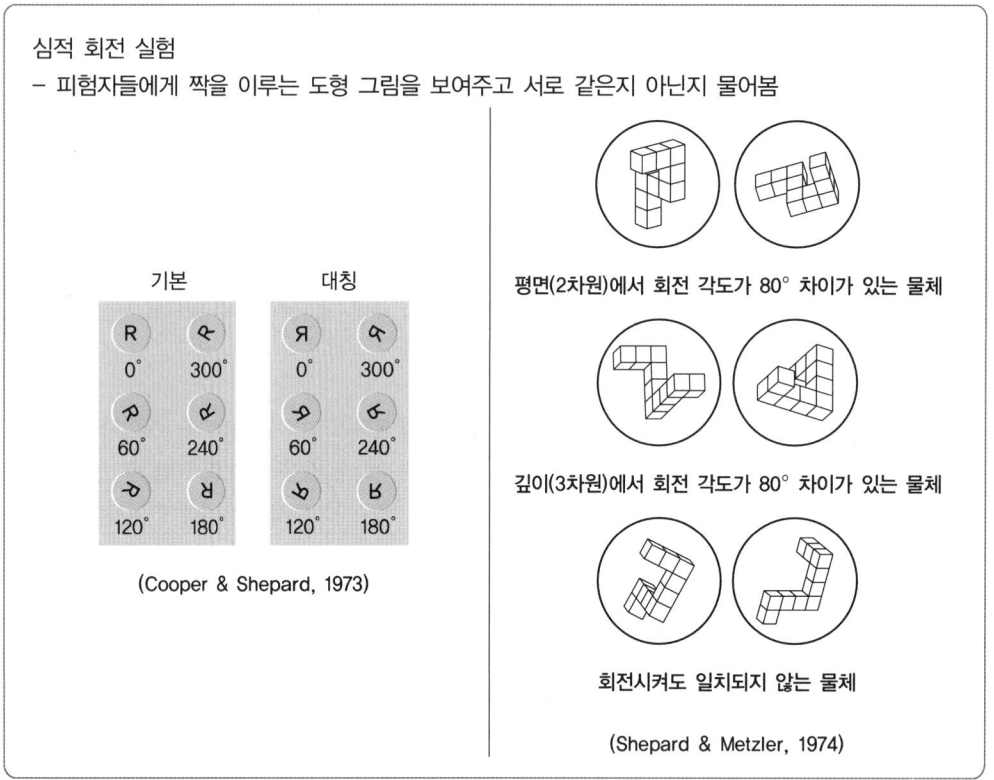

① 피험자들은 두 도형들을 맞추기 위하여 둘 중 하나를 다른 도형과 일치시킬 때까지 머릿속에서 회전시켰다고 보고하였다.
② 피험자들은 두 그림 사이에 회전 각도가 클수록 답하기까지 걸린 시간이 길었다.
③ 첫 번째 그림에 맞추기 위해 120°를 돌려야 하는 그림은 60°를 돌려야 하는 그림보다 판단하는 데 시간이 더 오래 걸렸다.

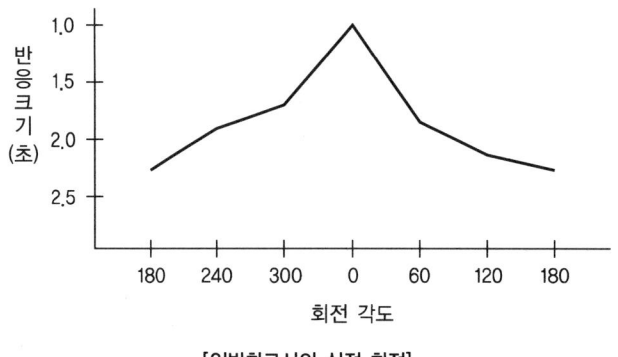

[일반화로서의 심적 회전]

④ 회전량이 일정하게 증가함에 따라 반응시간도 일정하게 증가한다(선형적 관계).
⑤ 2차원 회전과 3차원 회전의 처리 시간에 큰 차이가 없는 것이 확인되었다.
⑥ 물체의 3차원 표상을 평면 조건과 깊이 조건 모두에서 조작하고 있다고 할 수 있다.
⑦ 사람들은 글자나 도형의 내적표상(심상)을 정신적으로 회전시켜 정상적으로 바로 선 모습으로 만든 다음, 그것이 뒤집혀 있는지를 판단한다(Shepard).
⑧ 심적 회전의 그래프는 일반화 그래프와 매우 흡사하다.
⑨ 검사자극이 훈련자극과 유사할수록 반응은 빨라진다.

(2) 일상에서의 변별학습 - 개념(concept) 형성
① 개념의 의미
㉠ 개념은 특정한 사물, 사건이나 상징적인 대상들의 공통된 속성을 추상화하여 종합화한 것으로 한 무리의 개개의 것에서 공통적인 성질을 통해 새로 만든 관념이다.
㉡ 개념은 보통 하나 이상의 정의적 특징들을 공유하는 구성원들로 이루어진 유목(class)을 가리킨다.
㉢ 정의적 특징은 한 유목의 구성원들을 다른 유목의 구성원들과 구별되게 하는 것이다.
㉣ 거미는 다리가 4쌍인 절지동물이다. 이것은 곤충과 거미를 구분 짓게 하는 정의적 특징이다.
㉤ 개념에는 일반화와 변별이 모두 필요한데, 어떤 개념의 유목 내에서는 일반화가, 개념의 유목과 다른 개념 유목들 사이에는 변별을 해야 한다.
㉥ 거미를 이해하기 위해서는 다양한 거미들을 볼 때 그게 거미라는 것을 인식할 줄 알아야 하며 다른 동물들과 변별할 줄 알아야 한다.
㉦ 유목 내에서의 일반화와 유목들 간의 변별, 이것이 개념의 본질이다(Keller & Schoenfeld, 1950).

② 개념의 학습
㉠ 침팬지는 '더 크다'라는 개념을 학습했다.

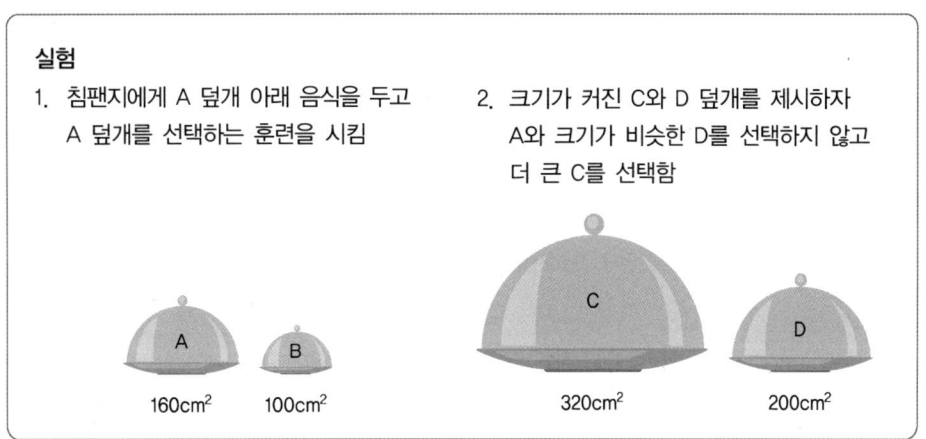

      ⓒ 닭들에게 '더 밝다'는 개념을 학습시킬 수 있었다.
      ⓓ 비둘기들에게 사람을 구분하게 학습시킬 수 있었다.
      ⓔ 연구자들은 비둘기와 원숭이가 어류, 고양이, 꽃, 선박, 떡갈나뭇잎, 자동차, 글자, 의자 등의 개념을 완전히 익힐 수 있다는 것을 확인했다.
      ⓜ 개념을 정신적 표상으로 보기보다는 학습된 행동으로 볼 수 있다는 것이다.

(3) 일상에서의 자극통제 - 금연 실패

① **흡연과 자극통제**
    ㉠ 흡연을 비롯한 약물 사용은 자극통제 하에 있다.
    ㉡ 다양한 환경요인들은 중독성 물질들의 사용 개시, 사용 패턴, 사용 중지, 사용 재발에 중요한 영향을 준다.
    ㉢ 흡연을 강화시키는 자극들은 아침 기상 후, 식사 후, 커피 마실 때, 업무 중 휴식 시간, 회식자리, 스트레스, 격렬한 신체활동 후 등이다.
    ㉣ 니코틴의 강화적 효과가 위와 같은 환경에서 함께 발생한 적이 많기 때문에 ㉢과 같은 다양한 상황들이 흡연을 하게 하는 변별자극이 된다.
    ㉤ 흡연을 강화하는 환경요소들은 행동 변화에 대한 저항성을 증가시킨다.
    ㉥ 특정 종류의 사건이 흡연을 유발하는 경향성은 그 사건이 있었던 당시 흡연이 강화를 받았던 내력으로 설명된다.

② **금연과 자극통제**
    ㉠ 흡연을 유발하는 환경(자극통제 환경)을 피한다(가능은 하지만 매우 힘들다).
    ㉡ 자극통제 상황들이 자신의 행동에 대해 갖는 통제력을 감소시키는 훈련을 받는다.

> **예**
> 자극통제 상황에서 치료자가 옆에서 확인하는 방법 등

    ㉢ 흡연자가 담배를 피우지 못하게 막으면서 흡연 상황들에 점차 노출시킴으로써 이루어질 수 있다.
    ㉣ 영원히 금연을 하기 위해서는 자극통제를 극복해야 한다.
    ㉤ 도박, 과식 등도 어떤 특정한 종류의 환경에서 일어나는 행동이므로 그러한 환경 및 연관된 단서들이 행동에 영향력을 행사한다.
    ㉥ 흡연, 도박, 과식 등 과도하게 하는 행동을 수정하려면 의지력을 키우는 것보다 환경 단서들의 힘을 약화시키는 것이 중요하다.

5 일반화, 변별, 자극통제의 이론

일반화, 변별, 자극통제에 대한 주요 이론은 파블로프, 스펜스(Spence), 래슐리와 웨이드(Lashley & Wade)의 이론이다.

(1) 파블로프의 이론
① 파블로프는 변별훈련 절차가 뇌의 대뇌피질에 생리적인 변화를 가져온다고 추측하였다.
② 변별훈련은 CS^+와 관련있는 흥분 영역과 CS^-와 관련있는 억제 영역을 형성시킨다.
③ 새로운 자극이 CS^+와 유사 → 뇌의 CS^+ 영역 근처 흥분 → 이 흥분은 CS^+ 영역으로 방사(irradiation)됨 → CR(조건반응)을 일으킴
④ 일반화가 일어난다는 사실 때문에 흥분의 방사가 일어난다고 가정했지만, 방사가 실제로 일어나는지는 검증된 바 없다.

(2) 스펜스(Spence)의 이론
① 케네스 스펜스(Kenneth Spence, 1936, 1937, 1960)는 파블로프의 이론에서 생리학적인 면은 제외하고 흥분과 억제의 개념들을 받아들였다.
② CS^+를 US(무조건자극)와 짝지으면 CS^+와 CS^+ 유사자극에 반응하는 경향성이 증가한다.
③ 조작적 학습에서 $S^+(S^D)$가 존재할 때 반응을 하는 것을 강화하면 $S^+(S^D)$뿐 아니라 $S^+(S^D)$와 유사한 자극에 반응하는 경향성도 증가한다.
④ ②와 ③의 결과로 얻어지는 일반화 기울기를 '흥분성 기울기(excitatory gradient)'라고 한다.
⑤ US 없이 CS^-를 제시하는 것은 CS^-에, CS^- 유사자극에 반응하는 경향성을 감소시킨다.
⑥ 조작적 학습에서 $S^-(S^\triangle)$가 존재할 때 조작적 행동을 강화하지 않으면 $S^-(S^\triangle)$뿐 아니라 $S^-(S^\triangle)$와 유사한 자극에 반응하는 경향성이 감소한다.
⑦ ⑤와 ⑥의 결과로 얻어지는 일반화 기울기를 '억제성 기울기(inhibitory gradient)'라고 한다.

> 높은 음에 침을 흘리도록 A개를 훈련시키고, 낮은 음에 침을 흘리지 않도록 B개를 훈련시킬 경우 A개는 CS^+ 주변으로 흥분의 일반화를 보일 것이고, B개는 CS^- 주변으로 억제의 일반화를 보일 것이다. 그 결과는 다음 그림과 같다.

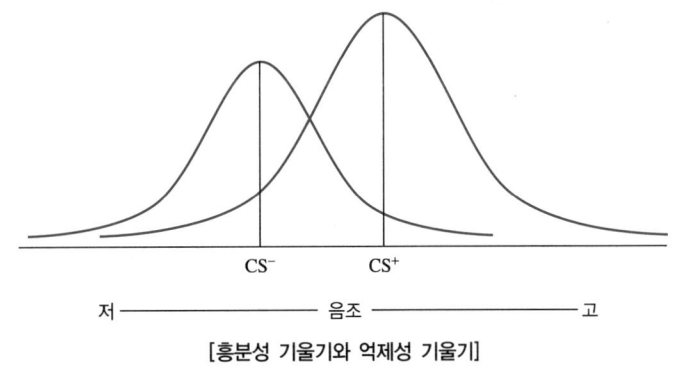

[흥분성 기울기와 억제성 기울기]

> CS^+ 훈련은 흥분성 기울기를, CS^- 훈련은 억제성 기울기를 만들어낸다. CS^+와 CS^+ 유사자극에 대해 반응하는 경향은 그 자극이 CS^-와 유사한 정도만큼 감소된다. CS^- 근처의 자극에 대해 반응하지 않는 경향은 그 자극이 CS^+와 유사한 정도만큼 감소된다.

⑧ 변별훈련 후에 어떤 새로운 자극에 반응하는 경향성은 CS^+ 와 CS^- 차이와 같다는 것이다.
⑨ 새로운 자극에 반응하는 경향성은 그 자극에 반응하지 않는 경향성에 의해 감소될 것이다.
⑩ **정점이동(peak shift)**
  ㉠ 스펜스(Spence)에 따르면 변별훈련은 $S^\triangle$와 닮은 자극을 쪼려는 경향성의 억제를 초래해야 한다.
  ㉡ 스펜스(Spence)는 반응의 최고점이 S^D에서 나타나는 것이 아니라 $S^\triangle$에서부터 먼 자극에서 나타날 것이라고 하였다.
  ㉢ 핸슨(Hanson, 1959)은 스펜스(Spence)의 예측을 실험으로 증명하였다.

> **Hanson(1959)의 실험**
> - 변별집단 : 비둘기를 550nm 파장의 연두색(S^D) 원반을 쪼면 먹이를 주고, 560nm 파장의 약간 더 노란색($S^\triangle$)을 띤 원반을 쪼면 먹이 주지 않음 (연두와 노랑연두 변별훈련)
> - 통제집단 : 연두색 원반을 쪼면 먹이를 줌 (연두색 학습)
>   - 훈련 이후 노란색부터 초록색까지 다양한 색깔의 원반을 쪼을 수 있게 함 → 통제집단의 반응은 연두색(550nm 파장)에서 정점을 나타냄
> - 변별집단의 반응은 540nm의 색에서 정점을 나타냄
>
>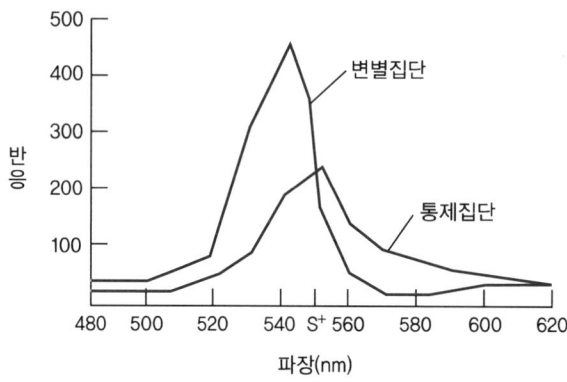
>
> 정점이동[560nm의 노랑연두($S\triangle$)에서 멀어지는 방향으로 정점이동]

(3) 래슐리와 웨이드(Lashley & Wade)의 이론

① 래슐리와 웨이드(Lashley & Wade, 1946)는 검사 시 사용된 자극과 유사한 것들에 대한 과거 경험에 따라 일반화 기울기가 달라진다고 하였다.

② 변별훈련이 일반화 기울기의 경사를 증가시키는 이유는 동물에게 S^D와 다른 자극들 간의 차이를 구별하도록 가르치기 때문이다.

③ S^D와 유사한 자극을 많이 경험했을수록 일반화 기울기는 가파를 것이고, 적게 경험했을수록 일반화 기울기는 평평할 것이다.

④ 일반화 기울기의 경사가 유관 자극에 대해 훈련 전에 겪었던 경험에 어느 정도 의존한다는 사실이 일반적으로 인정되고 있다.

제 5 장 | 실전예상문제

01 비연합학습에 대한 설명 중 틀린 것은?
① 한 번에 하나의 독립된 자극만이 주어짐으로 나타나는 학습을 말한다.
② 가장 간단한 형태의 학습이라고 할 수 있다.
③ 비연합학습에는 습관화와 민감화가 있다.
④ 비연합학습의 한 형태인 지각학습은 단순히 자극에 대한 반응양식을 변화시키는 것이다.

01 지각학습은 단순히 반응양식을 변화시키는 것이 아니라 동물이 그 자극을 어떻게 지각하는가를 변화시킬 수 있다.

02 다음 내용과 관련된 용어로 올바른 것은?

> 동물에게 새로운 자극이나 상황을 제공했을 때 나타나는 각성반응

① 놀람반응
② 정향반응
③ 점화
④ 비교반응

02 해당 제시문은 정향반응에 대한 설명이다.
③ 점화는 사전정보를 이용함으로써 자극의 탐지나 확인능력이 촉진되는 것을 말한다.

정답 01 ④ 02 ②

03 습관화에 대한 설명으로 틀린 것은?

① 습관화는 자발적 회복이 나타날 수 있다.
② 습관화된 자극은 다른 자극으로 일반화되지 않는다.
③ 학습의 빠른 습관화를 위해서는 한 번에 몰아서 하는 것이 좋다.
④ 청각도 습관화가 이루어질 수 있다.

04 점화에 대한 설명으로 틀린 것은?

① 이전에 경험했던 단서에 대한 기억의 흔적이다.
② 점화효과를 얻기 위해서는 단서에 대한 빠른 반응이 있어야 한다.
③ 먼저 제시된 단어가 나중에 제시된 단어의 처리에 영향을 주게 된다.
④ 자극의 형태에 따라 이전 자극과 이후 자극의 일치에 의해 증가하기도 한다.

05 지각학습에 대한 설명으로 틀린 것은?

① 우리는 때로 단순한 노출만으로 학습을 하기도 한다.
② 오랜 시간의 훈련과 정확성에 대한 피드백을 받는 것은 학습에 유리하다.
③ 초기의 지각학습은 새로운 자극으로의 전이가 쉽다.
④ 공간학습은 주변에 대한 정보를 습득하여 인근 지리를 기억하는 것이다.

---

03 시간을 두고 학습하는 경우에 더 좋은 기억과 습관화를 만들 수 있다.
④ 청각적 놀람반사는 예상치 못한 큰 소리에 방어적 반응을 보이는 것이다. 이를 반복적으로 들려주면 놀람 반응이 완전히 멈출 수 있다.

04 정적 점화효과는 빠른 반응으로 나타나는 기억의 흔적이지만 부적 점화효과는 단서에 대한 지연된 반응으로 나타나게 된다.
③ 어휘점화효과에 대한 설명이다.
④ 지각적 점화에 대한 설명이다.

05 초기의 지각학습은 특수성이 강해 새로운 자극으로의 전이가 어려워 새로이 변별을 배워야 한다.
① 단순노출학습에 대한 설명이다.
② 피드백을 통해 변별을 키울 수 있다.
④ 인간뿐 아니라 동물들도 공간학습을 하는 모습을 보인다.

정답 03 ③ 04 ② 05 ③

06 ㄱ. 변별이론
    ㄴ. 이중과정이론
    ㄷ. 비교기모델

06 비연합학습모델을 바르게 연결한 것은?

> ㄱ. 반복노출을 통해 정보를 수집하여 표상을 정교히 하고, 더 정확한 인식을 한다.
> ㄴ. 습관화와 민감화는 서로 독립적이지만 평행적으로 작용한다.
> ㄷ. 새로운 표상과 이전의 표상을 비교해 반응을 결정하게 된다.

	이중과정이론	비교기모델	변별이론
①	ㄱ	ㄴ	ㄷ
②	ㄴ	ㄱ	ㄷ
③	ㄴ	ㄷ	ㄱ
④	ㄷ	ㄱ	ㄴ

07 반복을 통해 기존의 기억을 수정해 나가며 기술의 수행을 향상시킬 수 있다.
    ③ 숙련기억의 하나인 지각-운동기술이다.

07 숙련기억에 대한 설명으로 틀린 것은?

① 오래 유지되고 반복적 경험을 통해 향상된다.
② 오래 유지되는 만큼 처음에 잘 익히는 것이 중요하다.
③ 춤, 신발 신기, 자전거 타기 등은 숙련기술에 포함된다.
④ 숙련기술은 의식적인 자각 없이 획득되고 인출된다.

08 인지기술은 뇌를 사용하여 연습을 통해 향상되는 능력들을 말하며 요리하기, 전략게임, 표준화된 시험 등이 있다.

08 다음 내용을 올바르게 연결한 것은?

> ㄱ. 요리하기   ㄴ. 컴퓨터 전략게임
> ㄷ. 농구   ㄹ. 표준화된 시험
> ㅁ. 달리기

	인지기술	지각-운동기술
①	ㄱ, ㄷ, ㄹ	ㄴ, ㅁ
②	ㄱ, ㄴ, ㄹ	ㄷ, ㅁ
③	ㄴ, ㄷ	ㄱ, ㄹ, ㅁ
④	ㄷ, ㄹ, ㅁ	ㄱ, ㄴ

정답 06 ③ 07 ② 08 ②

09 기술의 훈련에 대한 설명으로 틀린 것은?
① 피드백은 기술을 수행하는 방법에 영향을 주므로 매우 중요한 요인이다.
② 즉각적인 피드백은 인지기술 개선에 도움이 된다.
③ 연습은 계속해서 일정한 수행 향상폭을 보인다.
④ 시간을 두고 하는 연습이나 여러 회로 나누어 하는 연습이 장기적으로 더 오래 기억된다.

09 연습을 계속하면 수행이 향상되지만 향상의 폭은 점점 줄어든다. 이를 수학식으로 나타낸 멱함수법칙(페흐너의 법칙)이 있다.

10 암묵적 학습에 대한 설명으로 틀린 것은?
① 암묵적 학습을 통해 얼마나 많은 기술을 습득했는지 확인하기 어렵지 않다.
② 인식하지 못한 상태에서도 특정기술을 습득하는 학습이다.
③ 기억상실증에 걸린 사람도 암묵학습이 가능하다.
④ 지각-운동기술은 획득 후 배운 것을 말로 표현하기가 어렵다.

10 암묵기억은 우연히, 그리고 점진적으로 향상되므로 자각뿐 아니라 자신이 얼마만큼이나 기술을 습득했는지 확인하기 어렵다.
③ 이는 숙련기억이 사실 및 사건 기억과는 다르다는 증거가 된다.

11 전이에 대한 설명으로 틀린 것은?
① 정상급 장기기사는 체스에도 빠르게 적응할 가능성이 높다.
② 운동선수가 연습에서 배운 기술이 실전으로 전이된다.
③ 숙련기억을 새로운 기술의 수행에 적용 시, 경험에 기초한 일반화를 하는 것이다.
④ 소음에 습관화가 이루어지면 새로운 소음에도 습관화가 전이되어 나타난다.

11 습관화는 자극특정적이어서 새로운 자극으로 전이가 되지 않는다.

정답 09 ③ 10 ① 11 ④

※ 다음 〈보기〉를 참고하여 물음에 답하시오. [12~13]

> **보기**
>
> **타이핑 학습단계**
> ㄱ. TV 드라마를 보면서도 타자를 칠 수 있다.
> ㄴ. 키보드를 확인하면서 타자를 친다.
> ㄷ. 키보드를 보지 않고 모니터를 보고 타자를 칠 수 있다.

12 운동프로그램의 단계의 올바른 순서는?

① ㄱ → ㄴ → ㄷ
② ㄴ → ㄱ → ㄷ
③ ㄴ → ㄷ → ㄱ
④ ㄷ → ㄱ → ㄷ

12 ㄴ : 인지단계
　 ㄷ : 연합단계
　 ㄱ : 자동적인 단계

13 다음 설명 중 옳은 것은?

① ㄱ단계에서 수행되는 특별한 동작은 말로 표현하기 불가능할 수 있다.
② ㄴ단계에서는 기술 수행 시 필요한 전형적인 동작을 사용하기 시작한다.
③ ㄷ단계는 기술을 부호화하는 데 필요한 능동적 사고를 하는 단계이다.
④ 〈보기〉의 학습은 고전적 조건화에 따른 선천적 학습과정에 해당한다.

13 ② 연합단계에 대한 설명이다.
　 ③ 인지단계에 대한 설명이다.
　 ④ 고전적 조건화는 연합학습이며, 〈보기〉의 학습은 지각학습으로 비연합학습에 해당한다.

정답 12 ③　13 ①

14 운동기술에 대한 설명으로 <u>틀린</u> 것은?
① 시작하자마자 곧 끝나는 운동은 비연속적이라고 부른다.
② '열린고리동작'은 매우 급히 발생하기 때문에 오류에 대처하거나 교정할 시간이 없다.
③ 운동기술은 일상에서 흔히 사용되지 않아 연구에 어려움이 있다.
④ '폐쇄고리동작'은 동작의 진행에 피드백을 계속 받으며 반응하는 동작이다.

14 운동기술은 피아노 치기, 급제동, 골프 퍼팅, 농구 슛, 타이핑 등 일상에서 일어나는 일들이다. 운동기술 연구에서는 이런 일상적 동작을 대표하는 과제를 사용한다.

15 운동학습에 영향을 주는 변수에 대한 설명으로 <u>틀린</u> 것은?
① 결과지식은 강화와 처벌의 측면에 맞추어져 있다.
② 자신의 동작과 이상적인 동작의 비교로 수행지식을 향상시킬 수 있다.
③ 결과지식은 반응의 정확성에 대한 피드백을 주는 것이다.
④ 강화를 받은 집단은 아닌 집단에 비해 수행 정확성이 상당히 증가한다.

15 결과지식은 강화와 처벌적 측면에 영향을 주는 것이 아니고 참여자의 정확성을 향상시키는 것으로 주장되었다.

16 학습이론에 대한 설명으로 <u>틀린</u> 것은?
① 사람이 새로운 운동기술을 배우기 시작할 때는 지각흔적이 약하거나 존재하지 않는다.
② '운동흔적'은 정확한 운동을 산출할 때 느끼는 감각에 대한 기억을 학습하는 것이다.
③ 언어운동단계에서 훈련자는 학습자에게 결과지식을 제공하는 것이 중요하다.
④ 운동단계에서는 외적 결과지식 없이도 내적인 지각흔적에 의존해 동작을 판단할 수 있다.

16 해당 이론은 아담스의 2단계이론에 대한 것으로 ②는 '지각흔적'에 대한 설명이다. 운동흔적은 동작이 실제로 산출되도록 근육협응을 학습하는 것이다.

정답 14 ③ 15 ① 16 ②

17 도식이론에서 슈미트는 각각의 연습 결과들이 모두 기억되는 것이라고 하였다.

18 일반화의 부정적 결과를 경계해야 할 필요는 있지만, 어떤 원리를 이해한다고 다른 상황에 자동적용할 수 있는 것은 아니다.
② 학습된 근면성을 말한다. 반대로 포기도 일반화될 수 있으며 이는 학습된 무기력이다.
④ 알버트실험은 조건반응의 일반화를 보여주는 것이다.

19 결과를 다양하게 변화시켜준다.

17 운동기술학습이론에 대한 설명으로 <u>틀린</u> 것은?
① 도식이론에 따르면 농구에서 슛의 결과를 가장 먼저 아는 것은 자기 자신이다.
② 맥락간섭이론은 다양한 연습을 통해 맥락간섭을 일으키고, 이 맥락간섭이 더 나은 수행을 부른다고 주장한다.
③ 아담스의 2단계이론은 정확한 반응이 어떤 느낌인지 인식하는 것을 학습하는 것과 그 반응을 일관성 있게 산출하는 것을 학습하는 것으로 구분한다.
④ 도식이론에서 슈미트는 밀도 있는 한 번, 한 번의 훈련이 도식획득에 중요하다고 강조했다.

18 일반화에 대한 설명으로 <u>틀린</u> 것은?
① 어떤 학습 경험의 효과가 퍼져나가는 경향성을 말한다.
② 열심히 노력하는 것이 강화를 받으면 다른 상황으로 퍼져나가는 행동의 일반화를 보여준다.
③ 한 번 일반화가 일어나면 많은 상황에서 자동적용되므로 조심해야 할 필요가 있다.
④ 알버트실험의 결과는 공포의 일반화를 보여주는 것이다.

19 지각학습에서 훈련의 효과를 일반화시키는 방법으로 적절하지 <u>않은</u> 것은 무엇인가?
① 아주 다양한 상황에서 훈련을 시킨다.
② 결과를 일관적이고 일정하게 나타나도록 한다.
③ 예시적인 상황을 많이 제공한다.
④ 강화물의 종류, 양 및 계획을 변화시킨다.

정답 17 ④ 18 ③ 19 ②

20 다음 내용에 해당하는 변별훈련은 무엇인가?

> 두 자극이 임의의 순서대로 제시되는 훈련방법으로 한 자극이 나타날 때는 어떤 행동이 강화를 받고 다른 자극이 나타날 때는 그 행동이 강화를 받지 못한다.

① 연속변별훈련
② 동시변별훈련
③ 표본대응
④ 이질대응

21 자극통제를 설명한 것으로 적절하지 않은 것은?

① 변별자극의 영향 하에 있게 될 때 그 행동은 자극통제 하에 있다고 이야기한다.
② 자극통제가 일반적으로 의미하는 것은 그 행동이 규칙적이고 효율적이라는 것이다.
③ 운전 중에 빨간 불이 들어오면 브레이크를 밟는 것은 변별학습의 결과 우리의 행동이 신호등의 영향 하에 있게 된 것이다.
④ 자극통제는 우리에게 불리하게 작용하기 때문에 변별자극은 바람직하지 않은 결과를 만들 수 있다.

20 ② 변별자극들이 동시에 제시되는 훈련이다.
③ 2개 이상의 비교자극 중에서 표본과 동일한 것을 선택하는 것이 과제이다. 비교자극으로는 표본과 동일한 자극과 하나 이상의 다른 자극이 나타난다.
④ 표본대응에서 표본자극과 다른 자극에 반응하도록 만드는 방법으로 '오대응'이라고도 한다.

21 자극통제 덕분에 우리는 바람직한 결과를 얻고 바람직하지 않은 결과를 피할 수 있다는 것이다. 자극통제는 우리에게 불리하게 작용할 수 있지만 우리는 자극통제를 우리에게 이득이 되는 쪽으로 이용할 수 있다.

정답 20 ① 21 ④

주관식 문제

01 지각학습에 대해 설명하시오.

01
정답 지각학습은 자극과 자극, 또는 자극과 반응이 연합되어 나타나지 않고, 단지 한 번에 하나의 독립된 자극만이 주어짐으로써 나타나는 학습이다. 가장 간단한 형태의 학습이라고 할 수 있다. 지각학습은 비연합학습이라고 하며 습관화, 민감화, 점화와 같이 자극에의 반복노출이 차후에 동일자극에 대한 반응(또는 인식)을 증가시키거나 감소시키게 하는 형태의 학습이다.

02 민감화란 무엇인지 설명하시오.

02
정답 민감화는 과거에 어떤 반사반응을 유발하는 자극에 미리 노출됨으로써 비슷한 자극에 대해 반응강도나 확률이 증가하는 것을 말한다. 쥐가 큰 소음을 여러 번 반복해서 듣게 되면 쥐의 놀람반응은 습관화되지만 쥐가 전기충격을 받은 후에 큰 소음이 제시되면 쥐의 놀람반응은 전기충격을 받지 않았던 동물보다 훨씬 더 커진다. 강한 전기충격이 쥐를 민감화시켜 후속의 큰 소음자극에 대한 쥐의 놀람반응을 증가시키게 된다.

03 지각-운동기술과 인지기술에 대해 설명하시오.

03
정답 운동기술과 인지기술을 지각기술학습이라고 하는데 지각-운동기술은 신발끈을 묶고 자전거를 타고, 춤을 추는 것과 같은 학습된 동작패턴이다. 운동기술은 정해진 동작을 수행하는 폐쇄기술과, 상대의 동작을 예측해서 춤을 추는 것과 같은 개방기술이 있다.
인지기술은 운동기술 이외에 연습을 통해 향상되는 능력들을 말한다. 요리하기, 전략게임, 표준화된 시험 등과 같이 인지기술을 요하는 활동들을 말한다. 도구사용은 운동기술과 인지기술 모두와 관련이 있는 능력이다.

04 운동기술학습이론 중 도식이론에 대해 설명하시오.

04
[정답] 사람들이 연습을 하면서 일반규칙(도식)을 획득한다고 제안하였다. 사람들이 노력을 가지고 연습을 하는데, 한 번의 결과는 곧 망각되지만 다양한 노력은 일반적인 규칙이나 운동도식을 발달시킨다. 사람들은 결과가 나오기 전에 지각도식을 활용하여 결과를 예측하고, 도식은 경험하지 않았던 상황을 접했을 때 성공적 반응을 하게 만드는 유연한 운동기술의 발달을 이해하기 위한 틀을 제공한다.

이성으로 비관해도 의지로써 낙관하라!

– 안토니오 그람시 –

제 6 장

기억

제1절	기억의 측정
제2절	인간 정보처리모형
제3절	망각의 원인
제4설	기억개선 방안
실전예상문제	

할 수 있다고 믿는 사람은 그렇게 되고, 할 수 없다고 믿는 사람도 역시 그렇게 된다.

－샤를 드골－

합격의 공식 ▶
온라인 강의

보다 깊이 있는 학습을 원하는 수험생들을 위한
시대에듀의 동영상 강의가 준비되어 있습니다.
www.sdedu.co.kr ➔ 회원가입(로그인) ➔ 강의 살펴보기

제 6 장 | 기억

[학습목표]
사람이 학습을 한다는 것은, 즉 기억을 한다는 것이다. 우리가 기억하고 있다는 것은 어떻게 측정하는지, 우리가 학습한 것은 어떻게 우리 머릿속에 저장되는지에 대해 이번 장에서 공부할 것이다. 인간의 기억을 컴퓨터의 처리과정모형으로 설명하는 정보처리모형과 우리의 기억이 왜 사라지게 되는지 기억을 오래할 수 있는 방법은 어떤 것이 있는지 살펴봄으로써 여러분의 학습방법에도 도움이 될 수 있는 내용들을 살펴볼 것이다.

제1절 기억의 측정

1 기억의 측정 방법

(1) 기억 측정의 종류

① **회상(recall)**
  ㉠ 현재 의식적 자각 속에 들어있지 않지만 과거에 학습했던 정보를 인출하는 것이다.
  ㉡ 빈칸을 채우는 문제는 회상을 검증하는 방법이다.

② **재인(recognition)**
  과거에 학습한 항목을 확인하는 것으로 선다형 문제를 푸는 것은 재인을 검증하는 것이다.

③ **재학습(relearning)**
  ㉠ 동일한 내용을 두 번 학습하거나 나중에 다시 학습할 때 보다 신속하게 하는 것이다.
  ㉡ 중간고사 공부를 하거나 어린 시절에 사용하던 언어를 다시 사용할 때 우리는 처음에 학습할 때보다 수월하게 재학습하게 된다.

④ 우리가 30년 전 졸업한 동창을 회상할 수 없어도 졸업앨범의 사진과 이름을 보고 재인할 수 있다.

⑤ 우리의 재인기억은 매우 신속하고 방대하다.

2 망각의 측정 방법

(1) 자유회상(free recall)
① 자유회상에서는 이전에 학습한 행동을 다시 수행하는 것이다.
② 학생에게 시를 외우게 하고 일정 시간이 지난 후 다시 암송하도록 한다.
③ 수행에 시간이 더 오래 걸리거나 오류가 더 많이 난다면 망각이 일어난 것이다.
④ 동물의 망각을 연구하는 데도 자유회상법이 사용될 수 있다.
⑤ 원반을 쪼아 먹이를 받는 학습을 한 비둘기를 시간이 지난 후 원반이 있는 실험 상자에 넣을 때 원반을 다시 쪼면 망각이 일어나지 않은 것이다.
⑥ 자유회상은 망각을 측정하는 데 일반적으로 떠올리는 방법이지만 민감하지 못한 방법이다.
⑦ 영어 단어를 회상하지 못하는 학생이 반드시 그 단어를 망각했다고 볼 수는 없다. 약간의 힌트를 제공할 때 기억해 낼 수 있기 때문이다.

(2) 촉구회상(prompted recall)/단서회상(cued recall)
① 이 방법은 촉구자극(힌트)를 제시하여 행동이 나올 가능성을 높이는 것이다.
② 촉구자극은 훈련 시에 존재하지 않았던 자극이다.
③ 영어 단어를 암기한 사람에게 그 단어들로 된 철자 맞추기 게임을 주고 실패하면 망각이 일어났다고 보는 것이다.
④ 일련의 촉구자극을 제시하면서 반응을 이끌어내는 데 필요한 촉구자극의 수를 세어 망각의 정도를 측정할 수도 있다.
⑤ 글자를 제공하는 식으로 암기한 단어가 회상될 때까지 반복할 수도 있다.
⑥ 동물의 망각도 촉구회상으로 연구할 수 있다.
⑦ 침팬지가 자동판매기에 토큰을 넣고 과일을 얻는 행동을 학습한 후 시간이 지난 후 이를 하지 못하면 토큰을 하나 주고 행동을 촉구할 수 있다.

(3) 재인
① 재인을 측정하기 위해 참가자가 이전에 학습한 내용을 확인하기만 하면 된다.
② 참가자에게 원래의 학습 내용과 새로운 내용이 함께 제시된다.
③ 참자가에게 인디언 단어들의 목록을 주고 기억을 하게 한다. 나중에 그 사람에게 단어 목록을 보여 주고 어느 단어들이 이전에 학습한 목록에 있었는지 말하게 한다.
④ 이 방법은 촉구회상과 같아 보이지만 촉구회상과는 다르다.
⑤ 인디언 단어들은 이미 학습한 목록에 들어 있던 단어들이기 때문에 촉구회상에서 추가적으로 주는 힌트와는 다르다.
⑥ 또한 훈련에 들어 있지 않은 단어들은 촉구자극이 아니라 방해자극이다.
⑦ 재인의 가장 흔한 예는 객관식 시험문제이다.
⑧ 비둘기의 망각 연구에도 재인은 사용된다. 이 방법을 지연표본대응이라고 한다.

> 비둘기에게 3개의 원반이 일렬로 주어진다. → 가운데 원반에 잠깐 동안 노란색 또는 파란색 불이 켜진다. → 양쪽에 있는 2개의 원반에 각각 파란색, 노란색 불이 켜진다. → 비둘기가 표본원반(가운데)과 같은 색깔의 원반을 쪼면 먹이를 받는다. (⇒ 이 과정이 표본대응이다.)
> → 이 과정을 학습하고 나면 실험자는 표본 원반의 불이 꺼지는 시각과 양쪽에 있는 2개의 원반에 불이 켜지는 시각 사이에 지연 기간을 둔다. (⇒ 이것이 파지 기간이다.)
> ⇒ 표본에 대응되는 원반을 쪼는 데 실패하는 것은 망각이다.

(4) 재학습법
① 과거의 수행 수준에 도달하기 위해 필요한 추가 훈련의 양을 통해 망각을 측정한다.
② 원래의 훈련 프로그램과 비교했을 때 대개 훈련이 절약되는 셈이므로 절약법이라고도 한다.
③ 에빙하우스는 재학습법을 사용하였다.
④ 무의미한 철자(BAF, QVX, PKW)를 표본으로 무선 선택하여 연습한 다음 스스로 검증했다.
⑤ 학습한 다음 날 철자들을 거의 회상할 수 없었다.
⑥ 첫날 반복한 횟수가 많을수록 다음 날 목록을 재학습하는 데 필요한 시간이 줄어들었다
⑦ 언어 정보의 부가적인 되뇌기(과잉학습), 연습을 시간에 걸쳐 분산하였을 때 파지를 증가시켰다.
⑧ 재학습은 동물의 망각을 연구하는 데도 사용될 수 있다.
⑨ 쥐가 미로를 한 번에 미로를 통과하는 것을 학습하는 데 30번의 시행이 걸리고 파지 기간이 지난 뒤 같은 기준에 도달하는 데 20번의 시행이 걸린다면 10번의 시행이 절약된 것이다. 다른 쥐는 15번이 절약된다고 할 때 두 번째 쥐가 첫 번째 쥐보다 덜 망각한 것이다.

(5) 소거법
① 동물에게 흔히 사용되는 망각의 측정법은 소거법이다.
② 소거는 어떤 행동이 강화를 받지 못하여 사람이나 동물이 그것을 수행하지 않기를 학습한 것이다.
③ 망각은 행동이 수행되지 않는 이유가 종종 그것을 수행할 기회가 없기 때문이다.
④ 망각은 일반화 기울기가 평평해지는 것으로 측정될 수 있는데 일반화 기울기의 가파른 정도가 감소하는 것은 망각을 나타낸다.
⑤ 비둘기에게 연두색 원반을 쪼는 것을 학습시키면 훈련 직후 연두와 유사한 색을 가지고 검사를 하면 비둘기는 훈련받은 연두색을 쪼는 비율이 가장 높은 가파른 일반화 기울기가 나타날 것이다.
⑥ 시간이 지난 후 다시 검사를 하면 훈련 시 연두색보다 더 진하거나 연한 원반들을 쪼는 경향이 커질 수도 있다. 따라서 일반화 기울기가 평평해질 것이다. 이것이 망각의 측정이 된다.

제2절 인간 정보처리모형

1 정보처리모델

(1) 개념
① 인간이 외부로부터 받은 정보를 어떻게 지각하고 이해하고 기억하는가를 연구하는 이론이다.
② 1960년대 초 출현하여 컴퓨터의 정보처리과정을 모델로 삼았다.
③ 인간의 정신은 컴퓨터와 마찬가지로 정보를 받아들이고 조직화하여 정보의 형태와 내용을 변화시킨다.
④ 필요에 따라 정보를 저장하고 인출하며 적절한 반응을 생성한다.
⑤ 정보는 부호화, 저장, 인출과정을 통해 처리된다.
　㉠ 부호화는 감각기관으로부터 들어온 정보를 기억하기 적절한 형태로 변형시키는 것을 의미한다.
　㉡ 저장이란 부호화된 정보를 기억에 담아 두는 과정이다.
　㉢ 인출은 필요할 때 기억에서 정보를 끄집어내는 과정을 말한다.
⑥ **이중기억모형(기억단계모형)**
　㉠ 앳킨슨과 쉬프린(Atkinson & Shiffrin, 1968)이 제안한 인간의 학습과 기억을 설명하는 모형이다.
　㉡ 이중기억모형은 기억을 단기기억과 장기기억으로 구분하고 있어 이중저장고모형이라고도 부른다.
　㉢ 이 모형은 정보가 여러 단계를 거쳐 처리되며, 각 단계마다 인지과정이 작용한다고 전제한다.
⑦ 정보처리모델은 세 부분으로 구성되어 있다.
　㉠ 기억단계 : 기억은 컴퓨터의 기억저장장치에 해당한다. 기억단계는 감각기억, 단기기억(작업기억), 장기기억으로 구성된다.
　㉡ 인지과정 : 정보를 변환하고 전달하고 저장하는 정신과정으로 컴퓨터의 소프트웨어에 비유된다. 인지과정에는 주의, 시연, 부호화, 인출이 있다.
　㉢ 메타인지(통제과정) : 자신의 인지과정을 인식하고 통제하는 과정이다.

(2) 정보처리과정
① 외부환경에서 투입되는 정보는 감각기억에 순간적으로 파지되지만 그 정보에 대해 인지활동이 이루어지지 않으면 곧 망각된다.
② 감각기억에 파지된 정보에 주의를 기울이면 그 정보는 단기기억으로 넘어간다.
③ 작업기억으로 넘어간 정보는 짧은 시간 동안 **파지 후 망각**된다.
④ 시연은 단기기억에 전달된 정보를 파지하는 기능을 한다.
⑤ 작업기억에 저장된 정보에 대해 시연이나 부호화 같은 인지활동을 수행하면 그 정보는 장기기억으로 전달되어 저장된다.
⑥ 장기기억 속에 저장된 정보도 망각된다.

⑦ 장기기억에 저장되어 있는 정보는 인출과정을 통해 단기기억으로 전달된다. 한편 메타인지과정은 주의, 시연, 부호화, 인출과 같은 인지과정을 인식하고 통제한다.

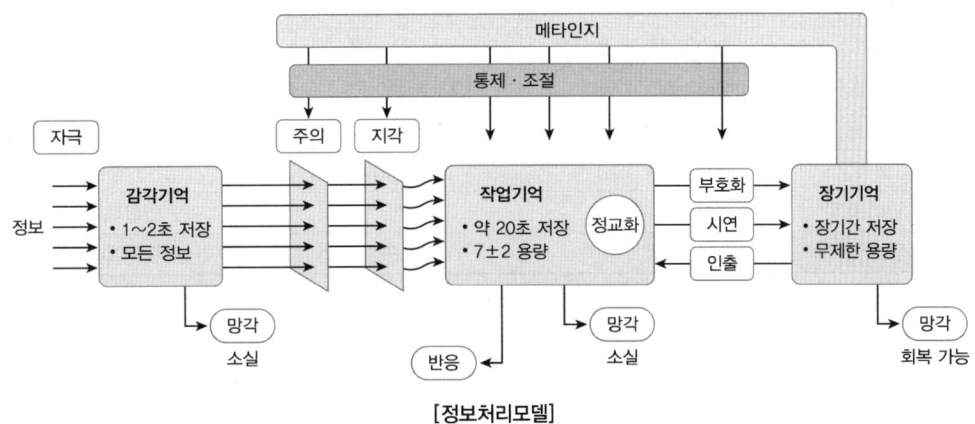

[정보처리모델]

> **용어 설명**
>
> **파지**: 기억하고 있는 것 중에 재생되는 것. 비록 재생되지 않는 것일지라도 동일한 내용을 다시 학습할 경우 기억해 둔 잠재적 효과가 나타나 학습을 용이하게 하는 현상

(3) 정보처리모델의 기본가정

① 인간은 정보를 처리하는 존재다.
② 정보를 처리한다는 것은 정보에 대해 정신적인 행위를 한다는 것을 의미한다.
③ 정보처리는 조작, 과정, 전략이라고 부르기도 한다.
④ 모든 인지활동(예 지각, 시연, 사고, 문제해결, 망각, 심상형성 등)에는 정보처리가 포함되어 있다.
⑤ 사람은 외부에서 투입되는 정보를 장기기억에 유의미하게 저장하기 위해 능동적으로 구조화하고 조직화한다.
⑥ 정보는 일련의 단계를 거쳐 순서대로 처리된다.
⑦ 정보가 처리되는 각 단계는 질적으로 다르며 단계에 따라 정보의 형태와 표상방식도 다르다.
⑧ 인간은 무한정한 정보를 획득할 수 있지만 정보처리단계에서 처리할 수 있는 정보량은 한계가 있다.
⑨ 인간의 정보처리체계는 상호작용적이다.
⑩ 주의나 지각과 같은 정보처리과정과 기억 속에 저장된 정보는 서로 영향을 주고받는다.

(4) 정보처리단계

구분	감각기억	단기기억	장기기억
다른 명칭	영상기억, 잔향기억	작업기억, 일차적 기억	이차적 기억
지속기간	250밀리초~4초	약 12초	규정할 수 없음
저장형태	원래의 물리적 형태	이중부호(언어적, 시각적)	지식(서술적・절차적) 혹은 도식
정보원	외부환경	감각기억과 작업기억	단기기억에서 전이
크기	한정(매우 많음)	한정(7±2)	무한정
일반적 특징	일시적, 무의식적	의식적, 능동적	연합적, 수동적
정보상실	소멸	치환 또는 소멸	간섭, 인출실패, 억압, 왜곡

※ 정보처리단계는 기억단계라고도 하며 감각기억, 단기기억, 장기기억으로 구분된다.

2 다른 정보처리모형

(1) 정보처리수준이론

① 사람들은 자극에 대해 다른 수준을 주목하고 그 중에서 가장 완전한 수준으로 처리된 정보만을 기억한다.
② 물리적(표면), 청각적(음운・소리), 의미론적(의미) 정보처리방식이 다르다.
③ 물리적 정보처리가 가장 피상적이고 의미론적 정보처리가 가장 "깊다".
④ 이중기억모형의 감각등록기, 단기기억, 장기기억과 개념적으로 유사해 보인다.
⑤ 보다 정교화된 정보처리를 위해 다음 과정으로 옮겨가야 한다고 주장하지 않는다.
⑥ 의미수준에서 정보가 처리되기 위해 피상적인 수준에서 먼저 처리되고 소리수준에서 정보가 처리되어야 하는 것은 아니다.
⑦ 정보가 더 깊은 수준에서 처리될수록 기억에 더 많은 흔적을 남기기 때문에 더 잘 기억된다.
⑧ 이 이론은 세 종류의 정보처리가 단계를 이룬다고 가정하지 않는다.
⑨ **수준별 예시**
  ㉠ 물리적 수준 : 내가 나무를 보고 인식했지만 별다른 주목을 하지 않을 수 있다. 이것은 가장 낮은 단계에 속하고 당신은 나무를 기억하지 못할 것이다.
  ㉡ 청각적 수준 : 당신이 그 나무를 은행나무라고 이름을 붙여준다면 그 나무를 더 기억하기 쉬워진다.
  ㉢ 의미론적 수준 : 가장 높은 정보처리과정은 나무에 의미를 부여하는 것이다. 그 나무와 관련된 추억이나 그 나무에 얽힌 이야기 등을 기억한다면 그 자극에 더 많은 정보처리가 이루어지고 그 것을 더 쉽게 기억하게 된다.

(2) 이중부호이론
① 이 이론은 처리수준이론과 깊은 관련이 있는 개념이다.
② 이 이론은 장기기억 속에 정보가 시각적인 것과 언어적인 것의 두 가지 형태로 저장된다고 가정한다.
③ 두 가지 형태는 각각 일화기억과 의미기억을 말한다.
④ 시각적이며 언어적으로 제시되는 정보가 한 가지로 제시되는 정보보다 더 잘 기억된다고 가정한다.
⑤ 누군가의 이름만을 기억하는 것보다 이름을 얼굴과 연관시킬 수 있다면 이름을 더 잘 기억할 수 있다.

(3) 현대 정보처리모형
① 현재의 모형은 이전 모형과 다르게 단계모형이 아니다. 지각하고 새로운 지식을 장기기억에 통합하는 것과 같은 정보처리의 단계는 있지만 정보처리시스템은 역동적이며 과정 간 이동이 빠르게 일어난다.
② 단기기억을 작업기억으로 대체하였다. 작업기억이 정보처리과정의 역동적인 속성을 포함하고 지각 및 장기기억과 밀접한 관련을 맺으며 작동한다는 것을 더 잘 반영하기 때문이다.
③ 통제과정이 제거되었다. 현대 정보처리이론은 학습자의 주의에 초점을 맞춰 학습자가 정보를 자신의 목표, 신념, 가치 등에 맞춰 구성하고 처리하도록 돕는 인지요인과 동기요인을 다룬다.
④ 기계론적인 면이 줄어들었고 학습자의 적극적인 지식구성을 강조한다.
⑤ 학습자는 수용되는 정보에 단순히 반응하지 않고 자신의 학습에 도움이 되는 정보를 구한다.
⑥ 이 모형은 학습자통제와 자기조절을 반영한다.
⑦ 정보가 감각입력에서 시작하여 작업기억이 장기기억 속 정보와 통합되는 과정에서 새로운 감각적인 입력도 수용한다는 점에서 역동적이라고 한다.

3 기억의 종류

(1) 감각기억
① 환경의 입력은 시각, 청각, 후각, 미각, 촉각과 같은 감각을 통해 수용된다.
② 각 감각에는 수용된 것과 동일한 형태로 잠시 정보를 보관하는 고유의 등록기가 있다.
③ 감각기관을 통해 환경으로부터 획득한 정보는 감각기억이라고 부르는 초단기기억에 들어간다.
④ 정보는 감각등록기에 0.25초도 안 되는 시간 동안 등록된다.

⑤ 감각입력 중 일부는 추가적인 처리를 위해 작업기억으로 옮겨지고, 다른 입력은 소멸되고 새로운 입력으로 대체된다.
⑥ 몇 개의 감각이 동시에 독립적으로 사용될 수 있기 때문에 감각등록기는 동시에 작동한다.
⑦ 감각기억 중 영상기억은 시각적 정보를 시각적 형태로 파지하고, 잔향기억은 청각정보를 청각적 형태로 파지하는 감각기관이다.
⑧ 감각기억은 감각기관이 감지할 수 있는 모든 정보를 순간적으로 파지하므로 용량이 상당히 크다.
⑨ 감각기억은 한꺼번에 인식하기에 불가능할 정도로 많은 정보를 파지한다. 그러나 감각기억의 용량이 무한한 것은 아니다.
⑩ 감각기억의 내용은 너무 짧기 때문에 즉시 처리되지 않으면 곧 소멸되기도 하고 다른 정보에 의해 밀려나기도 한다.

(2) 단기기억과 작업기억

① **배들리(Baddeley)의 작업기억모형 개발**
  ㉠ 단기기억이 정보를 단기간 보관하는 저장고라고 하는 수동적인 기능을 하는 것으로 알려져 왔다.
  ㉡ 그러나 단기기억이 이해, 추리, 문제해결 같은 능동적인 정신활동에도 관여하는 것으로 간주된다.
  ㉢ 따라서 단기기억을 작업기억이라고 한다.
  ㉣ 배들리와 히치(Baddeley & Hitch, 1974)는 작업기억모형을 개발하기 시작했다.
  ㉤ 이 모형은 지금도 진화하고 있는 중이다.

② **배들리의 작업기억 모형 요소**
  ㉠ 음운루프 : 언어이해와 청각 되뇌기를 위하여 주로 언어정보를 잠시 저장한다.
  ㉡ 시공간스케치북
    • 공간정보와 시각정보를 보유하며 시각 이미지를 유지한다.
    • 시공간 스케치북의 정보는 신속하게 소멸된다.
  ㉢ 중앙집행기
    • 기억체계 곳곳에서 정보의 흐름과 사용을 통제하고 모니터하며 작업 기억에서 핵심적인 역할을 한다.
    • 높은 수준의 추리와 이해에도 관여하며 인간지능의 핵심을 이룬다.
  ㉣ 일화버퍼 : 가장 늦게 알려진 영역이다. 사람들이 작업기억, 장기기억, 시공간스케치북, 음운고리에 들어 있는 정보를 통합하는 방식을 설명한다.

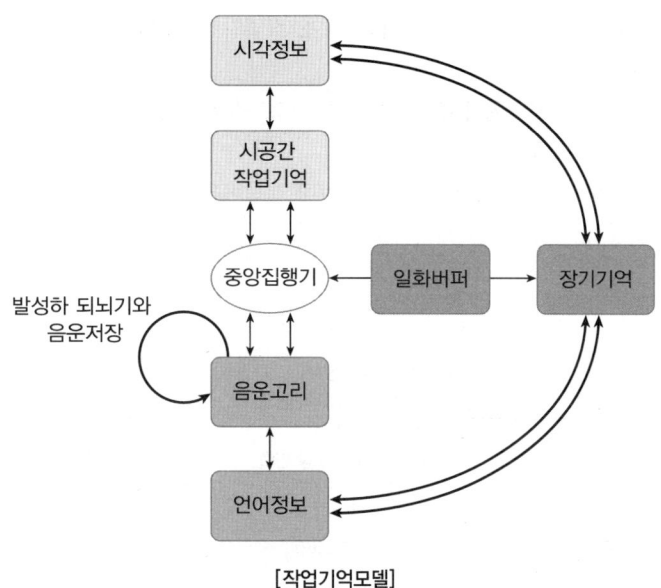

[작업기억모델]

③ **작업기억의 개념**
  ㉠ 작업기억모형은 오늘날 가장 널리 사용하고 인정받고 있는 모형일 것이다.
  ㉡ 작업기억모형을 사용하는 심리학자는 단기기억과 장기기억을 다른 관점에서 바라본다.
  ㉢ 전통적인 관점에서 단기기억은 짧은 시간동안 정보를 저장하는 역할만을 담당한다.
  ㉣ 작업기억 개념은 정보를 유지할 뿐 아니라 처리도 수행한다는 입장을 수용하고 있다.
  ㉤ 사람들이 대략 5~6개의 무관한 단어들을 기억해낼 수 있다.
  ㉥ 그러나 단어들이 포함된 어떤 문장이 만들어지면 훨씬 더 많은 단어들을 떠올릴 수 있다.
  ㉦ 작업기억이 더 많은 항목을 유지할 수 있게 되는 것은 장기기억이 작업기억의 수행을 도와주었던 것이다.
  ㉧ 작업기억과 장기기억 간의 경계는 앳킨슨과 쉬프린의 다중저장소모형에서 단기기억과 장기기억 간의 구분보다 훨씬 모호해진다.

④ **작업기억의 기능**
  ㉠ 다중저장소가 정보를 저장하기 위한 구조를 강조하는 반면 작업기억모형은 기억과정을 주도하는 데 있어서 작업기억의 기능에 초점을 맞춘다.
  ㉡ 작업기억 과정은 정보의 부호화와 통합과정을 포함한다. 청각정보와 시각정보를 통합하고, 정보를 의미 있는 덩어리로 조직화하고, 새로운 정보를 장기기억에 존재하는 지식표상과 연계시키는 작업 등이다.
  ㉢ 은유적인 개념을 사용하여 서로 다른 강조점을 사용하여 개념화할 수 있다.
  ㉣ 끊임없이 이미지와 소리를 생성하고 조작한다. 시각정보와 청각정보를 의미있는 배열로 통합하기도 한다.
  ㉤ 작업기억은 결정적으로 학업수행에 영향을 미친다. 작업기억기술을 평가한 최근의 연구에서 작업기억능력이 학업성취의 훌륭한 예측자임을 보여주었다.

ⓑ 적극적 사고가 일어나고 있는 기억요소이며, 작업기억을 기억체계의 인식이나 의식으로 생각할 수도 있다.
ⓢ 작업기억은 감각등록기에서 주의집중을 받은 정보를 확인하고 좀 더 긴 시간 동안 정보를 저장하고 더 깊이 처리한다.
ⓞ 작업기억은 장기기억으로부터 인출한 정보를 붙잡아두고 처리할 수 있는데 그 정보는 새롭게 받아들인 환경적 입력정보를 해석하는 데 도움을 준다.

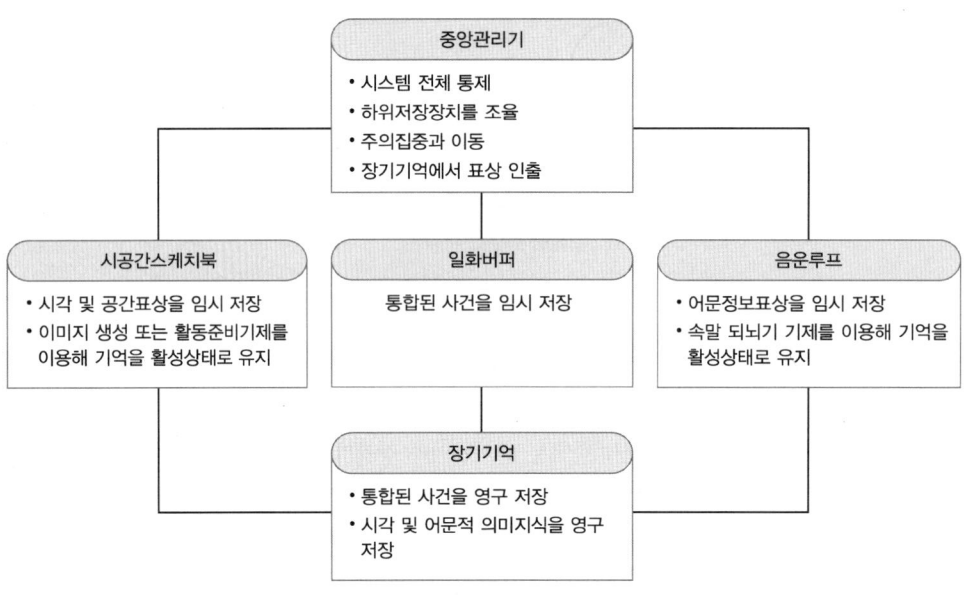

[작업기억의 구성요소모형]

⑤ **작업기억의 용량과 지속시간**
  ㉠ 사람들이 한 번에 작업기억 안에 기억할 수 있는 단위의 평균 단위 수는 약 5~9개이다.
  ㉡ 청킹(Chunking)이라고 불리는 정보조각들을 묶는 과정은 작업기억의 한정된 공간에 붙잡아 둘 수 있는 정보의 양을 증가시킬 수 있다.

  389752456
  3-8-9 7-5-2 4-5-6

  ㉢ 작업기억의 지속 시간을 연구한 피터슨의 결과를 고려하면 작업기억의 지속시간은 30초를 넘지 않을 것이고 대부분은 이보다 훨씬 짧을 것이다.
  ㉣ 작업기억에 저장된 일부정보는 그것이 더 깊이 처리되지 않으면 쉽게 사라질 수 있다.

⑥ **단기기억**
  ㉠ 단기기억의 주된 기능은 활성상태의 기억흔적을 유지하는 일이다.
  ㉡ 기억흔적은 대개 음운부호나 시각부호이다.

ⓒ 단기기억은 배들리모형의 음운루프와 시공간스케치북에서 하는 일을 하고 있는 셈이다.
ⓔ 작업기억은 단기기억의 '내용'과 중앙관리기의 관리를 받고 있는 '주의'로 구성된다.
ⓜ 단기기억의 용량을 반영하는 점수는 어문적 과제인지, 공간적 추리과제인지에 따라 달라진다.

> cf. 작업기억의 용량을 반영하는 점수는 어문적 과제나, 공간적 추리과제 모두 크게 다르지 않다.

ⓗ 기억흔적(정보)을 보관하는 일이나 정보를 처리하는 일 모두 주의가 필요하다. 따라서 정보를 처리하는 데 주의를 하면 정보를 보관하는 작업에 사용할 수 없기 때문에 처리할 일이 많아지면 단기기억에 정보를 보관하는 작업이 그만큼 어려워진다.

용어 설명

기억흔적: 저장된 정보의 심적 표상

더 알아두기

기억에 관한 견해 비교

	전통적 다중저장소 견해	작업기억 모형
기억 저장소의 정의	작업기억은 단기기억의 또 다른 이름이며, 장기기억과 구분된다.	작업기억은 짧고 유동적인 단기기억을 포함하여 기억에서 최근에 활성화되었던 모든 지식을 포괄하는 장기기억의 부분이다.
단기·작업기억과 장기기억 간의 관계	단기기억은 장기기억과 구분되며, 그 옆에 있거나 위계적으로 장기기억과 연계되는 것으로 간주한다.	단기기억, 작업기억, 장기기억은 포함관계를 이루는 동심원들로 나타낼 수 있는데 작업기억은 장기기억에서 가장 최근에 활성화된 부분을 포함하며, 단기기억은 작업기억의 매우 작고 유동적인 부분만을 포함한다.
정보의 흐름	정보는 장기기억에서 단기기억으로 직접 이동한 다음에 다시 장기기억으로 되돌아온다. 결코 두 장소에 동시에 존재하지 않는다.	정보는 장기기억에 남아 있다. 정보가 활성화되면 장기기억의 특정한 일부분이 작업기억으로 이동하는데, 작업기억은 단기기억과 적극적으로 정보를 주고받는다.
강조점	장기기억과 단기기억의 구분	작업기억으로 이동하는 정보 활성화의 역할과 기억 과정에서 작업기억의 역할

4 장기기억

(1) 장기기억의 특징
① 장기기억의 용량을 하나의 숫자로 답할 수 없다. 지금 내 기억 속에 있는 정보들이 대부분 장기기억이기 때문이다.
② 란다우어(Thomas Landauer, 1985)는 인간기억의 크기는 뇌의 대뇌피질에서의 시냅스 수와 같다고 하였다. 인간의 기억은 1013 비트를 지닐 수 있다고 믿는다.

> cf. 한글 1글자는 16비트이다.

(2) 장기기억의 종류
① 장기기억을 서술기억과, 비서술적 기억으로 구분할 수 있다.
② 서술기억은 외현기억으로서 우리가 의식적으로 떠올릴 수 있는 기억을 말한다.
③ 서술기억은 일화기억과 의미기억으로 구분할 수 있다.

일화기억	의미기억
• 자서전적: 나는 기억한다(remember) • 내가 겪었던 과거의 사건에 대한 기억	• 사실적: 나는 알고 있다(know) • 단순한 사실이나 개념을 기억하는 것
공간적 시간적 맥락과 관련됨	맥락과 관련될 필요성이 없음
한 번의 경험으로 획득됨	한 번의 체험으로 획득될 수도 있으나, 보통 반복에 의해 강화됨
융통성 있게 전달될 수 있음 – 정보가 획득된 것과 다른 형태로 전달될 수 있음	
의식적으로 이용 가능	

일화기억	의미기억
자서전적인 내용을 포함해야 하고 언제, 어디서 사건이 일어났는지 기억해야 한다.	자서전적인 내용을 가질 필요가 없고 언제, 어떻게 정보를 알게 되었는지 기억할 필요가 없다.
사건 그 자체에 대한 기억임으로 한 번의 경험으로 얻어진다.	일반적으로 완전히 습득될 때까지 여러 번의 추가적 경험들이 필요하다. 그러나 그 정보가 충분히 흥미 있거나 중요할 경우 한 번의 경험으로 얻어질 수 있다.
유사한 사건들의 반복 경험은 일화기억을 약화시킬 것이다.	반복 경험은 의미기억을 강화시킨다.

④ 비서술기억은 암묵기억으로서 무의식중에 일어나는 반응을 일으키는 내재된 기억을 의미한다.
⑤ 어떤 과제를 해결하거나 행동을 수행하는 데 요구되는 일련의 지식이나 기능, 학습된 기술을 포함 수행하는 것에 대한 절차기억은 비서술기억에 해당한다.
⑥ 절차기억은 자주 사용함에 따라 의식적인 노력 없이 자동적으로 접근하여 사용할 수 있게 된다.

(3) 부호화

① 새로운 정보에 주의를 기울이고, 그 정보를 받아들이고, 처리하는 단계이다.
② 부호화(혹은 약호화) 과정은 자동적 처리(Automatic Processing)와 통제적 처리(Controlled Processing)로 나뉜다.
③ 자동적 처리는 특정자극에 대한 의식적 주의나 노력 없이도 부호화가 자동적으로 발생하는 것을 말한다.
④ 반면, 통제적 처리는 기억하기 위해 특정정보에 의도적으로 주의를 기울이고 노력함으로써 부호화가 발생하는 것이다.
⑤ 일반적으로 청각적으로 유사한 단어는 단기기억에 영향을 미치고 의미적으로 유사한 단어는 장기기억에 영향을 미친다.

(4) 파지기간과 망각

① 정보는 장기기억에 무한히 지속될 수 있다.
② 그러나 정보에 따라서 기억은 몇 시간에서 평생 지속되기도 한다.
③ 에빙하우스는 완전한 회상을 위해서는 반복학습이 필요하다고 하였다.
④ 어떤 대상의 행동을 모방하기 위해서는 그것을 기억해야만 한다. 파지는 어떤 방법으로 그 모델의 활동을 정신적으로 재현하는 것을 의미하는데, 파지는 정신적인 시연 혹은 실제 연습에 의해서 향상될 수 있다.
⑤ 사용되지 않는 정보는 통상적으로 시간이 경과함에 따라 망각될 확률이 높아진다.
⑥ 쇠잔이론에 따르면 기억은 중추신경계에 어떤 변화를 일으켜 기억흔적을 남기는데, 이 기억흔적은 사용되지 않으면 시간의 경과에 따라 신진대사과정에 의해 점차 희미해지고 결국에는 사라진다.
⑦ 쇠잔이론의 반대연구에 따르면 망각이 단순한 시간경과로 일어나는 것이 아니라, 파지기간 동안 이루어진 경험의 양에 영향을 받는다는 것을 보여준다.
⑧ 간섭이론에 따르면 역행간섭은 나중에 학습한 정보가 먼저 학습한 정보를 간섭하는 것이고, 먼저 학습한 것이 나중에 학습한 것을 간섭하면 이를 순행간섭이라고 한다. 이것이 망각의 원인이 된다.
⑨ 단서의존망각에 따르면 망각은 약호화나 저장단계에서 일어나는 것이 아니라 인출단계의 장애로부터 일어나는데 저장된 정보에 접근하는 적절한 수단인 인출단서가 없기 때문이다.
⑩ 해마와 그 주변 영역이 기억에 중요한 역할을 하는 기관들이다.

5 장기기억의 저장과정

기억은 학습자가 가지고 있는 지식에 얼마나 의존하는가에 따라 선택되고 구성되고 때로는 왜곡된다. 사람은 자신이 보고 들은 것 속에서 의미를 찾고자 하는 동기를 가지고 있는 것처럼 보인다.

(1) 시연
① 짧은 시간에 무언가를 계속 반복하는 것이 정보를 작업기억 안에 무기한 유지하는 수단이 된다.
② 앳킨슨과 쉬프린은 초기의 이중저장기억모델에서 시연은 정보를 장기기억에 저장하는 방법이 된다고 제안하였다.
③ 사람들은 자주 시연한 항목을 보다 적게 시연한 항목보다 더 잘 기억한다.
④ 다른 연구자들은 시연이 유의미학습을 포함할 때만 장기기억 안에 저장될 수 있다고 주장했다.

(2) 유의미학습
① 새로운 정보를 장기기억에 이미 저장되어 있는 지식에 관련지음으로써 새 정보에서 의미를 찾는 과정을 유의미학습이라고 한다.
② 유의미학습은 저장과 인출 모두를 촉진하는 것으로 나타났다.
③ 유의미학습된 정보는 더 빨리 저장되고 더 쉽게 기억된다.
④ 어떤 이야기의 제목을 알고 읽으면 알지 못하고 읽을 때보다 이해가 훨씬 쉽다.
⑤ 사람들은 비언어적 자료 또한 자신에게 의미를 가질 때보다 쉽게 저장할 수 있다.
⑥ 새로운 정보를 학습자 자신과 관련짓는 것이 학습에 있어 아주 극적인 효과를 가지는데 이것을 '자기참조효과'라고 한다.

> **예**
> 내 생일과 같은 날짜나, 혹은 내 생일 즈음에 있는 친구의 생일은 기억하기 쉽다.

(3) 내적 조직화
① 다양한 정보조각들을 어떤 방식으로 서로 연결할 때(내적 조직화) 새로운 정보 덩어리를 효과적으로 저장하고 더 완벽하게 기억할 수 있다.
② 사람들은 자신이 받아들인 정보를 조직화하고 통합하는 선천적인 경향성을 가지고 있는 듯하다.
③ 내적 조직화의 방법은 이미 습득하고 있는 조직화 스키마에 기초하는 것이다.
④ 대학생들에게 112개 단어를 학습하게 하는데 위계화를 통해 조직된 단어를 공부한 학생들은 단어를 임의로 학습한 학생들보다 세 배나 많은 단어를 학습할 수 있었다. 이후 네 번의 시도 후에 조직화한 그룹의 학생들은 112개의 단어를 모두 기억하였고, 임의학습 학생들은 70개만 기억했다.
⑤ 많은 우수한 학생들은 어떤 정보를 학습할 때 자발적으로 그 정보를 조직화한다.
⑥ 학생들에게 특정의 조직화된 도식을 제공하는 것은 학생들이 더 효과적으로 학습할 수 있도록 돕는 한 방법이다.

⑦ 우리가 정보를 조직할 때 잘 알려진 범주 위계와 같은 익숙한 틀을 종종 사용하여 새로운 자료에 유의미한 구조를 부여한다.

(4) 정교화

① 유의미학습은 새로운 정보를 이미 가지고 있는 지식에 연결하는 것을 뜻하고, 정교화는 새로운 정보에 어떤 다른 것을 더하는 것이다.
② 정교화는 정확하지 않을 때가 있는데 어떤 일반화된 사실이 아닌, 정확하게 파악되지 않은 상황에 대입하기 때문이다.
③ 전형적인 정교화는 정확한 가정과 추론을 포함하는데 이렇게 정확할 경우 저장과 인출을 모두 돕는다.
④ 정교화는 새로운 정보를 같이 묶는 것에 도움이 될 때, 즉 내적으로 조직화하는 것에 도움이 될 때 효과적이다.
⑤ 학습자는 완전히 새로운 아이디어, 개념, 절차, 일련의 추리를 구성하기까지 새로운 정보를 정교화하고 통합한다.
⑥ 혼자 힘으로 무엇인가를 구성하여 학습하는 것은 다른 사람이 하나의 덩어리로 만들어 제시한 정보를 기억하는 것보다 더 잘 기억하는 경우가 종종 있다. 이것을 생성효과라고 한다.
⑦ 학습자가 새로운 자료에 대해 더 많은 정교화에 개입하는 상황일 때 정확하게 제공된 **자기구성** 지식은 유익한 것으로 나타났다.
⑧ **정교화가 장기기억을 촉진하는 이유**
  ㉠ 정교화된 정보는 장기기억 안에 저장된 다른 유사한 정보와 혼동이 덜 된다.
  ㉡ 정교화는 정보가 찾을 수 있는 더 많은 장소를 제공한다.
  ㉢ 정교화는 정보 자체만으로 정확하게 회상할 수 없을 때 그 정보가 무엇일 것 같은지를 추론하는 데 도움이 될 수 있다.

> **용어 설명**
>
> **자기구성**: 자기구성은 자신이 남들과 관련되는 정도에 대한, 그리고 남들과 구분되는 정도에 대한 생각, 느낌, 행동의 집합으로 정의됨

(5) 시각적 심상

① 시각적 심상은 어떤 것이 실제 어떻게 보이는지 또는 어떻게 보일 수 있는지를 나타내는 정신적 그림을 의미한다.
② 시지각을 가능하게 하는 특정 과정과 뇌영역에 의존한다.
③ 심상은 상당히 오랫동안 유지된다.

> **예**
>
> 3,000장의 사진을 5시간 30분 동안 보게 한 후 2쌍의 사진을 보여주고 그 사진을 고르라고 했을 때 상당히 높은 정확도로 사진을 찾아냈다.

④ 시각자료에 대한 사람들의 기억은 언어로만 된 자료에 대한 기억보다 더 낫다.
⑤ 일반적으로 사람들은 결합된 정보가 너무 많은 인지적 부하를 제공하지 않는 한 정보가 언어와 시각 모두의 형식으로 제시될 때 더 잘 기억한다.
⑥ 새로운 자료가 쉽고 구체적으로 시각화할 수 있을 때 학습자는 때로는 자기 나름의 정신적 심상을 창조해낸다.
⑦ 시각적 심상을 사용하는 능력은 학습자의 연령에 따라 많은 차이를 보인다.
⑧ 심상을 잘하는 학습자도 사물에 대한 잘못된 심상을 형성하기도 하는데 학습자의 일반적인 지식에 의해 심상이 왜곡되기도 한다.
⑨ 우리가 알고 있는 것에 기초해서 혼자 힘으로 종종 심상을 창조해낸다.

제3절 망각의 원인

1 망각과 기억

(1) 망각의 종류

① **부호화실패**
  ㉠ 우리가 알아차리지 못한 감각의 대부분 그리고 부호화에 실패한 것들을 기억해낼 수는 없다.
  ㉡ 연령이 높을수록 부호화효율성이 낮아 기억저하가 일어나는 원인이 될 수 있다.
  ㉢ 노력을 기울이지 않으면 많은 잠재적 기억들을 형성하지 못한다.

② **저장소멸**
  ㉠ 무엇인가를 잘 부호화해도 때로는 나중에 망각하게 된다.
  ㉡ 새로운 정보의 기억이 급속하게 사라진 후에 일정수준으로 유지하게 된다.

③ **인출실패**
  인출문제는 나이 든 사람들이 자주 겪는 기억실패의 원인이며 설단현상에 의한 망각으로 더 자주 좌절을 경험한다.
  ㉠ 간섭 : 주의집중은 정보를 회상하는 데 도움을 준다. 그러나 때로는 뒤죽박죽 상태가 우선하여 새로운 학습과 기존에 학습한 것 간에 충돌이 일어난다.
    • 순행간섭 : 기존의 학습내용이 새로운 정보의 회상을 방해할 때 일어난다.
    • 역행간섭 : 새로운 학습이 기존정보의 회상을 방해할 때 일어난다.
  ㉡ 동기적 망각
    • 프로이트에 의하면 우리는 현실적으로 용납될 수 없는 문제나 경험들을 무의식 속으로 억압함으로써 망각이 이루어진다고 본다. 기억이 실패하는 이유는 부분적으로 신뢰하지 못하고 자기 위주로 기억하기 때문이다. 사람들이 정보를 처리할 때 대부분은 걸러 내거나 변형시키거나 상실한다. 의도적인 망각은 어려운 것이며, 특히 망각하려는 정보가 정서를 담고 있을 때는 더욱 그러하다.

- 다른 의미로 문제해결이나 학습에 대한 동기가 강할수록, 즉 성취동기가 강할수록 기억이 잘되는 경향이 있다. 자이가르닉(Zeigarnick) 효과는 미완성 과제의 경우 그것을 완성하려는 성취동기가 강해 완성 과제보다 기억이 더 잘된다는 것이다.

(2) 정서가 기억에 미치는 영향

강력한 정서가 사건에 대해 강한 기억을 가지고 있는 이유 중 하나는 다른 사람과 그 사건에 대해서 계속적으로 이야기하면서 자주 되돌아보기 때문일 것이지만 정서적인 사건의 기억에는 반복 이상의 무엇인가가 있다. 강력한 정서는 초기단계부터 기억이 부호화될 것인지 아닌지를 결정한다.

① **정서와 기억**

정서적으로 각성되는 이야기를 들은 참가자들은 같은 사진을 보며 중성적인 이야기를 들은 참가자들에 비해서 후에 이야기의 중간부분에 대한 세부적인 내용을 확실하게 더 잘 기억하였다.

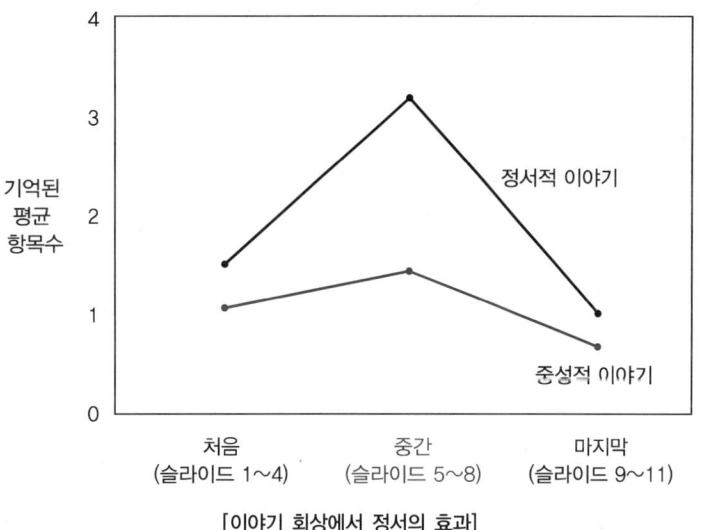

[이야기 회상에서 정서의 효과]

② **정서와 회상**
  ㉠ 정서는 기억이 저장될 때뿐만 아니라 그것이 회상될 때에도 영향을 준다.
  ㉡ 현재의 기분상태나 감정상태와 일치하는 기억들은 회상되기 쉬운데 이러한 효과를 '기분일치기억'이라고 한다.
  ㉢ 행복한 기분을 느끼는 사람은 부정적이거나 중립적인 사건보다 행복한 사건을 더 많이 회상하는 경향을 보인다.
  ㉣ 슬픈 기분을 느끼는 사람은 좋은 기억은 적게 회상하고 부정적인 기억은 많이 회상하였다.
  ㉤ 강력한 기억은 강력한 정서와 연관되어 있다는 것과 일치한다.
  ㉥ 우울증 환자는 즐거운 기억보다 슬프고 기쁘지 않은 기억을 더 잘 기억하는 것 같다.
  ㉦ 부정적인 기억은 사람을 더 슬프고 희망이 없는 감정적인 상태로 만들어 버리는 순환적인 사이클을 일으킨다.

ⓔ 강력한 감정이나 기분은 생리적인 반응뿐만 아니라 주관적인 감정을 불러일으키고 그것들을 주변단서나 여러 가지 단서들이 하는 것처럼 다시 학습되어 있는 연합을 불러일으키는 자극이 된다.

③ **섬광기억**
    ㉠ 강렬한 정서는 아주 강력하고 오래가는 기억(섬광기억)을 만들어낸다.
    ㉡ 섬광기억은 카메라의 플래시처럼 빠르게 저장되며 생생하고 세부적이며 그 시간에 같이 있던 그다지 중요하지 않은 것들까지도 오랫동안 기억되는 것이다.
    ㉢ 우리는 개인적으로 아주 중요한 기억들 즉, 부모님의 죽음, 교통사고, 첫키스 같은 섬광기억을 가지고 있다.
    ㉣ 섬광기억이 생생함에도 불구하고 정확하지는 않다.

2 망각의 원인

(1) 학습의 정도
① 학습이 잘 되었을수록 망각될 가능성은 낮다.
② 에빙하우스는 학습시행의 수와 망각의 양 사이에 체계적인 상관관계가 있음을 발견하였다.
③ 에빙하우스는 어떤 것을 완벽하게 숙달한 것처럼 보여도 그 뒤에 학습이 계속되는 것이 기억에 영향을 미친다고 하였다.
④ 크루에거(Krueger, 1929)는 연습시행 횟수를 통해 과학습이 강력한 기억법이라는 것을 확인하였다.

> • 실험과정
>   성인에게 한 음절짜리 명사 12개로 구성된 세 가지 단어 목록을 학습하도록 하였다. 학습 방법은 단어들을 2초에 하나씩 제시하였다. → 목록을 익힌 후 참가자에게 단어가 제시되기 전에 그 단어를 말하도록 했다. → 세 개의 목록 각각에 따라 훈련 과정을 다르게 하였다(목록에 따라 학습의 완벽 수준을 달리하는 것이다).
>   - 첫째 목록: 12개 단어 모두를 제대로 말할 때까지 익힌 다음 훈련을 멈춘다.
>   - 둘째 목록: 한 번의 오류도 없는 시행에 도달할 때까지 목록을 익히는 데 걸리는 횟수의 절반만큼의 시행을 추가로 한다.
>   - 셋째 목록: 오류 없는 시행에 도달할 때까지 목록을 학습하는 데 걸린 시행의 두 배만큼의 시행을 한다.
>   → 훈련 후 2, 4, 7, 14, 28일의 파지 기간이 지난 후 목록을 재학습하게 하였다.
> • 실험결과
>   과학습의 양이 많을수록 망각이 적게 나타나는 것이 뚜렷하게 보여졌다.

⑤ 다른 연구자들은 '유창성' 즉, 분당 정확 반응의 수로 학습의 정도를 측정했다.

> **예**
> A가 외국어 단어를 암기하는 데 10번의 시행으로 1분에 20개의 단어를 모두 맞추었다고 할 때, B는 30초에 20개의 단어를 맞춘다면 B의 유창성은 A의 두 배(분당 40개이므로)가 된다.

⑥ 유창성이 높을수록 망각률이 낮은 것으로 나타났다.
⑦ 과학습으로 인한 이점은 오랜 기간 지속될 수 있다는 것이다.
  스페인어를 1년간 공부했고 C학점을 받은 사람보다 3년간 공부하고 A학점을 받은 사람은 50년이 지난 후에도 검사에서 좋은 결과를 보였다.
⑧ 50년간 스페인어를 연습할 기회가 중요한 것이 아니라 처음에 얼마나 잘 학습하였는가가 중요한 것이었다.

(2) 사전학습
① 서로 관련이 없는 단어, 임의의 숫자, 무의미한 철자를 학습할 때는 망각이 빨리 일어난다.
② 의미있는 내용은 기억하기가 쉽다는 것이다.
③ 대부분의 사람들은 단어들이 무의미하게 섞여 제시되면 6~7개 정도 회상한다.
④ 그러나 12~14개의 단어로 이루어진 문장을 제시하면 사람들은 문장 전체를 회상할 수 있었다(28개의 단어로 된 문장을 회상하는 사람도 있었다).
⑤ 망각률이 학습된 내용의 의미성에 따라 달라진다는 것이다.
⑥ 사람들이 학습된 것의 의미성을 이야기할 때는 사전학습의 중요성을 말하는 것이다.

> • **실험1**
>   체스판의 말들을 게임이 진행되고 있는 것처럼 배열한다. → 체스 전문가와 체스 클럽 전문가 두 집단에게 체스판을 5초간 보게 한다.
> • **결과**
>   체스 전문가는 90%, 체스 클럽 회원은 40%로 체스판의 배열을 기억하였다.

> • **실험2**
>   체스판의 말들을 게임 진행 모양이 아닌 임의로 배열하고 위의 실험을 다시 진행하였다.
> • **결과**
>   체스 전문가의 회상 능력은 일반 회원들과 비슷하게 나타났다.

⑦ 위 실험2는 체스 전문가들이 기억력이 좋은 사람들이 아니라 오랜 기간에 걸쳐 연습된 익숙한 패턴들이기 때문에 높은 기억력을 발휘한 것이라는 의미이다.

⑧ 사전학습의 회상 방해(순행간섭)는 망각의 원인이 된다.
  ㉠ 쌍대연합학습 연구
    - 쌍대연합학습 연구를 통해 학습한 항목이 회상하는 데 간섭을 일으킨다는 것을 알 수 있다.
    - 이전에 학습한 목록의 수가 많을수록 간섭이 더 많이 일어난다.

> **더 알아두기**
>
> **쌍대연합학습(paired associate learning)**
> 실험자에게 [배고프다-행운이다]의 목록을 학습하게 한 후, [배고프다-아름답다]를 학습시킨다. → 테스트에서 이후에 학습한 것을 회상하도록 하는데 실험자가 [배고프다]를 말하면 참가자는 [아름답다]를 대답해야 한다.
> 그러나 [행운이다]를 미리 학습한 것이 [아름답다]를 회상하는 데 방해가 된다.

  ㉡ 바틀렛의 순행간섭 연구

> - **실험내용**
>   혼란스럽고 이야기의 연결이 안 되고 현대 시대 기준에 맞지 않는 짧은 스토리를 2번 읽게 하고 15분 후에 그것을 최대한 정확히 재현하도록 하였다. → 몇 주, 몇 달에 걸쳐 참가자들에게 그 이야기를 회상하도록 하였다.
> - **결과**
>   사람들의 회상 내용을 분석한 결과 이야기는 점점 더 간단해지고, 일관성이 있고 현대적인 것으로 변하였다.
> - **실험결과의 의미**
>   이야기가 어떤 식으로 구성되는가에 대한 사전 학습 때문에 원래의 이야기를 회상하는 데 간섭을 일으켰다는 것이다.

  ㉢ 개인적인 성향은 기억에 영향을 미치는데 태도, 신념이 망각에 미치는 효과가 있다.

> - **실험내용**
>   – 학생들에게 4주간 매주 2개의 문단을 읽고 재현하기를 시도하였다. 한 문단은 공산주의에 우호적인 내용이고 한 문단은 반공 감정을 표현한 것이다.
>   – 참가 학생들은 친공산주의 성향이 강한 집단과 반공산주의 성향이 강한 집단으로 구성되었다.
> - **결과**
>   친공산주의적인 학생들은 반공산주의적 문단을 더 많이 망각했고, 반공산주의적인 학생들은 친공산주의적인 문단을 더 많이 망각하는 것이 뚜렷하게 나타났다.
>   – 태도나 신념은 선천적인 특성이 아니기 때문에 그런 관점들은 학습되는 것으로 가정할 수 있다.
>   – 태도가 회상에 영향을 준다는 것은 순행간섭의 영향으로 볼 수 있다.

(3) 후속학습
① 학습 이후 활동을 하지 않으면 활동을 하는 것보다 망각이 덜 일어난다.
② 망각은 부분적으로 후속학습 때문에(역행간섭) 나타나는 것으로 확인되었다.

> **쌍대연합연구**
> 실험자에게 [배고프다-행운이다]의 목록을 학습하게 한 후, [배고프다-아름답다]를 학습시킨다.
> → 테스트에서 이후에 학습한 것을 회상하도록 하는데 실험자가 [배고프다]를 말하면 참가자는 [아름답다]를 대답해야 한다.
> 그러나 [아름답다]를 이후에 학습한 것이 [행운이다]를 회상하는 데 방해가 된다.
> *일상에서 순행간섭과 역행간섭의 사례는 종종 확인할 수 있다.

(4) 맥락의 변화
① 맥락이란 학습 중에 존재하지만 학습되는 내용과 직접적으로 관련되지 않은 자극들을 말한다.
② 내가 공부를 하고 있는 환경(책상, 벽지, 의자느낌, 배경소음, 주변 사람 등)은 책에서 학습하는 내용과 대개는 무관하다.
③ 그러나 무관한 이런 자극들이 학습하고 있는 맥락을 구성한다.
④ 맥거치는 학습이 일어나는 맥락이 망각에 영향을 준다고 하였다.
⑤ 학습은 특정한 맥락 안에서, 즉 특정한 패턴의 자극이 존재하는 가운데 일어날 수밖에 없다 (McGeoch, 1932).
⑥ '단서의존망각' 실험

> **Charles Perkins & Robert Weyant(1958) 실험**
> • **실험내용**
> 쥐들에게 미로를 주행하는 것을 훈련시켰다. → 어떤 쥐들은 검정색 미로를 달리는 학습을 했고, 다른 쥐들은 흰색 미로를 달리는 학습을 하였다. 색깔 외에 다른 모든 면에서는 동일했다. → 1분이라는 짧은 파지기간이 지난 후, 실험자들은 쥐들을 다시 미로에 넣었다. 이전과는 다른 점이 있었다. 흰색 미로를 달리는 것을 학습한 쥐들 중 일부는 검정색 미로에 넣어 검사하였고, 검정색 미로를 달리는 학습을 한 쥐들 중 일부는 흰색 미로에 넣어서 검사하였다.
> • **결과**
> 쥐들이 훈련받은 미로와 같은 미로를 달릴 때에는 망각의 증거가 거의 나타나지 않았지만, 미로가 훈련 중에 사용된 것과 다른 색깔이었을 때에는 수행이 저하되었다.

> **Greenspoon & Ranyard(1957) 실험**
> • 실험내용
> 학생들에게 서 있는 조건 또는 앉아 있는 조건하에서 단어 목록을 학습하게 하였다. → 학생들은 단어들을 가능한 한 많이 회상하였다. 일부는 서서 회상을 하였고, 다른 학생들은 앉아서 회상을 하였다.
> • 결과
> 서서 목록을 학습한 학생들은 서 있을 때 가장 잘 기억했고, 앉아서 목록을 학습한 이들은 앉아 있을 때 가장 잘 기억하였다.

용어 설명

단서의존망각
맥락 자극들은 행동을 유발하는 단서의 역할을 하고 나중에 이런 단서들이 없으면 수행이 저하되는 것을 의미한다.

⑦ **상태 의존적 학습**

학습자도 학습이 일어나는 맥락의 일부이므로 학습자가 변화하면 망각에 영향이 있다. 맥락은 외적 단서뿐 아니라 내적 단서도 포함될 수 있다는 것이다.

㉠ 오버톤(Overton, 1964)의 실험

> • 실험내용
> 쥐들에게 진정제를 준 다음 단순한 T자형 미로를 통과하는 것을 가르쳤다. → 나중에 약물의 효과가 다 떨어졌을 때 오버톤은 쥐들을 검사하였다. → 쥐들은 이전에 학습한 것을 망각한 듯이 보였다.
> ⇒ 이것은 약물이 어떤 식으로든 뇌의 기능에 이상을 가져왔다고 생각할 수도 있다.
> 오버톤은 추가검증을 하였다.
> T자형 미로를 학습한 쥐들에게 다시 진정제를 주고 미로에 넣었다. → 쥐들이 미로를 잘 통과하였다.
> • 결론
> 앞에서 쥐들이 망각한 것은 쥐의 내적 상태에 있어서의 어떤 변화로 인한 것이었던 것이다. 그러므로 특정한 상태에서 학습된 행동은 그 상태가 지나가면 상실될 수 있다.

용어 설명

상태 의존적 학습
학습된 행동의 수행은 학습 시와 파지 검사 시의 생리적 상태에 따라 달라진다는 것이다. 즉 맥락 자극들은 행동을 유발하는 단서의 역할을 하고 나중에 이런 단서들이 없으면 수행이 저하되는 것을 의미한다.

ⓛ 알코올 중독의 결과로 상태 의존적 기억을 보이는 사람들의 일화는 많이 있다.
술에 취한 상태에서 술병을 여기저기 숨긴다. 이 사람이 술이 깨어 다시 술을 마시려고 보면 술병을 어디에 숨겼는지 찾지를 못한다. 그러나 술에 취하면 갑자기 술병이 어디 있는지 기억해 낸다.

ⓒ 정서 상태의 변화도 상태 의존적 기억을 만든다.
바우어(Bower, 1978) 등은 사람들에게 단어 리스트 하나는 기쁠 때 암기하고 하고 다른 하나는 슬플 때 암기하게 하였다. 회상 검사 시 사람들의 회상이 이들의 기분에 따라 변하였다. 검사 도중의 기분이 훈련 도중의 기분과 일치될 때에는 회상이 매우 좋았고, 그렇지 않을 때에는 수행이 좋지 않았던 것이다.

ⓔ 유아(생후 6개월)를 대상으로 한 실험에서도 맥락의존 효과가 강력하게 나타났다.

제4절 기억개선 방안

1 기억에 영향을 주는 요인

(1) 주의집중의 역할

① 감각등록기에서 작업기억으로 정보를 옮기려면 그 정보에 주의를 기울여야 한다.
② 개인이 주의를 기울인 정보는 작업기억으로 옮겨가지만 이에 반해 주의를 기울이지 않는 정보는 기억체계에서 유실될 수 있다.
③ 사람들이 전에 보거나 들었던 것을 기억하지 못하는 하나의 이유는 진정으로 주의를 기울이지 않았기 때문이다.
④ 다른 생각을 하고 있다면 상대의 이야기를 잊어버렸다고 하거나 전혀 듣지 못했다고 말할 수 있다. 실제 그 정보는 감각등록기에 도달했지만 작업기억으로 옮기기 위해 충분히 처리되지 않은 것이다.
⑤ 사람들은 자극에 주의를 기울일 때 반드시 자극의 중요한 측면에 주의를 기울이는 것은 아니다.

(2) 작업기억

① 학습자가 새로운 정보와 이미 가지고 있는 정보 사이의 연결을 만들기 위해서는 그 둘 사이의 관련성을 알아야 한다.
② 그 두 정보는 작업기억 안에 있어야 한다는 것이다.
③ 어떤 경우에는 새로운 정보가 이미 알고 있는 것을 상기시켜 학습자가 그 지식을 작업기억으로 인출하도록 유도한다.
④ 다른 경우에는 새로운 정보와 전에 배웠던 자료 사이의 관련성을 누군가 지적함으로써 관련된 사전지식의 인출을 촉진할 수 있다.

⑤ 학습자의 작업기억 용량이 적을수록 다양한 정보들이 어떻게 서로 부합하는지를 생각할 수 있는 여지가 적어진다.
⑥ 작업기억에서 동시에 두 가지 이상의 과제를 수행해야 하는 경우 새로운 정보를 효과적으로 저장하고 회상하는 것이 더 어려워진다.

(3) 사전지식
① 사람들은 자신이 배우고 있는 것에 관련되는 지식을 실제로 가지고 있을 때만 새로운 정보를 사전지식에 연결지을 수 있다.
② 장기기억 저장에 영향을 주는 가장 중요한 요인 중 하나는 이미 알고 있는 것이다.

> **예**
> 비교적 스포츠에 대해 알지 못하는 사람보다 스포츠에 대해 잘 아는 사람은 특별한 경기에서 일어났던 일에 대해 더 잘 기억하는 것으로 나타났다.

③ 장기기억에 이미 많은 정보를 가지고 있는 사람은 유의미학습, 정교화와 같은 과정에 쉽게 참여할 수 있는 아이디어를 더 많이 가지고 있다.

> **예**
> 과목에 대한 지식이 많은 학생이 교과서를 읽을 때 자료를 더 잘 요약하고, 더 잘 추론하고, 답할 수 없는 질문을 더 잘 확인하는 등 더 정교화된 처리과정을 가지고 참여한다.

④ 관련 지식이 부족한 사람은 비효과적인 암기학습전략에 의존해야 한다.
⑤ 사전지식은 무엇을 저장하고 기억하는지에도 영향을 미친다.
⑥ 어떤 이야기에 대한 사람들의 해석은 그들의 배경에 따라 달라진다.

> **예**
> 감옥을 탈출하는 내용의 이야기가 레슬링 선수들에게는 레슬링 게임으로 해석될 수 있다.

(4) 사전 오개념
① 사람들이 정교화를 할 때 새로운 정보에 대해 생각을 확대하고 더 잘 이해하기 위해 어떤 주제에 대해 이미 알고 있는 것을 사용한다.
② 어떤 경우에는 그릇된 정보를 가지는 것이 어떤 주제에 대해 아무런 정보를 가지지 않는 것보다 불리하다. 정교화를 하기 위해 부정확한 지식을 사용할 때, 그것이 틀린 것이라고 확실하게 생각한다면 그 정보를 전적으로 무시할 수 있다. 그러나 정보를 왜곡하여 자기가 가진 지식과 일치하도록 할 수도 있다.

(5) 기대

① 우리는 종종 우리가 보고 들은 것에 대해 기대를 형성하는데 그러한 기대는 새로운 정보를 장기기억 안에 부호화하고 저장하는 방식에 영향을 줄 수 있다.
② 우리가 받아들일 정보에 대해 의외로 빨리 좋은 아이디어를 가질 때 더 빨리 지각하고 배운다.

> **예**
> 능숙한 독서가는 자신이 읽고 있는 내용을 아주 주의 깊게 보지 않는 경향이 있다. 대신에 그들은 다른 것(결론을 위한 문맥, 문장구조, 저자가 전달하고자 하는 것에 대한 기대 등)에 주의를 기울여 독서를 한다. 그러나 이러한 접근은 보다 빠르고 효과적으로 읽을 수 있게 해주지만 잘못된 결론으로 책의 내용을 잘못 지각하고 잘못 해석할 수 있다.

③ 한 가지 이상으로 해석될 수 있는 모호한 자극은 특히 사람들의 기대에 따라 부호화될 수 있다.
④ 사회적 관습에 대한 개인의 지식도 정보를 잘못 해석하게 할 수 있다.
⑤ 내가 좋아하고 존경하는 사람에게 바람직한 행동을 기대하고 그렇게 보기도 한다는 것을 후광효과라고 한다.
⑥ 싫어하는 사람에게는 부적절한 행동을 기대하고 그 사람의 행동을 편견을 가지고 지각하는 것을 (악마의) 뿔효과라고 한다.
⑦ 많은 요인이 다른 사람의 행동에 대한 사람들의 기대에 영향을 주고 해석에도 영향을 준다.
⑧ 다른 성별, 인종, 민족 배경, 사회경제적 집단에 대한 고정관념도 영향을 미친다.

(6) 언어화

① 언어화는 일어났거나 일어나고 있는 경험에 대해 말하거나 쓰는 것이다.
② 장기기억을 촉진하는 하나의 활동이 언어화이다.
③ 사람들은 자신이 겪은 일을 타인에게 이야기한다. 그때 그 사건에 대한 기억이 확장된다.
④ 어른들이나 나이가 많은 아이들은 자기설명의 형식을 취하기도 한다. 자기설명은 학습자가 어려운 과목을 이해하기 위해 자신에게 말하는 것이다. 어려운 내용을 보면 자신이 이해한대로 알기 쉽게 바꾸어 쓰고, 어려운 부분은 "이 부분은 어려움"이라고 써놓거나, 자신이 읽은 것을 요약할 수도 있다.
⑤ 쓰기는 장기기억의 저장을 촉진할 수 있는 또 다른 형태의 언어화를 제공한다. 교재에서 읽고 있는 것에 대해 쓰기를 할 때 유의미학습, 조직화, 정교화와 같은 저장과정에 더 많이 참여할 수 있다.

(7) 실행

① 실행은 외현적·심리운동적 행동에 참여하는 것이다. 즉 무언가를 실제로 해보는 것을 의미한다.
② 실행은 어떤 방식으로든 학습했던 것을 반영하며 다양한 신체행동이 장기기억 저장을 조장한다.
③ 이론으로만 공부하는 것보다 실제실험을 해보는 것이 효과적이다.

④ 복잡한 운동기술을 배울 때 신체적 실행은 특히 유익하다. 자신이 어떻게 하고 있는지 자신의 수행에 대해 피드백을 받을 때 가장 효과적으로 배울 수 있다. 때때로 피드백은 그들 자신의 수행에서 오기도 한다.
⑤ 피드백은 학습자가 자신의 수행을 증진하도록 도울 수 있는 정보의 원천이 된다.

(8) 반복과 검토
① 시연은 장기기억 저장을 촉진하는데 상대적으로 비효과적인 방법일 것이다.
② 주기적인 간격으로 정보와 절차를 검토하고 연습하는 방법은 파지와 수행을 확장해 준다. 이 원리는 모든 연령의 사람에게 적용되는 것으로 보인다.
③ 과잉학습이 기억을 촉진한다는 초기 연구자들의 연구결과가 지지되어 왔다.
④ 집중연습보다 분할연습이 일반적으로 더 효과적인 것을 간격효과라고 한다.
⑤ 정보를 오랫동안 기억하고 싶다면 긴 간격으로 주기적으로 복습해야 한다.
⑥ 지속적인 연습은
　㉠ 학습한 정보를 새로운 방식으로 정교화해서 더 철저히 이해할 수 있도록 해준다.
　㉡ 다른 맥락에서 같은 정보를 반복해서 검토함으로써 기억 속에 있는 다른 것들과 더 많고 더 강한 연합을 형성한다.
　㉢ 자동성을 발달시킨다.

(9) 자동성의 발달
① 통제된 처리과정은 의식적인 생각과 노력을 필요로 한다.
② 통제된 처리과정은 학습자의 주의집중을 많이 필요로 하고 학습자의 작업기억 대부분 또는 전부를 사용할 것 같다.
③ 자동화된 처리과정은 의식적인 주의집중이나 노력이 거의 일어나지 않고 작업기억 용량도 거의 필요로 하지 않는다.
④ 통제된 처리과정은 반복과 연습을 통해 점차 자동적으로 될 수 있다.
⑤ 많은 학습들은 어느 정도 동일한 시간에 몇 개의 하위과제를 수행하는 것이 필요하다. 이 경우 하위과제는 자동적으로 되어야 한다.
⑥ 글쓰기, 독서, 사칙연산 등은 자동적으로 처리되어야 한다.
⑦ 자동성의 부정적 측면은 사람들이 어떤 행동을 했는지 기억할 수 없을 정도로 습관적으로 행동할 수 있다는 것이다.

2 기억 증진법

(1) 과잉학습

① 학습의 정도와 망각률은 강한 역함수의 관계에 있다.
② 덜 망각하려면 많이 학습하는 것이 답이다.
③ 유창성의 수준에 이를 때까지, 즉 한 번의 오류도 나지 않을 만큼 연습하는 것이다.
④ 철저히 연습할수록 천천히 망각하게 된다.

(2) 피드백 받기

① 무조건 반복하는 과학습은 최적의 방법이 아니다.
② 기억하기를 원하는 행동을 수행하고 그에 대한 피드백을 받는다.
③ 정적 피드백은 수행의 옳은 부분을 알려주는 강화적 영향이 있다.
④ 부적 피드백은 수행의 잘못된 부분을 알려주며 사기를 꺾을 수 있지만 개선해야 하는 단서를 알려준다.
⑤ 특히 학습의 초기에 피드백이 없으면 연습의 유용성은 제한적이 된다.
⑥ 아직 자신이 모르는 것이 있는지 스스로 확인해 보는 자신의 지식 검증도 도움이 된다.
⑦ 챕터가 끝난 후 공부한 내용을 스스로 정리해 본다.

(3) 분산 학습

① 시간에 걸쳐 공부 회기를 펼쳐놓는 것을 분산 학습이라고 한다.
② 집중 학습과 분산 학습을 비교하는 연구는 일반적으로 동일한 양의 공부 시간을 비교한다.

> **분산 학습 실험**
> • 내용 : 영어-스페인어 유의어 50개를 7회기 연습에 걸쳐 암기하기
>   - A집단 : 하루에 7회기 모두 연습한다.
>   - B집단 : 하루에 한 회기씩 7일 동안 연습한다.
>   - C집단 : 한 달에 한 회기씩 7개월을 연습한다.
> • 테스트 : 마지막 연습회기 후 8년이 지나고 나서 시험을 치렀다.
> • 결과 : A집단이 가장 적게 회상했으며, 특히 C집단은 B집단보다 2배 많은 회상을 하였다.

③ 연습회기의 간격에 대해서는 분명한 합의된 것이 없다.
④ 어떠한 기술이라도 지속적으로 공부하고 연습하는 것이 배운 것을 영원히 기억하도록 보장하는 궁극적으로 유일한 방법이다.

(4) 셀프 테스트

① 주기적으로 시험을 치르는 것이 파지를 향상시킨다.
② 망각을 감소시키는 데 시험이 공부보다 더 효과적이라는 연구도 있다.

(5) 기억술 사용
① 기억술은 회상을 돕는 모든 방법을 가리킨다.
② 일반적으로 기억술은 나중에 원하는 행동을 촉진할 단서들을 학습하는 것이다.

(6) 맥락 단서 사용
① 학습 시 존재했던 단서들이 회상 시 존재한다면 기억이 더 잘 된다.
② 회상 시에 존재할 단서들을 찾아낸 다음 이들 단서가 있는 상태에서 학습을 하면 수행을 향상시킬 수 있다.
③ 중간고사 공부를 한다면 시험을 치를 교실과 유사한 환경에서 공부를 하는 것이 도움이 될 수 있다.
④ 그러나 중간고사를 위해 학습한 내용을 이후에도 활용하려면 다양한 상황에서 공부를 하는 것이 도움이 될 수 있다.
⑤ 우리의 학습은 다양한 상황에서 필요하게 될 것이므로 많은 상이한 상황에서 공부하는 것이 최상의 방법이다.

(7) 문제해결식 접근 취하기
① 문제 해결과 관련된 행동을 유발할 수 있는 단서들을 만들어 내는 것이다.
② 어떤 사람의 이름을 기억해 내려고 한다면 그 사람을 보았던 상황, 나누었던 대화, 직업, 다른 사람들이 그에 대해 하는 이야기 등을 떠올려 보는 것이다.
③ 문서작업 프로그램의 단축키가 생각이 나지 않는다면 키보드가 있다고 생각하고 타이핑을 하는 것처럼 손 모양을 움직여 보는 것이다.
④ 현재 존재하는 단서들이 필요한 행동을 일으키기에 충분하지 않다면 그 행동을 촉구할 새로운 단서들을 스스로 만들어내는 것이 도움이 된다.

(8) 기타 방법들
① 공부거리를 의미 있는 것으로 만든다. - 정보를 체계화하고 이미지를 만들어 보거나 자신만의 표현으로 개념들을 다시 진술해 본다.
② 간섭을 최소화한다. - 학습이 끝나면 취침을 한다. 서로 유사한 내용은 함께 공부하지 않는다.
③ 충분한 수면을 취한다. - 잠자는 동안 두뇌는 정보를 체제화하면서 장기기억에 응고한다. 수면박탈은 이러한 과정을 와해시킨다. 열심히 공부한 후에는 다음 과제로 넘어가기 전에 휴식을 취한다.

제 6 장 │ 실전예상문제

01 다음 중 작업기억모형에서 의미하는 작업기억에 관한 설명으로 **틀린** 것은?

① 단어들을 저장하고 있는 장기기억이 작업기억의 수행을 도와준다.
② 정보유지뿐만 아니라 정보에 어떤 처치도 수행한다고 본다.
③ 작업기억은 단기기억의 또 다른 이름이며, 장기기억과 구분된다.
④ 작업기억모형은 오늘날 가장 널리 사용하고 인정받고 있는 모형이다.

01 ③은 전통적 다중저장소의 견해이다. 작업기억모형에서는 짧고 유동적인 단기기억을 포함하며 장기기억의 부분이라고 본다.

02 작업기억모형과 전통적 다중저장소 견해의 구분으로 올바른 것은?

> ㄱ. 작업기억은 단기기억의 다른 이름이며, 장기기억과 구분된다.
> ㄴ. 정보는 장기기억에 남아 있으며, 단기기억과 적극적으로 정보를 주고받는다.
> ㄷ. 단기기억은 짧은 시간 동안 정보를 저장하는 역할만을 담당한다.
> ㄹ. 단기기억과 장기기억은 포함관계를 이루는 동심원으로 나타낼 수 있다.
> ㅁ. 단기기억과 장기기억의 구분이 모호하다.

	전통적 다중저장소	작업기억모형
①	ㄱ, ㄷ	ㄴ, ㄹ, ㅁ
②	ㄱ, ㅁ	ㄴ, ㄷ, ㄹ
③	ㄴ, ㅁ	ㄱ, ㄷ, ㄹ
④	ㄴ, ㄹ, ㅁ	ㄱ, ㄷ

02
• 전통적 다중저장소 : ㄱ, ㄷ
• 작업기억모형 : ㄴ, ㄹ, ㅁ

정답 01 ③ 02 ①

03 중앙집행기는 '머리 중의 머리'로 높은 수준의 추리와 이해에도 관여하는 등 인간지능의 핵심역할을 한다.

03 작업기억모형의 요소들에 대한 설명으로 틀린 것은?
① 음운루프는 음향정보를 유지하고 조작하는 일을 한다.
② 시공간스케치북에 떠올린 시각이미지는 쉽게 소멸한다.
③ 중앙집행기는 작업기억에 한해 핵심적 역할을 한다.
④ 일화버퍼는 작업기억에 들어있는 정보를 통합하는 방식을 설명한다.

04 정보처리작업과 정보보관작업은 모두 주의를 필요로 한다. 그렇기 때문에 처리할 일이 많아지면 단기기억에 정보를 보관하는 작업이 그만큼 어려워진다.

04 작업기억과 단기기억의 기능에 대한 설명으로 틀린 것은?
① 작업기억은 정보의 부호화와 통합과정을 포함한다.
② 작업기억은 시각정보와 청각정보를 의미 있는 배열로 통합한다.
③ 정보를 처리하는 일과 단기기억에 정보를 저장하는 일은 서로 영향이 없다.
④ 활성상태의 기억흔적을 유지하는 일은 단기기억에서 이루어진다.

05 부조화스럽다고 느껴지는 것은 우리의 주의를 쉽게 끈다.
④ 사적중요성이라 말한다.

05 주의집중에 대한 설명 중 틀린 것은?
① 우리가 맥락에서 이해하기 힘든 부조화는 기억에서 쉽게 사라진다.
② 일반적으로 크거나 자극적이거나 시끄러운 자극에 주의가 끌린다.
③ 감각등록기에서 작업기억으로 정보를 옮기려면 주의를 기울여야 한다.
④ 나와 얼마나 밀접한지가 주의를 끄는 요인으로 작용한다.

정답 03 ③ 04 ③ 05 ①

06 기억의 용량에 대한 설명 중 틀린 것은?
① 사람은 동시에 두 사물에 주의를 집중하기 어렵다.
② 청킹은 정보조각을 묶어 작업기억에 정보를 더 많이 묶어 둘 수 있게 한다.
③ 작업기억 안에 저장할 수 있는 단위는 평균 5~9개이다.
④ 언어에 기초한 정보는 대부분 시각적으로 부호화된다.

06 언어에 기초한 정보는 대부분 청각적으로 부호화되어 저장된다. 우리가 문장을 외우는 유용한 방법이 암송인 것도 이 때문이다.

07 장기기억의 특징 중 틀린 것은?
① 정보는 단기기억에서 장기기억으로 전이된다.
② 장기기억은 단기기억에 비해 망각 속도가 느리다.
③ 장기기억의 용량은 거대하지만 무한하지 않아 꽉 차 버리기도 한다.
④ 장기기억 속 정보는 사라지는 것이 아니고 인출해 내는 능력을 상실하는 것이다.

07 장기기억의 용량은 무한정에 가까워 꽉 차게 되는 일은 일어나지 않을 것이다.

08 망각에 관한 설명으로 틀린 것은?
① 설단현상은 인출의 실패에 대한 사례이다.
② 한 기억요소는 색인 또는 연합이 적을수록 간섭도 적어지므로 쉽게 기억된다.
③ 일반적으로 일화기억보다 의미기억에 대한 정보의 망각이 적게 일어난다.
④ 망각은 유사한 정보 간의 간섭에 기인한 인출단서의 부족에 의해 생긴다.

08 간섭이론(Interference Theory)
망각이 정보들 간의 간섭에 의해 일어난다고 보는 것으로 간섭이론은 어떤 정보를 회상하려 할 때 다른 정보의 유입으로 정보들 간의 경합이 발생하며, 그로 인해 회상이 방해를 받는다고 주장한다. 순행간섭은 이전에 학습한 정보가 새로운 정보의 저장을 방해하는 것이고 역행간섭은 새로운 정보가 이전에 학습한 정보의 저장을 방해하는 것이다.

정답 06 ④ 07 ③ 08 ②

09 시험과 같은 정보인출연습은 어렵지만 성공하면 학습증진에 큰 도움이 된다.

09 연습전략에 대한 설명 중 틀린 것은?

① 무조건 많은 시간을 투자하는 것만이 좋은 방법은 아님이 밝혀졌다.
② 정보의 인출연습은 학습증진에 효율이 떨어지는 방법이다.
③ 한 번에 몰아 공부를 한다면 내용기억은 적을 것이다.
④ 시간에 따라 학습시행을 분산시키면 더 많은 내용을 기억할 수 있다.

10 일화기억은 보유하는 자서전적 성격의 기억으로 특정 시간이나 장소에 있었던 사상에 대한 정보, 즉 언제, 무엇을 보고, 듣고, 행동했는지에 대한 정보를 반영한다. 의미기억은 일반적인 지식에 대한 기억으로 일화기억보다 망각이 적게 일어나는데, 이는 의미기억은 일화기억에서보다 더 많은 색인 또는 연합을 가지고 있어서 간섭 또한 적어지므로 쉽게 기억될 수 있기 때문이다.

10 기억에 관한 설명으로 틀린 것은?

① 외현기억은 회상과 재인의 정확도에 의해 측정된다.
② 기술이나 절차에 관한 기억은 암묵기억의 특성이 강하다.
③ 일화기억은 의미기억에 비해 더 복잡한 구성을 가지며 많은 단서와 함께 부호화된다.
④ 의미기억은 특정 시점이나 맥락과 연합되어 있지 않다.

11 단기기억의 주된 기능은 활성상태의 기억흔적을 유지하는 일이다.

11 단기기억에 대한 내용 중 (A)와 (B)에 들어갈 말이 알맞게 짝지어진 것은?

> 단기기억의 주된 기능은 (A)의 (B)을(를) 유지하는 일이다.

	A	B
①	음운보호	시각부호
②	활성상태	기억흔적
③	기억흔적	정보처리
④	주의	통제

정답 09 ② 10 ③ 11 ②

12 정보처리이론에 대한 설명 중 틀린 것은?

① 인간이 정보를 어떻게 지각하고 이해하고 기억하는가를 연구하는 이론이다.
② 이 이론에서 컴퓨터의 정보처리과정이 탄생했다.
③ 필요에 따라 정보를 저장하고 인출하며 적절한 반응을 생성한다.
④ 인간의 정신은 정보를 받아들여 조직화해서 정보의 형태와 내용을 변화시킨다.

12 정보처리이론은 1960년대 초 컴퓨터의 정보처리과정을 모델로 삼아 출현했다.

13 작업기억의 지속시간에 대한 설명으로 옳은 것은?

① 작업기억의 지속시간은 1초를 넘지 않을 것이고 대부분은 이보다 훨씬 짧을 것이다.
② 기억흔적과 망각은 작업기억의 짧은 시간 폭을 설명하는 데도 제공될 수 있다.
③ 작업기억에 저장된 일부 정보는 그것이 더 깊이 처리되지 않아도 쉽게 사라지지 않는다.
④ 다른 정보는 새로운 정보에 의해 대체될 수 있다.

13 ① 작업기억의 지속시간은 30초를 넘지 않을 것이고 대부분은 이보다 훨씬 짧을 것이다.
② 쇠퇴와 방해는 작업기억의 짧은 시간 폭을 설명하는 데도 제공될 수 있다.
③ 작업기억에 저장된 일부 정보는 그것이 더 깊이 처리되지 않으면 쉽게 사라질 수 있다.

14 다음 내용에 해당하는 것은?

> 기억하려는 정보를 인출하기 쉬운 맥락 속에다 앉히려는 시도를 말한다.

① 부호화
② 시연
③ 암송
④ 심상화

14 해당 제시문은 지식습득을 촉진하기 위한 전략 중 부호화에 대한 설명이다.

정답 12 ② 13 ④ 14 ①

15 분산학습에 대한 내용 중 **틀린** 것은?

① 간격학습, 즉 시간에 따라 학습시행을 분산시킬 때 더 많은 내용을 기억할 수 있다.
② 집중학습, 즉 벼락치기로 한 번에 모두 공부한다면 내용을 적게 기억할 것이다.
③ 분산연습이 회상에 도움을 주는 이유 중 하나는 어려운 난이도의 학습상황을 도입한다는 것이다.
④ 연습회기 사이에 최소한 하루 정도의 지연은 특히 장기파지를 부양시키는 데 효과적이다.

15 분산연습이 회상에 도움을 주는 이유 중 하나는 적당한 난이도, 즉 까다롭지만 너무 어렵지 않은 학습상황을 도입한다는 것이다.

주관식 문제

01 작업기억모형의 요소 중 세 가지를 설명하시오.

01 정답
음운루프는 음운저장소와 발성되뇌기로 구성되며 언어이해와 청각 되뇌기를 위하여 주로 언어정보를 잠시 저장한다. 시공간스케치북은 우리가 어떤 정보를 떠올릴 때 시각이미지를 잠시 유지하게 되는데 그때 작용되는 부분이다. 중앙집행기는 정보의 흐름과 사용을 통제하고 모니터하며 작업기억에서 핵심적인 역할을 하고 높은 수준의 추리와 이해에도 관여하며 인간지능의 핵심을 이룬다.

02 기억에 관한 전통적 다중저장소모형과 작업기억모형에 대해 비교·설명하시오.

02 정답
전통적 다중저장소모형에서 작업기억은 단기기억의 또 다른 이름이다. 또한 단기기억은 장기기억과 구분되며 위계적으로 장기기억과 연계되는 것으로 간주하였다. 정보는 장기기억에서 단기기억으로 직접 이동한 다음 다시 장기기억으로 되돌아오며 두 장소에 동시에 존재하지 않는다. 작업기억모형에서 작업기억은 단기기억을 포함하여 기억에서 최근에 활성화되었던 모든 지식을 포괄하는 장기기억의 부분이다. 작업기억은 장기기억에서 가장 최근에 활성화된 부분을 포함하며, 단기기억은 작업기억의 매우 작고 유동적인 부분만을 포함한다.

정답 15 ③

제 7 장

학습의 한계

제1절	유전과 학습
제2절	학습의 생물학적 한계
실전예상문제	

비관론자는 어떤 기회가 찾아와도 어려움만을 보고,
낙관론자는 어떤 난관이 찾아와도 기회를 바라본다.

– 윈스턴 처칠 –

제 7 장 학습의 한계

[학습목표]
인간과 동물의 행동에서 학습은 매우 중요한 역할을 한다. 행동이 경험에 의해 변화되는 것을 이해하기 위해서는 그 이전에 학습에 영향을 미치는 유전학적 특성을 이해해야 한다. 또한 학습이 가진 한계를 이해하는 것도 중요하다. 한 사람과 다른 사람을 구분 짓는 행동상의 차이는 학습에 기인된 것이지만 각 사람 혹은 종(種)별로 학습을 할 수 있는 것에 한계가 있기 때문이다. 이번 장에서는 이러한 유전이 학습 결과에 어떤 차이를 만드는지 그리고 학습이 가진 한계는 무엇인지 알아보도록 하겠다.

제1절 유전과 학습

1 학습에 영향을 미치는 요인

(1) 신체적 특징
① 동물은 신체구조에 따라 어떤 행동을 할 수 있기도 없기도 하다.
② 여러 신체 특징들은 유기체가 학습할 수 있는 한계를 정한다.
③ 침팬지의 발성 기관의 특성은 말하기를 배울 수 없다.
④ 학습의 한계는 학습된 행동이 유전되지 않는다는 것이다.
⑤ 각 개체는 부모가 습득했던 것과 똑같이 많은 기술들을 학습해야 한다.
⑥ 어떤 개체라도 일생 동안 학습할 수 있는 것은 매우 제한적이라는 것이다.

(2) 유전
① 종들 사이에 학습 능력의 유전적 차이가 있다는 것은 분명하다.
② 개와 늑대는 유전적으로 거의 동일하지만 수행은 서로 달랐다.

> **실험**
> 울타리 너머에 있는 먹이를 찾아가기 위해 울타리 늑대와 개의 에둘러가기 학습 실험에서 늑대들이 개보다 훨씬 우수한 결과를 보였다.

③ 개들은 인간과 관계를 맺은 덕분에 더 이상 지능 면에서 자연 선택되지 않게 된 반면 늑대들의 먹이 찾기는 생존의 문제이기 때문이었을 것이다.

④ 특정 종 내에서도 개체들 사이에 학습 능력의 차이가 있는데 이것은 유전에 기인한다.

> **실험**
> 미로 찾기에서 오류를 가장 적게 한 쥐들끼리, 오류를 가장 많이 한 쥐들끼리 교미시켰다. 이 과정을 18세대 걸쳐 계속했을 때 두 집단의 미로학습에서 범하는 평균 오류 수는 각 세대를 거치면서 점점 더 차이가 커졌다.

⑤ 유전이 학습 능력에 중요한 영향을 미친다는 것이며 인간의 학습 능력에도 역할을 한다.
⑥ 인간뿐 아니라 어떤 종이라도 학습할 수 있는 것에 생물학적 한계가 있다.

(3) 신경학적 손상
① 환경에 의해 신경계가 손상되는 것은 학습 능력, 학습 내용에 제약이 생긴다.
② 출생 전에 알코올이나 다른 약물에 노출되면 신경 발달이 방해를 받아 학습 능력이 제한된다.
③ 출생 전 약물 노출로 출생 시엔 손상이 보이지 않다가 연령이 올라가면서 나타나는 경우도 있다.
④ 출생 이후, 특히 유아기와 초기 아동기에 학습 능력을 위협하는 물질로 신경독이 있다.
⑤ 신경독은 살충제, 제초제, 용제(solvent), 치료약(민간요법 포함), 향락용 약물, 특정 음식 및 식품보충제에 들어 있으며 특히 오래된 페인트칠, 납이 함유된 물은 가장 널리 퍼진 신경독 중의 하나이다.
⑥ 신경독으로 인한 손상은 즉각적으로 나타나지 않고 누적돼 시간이 지나면서 학습 능력에 중요한 영향을 미칠 수 있다.
⑦ 두부 손상도 학습 능력을 저하시킬 수 있다.
⑧ 어린이 학대, 아이를 거칠게 흔드는 것, 교통사고, 일부 스포츠 등이 두부 손상의 원인이 될 수 있다.
⑨ 질병과 영양실조는 태아 발달 시와 초기 아동기에 정상적인 신경학적 발달을 막아 학습의 감퇴를 초래할 수 있다.
⑩ 뇌에 손상을 주는 것은 무엇이든지 모두 경험으로부터 배울 수 있는 능력을 저하시킨다.

(4) 결정적 시기
① 결정적 시기는 동물이 특정한 종류의 행동을 학습할 가능성이 높은 일생의 한 시점을 의미한다.
② 많은 동물들이 출생 후 얼마 되지 않은 결정적 시기에 어미와 애착을 형성할 가능성이 높다.
③ 각인
  ㉠ 생애 초기의 특정한 시기에 일어나는 환경적 자극에 의한 행동 변화를 말한다.
  ㉡ 이 현상을 처음 발견한 사람은 로렌즈(Lorenz, 1952)이다.
  ㉢ 어미가 없을 때 우연히 옆을 지나가는 움직이는 물체(기계적인 물체인 경우도)에 애착을 형성하게 된다.
  ㉣ 동물의 새끼들은 인간을 비롯해 자신과 다른 종들에게 각인되기도 하고 무생물에도 각인된다.
  ㉤ 각인이 일어나기 위해서 새끼 동물이 '어미'를 볼 수 있고 그 어미 물체가 움직이기만 하는 되는 것이다.

ⓗ 각인은 많은 동물들(검둥오리, 쇠물닭, 칠면조, 갈가마귀, 자고, 오리, 닭, 사슴, 양, 버팔로, 얼룩말, 기니피그, 개코원숭이 등)에게서 입증되었다.
ⓢ 각인은 유전의 산물로 보이지만 학습이 관여할 수 있다는 증거가 있다.

④ 사회적 행동/모성 행동/사회적 기술
㉠ 강아지가 좋은 애완동물이 되려면 생후 3~12주 사이에 반드시 사람과 접촉해야 한다.
㉡ 개의 사회적 행동은 생후 초기 사람과의 접촉에 의해 형성된다.
㉢ 모성 행동도 결정적 시기 동안에 학습되어야 하는 것으로 보인다.
㉣ 생후 10일 동안 어미젖을 먹지 못하고 젖병으로 젖을 먹은 양은 다른 양들에 관심이 적고 나중에 어미 양이 되었을 때 새끼에게 젖을 주었지만 어미의 행동을 별로 하지 못하였다.
㉤ 고립되어 길러진 원숭이가 정상적으로 양육된 원숭이들과 같은 장에 넣어지자 어울리지 못하고 공포에 질려있었다.
ⓗ 고립되어 길러진 원숭이는 성체가 되어서 부분적으로만 사회적 기술을 습득했고 사회적으로 지체된 것으로 보였다.
ⓢ 삶의 초기가 사회적 기술을 습득하는 데 결정적 시기였을 것이다.

⑤ 인간에게 학습의 결정적 시기가 있는지는 확실하지 않다.
⑥ 타인에게 관심을 갖기를 학습하는 결정적 시기가 유아기나 초기 아동기에 있을 가능성이 있다.
⑦ 언어학습의 경우 생후 첫 12년이 결정적 시기일 수 있다는 증거가 있다.
⑧ 사람의 경우 동물에 비해 결정적 시기에 대한 증거는 약하다.

제2절 학습의 생물학적 한계

(1) 조작적 조건형성의 사례

① 통찰적 문제해결
㉠ 어떤 문제를 해결하기 위해 다양한 방법을 적용해보다가 우연히 해결책을 찾는 경우가 많다.
㉡ 문제가 학습에 의해서가 아니라 '통찰'에 의해 해결되었다고 한다.
㉢ 인지심리학자 브루너(J. Bruner, 1983)는 통찰은 학습의 도움 없이 발생한다고 말했다.
㉣ 침팬지는 손이 닿지 않는 곳의 바나나를 상자를 쌓고 올라가 따먹는 모습을 보였다.
㉤ 침팬지가 어떤 경험을 했었는지는 분명하지 않다.
ⓗ 똑같은 종류의 통찰이 특정한 강화 내력을 가진 동물에게서 나타났지만 그런 내력이 없는 동물에게는 나타나지 않았다.
ⓢ 통찰적 문제해결은 그 개체의 강화 내력에 직접 좌우된다는 것이 실험을 통해 보였으며 결국 과거경험들의 결과임을 입증하는 것일 수 있다.

② 창의성
  ㉠ 창의적이라는 것은 무엇보다 독창적인 방식으로 행동하는 것을 의미한다.
  ㉡ 많은 연구들이 새로운 행동을 강화하는 기초적인 기법들이 사람들의 창의성을 증가시킬 수 있다는 것을 보여주었다.
  ㉢ 어떤 심리학자들은 강화가 실제로 사람들을 덜 창의적으로 만든다고 주장한다.
  ㉣ 창의성이 증가된 연구들에서 보상은 창의적인 행동에 수반된다.
  ㉤ 창의적인 행동이 일어날 때마다 강화를 주면 창의성은 높아진다.
  ㉥ 독창적인 행동이 긍정적인 결과가 있으면 사람들은 창의적으로 될 가능성이 높으며 부정적인 결과를 가져오면 창의적일 가능성이 낮아진다.
  ㉦ 이러한 창의성의 이해는 창의성이 선택받은 소수의 이야기가 아니라 우리 모두가 창의적이 되도록 학습할 수 있다는 것이다.

③ **학습된 무기력**
  ㉠ 어떤 사람은 고생스러운 일을 겪은 후에 그것을 이기려는 노력을 배우고 어떤 사람은 포기를 배운다.
  ㉡ 많은 경우에 이런 상황을 사람의 차이, 즉 유전자로 인한 내적 특질을 원인으로 돌린다.
  ㉢ 셀리그만(Martin Seligman, 1967)은 고전적 조건형성으로 소리와 전기충격이 짝지어진 경우 소리가 도피학습에 어떠한 영향을 미치는지 관찰하였다.
    가운데를 장벽으로 막고 두 곳으로 나뉜 왕복상자 한쪽에 개를 두고 그곳에 전기충격을 가한다. 처음 30초간 개는 미친 듯이 날뛰다가 움직이는 것을 멈추었고 조용히 엎드려 낑낑거리기만 하였다. 전기충격을 종료시켰을 때도 개는 가운데 장벽을 넘는 데 실패하였고 도망가지 않았다. 개를 안전한 상자에서 불러도 반응하지 않았고 움직이려는 노력을 전혀 하지 않았다.
  ㉣ 이러한 현상을 '학습된 무기력'이라고 한다. 무기력해지는 것을 학습시킨 것처럼 보였기 때문이다.
  ㉤ 무기력을 가져오는 것은 전기충격에 노출되는 것 그 자체가 아니라 전기충격을 피할 수 없다는 사실이었다.
  ㉥ 여러 연구에서 역경에 직면했을 때 '면역훈련'이 놀라운 회복력을 이끌어 낼 수 있다는 것이 나타났다.
    한 그룹은 레버를 눌러 충격을 피하는 것을 학습한 쥐들이고 다른 그룹은 레버 누르기를 학습하지 않은 쥐들이 있다. 왕복상자(바닥에는 전기가 흐르고 가운데를 칸으로 막아 쥐가 뛰어넘을 수 있는 상자)에 쥐를 넣고 전기충격을 가하자 레버학습이 된 쥐들은 200회를 시행하는 동안 레버를 누르고 왕복행동을 하는 경향이 감소하지 않고 나타났다. 레버학습이 안 된 쥐들은 왕복경향이 별로 없었고 검사가 진행됨에 따라 왕복행동비율은 더욱 낮아졌다.

④ **학습된 근면성**
  ㉠ 아이젠버그(Robert Eisenberg, 1992)는 사람들이 쉽게 포기하기를 학습할 수 있다면 끈질기게 노력하기도 학습할 수 있다고 추론했다. 고도의 노력과 끈기에 대한 강화를 주면 어려운 과제를 오랫동안 열심히 하는 경향이 증가한다는 것을 발견했다.
  ㉡ 경험(주로 우리의 강화 내력)은 우리에게 포기하거나 계속해 나가는 것을 가르치는 것이다.

(2) 조작적 조건형성의 생물학적 제약

① 향본능 표류(Instinctive Drift)
  ㉠ 개념
    행동이 선천적인 고정행위패턴 쪽으로 돌아가려는 경향을 말한다. 즉 어떤 행위가 고정행위패턴과 갈등을 일으킬 때에는 동물이 그것을 학습하는 데 문제가 생겨 학습에 한계를 나타낸다.
  ㉡ 향본능 표류의 발견
    • 켈러와 브렐런드(Keller & Breland, 1961)는 최초로 향본능 표류라는 현상을 발견했다.
    • 어떤 반응이든 강화가 뒤따르면 학습된다는 것이 조작적 조건형성의 전통적 입장이다.
    • 하지만 아무리 훈련시켜도 학습이 불가능한 경우가 존재한다.
    • 구두쇠 너구리의 사례 – 앞발로 동전을 저금하도록 너구리를 훈련시키려 하였으나, 동전을 상자에 바로 넣지 않고 두 동전을 마주 문지르고 나서야(구두쇠처럼) 겨우 상자에 집어넣음 – 이는 문지른 후 먹는 너구리의 습성 때문이다.
  ㉢ 학습 불가능의 원인
    • 고정행위패턴(Fixed Action Pattern) : 동물의 선천적인 행동과 연구자들이 학습시키려 했던 행동이 상충했기에 때문인 것으로 보인다.
    • 즉, 향본능 표류는 학습하는 과정에서 동물이 고정행위패턴으로 되돌아가려는 경향으로 학습에 한계를 가져오게 된다.
    • 학습하려는 어떤 행위가 고정행위패턴과 상충하여 갈등이 일어날 때 동물은 '학습하려는 행동을 할 것이냐' 아니면 '고정행위패턴을 따를 것이냐'라는 갈등을 하게 된다. 이러한 갈등에서 고정행위패턴이 더 우세한 것으로 보인다. 따라서 학습된 행동이 잠깐 나타나더라도 다시 고정행위패턴이 그것을 뒤엎어 버리는 것이다.
  ㉣ 향본능 표류 현상은 유기체가 가진 고유의 유전적인 행동특징이 학습으로 형성된 행동보다 더 우세할 수 있음을 시사한다.

② 맛 혐오
  ㉠ 한 종 안에서도 그 종의 진화역사 때문에 맛 혐오에 대한 연합이 다르게 나타난다.
  ㉡ 쥐와 메추라기 실험(Wilcoxon, Dragoin, & Kral, 1971)

    • 과정 : 쥐와 메추라기에게 통증을 유발하는 파란 소금물을 먹게 한다. → 두 종 모두에게 파란 물과 소금물을 선택하도록 한다.
    • 결과 : 쥐 – 소금물 회피, 메추라기 – 파란 물 회피
    • 결론 : 쥐 – 맛에 의존, 메추라기 – 시각적 단서에 의존

  ㉢ 각각의 종은 유전적 구성에 따라서 연합을 형성했다.
  ㉣ 무조건자극(파란 소금물)과 무조건반응(아픔)이 두 종 모두에게서 같았지만 유전적 자질에 따라 조건자극을 선택했다.
  ㉤ 쥐들은 소금-아픔 연합을 만들도록 생물학적으로 더 준비되었고, 메추라기는 파란색-아픔 연합을 만들도록 생물학적으로 더 준비되었다.

ⓑ 종들의 차이에도 불구하고 대부분의 척추동물은 맛 단서 하나에 대한 혐오를 학습할 수 있다.
ⓢ 학습된 맛 혐오들도 소거가 가능하다. 맛이 뒤따르는 아픔이 없이 계속적으로 주어진다면 유기체들은 회피한 적이 있던 먹이에 다시 접근할 것이다.

③ **자동조성**
   ㉠ 유기체가 하는 반응과 무관하게 자극 뒤에 강화물이 따르는 절차로, 흔히 미신행동의 학습을 가져온다.
   ㉡ 예를 들면, 비둘기가 원판을 쪼을 때 강화(먹이)를 주는 것은 원판을 쪼는 행동에 대한 강화이므로 이때 강화는 유관강화이다. 그러나 비둘기는 흔히 한 다리를 들고 서 있는데, 어떤 비둘기가 우연히 한 다리를 들고 서 있으면 먹이가 나올지도 모른다는 의식적 행동을 하게 되고, 그러한 행동이 먹이를 받게 하는 원인이라고 믿고 같은 행동을 반복하는 것을 자동조성이라 말한다.
   ㉢ 사람이나 동물이 자기 행동이 실제로는 그렇지 않은데도 마치 강화를 낳은 것처럼 행동할 때 그 행동은 미신적인 것이다.
   ㉣ 미신에 대한 상황이론에 모든 사람들이 동의하는 것은 아니다. 그러나 미신적인 행동이 적어도 부분적으로는 우발적인 강화에 의해 조성되고 유지된다는 증거들이 있다.
   ㉤ 강화 하나로 모든 미신행동을 완전하게 설명할 수는 없지만 우발적 강화가 미신에 중요한 역할을 한다는 것은 분명해 보인다.

④ **준비성 연속선(Seligman, 1970)**
   ㉠ 동물들은 특정한 방식으로 행동하는 경향이 있다.
   ㉡ 어떤 동물은 어떤 것을 아주 쉽게 학습하고, 어떤 것은 아주 어렵게 학습한다.
   ㉢ 어떤 학습 상황에 처한 유기체는 그 학습을 하도록 유전적으로 준비되어 있거나(이 경우 학습은 빨리 일어남), 준비되어 있지 않거나(이 경우에 학습이 꾸준히 그러나 더 천천히 진행됨), 또는 그 학습을 하지 않도록 준비되어 있다(이 경우 학습이 일어나는 과정이 느리고 불규칙함).
   ㉣ 향본능 표류를 준비된 연속선의 개념으로 설명할 수 있다.
   ㉤ 뱀과 같은 위험한 대상에 대한 공포를 획득하도록 준비되어 있는 것은 대단히 유용할 수 있다.
   ㉥ 사람에게 특정 종류의 자극을 두려워하는 타고난 성향이 있다는 생각은 여러 연구에서 지지받는다.

⑤ **강화와 생물학적 제약**
   자동조성과 향본능 표류에 대해 학습의 일반원리 접근이 적절하지 않다는 문제가 제기된다.
   ㉠ 스키너의 반응
      • 유기체의 행동이 학습경험과 유전에 의해 결정된다고 주장해왔다.
      • 자동조성과 향본능표류 같은 현상은 유전적 영향(계통발생학적)과 학습된 영향(개체 발생학적)이 행동에 동시에 작용한 사례일 뿐이라고 주장하였다.
      • 계통발생과 개체발생은 우호적 경쟁자이며 하나가 다른 하나를 늘 이기는 것은 아니다.
   ㉡ 강화물이 주기적, 규칙적으로 제공되면 강화받지 않은 다양한 행동들이 강화물 사이에 나타난다.
   ㉢ 자동조성과 향본능표류 같은 현상은 강화원리에 오류가 있다는 것이 아니라 강화가 유기체 행동의 유일한 결정요소가 아니라는 것을 보여주는 것이다.

㉣ 유전적 자질은 많은 학습상황에서 중요한 역할을 하며 유전의 영향이 무시되어서는 안 된다는 것을 보여준다.
   ㉤ 생물학적 요인이 어떻게 영향을 주는지에 대해 더 많이 알아갈수록 유기체의 행동을 더 잘 이해하고 예측할 수 있게 된다.

(3) 볼스의 학습 이론
   ① 종 특유 방어 반응
   볼스(1970, 1972)는 쥐들이 자신을 보호하기 위해 고정된 행동양식을 사용한다고 하며 그것을 종 특유 방어 반응이라고 하였다. 이러한 반응에는 '얼어붙기', '도망치기', '소리 지르기', '뛰어 오르기', '다른 대상 공격하기' 등이 있다.
   ② 선천적 반응과 학습
   볼스의 실험에 따르면 동물들은 자신에게 요구되는 반응이 그 상황에서 자연적으로 하는 반응에 가까울수록 반응을 더 빨리 학습할 것이다. 반대로 요구되는 반응이 그 동물이 타고난 반응 범주의 일부가 아니라면 그것은 매우 힘들게 학습되거나 또는 전혀 학습되지 않을 것이다.
   ③ 기대
      ㉠ 유기체가 한 종류의 사건이 확실히 다른 사건을 앞선다는 것을 학습하는 것으로 일종의 고전적 조건화에서 조건자극이 주어질때 무조건자극이 따라온다는 것을 학습하는 기대(S-S기대)와 같은 것이다.
      ㉡ 조작적 조건화에서 반응 후에 결과가 따라온다는 기대(R-S)도 같은 의미이다. 그러나 볼스의 기대 학습은 강화를 필요로 하지 않기 때문에 R-S기대를 생각할 때 반응에 의해 생성된 결과로서만 S를 생각하는 것이 바람직하다.
   ④ 타고난 소인
   볼스는 행동에 대한 진화적 관점에서 설명하고 있다는 측면에서 타고난 S-S와 R-S기대를 강조하였다. 예를 들어 타고난 S-S기대는 큰 소리에 두려움을 보이는 것이 그 소리에 뒤따를 위험을 기대하고 있다는 것을 의미한다. R-S기대 역시 많은 종의 동물들이 먹이, 물, 위험, 다른 생물학적으로 중요한 존재, 사건들에 보이는 정형화된 행동이라고 강조하였다.
   ⑤ 적소 논증(Niche argument)
      ㉠ 동물은 자신들의 적소(Niche)에 의존하는 것과 사물들에 대한 전반적 도식에 맞추는 방법을 학습하거나 학습하지 않을 의무, 즉 필수 사항을 가지고 있다. 유기체는 어떤 종류의 경험은 학습에 반영되고 어떤 경험은 반영되지 않을지 기대한다.
      ㉡ 자기 적소에 대한 동물의 선험적이고 생물학적인 의무(commitment)를 위반하는 학습 과제는 변칙적인 행동을 만들어 낼 것이라고 기대된다.
      ㉢ 특정 방식으로 행동하는 동물의 선험적 소인을 이용하는 학습과제는 성공할 가능성이 큰데 이것을 적소 논증이라고 한다.

제7장 | 실전예상문제

01 어떤 개체라도 일생 동안 학습할 수 있는 것은 매우 제한적이다.

01 학습에 영향을 미치는 요인에 대한 설명으로 바르지 않은 것은?
① 개체에 따라 일생 동안 학습할 수 있는 양이 제한적일 수도 무제한적일 수도 있다.
② 유전적으로 거의 동일한 종(種)이라도 수행은 서로 다르다.
③ 학습이 가진 한계는 학습된 행동이 유전되지 않는다는 것이다.
④ 어떤 종(種)이라도 학습할 수 있는 것에 생물학적 한계가 있다.

02 뇌에 손상을 주는 것이 모두 학습능력을 저하시킨다.

02 신경학적 손상이 학습에 미치는 영향을 잘못 설명한 것은?
① 신경독으로 인한 손상은 즉각 나타나지 않고 시간이 지나면서 학습능력에 영향을 미칠 수 있다.
② 뇌에 손상을 주는 것이 모두 학습능력을 저하시키는 것은 아니다.
③ 환경에 의해 신경계가 손상되는 것은 학습능력, 학습내용에 제약이 생긴다.
④ 아동기 이전 질병과 영양실조는 정상적인 신경학적 발달을 막아 학습의 감퇴를 초래할 수 있다.

정답 01 ① 02 ②

03 다음 내용에서 괄호 안에 들어갈 말은?

( )은(는) 동물이 특정한 종류의 행동을 학습할 가능성이 높은 일생의 한 시점을 의미한다.

① 각인
② 향본능 표류
③ 차폐
④ 결정적 시기

03 ① 각인: 세상에 처음 태어났을 때 시각적, 청각적, 촉각적 경험을 하게 되는 대상에게 모든 주의와 관심이 집중되어 그것을 쫓는 학습의 한 형태이다.
② 향본능 표류: 학습되어야 할 행동이 유기체의 선천적인 행동인 고정행위패턴과 상충할 때 고정행위패턴으로 되돌아가려는 경향을 말한다.
③ 차폐: 고전적 조건화 과정에서 무조건자극과 연합되어 있던 기존의 조건자극에 새로운 조건자극이 연합될 때, 기존의 조건자극이 새로운 조건자극에 대한 조건화를 방해하는 현상을 의미한다.

04 결정적 시기가 학습에 미치는 영향에 대한 설명으로 적절하지 않은 것은?

① 각인은 유전의 산물로 보이지만 학습이 관여할 수 있다는 증거가 있다.
② 개의 사회적 행동은 생후 초기 사람과의 접촉에 의해 형성된다.
③ 삶의 초기가 사회적 기술을 습득하는 데 결정적 시기였을 것으로 보인다.
④ 모성행동은 선천적인 특성으로 학습과 관련이 없다.

04 모성행동은 결정적 시기 동안 학습되어야 하는 것으로 보이는데, 생후 10일 동안 어미젖을 먹지 못한 양들은 어미 양이 되었을 때 새끼에게 젖을 주었지만 어미의 행동을 별로 하지 못하였다.

05 학습과 생물학적 원인에 대한 설명으로 옳지 않은 것은?

① 통찰은 학습의 도움 없이 발생한다.
② 학습된 무기력은 무기력해지는 것을 학습한 것이다.
③ 창의적 행동에 보상을 주면 창의성이 높아지는 것은 창의성이 학습됨을 의미한다.
④ 강화받은 우리의 경험은 포기나 끈질기게 해나가는 것을 학습시킨다.

05 똑같은 종류의 통찰이 특정한 강화내력을 가진 동물에게서 나타났지만 그런 내력이 없는 동물에게는 나타나지 않았다. 통찰적 문제해결은 과거 경험들의 결과임을 증명하는 것이다.

정답 03 ④ 04 ④ 05 ①

06 향본능 표류는 강화와 상관없이 일어난다.

06 조건형성을 어렵게 하는 향본능 표류의 원인에 대한 설명으로 옳지 <u>않은</u> 것은?

① 학습하는 과정에서 동물이 고정행위패턴으로 되돌아가려는 경향 때문
② 동물은 학습하려는 행동과 고정행위패턴 사이에서 갈등을 하고 이러한 갈등에서 고정행위패턴이 더 우세하기 때문
③ 동물의 선천적인 행동과 연구자들이 학습시키려 했던 행동이 상충했기에 때문
④ 행동 뒤에 따르는 강화물의 강도가 약하기 때문

07 ① 동물들이 특정한 방식으로 행동하는 경향을 의미한다.
③ 한 종 안에서도 그 종의 진화역사 때문에 맛 혐오에 대한 연합이 다르게 나타난다.

07 생물학적 요인에 영향을 받는 조작적 조건형성과 관련된 표현이 <u>아닌</u> 것은?

① 준비된 연속선
② 학습된 무기력
③ 맛 혐오
④ 향본능 표류

08 ① 현재 혐오 자극이 존재하지는 않지만 미리 특정 행동을 함으로써 혐오 자극이나 상황이 발생하지 않게 되는 경우를 회피라고 한다. 이에 반해 도피는 혐오 자극을 감소시키거나 제거하는 반응을 획득하는 것을 말한다. 즉, 어떤 사람을 만나면 기분이 상하기 때문에 모임에 나가지 않는 것도 도피이다.
② 유기체가 어떤 행동을 정상적인 빈도로 하는 것을 금지당했을 때 그 행동이 강화적으로 된다는 것이다.
④ 고전적 조건 형성에서 조건화된 조건반응은 무조건반응의 출현에 대해 유기체를 준비시키는 반응이라는 것으로 중독물질에 대한 금단현상을 설명해준다.

08 다음 실험과 관련된 표현은?

> 가운데를 장벽으로 막고 두 곳으로 나뉜 왕복상자 한쪽에 개를 두고 그곳에 전기충격을 가한다. 처음 30초간 개는 미친 듯이 날뛰다가 움직이는 것을 멈추었고 조용히 엎드려 낑낑거리기만 하였다. 전기충격을 종료시켰을 때도 개는 가운데 장벽을 넘는 데 실패하였고 도망가지 않았다. 개를 안전한 상자에서 불러도 반응하지 않았고 움직이려는 노력을 전혀 하지 않았다.

① 학습된 회피
② 반응박탈이론
③ 학습된 무기력
④ 준비반응

정답 06 ④ 07 ② 08 ③

09 다음에서 밑줄 친 '이것'이 해당하는 용어는?

> 이것은 유기체가 하는 반응과 무관하게 자극 뒤에 강화물이 따르는 절차를 말한다. 사람이나 동물이 자기 행동이 실제로는 그렇지 않은데도 마치 강화를 낳은 것처럼 행동할 때 그 행동은 미신적인 것이다. 우발적 강화가 미신에 중요한 역할을 하는 것으로 보인다.

① 자동조
② 강화계획
③ 행동연쇄
④ 자기강화

09 ② 반응이 일어날 때마다 강화를 제공할 것인지 아니면 어떤 특정한 시간의 경과나 행동 빈도 이후의 반응에 대해서만 강화를 제공할 것인지를 계획하는 것
③ 복잡한 행동을 이미 학습된 단위 행동으로 세분화한 후 순서에 따라 하나씩 연결하여 강화함으로써 점차적으로 목표행동을 완성하는 것
④ 자신이 설정한 목표에 도달했을 때 자신에게 보상을 주는 것

10 볼스의 선천적 반응에 대한 설명으로 옳지 않은 것은?

① 볼스는 쥐들의 자신을 보호하기 위해 고정된 행동양식을 종 특유 방어 반응이라고 불렀다.
② 쥐들의 '얼어붙기', '도망치기', '소리 지르기'는 종 특유 방어 반응이다.
③ 동물들은 자신에게 요구되는 반응이 자연적으로 하는 반응에 가까울수록 빨리 학습한다.
④ 준비된 연속선은 어떤 동물은 어떤 것을 쉽게 학습하고, 어떤 것은 아주 어렵게 학습한다는 것이다.

10 준비된 연속선은 셀리그만이 주장한 것으로 어떤 학습 상황에 처한 유기체는 그 학습을 하도록 유전적으로 준비되어 있거나(이 경우 학습은 빨리 일어남), 준비되어 있지 않거나(이 경우에 학습이 꾸준히 그러나 더 천천히 진행됨), 또는 그 학습을 하지 않도록 준비되어 있다(이 경우 학습이 일어나는 과정이 느리고 불규칙함)는 것이다.

정답 09 ① 10 ④

주관식 문제

01 향본능 표류에 대해 설명하시오.

01

정답) 어떤 행위가 동물의 선천적 고정 행위패턴과 갈등을 일으킬 때에는 동물이 그것을 학습하는 데 문제가 생겨 학습에 한계를 나타내는 것이다. 학습이 불가능한 원인은 동물의 선천적인 행동과 연구자들이 학습시키려 했던 행동이 상충했기에 때문인 것으로 보인다.

부록

합격의 공식 시대에듀 www.sdedu.co.kr

최종모의고사

최종모의고사 제1회
최종모의고사 제2회
정답 및 해설

당신이 저지를 수 있는 가장 큰 실수는 실수를 할까 두려워하는 것이다.

– 앨버트 하버드 –

보다 깊이 있는 학습을 원하는 수험생들을 위한
시대에듀의 동영상 강의가 준비되어 있습니다.

www.sdedu.co.kr ➜ 회원가입(로그인) ➜ 강의 살펴보기

제1회 최종모의고사 | 학습심리학

제한시간: 50분 | 시작 ___시 ___분 - 종료 ___시 ___분

정답 및 해설 282p

01 학습 및 기억에 관한 연구에 대한 설명으로 틀린 것은?

① 바틀렛은 사람들이 어떤 지식구조를 가지고 있다고 보고 이 지식구조를 도식(Schema)이라고 불렀다.
② 에빙하우스는 최초로 엄격하게 동물에게 기억실험을 한 사람으로 현대 기억연구의 아버지라고 불린다.
③ 러시아의 생리학자인 이반 파블로프는 동물학습 연구방법을 개발하여 고전적 조건형성을 발표하였다.
④ 손다이크는 어떤 특정행동반응이 나타나는 확률이 증가하거나 감소하는 것은 반응에 따라 나오는 결과에 달렸다고 주장하였다.

02 실험의 내적 타당도와 외적 타당도에 대한 설명으로 틀린 것은?

① 내적 타당도를 높이면 외적 타당도도 높아지고 외적 타당도를 낮추면 내적 타당도도 낮아진다.
② 외적 타당도란 실험의 결과를 다른 상황을 다른 사람들에게 일반화시킬 수 있는 정도를 일컫는다.
③ 실험의 핵심은 내적 타당도를 높이는 것이다.
④ 내적 타당도가 높다는 것은 실험이 잘 수행되어 인과관계의 해석이 명확하다는 것이다.

03 실험연구에 관한 설명으로 틀린 것은?

① 심리학이 과학적인 학문으로 발전하는 데 큰 기여를 했다.
② 다른 조건들을 일정하게 고정시키는 것을 통제라고 한다.
③ 독립변인이 어떻게 결과에 영향을 미치는지를 알아보기 위한 조작을 처치라고 한다.
④ 가외변인을 통제하기 어렵다는 문제점이 있다.

04 운동기술에 대한 설명으로 옳지 않은 것은?

① 운동기술은 행위가 연속적이기 때문에 연속기술이라고 한다.
② 오류가 발생한다 해도 그것을 대처하거나 교정할 시간이 없다. 이러한 동작을 '열린고리동작'이라고 한다.
③ 반응의 정확성에 대한 피드백을 결과지식이라고 한다.
④ 결과지식은 운동기술증진에 효과적이다.

05 학습이론의 행동주의 관점에 대한 설명으로 틀린 것은?

① 관찰 가능한 행동을 연구하는 것에 집중해야 한다고 주장하였다.
② 사람이 어떻게 학습해야 하는지와 교육적・치료적 환경이 사람들을 더욱 효과적으로 학습하고 행동하도록 도울 수 있는지에 기여하였다.
③ 반응과 그에 대한 결과를 경험할 때만 학습이 일어날 수 있다는 믿음은 현대 학습이론의 초석이 되었다.
④ 관찰 불가능한 것과 잘 정의되지 않은 정신적 사건을 연구해서는 안 된다고 하였다.

06 피아노 치기를 한 시간 계속해야 강화물을 주는 것과 같이 일정시간 동안 계속해서 일어나는 것에 강화가 수반되는 강화계획은?

① 변동기간계획
② 고정기간계획
③ 변동시간계획
④ 고정시간계획

07 정보처리이론의 개념으로 적절하지 않은 것은?

① 컴퓨터의 정보처리 과정을 모델로 삼았다.
② 정보는 부호화, 저장, 인출 과정을 통해 처리된다.
③ 인간이 외부로부터 받은 정보를 어떻게 지각하고 이해하고 기억하는가를 연구하는 이론이다.
④ 사람들은 단순히 다른 사람들이 하는 것을 보고 그것을 따라하는 것만으로 새로운 행동을 학습할 수 있다고 제안했다.

08 조건형성에 대한 기본현상들에 대한 설명 중 틀린 것은?

① 소거는 시간이 흐르면서 연습을 하지 못해서 생기는 수행의 퇴화를 가리킨다.
② 획득은 조건자극에 의해 새로운 반응을 학습하는 것을 말한다.
③ 자발적 회복이란 소거를 시키고 시간이 지난 다음 조건자극을 다시 제시하면 조건반응이 일시적으로 나타나는 현상이다.
④ 변별이란 피험자가 어떤 자극에는 반응하면서 그것과 비슷한 자극에는 반응하지 않는 것을 의미한다.

09 조건자극(CS)과 무조건자극(US)이 제시되는 시간에 따른 조건형성에 대한 설명 중 틀린 것은?

① 흔적조건형성은 두 자극 사이에는 시간 차이를 두고 CS가 US보다 먼저 제시되는 방법이다. US가 사라지기 전에 CS는 끝이 난다.
② 지연조건형성은 CS와 US를 동시에 제시하고 시간이 지난 후 CS를 다시 제시하는 것이다.
③ 동시조건형성은 CS와 US가 동시에 일어나고 동시에 끝난다.
④ 역향조건형성에서는 US 뒤에 CS가 따르는 것이다.

10 고전적 조건형성의 이론에 대한 설명 중 틀린 것은?

① 자극대체이론은 파블로프가 주장한 것으로 조건자극(CS)과 무조건자극(US) 사이에 새로운 신경연결이 형성되어 조건자극이 무조건자극을 대체하여 반사반응을 일으킨다는 것이다.
② 주의이론에서는 학습자가 조건자극에 주의를 기울이게 되면 무조건자극과 연합되지 않는다.
③ 보상반응이론은 무조건자극이 일으키는 효과를 조건자극이 상쇄시킴으로써 UR에 대한 준비를 하게 만든다는 것이다.
④ 비교기이론은 동물이 CS가 존재할 때와 존재하지 않을 때 US가 일어나는 확률을 비교한다고 가정한다.

11 다음 설명과 관련 있는 단어는?

- 침팬지는 손이 닿지 않는 곳의 바나나를 상자를 쌓고 올라가 따 먹는 모습을 보였다.
- 어떤 문제를 해결하기 위해 다양한 방법을 적용해보다가 우연히 해결책을 찾는 경우가 많다.

① 창의성
② 학습된 무기력
③ 학습된 근면성
④ 통찰

12 처벌이론에 대한 설명으로 틀린 것은?

① 2과정이론은 파블로프식 절차와 조작적 절차가 모두 관여한다고 주장한다.
② 어떤 반응이 처벌받는 반응과 먼 것일수록 처벌이 그 반응을 그만큼 많이 감소시킬 것이라고 예측한다.
③ 1과정이론은 조작적 학습의 과정이 개입된다고 주장한다.
④ 강화가 행동을 증강시키는 것과 같이 처벌은 행동을 약화시킨다.

13 조작적 조건형성이 학습현장에서 활용되는 예시로 적절하지 않은 것은?

① 부모로부터 언어에 관한 교습을 가장 많이 받은 유아들은 나중에 가장 잘 발달된 언어기술을 갖고 있었다.
② 강화는 자기통제교육의 핵심이다.
③ 고도의 노력과 끈기에 대한 강화를 주면 어려운 과제를 오랫동안 열심히 하는 경향이 증가한다.
④ 적절한 행동에 대한 일차강화는 학업향상과 적절한 행동의 꾸준한 증가를 보여준다.

14 고전적 조건형성에 영향을 주는 변인에 대한 설명으로 틀린 것은?

① 동시조건형성 절차는 비효율적이다.
② 조건자극(CS)과 무조건자극(US) 역할을 하는 자극들을 사전에 경험했는가의 여부는 조건형성의 효과에 영향을 미친다.
③ 무조건자극이 전기충격과 같은 자극일 때 조건형성이 잘된다.
④ 조건자극과 무조건자극의 강도는 높을수록 효율적이다.

15 정보처리과정에 대한 설명으로 틀린 것은?

① 외부환경에서 투입되는 정보는 감각기억에 순간적으로 파지된다.
② 감각기억에 파지된 정보에 주의를 기울이면 그 정보는 단기기억으로 넘어간다.
③ 단기기억으로 넘어간 정보는 짧은 시간 동안 파지 후 망각된다.
④ 장기기억 속에 저장된 정보는 망각되지 않는다.

16 정보처리수준이론에 대한 설명으로 틀린 것은?

① 물리적(표면), 청각적(음운, 소리), 의미론적(의미) 정보처리방식이 다르다.
② 물리적 정보처리가 가장 피상적이고 의미론적 정보처리가 가장 깊다.
③ 정보가 더 깊은 수준에서 처리될수록 기억에 더 많은 흔적을 남기기 때문에 더 잘 기억된다.
④ 이 이론은 세 종류의 정보처리가 단계를 이룬다고 가정한다.

17 장기기억에 관한 설명으로 틀린 것은?

① 대뇌에서 기억이 안정화되기 위해 다른 곳으로 이동하는 과정을 '기억응고화'라고 한다.
② 수면은 기억응고화를 지원한다.
③ 변연계는 기억한 일화의 요소들(냄새, 느낌, 소리, 장소 등)을 등록하고 일시적으로 유지하는 역할을 하는 것으로 보인다.
④ 해마를 둘러싸고 있는 피질영역들은 외현기억의 처리와 저장을 지원한다.

18 운동기술에 대한 학습이론의 설명으로 옳지 않은 것은?

① 아담스의 2단계이론은 언어운동단계와 운동단계로 나뉜다.
② 도식이론에 따르면 도식은 경험하지 않았던 상황을 접했을 때 성공적 반응을 하게 만드는 유연한 운동기술의 발달을 이해하기 위한 틀을 제공한다는 것이다.
③ 연습기간 동안 고도의 맥락간섭이 수행에 나쁜 영향을 미친다는 것이다.
④ 다양한 연습은 학습자의 지각도식과 운동도식을 발달시키는 데 도움이 된다.

19 작업기억모형에 관한 설명으로 옳지 않은 것은?

① 단기기억은 작업기억의 수행에 도움을 주어 작업기억이 더 많은 항목을 유지하게 해준다.
② 작업기억은 장기기억에서 가장 최근에 활성화된 부분을 포함한다.
③ 이 모형은 단기기억과 장기기억을 다른 관점에서 바라본다.
④ 작업기억에서는 정보를 유지할 뿐 아니라 처리도 수행한다.

20 작업기억의 모형요소 중 다음 설명에 해당하는 것은?

> - 어떤 자원을 기억이나 관련 과제에 할당하고 어떻게 할당할 것인지를 결정한다.
> - 높은 수준의 추리와 이해에도 관여하며 인간지능의 핵심을 이룬다.

① 일화버퍼
② 시공간스케치북
③ 발성하 되뇌기
④ 중앙집행기

21 중앙집행기가 과제를 수행할 때 주로 활성화되는 두뇌영역은 어디인가?

① 후두엽
② 측두엽
③ 전두엽 피질
④ 두정엽

22 어문적 암송과 단기기억의 관계를 설명한 것이 아닌 것은?

① 암송의 목적은 단기기억의 자극정보를 장기기억으로 전이시키는 것이다.
② 단기기억에서의 암송은 여러 개가 동시에 진행된다고 가정한다.
③ 되뇌인 횟수로 초두효과는 예측할 수 있지만 최신효과는 예측할 수 없었다.
④ 특정자극이 암송된 횟수에 따라 학습의 정도가 증감할 것이다.

23 장기기억의 종류에 관한 설명 중 틀린 것은?

① 의미기억이란 자서전적 기억이라고도 하며 일상에서 겪는 사건들에 대해 의미를 느끼는 것들이 기억되는 것을 말한다.
② 절차기억이란 어떤 과제를 해결하거나 행동을 수행하는데 요구되는 지식이나 기능, 기술을 수행하는 것에 대한 기억이다.
③ 선언적 기억은 주로 명제, 심상, 도식과 스크립트로 표상된다.
④ 외현기억은 의식적으로 회상되는 기억으로 내가 겪은 특정한 사건들, 내가 의식하고 있는 것들에 대한 의도적인 기억이다.

24 정서가 기억에 미치는 영향에 대한 설명으로 틀린 것은?

① 기분일치기억은 현재의 기분상태나 감정상태와 일치하는 기억들은 회상되기 쉽다는 것이다.
② 강력한 기억은 강력한 정서와 연관되어 있다는 것과 일치한다.
③ 정서는 기억이 저장될 때뿐만 아니라 그것이 회상될 때에도 영향을 준다.
④ 정서적인 학습은 지속적이지 못하며 소거가 잘된다.

주관식 문제

01 고차적 조건형성에 대해 설명하시오.

02 행동연쇄에 대해 설명하시오.

03 절차적 기억에 대해 설명하시오.

04 조작적 조건형성에 대해 설명하시오.

제2회 최종모의고사 | 학습심리학

제한시간: 50분 | 시작 ___시 ___분 – 종료 ___시 ___분

정답 및 해설 286p

01 작업기억의 기능에 대한 설명으로 적절하지 <u>않은</u> 것은?

① 절차적 기억은 외현기억에 해당하는 기억이다.
② 작업기억은 끊임없이 이미지와 소리를 생성하고 조작한다.
③ 시각정보와 청각정보를 의미 있는 배열로 통합하기도 한다.
④ 작업기억은 적극적 사고가 일어나고 있는 기억요소이다.

02 기억에서 주의집중에 대한 설명으로 바르지 <u>않은</u> 것은?

① 감각등록기에서 작업기억으로 정보를 옮기려면 그 정보에 주의를 기울여야 한다.
② 사람들은 자극에 주의를 기울일 때 반드시 자극의 중요한 측면에 주의를 기울이는 것은 아니다.
③ 정지되어 있는 대상은 움직이는 것보다 주의를 더 끄는 경향이 있다.
④ 주의를 기울이는 것은 자극 당사자인 사람의 동기와 밀접한 관계를 갖는지에 달려 있다.

03 다음 사례를 알맞게 묶은 것은?

> ㄱ. 칭찬 ㄴ. 청소면제
> ㄷ. 음식 ㄹ. 진급
> ㅁ. 상처치료

	정적 강화	부적 강화
①	ㄱ, ㄴ, ㄷ	ㄹ, ㅁ
②	ㄱ, ㄷ, ㄹ	ㄴ, ㅁ
③	ㄴ, ㄷ, ㅁ	ㄱ, ㄹ
④	ㄷ, ㄹ, ㅁ	ㄱ, ㄴ

04 연구의 용어에 대한 설명 중 옳은 것은?

① 피험자 내 설계는 연구자가 참가자를 둘 이상의 집단으로 구분하고 실험집단과 통제집단으로 나누어 두 집단 간에 독립변인을 다르게 처치하여 결과를 보는 방법이다.
② 종속변인은 독립변인의 조작결과에 의존하며 실험의 효과를 판단하는 준거가 되는 변인이다.
③ 매개변인은 다른 변인에게 작용하거나 다른 변인을 예언하거나 설명해 주는 변인이다.
④ 실험집단의 결과와 비교하기 위해 실험처리를 하지 않는 집단을 검증집단이라고 한다.

05 위험한 물질을 먹는 것을 회피할 수 있는 것은 선천적이지 않고 대부분 후천적으로 학습된다는 것을 무엇이라고 하는가?

① 향본능반응
② 위험회피반응
③ 고차조건형성
④ 맛혐오학습

06 다음에서 설명하는 용어는 무엇인가?

> 이것은 자극의 단순노출만으로도 반응이 증가하거나 감소되는 것이다. 또한 오랜 시간의 훈련과 정확성에 대한 피드백을 받는 것이 이것에 있어 하나의 과정이다. 내가 사는 지역의 지리를 기억하는 것과 같은 정보를 얻는 것도 이것에 해당한다.

① 연합학습
② 관찰학습
③ 조건학습
④ 지각학습

07 다음은 비연합학습을 설명하는 이론에 대한 내용이다. 어떤 이론에 해당하는가?

> 뇌가 하나의 자극을 탐지할 때마다 뇌는 그 자극에 대한 하나의 표상을 형성한다. 그리고 형성된 표상과 이전에 경험했던 자극에 대한 기억을 비교한다. 두 개의 표상이 꼭 닮은 것이 되면 해당반응은 억제된다.

① 변별이론
② 비교기모델
③ 이중과정이론
④ 자극표상이론

08 작업기억모형의 요소가 아닌 것은?

① 음운루프
② 베르니케영역
③ 시공간스케치북
④ 중앙집행기

09 강화의 이론 중 상대적 가치이론에 대한 설명으로 맞지 않는 것은?

① 특정순간에 서로 다른 행동은 상대적으로 서로 다른 가치를 갖는다.
② 이 이론에서는 강화물을 자극으로 간주한다.
③ 먹이의 제공이 강화물이지만 먹이를 먹는 행위도 강화물로 간주될 수 있다.
④ 행동의 강화적 속성을 결정하는 것은 상대적 가치이다.

10 반응박탈이론에 대한 설명으로 옳지 않은 것은?

① 어떤 행동이든 그것이 기저수준 아래로 떨어지면 그 행동은 강화물로 학습되기 어렵다는 것이다.
② 프리맥의 원리를 변형한 이론으로 평형이론, 반응제한이론이라고 불린다.
③ 유기체가 어떤 행동을 정상적인 빈도로 하는 것을 금지당했을 때 그 행동이 강화적으로 된다.
④ 물마시기를 제한하여 물마시기의 비율이 기저수준 아래로 떨어지게 되면 물마시기가 강화력을 갖는다.

11 처벌에 대한 설명으로 틀린 것은?

① 강한 처벌을 받으면 주변의 누구에게나 공격성을 나타낼 수 있다.
② 처벌은 처벌된 행동뿐 아니라 때때로 모든 행동을 전반적으로 억압한다.
③ 아이의 처벌로 인한 어른에 대한 순종의 효과가 성인까지 지속된다.
④ 처벌은 공포나 분노 같은 여러 감정을 유발한다.

12 강화물의 기능에 대한 설명으로 틀린 것은?

① 손다이크와 헐은 강화물은 일종의 촉매제라고 하였다.
② 동물이 특정강화물이 특정반응에 뒤따를 것에 대한 '기대를 형성한다'고 하였다.
③ 원숭이를 대상으로 한 실험에서 강화물을 바나나에서 상추로 바꾸자 상추에 곧 적응하였다.
④ 톨만은 강화물은 연합학습을 자극할 뿐 아니라 연합망의 일부가 된다고 하였다.

13 다음 중 가장 강력한 학습을 만들어내는 강화계획은 무엇인가?

① 변동비율계획
② 고정비율계획
③ 변동간격계획
④ 고정간격계획

14 조건자극(CS)과 다른 새로운 자극 두 가지를 복합자극으로 제시할 때 이미 조건화된 자극은 새로운 자극이 CS가 되는 것을 방해하는 현상을 무엇이라고 하는가?

① 잠재적 억제
② 수반성
③ 차폐
④ 자극대체

15 학습이 일어난다는 가정으로 발생하는 조건형성의 양은 한계가 있고, 그 한계는 CS와 US의 특성에 좌우된다는 것, 짝짓기를 계속할수록 한 번의 짝짓기는 점점 더 적은 양의 학습을 일으킨다는 고전적 조건학습을 설명하는 이론은?
① 레스콜라-와그너(Rescorla-Wagner)모형
② 자극대체이론
③ 준비반응이론
④ 주의이론

16 인지주의학습의 주요원리가 <u>아닌</u> 것은?
① 인간은 능동적인 존재로 새로운 정보를 적극적으로 받아들이며 능동적으로 지식을 구성한다.
② 인간은 자신의 경험을 토대로 다양한 학습성과를 나타낸다.
③ 학습은 행동잠재력의 변화까지 포함한다.
④ 학습을 간접경험을 통한 내면의 변화로 본다.

17 비연합학습에 대한 설명으로 바르지 <u>않은</u> 것은?
① 고전적 조건형성은 비연합학습이다.
② 습관화는 비연합학습이다.
③ 가장 간단한 형태의 학습이다.
④ 자극과 자극, 또는 자극과 반응이 연합되어 나타나지 않고, 단지 한 번에 하나의 독립된 자극만이 주어짐으로써 나타나는 학습이다.

18 습관화된 자극과 지각적으로 변별이 가능한 새로운 자극을 제시했을 경우 반응행동으로서 반사강도나 빈도가 회복되는 것을 무엇이라고 하는가?
① 정향반응
② 민감화
③ 탈습관화
④ 점화

19 정보처리단계 중 정보의 크기가 무한정인 단계는 무엇인가?
① 감각등록기
② 단기기억
③ 작업기억
④ 장기기억

20 자극에 대한 반복된 혹은 지속된 노출이 반응의 점차적인 감소를 낳는 일반적 과정은?
① 습관화
② 민감화
③ 일반화
④ 체계화

21 작업기억모형 요소 중 음운루프에 대한 설명으로 옳지 <u>않은</u> 것은?

① 발성하 되뇌기는 음운저장고 속 정보를 활성화된 상태로 유지하는 기능을 한다.
② 음운루프는 언어이해와 청각 되뇌기를 위하여 주로 언어정보를 잠시 저장한다.
③ 음운저장소는 언어에 관한 기억이 비교적 오랜 기간 유지되는 곳이다.
④ 발성하 되뇌기가 없다면 청각정보는 대략 2초 후에 소멸하게 된다.

22 감각등록기에 대한 설명으로 옳지 <u>않은</u> 것은?

① 정보는 감각등록기에 0.25초도 안 되는 시간 동안 등록된다.
② 감각기관을 통해 환경으로부터 획득한 정보는 감각기억이라고 부르는 초단기기억에 들어간다.
③ 몇 개의 감각이 동시에 독립적으로 사용될 수 있기 때문에 감각등록기는 동시에 작동한다.
④ 감각기억은 한꺼번에 인식하기에 불가능할 정도로 많은 정보를 파지하고 용량이 무한하다.

23 다음이 설명하는 것은 무엇인가?

> 카메라의 플래시처럼 빠르게 저장되며 생생하고 세부적이고 그 시간에 같이 있던 그다지 중요하지 않은 것들까지도 오랫동안 뇌에 저장된다. 우리가 겪은 개인적으로 아주 중요하거나 사회적으로 충격적인 사건들에 대한 기억이다.

① 외현기억
② 섬광기억
③ 암묵기억
④ 점화기억

24 숙련학습모델 3단계가 <u>아닌</u> 것은?

① 지각단계
② 인지단계
③ 연합단계
④ 자동단계

주관식 문제

01 작업기억에 대하여 설명하시오.

02 부분강화효과에 대하여 설명하시오.

03 망각이 일어나는 이유를 3가지로 설명하시오.

04 선언적 기억이 표상되는 3가지 형태를 설명하시오.

제1회 정답 및 해설 | 학습심리학

01	02	03	04	05	06	07	08	09	10	11	12
②	①	④	①	③	②	④	①	②	②	④	②
13	14	15	16	17	18	19	20	21	22	23	24
④	④	④	④	③	③	①	④	③	②	①	④

	주관식 정답
01	고전적 조건형성이 일어난 다음 두 번째 중성자극을 첫 번째 조건자극과 짝짓는다. 조건자극과 새로운 중성자극을 짝지어 반복 학습시키면 새로운 중성자극도 조건자극이 되어 두 번째 형성된 조건자극에 조건반응이 나타난다. 이것을 이순위조건화(2차 조건형성)라고 부른다. 그리고 두 번째 조건자극이 조건반응을 유발하는 힘을 가지게 되면 그것을 세 번째 중성자극과 짝지어 조건자극을 만들 수 있게 되고 이것은 3차 조건화과정이 된다. 이렇게 2차, 3차 조건화과정을 고차조건화라고 한다.
02	행동연쇄란 특정한 순서로 발생하는 연속적 행동을 의미하며 연쇄의 마지막 행동이 완성되면 일차강화물이 뒤따른다. 행동연쇄가 정확한 순서로 유지되는 이유는 각 반응이 연쇄의 다음 반응에 대하여 변별자극으로 작용하여 구별된 자극을 만들기 때문이다. 연속동작수행에서 하나의 동작으로부터 나오는 시각, 촉각, 운동감각 피드백이 다음 동작을 위한 변별자극으로 작용한다. 연속동작을 수행하는 능력이 연습을 통해 향상되는 것은 적절한 자극-반응 연합이 강화에 의해 증가되기 때문이다.
03	절차적 기억은 어떤 과제를 해결하거나 행동을 수행하는 데 요구되는 일련의 지식이나 기능, 학습된 기술을 포함하는 것을 수행하는 것에 대한 기억을 의미한다. 절차적 기억은 자주 사용함에 따라 의식적인 노력 없이 자동적으로 접근하여 사용할 수 있게 된다. 자전거를 타거나, 운전을 하는 행동, 운동화 끈을 묶는 것, 피아노 치기 등은 반복하게 되면 무의식적, 자동적으로 수행된다. 절차적 기억이란 움직임과 근육행위를 포함한 운동기술들과 인지적인 기술 즉 문법적인 규칙을 적용하여 말하기 등이 해당한다.
04	조작적 조건형성은 손다이크의 효과의 법칙을 시작으로 스키너에 의해 확장된 법칙으로 유기체의 행동은 그 행동 뒤에 따라오는 결과물에 의해 달라진다는 것이다. 결과물이 강화적일 때는 행동이 증가하고 결과물이 처벌적일 때는 행동은 감소한다는 것이다. 따라서 유기체의 행동은 행동의 결과를 포함하는 외부환경에 의해 조절될 수 있다는 것이다. 강화물은 종류에 따라서 일차강화물과 이차강화물로 나눌 수 있으며, 강화와 처벌은 목표행동을 늘리는지 줄이는지에 따라 정적 강화, 부적 강화, 정적 처벌, 부적 처벌로 나눌 수 있다.

01 정답 ②
② 에빙하우스는 최초로 엄격하게 인간기억 실험을 한 사람으로 현대 기억연구의 아버지라고 불린다.

02 정답 ①
① 내적 타당도를 높이면 외적 타당도는 낮아지고 외적 타당도를 높이면 내적 타당도가 낮아지게 된다.

03 정답 ④
④ 실험연구는 무작위할당을 통해 실험집단과 통제집단에 피험자를 배치하여 가외변인을 효과적으로 통제하는 방법이다.

04 정답 ①
① 어떤 운동기술은 시작하자마자 곧 끝나기 때문에 비연속적이라고 한다.

05 정답 ③
③ 반응과 그에 대한 결과를 경험할 때만 학습이 일어날 수 있다고 믿었기 때문에 한계가 명확해졌다.

06 정답 ②
② 고정기간계획에 대한 사례이다.

07 정답 ④
④ 사회학습이론에 대한 내용이다.

08 정답 ①
① 망각은 시간이 흐르면서 연습을 하지 못해서 생기는 수행의 퇴화를 가리킨다.

09 정답 ②
② 이 조건에서는 조건자극(CS)과 무조건자극(US)이 중첩되어 제시된다. US는 CS가 사라지기 전에 제시되는 것이다.

10 정답 ②
② 주의이론에서 학습자가 조건자극에 주의를 기울이지 않으면 조건형성은 일어나지 않는다.

11 정답 ④
④ 문제가 학습의 도움 없이 갑자기 해결되는 통찰에 대한 내용이다.

12 정답 ②
② 어떤 반응이 처벌받는 반응과 근접한 것일수록 처벌이 그 반응을 그만큼 많이 감소시킬 것이라고 예측한다.

13 정답 ④
④ 적절한 행동에 대한 이차강화는 학업향상과 적절한 행동의 증가를 보여준다.

14 정답 ④
④ 조건자극과 무조건자극의 강도가 지나치게 높을 경우 학습에는 오히려 방해가 된다.

15 정답 ④
④ 장기기억 속에 저장된 정보도 망각된다.

16 정답 ④
④ 이 이론은 세 종류의 정보처리(감각기억, 단기기억, 장기기억)가 단계를 이룬다고 가정하지 않는다.

17 정답 ③
③ 해마는 기억한 일화의 요소들(냄새, 느낌, 소리, 장소 등)을 등록하고 일시적으로 유지하는 역할을 하는 것으로 보인다.

18 정답 ③
③ 베티그(Battig, 1979)의 맥락간섭이론은 연습기간 동안 고도의 맥락간섭이 결국 장기적으로 더 나은 수행을 초래한다는 것이다.

19 정답 ①
① 단어들을 저장하고 있는 장기기억이 작업기억의 수행을 도와주어 작업기억이 더 많은 항목을 유지할 수 있게 도와준다.

20 정답 ④
① 사람들이 작업기억, 장기기억, 시공간스케치북, 음운고리에 들어 있는 정보를 통합하는 방식을 설명해준다.
② 시각이미지를 잠시 유지한다.
③ 음운저장고 속 정보를 활성화된 상태로 유지하는 기능을 한다. 소리내지 않고 반복함으로써 정보를 유지한다.

21 정답 ③
③ 전두엽 피질이 활성화된다.

22 정답 ②
② 단기기억에서의 암송은 한 번에 하나씩 차례로 진행된다고 가정한다.

23 정답 ①
① 의미기억은 일화기억들과 밀접한 관계를 가지는 기억의 형태이다. 일화기억과 다르게 시공간과 관련되지 않으며, 사실 또는 세상의 일반적 지식에 관한 기억이다.

24 정답 ④
④ 정서적인 학습은 굉장히 오랫동안 지속되며 소거가 잘 되지 않는다.

주관식 해설

01 정답
고전적 조건형성이 일어난 다음 두 번째 중성자극을 첫 번째 조건자극과 짝짓는다. 조건자극과 새로운 중성자극을 짝지어 반복 학습시키면 새로운 중성자극도 조건자극이 되어 두 번째 형성된 조건자극에 조건반응이 나타난다. 이것을 이순위조건화(2차 조건형성)라고 부른다. 그리고 두 번째 조건자극이 조건반응을 유발하는 힘을 가지게 되면 그것을 세 번째 중성자극과 짝 지어 조건자극을 만들 수 있게 되고 이것은 3차 조건화과정이 된다. 이렇게 2차, 3차 조건화과정을 고차조건화라고 한다.

02 정답
행동연쇄란 특정한 순서로 발생하는 연속적 행동을 의미하며 연쇄의 마지막 행동이 완성되면 일차강화물이 뒤따른다. 행동연쇄가 정확한 순서로 유지되는 이유는 각 반응이 연쇄의 다음 반응에 대하여 변별자극으로 작용하여 구별된 자극을 만들기 때문이다. 연속동작수행에서 하나의 동작으로부터 나오는 시각, 촉각, 운동감각 피드백이 다음 동작을 위한 변별자극으로 작용한다. 연속동작을 수행하는 능력이 연습을 통해 향상되는 것은 적절한 자극-반응 연합이 강화에 의해 증가되기 때문이다.

03 정답
절차적 기억은 어떤 과제를 해결하거나 행동을 수행하는 데 요구되는 일련의 지식이나 기능, 학습된 기술을 포함하는 것을 수행하는 것에 대한 기억을 의미한다. 절차적 기억은 자주 사용함에 따라 의식적인 노력 없이 자동적으로 접근하여 사용할 수 있게 된다. 자전거를 타거나, 운전을 하는 행동, 운동화 끈을 묶는 것, 피아노 치기 등은 반복하게 되면 무의식적, 자동적으로 수행된다. 절차적 기억이란 움직임과 근육행위를 포함한 운동기술들과 인지적인 기술 즉 문법적인 규칙을 적용하여 말하기 등이 해당한다.

04 **정답**

조작적 조건형성은 손다이크의 효과의 법칙을 시작으로 스키너에 의해 확장된 법칙으로 유기체의 행동은 그 행동 뒤에 따라오는 결과물에 의해 달라진다는 것이다. 결과물이 강화적일 때는 행동이 증가하고 결과물이 처벌적일 때는 행동은 감소한다는 것이다. 따라서 유기체의 행동은 행동의 결과를 포함하는 외부환경에 의해 조절될 수 있다는 것이다. 강화물은 종류에 따라서 일차강화물과 이차강화물로 나눌 수 있으며, 강화와 처벌은 목표행동을 늘리는지 줄이는지에 따라 정적 강화, 부적 강화, 정적 처벌, 부적 처벌로 나눌 수 있다.

제2회 정답 및 해설 | 학습심리학

01	02	03	04	05	06	07	08	09	10	11	12
①	③	②	②	④	④	②	②	②	①	③	③
13	14	15	16	17	18	19	20	21	22	23	24
①	③	①	④	①	③	④	①	③	④	②	①

	주관식 정답
01	작업기억이란 단기기억의 다른 이름이기도 한데 엄밀한 의미에서는 학자의 관점에 따라 차이가 있다. 전통적인 관점에서 단기기억은 짧은 시간동안 정보를 저장하는 역할만을 담당하는 것이다. 그런데 작업기억은 정보를 유지할 뿐 아니라 처리를 수행하는 기능을 가지고 있다. 단기기억이 7개 정도의 단어를 기억할 수 있지만 작업기억은 더 많은 항목을 유지할 수 있는데 단어들을 저장하고 있는 장기기억이 작업기억의 수행을 도와주기 때문에 가능하다.
02	부분강화효과란 간헐적 강화로 유지된 행동이 연속강화로 유지된 행동보다 소거가 더 어렵다는 것이다. 따라서 이것은 현장에서 유용한 방법이 된다. 어떤 행동을 일단 확립시킨 다음 강화비율을 늘리는 것으로 소거에 더 저항적으로 만들 수 있다.
03	첫 번째로 우리가 알아차리지 못한 감각의 대부분 그리고 부호화에 실패한 것들을 기억해낼 수는 없다. 연령이 높을수록 부호화효율성이 낮아 기억저하가 일어나는 원인이 될 수 있다. 두 번째는 저장소멸이 원인이 되는 것이다. 무엇인가를 잘 부호화해도 때로는 나중에 망각하게 된다. 새로운 정보의 기억은 급속하게 사라진 후에 일정수준으로 유지하게 된다. 세 번째는 인출실패로, 인출문제는 나이든 사람들이 자주 겪는 기억실패의 원인이며 설단현상에 의한 망각으로 더 자주 좌절을 경험한다.
04	선언적 기억은 명제와 심상, 도식과 스크립트로 표상된다. 명제는 사건의 관계에 대한 지식의 단위인데 사물의 의미가 명제의 형태로 저장된다고 하였으며 심상은 우리는 마음속에 있는 대상, 사건, 장면에 대한 이미지를 말한다. 우리는 실제 경험한 사건이나 장면, 소리, 냄새 등을 상상할 수 있고, 존재하지 않는 대상조차도 표상할 수 있다. 도식은 선입견의 정신적 구조, 세계에 대한 관점의 측면을 나타내는 틀, 새로운 정보를 지각하고 조직화하는 시스템으로서 작동한다. 스크립트는 도식의 한 가지 일반적인 유형이며 특정 순서로 단순하면서도 잘 구조화된 사건의 계열을 의미한다.

01 정답 ①
① 절차적 기억은 장기기억의 암묵기억에 해당한다.

02 정답 ③
③ 움직이는 대상은 정지되어 있는 것보다 주의를 더 끄는 경향이 있다.

03 정답 ②
- ㄱ. 정적 강화
- ㄴ. 부적 강화
- ㄷ. 정적 강화
- ㄹ. 정적 강화
- ㅁ. 부적 강화

04 정답 ②
① 피험자 간 설계에 대한 내용이다.
③ 독립변인은 다른 변인에게 작용하거나 다른 변인을 예언하거나 설명해 주는 변인이다.
④ 비교집단 또는 통제집단에 대한 내용이다.

05 정답 ④

① 행동이 선천적인 고정행위패턴 쪽으로 돌아가려는 경향성으로 학습하려는 어떤 행위가 선천적인 고정행위패턴과 갈등을 일으킬 때에는 동물이 그것을 학습하는 데 문제가 생겨 학습에 한계가 발생한다.
③ 고차조건형성은 중성자극을 잘 확립된 조건자극(CS)과 짝짓는 절차를 고순위조건형성이라고 한다.

06 정답 ④

① 한 사건과 다른 사건을 연결시키는 고전적 조건형성과 도구적 조건형성을 연합학습이라고 한다.
② 다른 사람이나 사물을 모델링하여 그것을 보고 배우는 것이다.
③ 유기체는 자극에 반응하는 존재라는 고전적 조건학습과 유기체의 행동은 그 행동에 따르는 결과에 따라 달라진다는 도구적 조건학습이다.

07 정답 ②

① 어떤 자극에 반복 노출되면 뇌는 하나의 자극에 대한 더 많은 정보를 수집할 수 있는 기회가 된다. 그 자극에 대한 저장된 정보량이 증가함에 따라 정신적 표상들은 더 정교해지고, 완전한 표상들은 자극에 대해 더 정확한 인식뿐만 아니라 더 정확하게 변별할 수 있게 해준다.
③ 습관화와 민감화가 서로 독립적이지만 평행적으로 작용함을 제안하며 자극에 대한 반응의 강도는 얼마나 자주 자극이 반복되었는가와 민감하게 하는 사건이 얼마나 강하고 얼마나 최근에 일어났는가와 같은 측면에 달려 있다.

08 정답 ②

② 베르니케영역은 뇌의 좌반구에 위치하는 특정부위로 청각피질과 시각피질로부터 전달된 언어정보의 해석을 담당한다.

09 정답 ②

② 강화물이 일반적으로 자극으로 간주되지만, 강화물을 행동으로 볼 수 있다고 생각하였다.

10 정답 ①

① 어떤 행동이든 그것이 기저수준 아래로 떨어지면 그 행동을 할 수 있는 기회가 강화적일 것이라고 예언한다.

11 정답 ③

③ 아이를 물리적으로 처벌하게 되면 처벌이 이루어진 당시에는 처벌의 효과가 발생하지만 시간이 지나면 행동은 다시 발생하고 처벌을 한 어른이 있을 때만 순종적인 모습을 보이며 일관적이지 않은 행동을 나타낸다.

12 정답 ③

③ 원숭이를 대상으로 한 실험에서 강화물을 바나나에서 상추로 바꾸자 원숭이는 좌절한 것처럼 보였으며 상추를 받지 않으려고 하였다.

13 정답 ①
① 요구되는 반응의 개수를 평균 횟수를 중심으로 강화하는 것으로 영업사원이 제품을 팔 때 받는 수수료, 카지노 도박이 해당된다.
② 정해진 수만큼 반응이 일어난 후에 강화가 주어지는 것으로 바지 50벌 바느질 할 때 받는 수당 등이 해당된다.
③ 시간간격을 어떤 평균을 중심으로 하는 강화계획으로 항공관제사가 레이더 화면을 보고 있는 것과 같은 상황이다.
④ 일정한 시간이 지난 후 처음으로 일어나는 학습된 행동에 강화를 하는 것으로 한 달 일하면 월급이 나오는 것이 이에 해당한다.

14 정답 ③
① 어떤 자극이 조건화훈련 전에 무조건자극(US) 없이 노출되는 것은 그 자극이 후에 조건자극(CS)이 되는 것을 방해하는 현상을 말한다.
② 유관성이라고도 하며 A라는 사건이 오로지 B라는 사건이 발생할 때만 일어날 경우에 '사건 A는 사건 B에 수반된다'라고 한다.
④ 조건형성은 새로운 행동을 습득하는 것이 아니라 새로운 자극에 대해서 기존의 방식으로 반응하는 경향으로 단지 CS가 US를 대체하여 반사반응을 일으키는 것이라는 주장이다.

15 정답 ①
② 파블로프가 주장한 것으로 조건자극(CS)과 무조건자극(US) 사이에 새로운 신경연결이 형성되어 조건자극이 무조건자극을 대체하여 반사반응을 일으킨다는 것이다.
③ 예비반응이론이라고도 하며 무조건반응(UR)은 무조건자극(US)에 대처하도록 만들어진 선천적 반응이지만 조건반응(CR)은 무조건자극(US)에 대한 준비를 하도록 만들어진 반응이라고 한다.
④ 학습자가 얼마나 주의를 주는가에 초점을 맞춘 이론이다. 학습이 US의 효과성이 아니라 CS의 조건형성능력에 달려있는데 학습자가 CS에 주의를 기울이지 않으면 조건형성은 일어나지 않는다고 주장한다.

16 정답 ④
④ 학습은 직접경험을 뛰어넘는 행동의 변화과정이 내면적으로 이루어진다.

17 정답 ①
① 고전적 조건형성은 연합학습이다.

18 정답 ③
① 새로운 자극에 대한 유기체의 선천적인 반응을 말한다.
② 과거에 어떤 반사반응을 유발하는 자극에 미리 노출됨으로써 비슷한 자극에 대해 반응강도나 확률이 증가하는 것을 말한다.
④ 이전에 경험했던 단서에 대한 빠른 반응으로 나타나는 기억의 흔적이다.

19 정답 ④
① 매우 크지만 한정적이다.
② · ③ 7 ± 2

20 정답 ①
② 과거에 어떤 반사반응을 유발하는 자극에 미리 노출됨으로써 비슷한 자극에 대해 반응강도나 확률이 증가하는 것을 말한다.
③ 특정조건자극에 대한 고전적 조건형성이 일어난 후에 무조건자극과 짝지어진 적이 없는 자극에 조건반응이 나타나는 현상을 말한다.

21 정답 ③
③ 음운저장소는 기억의 소멸이 신속하게 일어나기 때문에 말소리에 근거한 정보를 대략 2초 정도 저장할 수 있다.

22 정답 ④
④ 감각기억은 한꺼번에 인식하기에 불가능할 정도로 많은 정보를 파지한다. 그러나 감각기억의 용량이 무한한 것은 아니다.

23 정답 ②
① 의식적으로 회상되는 기억으로 내가 겪은 특정한 사건들, 내가 의식하고 있는 것들에 대한 의도적인 기억이다.
③ 과거의 경험이 현재 행동을 수행하는 데 있어 의식되지 못한 상태로 영향을 주는 것을 말한다.

24 정답 ①
핏츠의 숙련학습모델 3단계
- 인지단계
- 연합단계
- 자동단계

주관식 해설

01 정답
작업기억이란 단기기억의 다른 이름이기도 한데 엄밀한 의미에서는 학자의 관점에 따라 차이가 있다. 전통적인 관점에서 단기기억은 짧은 시간 동안 정보를 저장하는 역할만을 담당하는 것이다. 그런데 작업기억은 정보를 유지할 뿐 아니라 처리를 수행하는 기능을 가지고 있다. 단기기억이 7개 정도의 단어를 기억할 수 있지만 작업기억은 더 많은 항목을 유지할 수 있는데 단어들을 저장하고 있는 장기기억이 작업기억의 수행을 도와주기 때문에 가능하다.

02 정답
부분강화효과란 간헐적 강화로 유지된 행동이 연속강화로 유지된 행동보다 소거가 더 어렵다는 것이다. 따라서 이것은 현장에서 유용한 방법이 된다. 어떤 행동을 일단 확립시킨 다음 강화비율을 늘리는 것으로 소거에 더 저항적으로 만들 수 있다.

03 정답
첫 번째로 우리가 알아차리지 못한 감각의 대부분 그리고 부호화에 실패한 것들을 기억해낼 수는 없다. 연령이 높을수록 부호화효율성이 낮아 기억저하가 일어나는 원인이 될 수 있다.
두 번째는 저장소멸이 원인이 되는 것이다. 무엇인가를 잘 부호화해도 때로는 나중에 망각하게 된다. 새로운 정보의 기억은 급속하게 사라진 후에 일정수준으로 유지하게 된다.
세 번째는 인출실패로, 인출문제는 나이든 사람들이 자주 겪는 기억실패의 원인이며 설단현상에 의한 망각으로 더 자주 좌절을 경험한다.

04 정답

선언적 기억은 명제와 심상, 도식과 스크립트로 표상된다. 명제는 사건의 관계에 대한 지식의 단위인데 사물의 의미가 명제의 형태로 저장된다고 하였으며 심상은 우리는 마음속에 있는 대상, 사건, 장면에 대한 이미지를 말한다. 우리는 실제 경험한 사건이나 장면, 소리, 냄새 등을 상상할 수 있고, 존재하지 않는 대상조차도 표상할 수 있다. 도식은 선입견의 정신적 구조, 세계에 대한 관점의 측면을 나타내는 틀, 새로운 정보를 지각하고 조직화하는 시스템으로서 작동한다. 스크립트는 도식의 한 가지 일반적인 유형이며 특정 순서로 단순하면서도 잘 구조화된 사건의 계열을 의미한다.

년도 전공심화과정인정시험 답안지(객관식)

컴퓨터용 사인펜만 사용

★ 수험생은 수험번호와 응시과목 코드번호를 표기(마킹)한 후 일치여부를 반드시 확인할 것.

전공분야

성 명

수험번호
3 -

(1) 3 -

(2) ① ② ● ④

※ 감독관 확인란

(인)

관리번호 (응시자수)
(연번)

답안지 작성시 유의사항

1. 답안지는 반드시 컴퓨터용 사인펜을 사용하여 다음 보기와 같이 표기할 것.
   보기: 잘 된 표기: ●
   잘못된 표기: ⊗ ⊙ ◐ ○
2. 수험번호 (1)에는 아라비아 숫자로 쓰고, (2)에는 "●"와 같이 표기할 것.
3. 과목코드는 과목코드번호를 보고 해당과목의 코드번호를 찾아 표기하고, 응시과목란에는 응시과목명을 한글로 기재할 것.
4. 교시코드는 문제지 전면의 교시를 해당란에 "●"와 같이 표기할 것.
5. 한번 표기한 답은 긁거나 수정액 및 스티커 등 어떠한 방법으로도 고쳐서는 아니되고, 고친 문항은 "0"점 처리함.

[이 답안지는 마킹연습용 모의답안지입니다.]

과목코드	응시과목				
	1	①	②	③	④
	2	①	②	③	④
	3	①	②	③	④
	4	①	②	③	④
	5	①	②	③	④
	6	①	②	③	④
	7	①	②	③	④
	8	①	②	③	④
	9	①	②	③	④
	10	①	②	③	④
	11	①	②	③	④
	12	①	②	③	④
	13	①	②	③	④

	14	①	②	③	④
	15	①	②	③	④
	16	①	②	③	④
	17	①	②	③	④
	18	①	②	③	④
	19	①	②	③	④
	20	①	②	③	④
	21	①	②	③	④
	22	①	②	③	④
	23	①	②	③	④
	24	①	②	③	④

교시코드 ① ② ③ ④

과목코드	응시과목				
	1	①	②	③	④
	2	①	②	③	④
	3	①	②	③	④
	4	①	②	③	④
	5	①	②	③	④
	6	①	②	③	④
	7	①	②	③	④
	8	①	②	③	④
	9	①	②	③	④
	10	①	②	③	④
	11	①	②	③	④
	12	①	②	③	④
	13	①	②	③	④
	14	①	②	③	④
	15	①	②	③	④
	16	①	②	③	④
	17	①	②	③	④
	18	①	②	③	④
	19	①	②	③	④
	20	①	②	③	④
	21	①	②	③	④
	22	①	②	③	④
	23	①	②	③	④
	24	①	②	③	④

년도 전공심화과정 인정시험 답안지(주관식)

전공분야

성명

답안지 작성시 유의사항

1. ※란은 표기하지 말 것.
2. 수험번호 (2)란, 과목코드, 교시코드 표기는 반드시 컴퓨터용 싸인펜으로 표기할 것
3. 교시코드는 문제지 전면의 교시를 해당란에 컴퓨터용 싸인펜으로 표기할 것.
4. 답란은 반드시 흑·청색 볼펜 또는 만년필을 사용할 것. (연필 또는 적색 필기구 사용불가)
5. 답안을 수정할 때에는 두줄(=)을 긋고 수정할 것.
6. 답란이 부족하면 해당답란에 "뒷면기재"라고 쓰고 뒷면 '추가답란'에 문제번호를 기재한 후 답안을 작성할 것.
7. 기타 유의사항은 객관식 답안지의 유의사항과 동일함.

[이 답안지는 마킹연습용 모의답안지입니다.]

년도 전공심화과정인정시험 답안지(객관식)

컴퓨터용 사인펜만 사용

★ 수험생은 수험번호와 응시과목 코드번호를 표기(마킹)한 후 일치여부를 반드시 확인할 것.

전공분야	
성명	

답안지 작성시 유의사항

1. 답안지는 반드시 컴퓨터용 사인펜을 사용하여 다음 보기와 같이 표기할 것.
   보기) 잘된 표기: ● 잘못된 표기: ⊘ⓧ◐◑○
2. 수험번호 (1)에는 아라비아 숫자로 쓰고, (2)에는 "●"와 같이 표기할 것.
3. 과목코드는 뒷면 "과목코드번호"를 보고 해당과목의 코드번호를 찾아 표기하고, 응시과목란에는 응시과목명을 한글로 기재할 것.
4. 교시코드는 문제지 전면의 교시를 해당란에 "●"와 같이 표기할 것.
5. 한번 표기한 답은 긁거나 수정액 및 스티커 등 어떠한 방법으로도 고쳐서는 아니되고, 고친 문항은 "0"점 처리함.

[이 답안지는 마킹연습용 모의답안지입니다.]

※ 감독관 확인란

관리번호

[0] 답안지는 마킹연습용 모의답안지입니다.

년도 전공심화과정 인정시험 답안지(주관식)

전공분야

성명

답안지 작성시 유의사항

1. ※란은 표기하지 말 것.
2. 수험번호 (2)란, 과목코드, 교시코드 표기는 반드시 컴퓨터용 싸인펜으로 표기할 것
3. 교시코드는 문제지 전면의 교시를 해당란에 컴퓨터용 싸인펜으로 표기할 것.
4. 답안은 반드시 흑·청색 볼펜 또는 만년필을 사용할 것. (연필 또는 적색 필기구 사용불가)
5. 답안을 수정할 때에는 두줄(=)을 긋고 수정할 것.
6. 답안이 부족하면 해당란에 "뒷면기재"라고 쓰고 뒷면 '추가답란'에 문제번호를 기재한 후 답안을 작성할 것.
7. 기타 유의사항은 객관식 답안지의 유의사항과 동일함.

※ 감독관 확인란

[이 답안지는 마킹연습용 모의답안지입니다.]

시대에듀 독학사 심리학과 3단계 학습심리학

개정4판1쇄 발행	2025년 06월 05일 (인쇄 2025년 04월 18일)
초 판 발 행	2018년 06월 15일 (인쇄 2018년 04월 26일)
발 행 인	박영일
책 임 편 집	이해욱
편 저	류소형
편 집 진 행	김다련
표지디자인	박종우
편집디자인	차성미·이다희
발 행 처	(주)시대고시기획
출 판 등 록	제10-1521호
주 소	서울시 마포구 큰우물로 75 [도화동 538 성지 B/D] 9F
전 화	1600-3600
팩 스	02-701-8823
홈 페 이 지	www.sdedu.co.kr

I S B N	979-11-383-8942-6 (13180)
정 가	28,000원

※ 이 책은 저작권법의 보호를 받는 저작물이므로 동영상 제작 및 무단전재와 배포를 금합니다.
※ 잘못된 책은 구입하신 서점에서 바꾸어 드립니다.

1과정 교양과정 | 심리학과 | 경영학과 | 컴퓨터공학과 | **국어국문학과** | 영어영문학과 | 간호학과 | 4과정 교양공통

독학사 국어국문학과 2~4과정 교재 시리즈

독학학위제 공식 평가영역을 100% 반영한 이론과 문제로 구성된 완벽한 최신 기본서 라인업!

START

2과정

▶ 전공 기본서 [전 6종]
- 국어사
- 국어학개론
- 한국현대시론
- 국문학개론
- 고전소설론
- 한국현대소설론

3과정

▶ 전공 기본서 [전 6종]
- 문학비평론
- 국어의미론
- 국어정서법
- 국어음운론
- 고전시가론
- 한국문학사(근간)

4과정

▶ 전공 기본서
- 국어학개론(2과정 겸용)
- 국문학개론(2과정 겸용)
- 문학비평론(3과정 겸용)
- 한국문학사(3과정 겸용)

※ 표지 이미지 및 구성은 변경될 수 있습니다.

GOAL!

➕ 독학사 전문컨설턴트가 개인별 맞춤형 학습플랜을 제공해 드립니다.

시대에듀 홈페이지 **www.sdedu.co.kr** 상담문의 **1600-3600** 평일 9~18시 · 토요일 · 공휴일 휴무

시대에듀 동영상 강의 | www.sdedu.co.kr

시대에듀 독학사
심리학과

왜? 독학사 심리학과인가?

4년제 심리학과 학위를 최소 시간과 비용으로 **단 1년 만에 초고속 취득 가능!**

1. 독학사 11개 학과 중 가장 최근(2014년)에 신설된 학과
2. 청소년상담사, 임상심리사 등 심리학 관련 자격증과 연관
3. 심리치료사, 심리학 관련 언론사, 연구소, 공공기관 등 다양한 분야로 취업 가능

심리학과 과정별 시험과목(2~4과정)

1~2과정 교양 및 전공기초과정은 객관식 40문제 구성
3~4과정 전공심화 및 학위취득과정은 객관식 24문제 + **주관식 4문제** 구성

※ 시대에듀에서 개설된 과목은 굵은 글씨로 표시하였습니다.

2과정(전공기초)
- 감각 및 지각심리학
- 동기와 정서
- 발달심리학
- 사회심리학
- 성격심리학
- 이상심리학
- 생물심리학
- 심리통계

3과정(전공심화)
- 산업 및 조직심리학
- 상담심리학
- 인지심리학
- 학교심리학
- 학습심리학
- 심리검사
- 건강심리학
- 중독심리학

4과정(학위취득)
- 소비자 및 광고심리학
- 심리학연구방법론
- 인지신경과학
- 임상심리학

시대에듀 심리학과 학습 커리큘럼

기본이론부터 실전문제풀이 훈련까지!
시대에듀가 제시하는 각 과정별 최적화된 커리큘럼에 따라 학습해 보세요.

STEP 01 기본이론 — 핵심이론 분석으로 확실한 개념 이해
STEP 02 문제풀이 — 실전예상문제를 통해 문제 유형 파악
STEP 03 모의고사 — 최종모의고사로 실전 감각 키우기
STEP 04 핵심요약 — 빨리보는 간단한 키워드로 중요 포인트 체크

1과정 교양과정 | **심리학과** | 경영학과 | 컴퓨터공학과 | 국어국문학과 | 영어영문학과 | 간호학과 | 4과정 교양공통

독학사 심리학과 2~4과정 교재 시리즈

독학학위제 공식 평가영역을 100% 반영한 이론과 문제로 구성된 완벽한 최신 기본서 라인업!

START

2과정

▶ 전공 기본서 [6종]
- 감각 및 지각심리학
- 동기와 정서
- 발달심리학
- 사회심리학
- 성격심리학
- 이상심리학

▶ 심리학 벼락치기
감각 및 지각심리학+동기와 정서+
발달심리학+사회심리학+
성격심리학+이상심리학

3과정

▶ 전공 기본서 [6종]
- 산업 및 조직심리학
- 상담심리학
- 인지심리학
- 학교심리학
- 학습심리학
- 심리검사

4과정

▶ 전공 기본서 [4종]
- 소비자 및 광고심리학
- 심리학연구방법론
- 인지신경과학
- 임상심리학

GOAL!

※ 표지 이미지 및 구성은 변경될 수 있습니다.

➕ 독학사 전문컨설턴트가 개인별 맞춤형 학습플랜을 제공해 드립니다.

시대에듀 홈페이지 **www.sdedu.co.kr** 상담문의 **1600-3600** 평일 9~18시 / 토요일·공휴일 휴무

시대에듀 동영상 강의 | www.sdedu.co.kr